国家社科基金
后期资助项目

禅宗东渐与中世日本的社会转型

Eastward Spread of Chan and
Social Transformation in the Medieval Japan

郝祥满 著

中国社会科学出版社

图书在版编目（CIP）数据

禅宗东渐与中世日本的社会转型 / 郝祥满著 . —北京：中国社会科学出版社，2021.3

ISBN 978-7-5203-7987-8

Ⅰ.①禅⋯ Ⅱ.①郝⋯ Ⅲ.①禅宗—研究—日本—中世纪 Ⅳ.①B946.5

中国版本图书馆 CIP 数据核字（2021）第 038434 号

出 版 人	赵剑英
责任编辑	宋燕鹏
责任校对	王佳玉
责任印制	王　超

出　版	中国社会科学出版社
社　址	北京鼓楼西大街甲 158 号
邮　编	100720
网　址	http://www.csspw.cn
发 行 部	010-84083685
门 市 部	010-84029450
经　销	新华书店及其他书店
印　刷	北京君升印刷有限公司
装　订	廊坊市广阳区广增装订厂
版　次	2021 年 3 月第 1 版
印　次	2021 年 3 月第 1 次印刷
开　本	710×1000　1/16
印　张	25.5
插　页	2
字　数	428 千字
定　价	138.00 元

凡购买中国社会科学出版社图书，如有质量问题请与本社营销中心联系调换
电话：010-84083683
版权所有　侵权必究

国家社科基金后期资助项目
出版说明

　　后期资助项目是国家社科基金设立的一类重要项目，旨在鼓励广大社科研究者潜心治学，支持基础研究多出优秀成果。它是经过严格评审，从接近完成的科研成果中遴选立项的。为扩大后期资助项目的影响，更好地推动学术发展，促进成果转化，全国哲学社会科学工作办公室按照"统一设计、统一标识、统一版式、形成系列"的总体要求，组织出版国家社科基金后期资助项目成果。

全国哲学社会科学工作办公室

凡　　例

1. 历史著作必须强调时间性，叙事采用公元纪年，章节内年代清晰。本书因为是中世史，且中日皆用年号纪年，故本书行文中多采用年号纪年，以汉字数字书写。为了正文和引文的统一，正文中的年代，必要的时候采用年号纪年，公元纪年以阿拉伯数字在其后"（）"中标注。页下注释中与正文统一。

2. 为了便于读者阅读，特别是非专业读者的阅读、理解，本书引用的日文著作、页下注释中所涉及的日文著作、论文，其书名、篇名等均翻译成现代汉语，并采用通用的简体字。

书名在每章中初次出现时，在其后的括号"（）"内附日文原文提示，专业读者必要时也可以在"附录二"中查找、比对相应的日文原文。该书重复引用时，出版社、出版年等注释内容从简，以节省篇幅。

若所引日版原书题名为汉文繁体字，且不用翻译者，则直接书写其简体，不一一注明，例如《興禅護國論》，直接书《兴禅护国论》。

3. 本书行文及页下注释中所涉及的引用著作的册卷数，同一书名的、单本的，卷数用中文数字一、二、三……其在丛书和类书中的册卷序数，则用阿拉伯数字。

4. 本书中的日本人名、地名等专有名词，其汉字尽量使用中文常用的简体字。如："勝"改为简化的"圣"，"錬"改为"炼"，"嶋"改为"岛"。日文简体字在汉字输入法中能键入的，同音同义的，凡中国读者能理解的，也予以保留，如"冨山房"的"冨"。

本书中的许多概念是本书行文和特定语境需要的，如中国"大陆"一词，是和日本"列岛"相对的概念。

5. 引文、注释中的日本异体汉字、字符等，如日文简体"仏"字，改为简化的"佛"，"実"改为"实"；"続"改为"续"；"訳"改为"译"；"広"改为"广"；"児"改为"儿"；字符"々"，如"云々"，均改为汉字"云云"，其他类推。日本人名中的日文简体字亦改为中文简体字，如："岡"改为"冈"；"勝"改为"圣"。

6. 日文中常用的俗字、同音字改为中文习惯采用的简体字，如"恠"改为"怪"；"比叡山"之"叡"改为中文简体的"睿"。引用原文中部分不影响理解的字（如：决—决，弊—敝），也尽量保持原貌，不改为通用的简体字。凡本书作者无法判定的俗字和繁体字，照样抄写。

7. 本书有关人名的汉字选用，在不同文献出现差异的情况下，本书行文中遵循主流习惯选用，引文中则是尊重原文不改。例如中国禅宗的祖师达摩，本书行文中采用通用的"达摩"，引文中出现"达磨"，是因为原文如此，其他人名以此类推。

8. 在不同的日文文献中，"太宰府""大宰府"均有出现，本书中统一用较为流行的"大宰府"，若日文原文为汉文，则引用时保持原貌。其他专有名词类推。

9. 引文中补充解释的用"（）"标出，适当的时候标注"——作者注"字样；中日古籍原文中存在的注释、割注也改为在"（）"内注释，必要时注明"——原注"字样。原文可能是错别字的，则在"［］"中标注"？"存疑（即［*？］的形式），或直接在"［］"后的"（）"内写出作者认为正确的字。

10. 日本出版的汉文（如《大正新修大藏经》《大日本佛教全书》等）引文，句读明显错误的，本书引用时直接订正，注释中不一一说明。

目　录

绪论 ……………………………………………………………（1）
 第一节　本书的研究对象及相关概念的界定 …………………（1）
 第二节　本书研究选题的重点及其现实意义 …………………（4）
 第三节　本书叙事手法、论证方法和结构安排 ………………（8）

第一章　1170年以后的日本宗教改革与信仰转型 ……………（12）
 第一节　1170年以前中国禅宗在日本的"昙现" ……………（12）
 第二节　北宋时禅宗东传日本却未能在日本立宗的原因 ……（20）
 第三节　平安镰仓之际的社会动荡与宗教改革高潮 …………（27）
 第四节　镰仓初期的社会背景与宗教复兴政策的影响 ………（35）

第二章　宋禅初传与"兼修禅"在日本的传播 ………………（43）
 第一节　为改造社会而西行求法的日本天台僧 ………………（43）
 第二节　显密兼修的荣西开创日本临济宗兼修禅 ……………（50）
 第三节　兼修禅在镰仓佛教诸宗中初步立足的原因 …………（56）
 第四节　日僧道元参学宋禅师天童如净并得印证 ……………（62）
 第五节　道元在"显密体制"下开创日本曹洞宗宣扬纯粹禅 …（71）

第三章　日本禅宗的兴盛与西行来宋求学禅僧 ………………（81）
 第一节　成为日本禅宗祖庭的南宋五山 ………………………（81）
 第二节　大宋宗风与日本流派
    ——以宋日师资相传为视角 ……………………………（85）
 第三节　宋日禅宗师徒之间的法印和心印 ……………………（97）
 第四节　日僧来宋参禅和"自教归禅"的高潮 ………………（105）

第四章　宋禅僧的东渡与日本禅宗的纯化 (113)
第一节　幕府聘请大宋高僧东渡：从兰溪开始 (113)
第二节　在挫折之中坚持弘扬纯粹禅的兰溪道隆 (120)
第三节　兀庵普宁、大休正念等宋高僧的东渡 (124)
第四节　遗宋高僧应聘东渡
——无学祖元的经历 (129)
第五节　东渡宋朝禅僧的西归及其原因的分析 (134)

第五章　元僧东渡日本与中国禅林清规的提倡 (142)
第一节　从招降使节变身弘法大师的一山一宁 (142)
第二节　纯粹禅的推广与元朝丛林清规的倡导 (149)
第三节　冒波涛战乱之险到元朝的日本求法巡礼僧 (154)
第四节　日本曹洞宗的分裂与莹山绍瑾的复兴活动 (161)
第五节　东渡日本的中国曹洞宗高僧及其影响 (165)

第六章　禅宗作为"国教"而鼎盛并影响中世日本政体 (170)
第一节　日本禅宗五山十刹制度的确立 (170)
第二节　国师梦窗疎石与日本京都禅宗的极盛 (179)
第三节　日本的佛法与王法：以禅宗修法镇护日本国家 (186)
第四节　日本幕府与朝廷竞相笼络禅僧 (196)

第七章　中日禅宗交流与中世日本社会经济的转型 (205)
第一节　宋元时期的中日航海贸易与文化交流 (205)
第二节　明日朝贡贸易的恢复促成日本禅寺经济的繁荣 (214)
第三节　中世日本的商品经济与港町城市的发展 (223)
第四节　中世日本手工业和生产力、生活方式的变革 (232)

第八章　禅宗传播与中世日本政治外交观念的转型 (243)
第一节　中世日本社会对外观念从上到下的转换 (244)
第二节　作为外交机关的五山和出任大使的五山禅僧 (250)
第三节　禅宗的日本化与五山禅僧的士大夫化 (258)
第四节　中世日本上层社会的外向追求与自卑心理 (267)

第九章　五山禅学传播与中世日本学术、道术的转型 (275)
第一节　随禅宗东传日本的儒学和儒家思想 (275)
第二节　从"教禅角论"到"儒佛不二论"的学问转型 (283)
第三节　日本禅僧的修业与中世日本学术的拓展 (291)
第四节　禅宗文化、武家文化与中世日本的教育转型 (301)

第十章　禅宗传播与中世日本社会生活的转型 (308)
第一节　物质与精神：从"唐物"至上到日本"自慢"的转变 (308)
第二节　公私与朝野：日本中世社会"祭政关系"的转变 (314)
第三节　禅宗传播与中世日本社会的民俗宗教 (321)
第四节　禅宗的流传与中世社群观念、世俗伦理的转变 (330)

终章　中世日本禅宗的衰落与意识形态的转型 (341)
第一节　禅僧学问兴趣的转变导致"由禅入儒"的变身 (341)
第二节　社会心态的变化与禅宗社会地位的失落 (347)
第三节　禅宗的"国教"地位逐渐被儒学取代 (352)

附录一　中世中日关系史大事对照年表 (360)

附录二　征引和参考文献目录 (377)
一　中文出版史料（包括影印） (377)
二　中文出版研究著作和论文 (379)
三　日本编辑出版汉文典籍等史料 (383)
四　日文研究专著和论文 (388)
五　博士学位论文 (393)

后记 (394)

绪　　论

第一节　本书的研究对象及相关概念的界定

一　关于"中世日本"

本书以"禅宗东渐与中世日本的社会转型"为题，研究的是中世日本的禅宗史与社会史，亦即中国禅宗东渐日本及其在日本的转型史以及中世日本在禅宗影响下的社会转型。

首先要说明本书所研究的对象"中世日本"这一时段、这一概念的界定。

本书所采用的"中世日本"，是一个日本史研究的传统概念，是与常用的"古代日本"（奈良平安时代）、"近世日本"（江户时代）相应的，属同一概念体系。

至于断代的年限，在日本的许多历史著作中，一般将1192—1603年断代为"中世"，这相当于"镰仓"和"室町"两个时代，是一个较为独立的时段。本书的相关研究，因顾及历史发展的延续性、中日关系发展、日本政治经济形态变化等的决定性影响，其上限将追溯到1170年。由于没有宏观的视野难以把握这一断代的文化精髓和社会精神[1]，因此本书在1170年这一转折的节点上，往上简单回顾一下禅宗输入日本的前史（前因），往下也略微涉及一点1603年以后的江户初期的历史（后果）。

从政治外交的特征、东亚史的角度看，1170—1603年的"中世日本"，与纳入"古代"的平安时代、称为"近世"的江户时代相比较，是

---

[1] 中世和近世（江户时代）是一个相对完整的"封建时代"，中世是日本封建时代的前期，或称"前期封建社会"，近世则为其后期。

一个相对分裂或分散的时代。平安时代（794—1192），自中期以来"律令制度"的瓦解，"摄关政治""院政"的交替，造成日本政治上的分裂，带来地方官制的崩溃，导致以藤原氏为代表的京都公卿贵族的衰落和地方下层武士阶级的崛起。此外，平安以来兵制的变革，庄园的兴起，使武人具有强大的经济实力，加之10世纪末以来朝鲜半岛刀伊族的入侵，抬高了武人的地位。

中世日本的内政表现为中央和地方、朝廷和幕府以及朝廷内部不同政治势力之间，围绕庄园和农民的控制权、外贸专卖权、朝贡贸易不断争夺。中世是"新贵族"武人的天下，故本书将特别关注武家政权的社会影响，幕府何以在保留皇权的前提下确立并发展。

和内政转型对应的是日本统治阶级的外交观念，在1170年以后发生很大的转变，自平清盛公开接待宋朝商人与宋朝官家通信以来，日本皇室和将军幕府的首脑开始主动并公开地和中国商人、僧人或官员接触。

从社会经济层面上看，中世日本也是一个相对分裂的时代，表现在封建割据势力的形成，公地公民制的瓦解，庄园经济的独立性加强，贸易发展的自由化等。

从宗教信仰的角度看，这一时代思想上的分裂突出表现在新旧佛教的并存和竞争。特别是在12世纪末的源平争霸时期和16世纪末的战国时期，社会动荡、思想活跃。

故这是深具特色的时代，是值得研究的历史时段。

二 本书所论及的"禅宗"

导致中世日本社会转型的中国"禅宗"，是本书阐释的核心概念，是中世日本研究的切入点。纵观日本历史，"到了镰仓时代，宋国的宗教和文化被大量输入日本，其宗教便是禅宗，文化则是禅宗附带着输入的宋代文化"[1]。那么，禅宗在日本发生了什么样的变化？

本书所谓的禅宗，是广义上的禅宗，即佛、法、僧三宝。

其中"佛"，是指影响中世日本的释迦牟尼佛、达摩、道信、弘忍、慧能、诸佛、诸祖及其信仰。这是因为达摩、道信、弘忍、慧能[2]等禅宗诸祖，在禅宗信徒心中如同佛、菩萨一般，没有分别。所谓"人人皆有佛

---

[1] 〔日〕竹贯元圣：《新日本禅宗史——当时的当权者与禅僧们（新日本禅宗史——時の権力者と禅僧たち）》，京都禅文化研究所1999年版，第5页。
[2] 慧能被岭南的僧俗尊称为"生佛""肉身菩萨"。

性，就是佛宝"。

本书研究的"法"，不仅包括《心经》《金刚经》《坛经》《碧岩录》等与禅宗相关的经典，更重视东渡僧众的语录等教诲。以禅宗为代表的佛法，在中世成为日本新的护国之法。自1192年以来，武家的幕府为了确立其统治地位，天皇的朝廷为了复辟其专制政治，都在寻求护国的正法，在"镇护国家"的口号下，寻找统治日本社会的理论依据，为自己的上层建筑寻找意识形态的支持，为维护统治树立信心。中世日本各派政治势力都希望借助新佛教——禅宗信仰的精神支持，这和宋元以来中国禅宗展现的魅力也是分不开的，而且"佛教是护国之法的说法，已经是佛教传入日本之时就开始形成的思想"，"甚至可以说，佛教护国已经是日本佛教的传统信念"[①]。

本书研究的"僧"，则是指中世往来中日之间，参与日本幕府、朝廷政务和事务，参与外交和担任顾问等的中日禅僧群体，以及皈依禅宗的武士（可以称为居士）。

僧众是本书研究的重点。本书是将禅僧群体（和公家、武家对应的寺家[②]）作为日本中世社会的一个"社会集团"来研究，因为在中世日本，他们是一个"新的集团""自律的集团"，这一集团形成的历史过程、历史影响都值得关注[③]。

皈依禅宗的武士集团，在日本社会的崛起以及在中世的活跃，是中世日本社会转型的重要因素。外来的禅宗文化是武家意识形态的主要内容之一。禅宗在天台宗等旧佛教势力的抵制和打击下，能够在中世日本立宗、发展，幕府的支持和武士的信仰是最关键的。

三 "社会转型"中所指的"社会"

本书所谓的"社会"是狭义上的。研究的是狭义上的社会范畴，主要目的是缩小本书的部头，防止面面俱到而浅薄。故受禅宗影响的中世日本的文学、美术、艺能、建筑等，统统不在本书考虑之内，本书将这些归入文化范畴。至于中世日本的"文化转型"或"文化变迁"，准备以"东渐禅宗与中世日本的文化变迁"为题另行研究，但当下相关的思考有助于本

---

① 〔日〕金子大荣：《日本佛教史观》，东京岩波书店1940年版，第235页。
② 注：一般认为，"公家"是指天皇帝室与上层贵族，如藤原氏等；"武家"是指幕府势力及依附于幕府的武士阶级；"寺家"则是指那些大型寺院势力。
③ 〔日〕大冢纪弘在其《中世禅律佛教论（中世禅律仏教论）》（山川出版社2009年版）一书中也提出"僧侣集团"的概念，参见该书"序章"有关视角的内容（第18—21页）。

课题的分析。本书重点讨论中世日本转型中的社会经济、政治形态（封建体制、主从关系等）、意识形态、社会组织、社会观念（管理思想等）、与外部的交流等，及其与禅宗的关系①。武士何以树立自己的精神信仰并控制社会思想，确立武家社会，最终形成独特的武家文化？

从历史的场境看，首先禅寺和幕府是本书研究的两大社会空间，其次是天皇的朝廷。从社会群体看，着重探讨禅僧和武士两大社群的形成、相互关系和社会地位的确立等问题。

禅宗思想与武家政治理念等，是研究中世日本社会的重要考察对象，自然成为本书的研究视角。日本自古以来是一个"祭政"关系密切的国家，很长时期以祭祀为政治的核心。政治和宗教的关系非常密切，在日本重视祭祀、礼仪和仪式的众多宗教中，禅宗在中世日本社会是值得关注的宗教。从对幕府的影响看，中世日本的新佛教禅宗成为意识形态的核心，故有日本学者说禅宗是知识阶层的，统治阶级的。

因中世社会与前后两个时段有区别，许多社会问题自然有研究的价值。

第二节　本书研究选题的重点及其现实意义

一　重点研究的中日禅宗交流和中世日本禅宗发展史

中国禅宗东传日本的历史，亦即中日禅宗交流史和中世日本禅宗发展史，是本书研究的重点之一，故本书像是一部断代的中日文化交流史。这一架构的目的是揭示中世日本社会转型的"外部契机"②，外因如何激发内因，从而促进日本社会的转型。

中世的中日交流，民间特征最为明显，相对于中日政治关系来说，文化交流和贸易往来非常突出，而禅宗文化交流则是这一时期中日交流的中

---

① 代表作品有广濑良弘编《禅与地域社会（禅と地域社会）》（东京吉川弘文馆 2009 年版），以及《日本中世的禅宗与社会（日本中世の禅宗と社会）》（东京吉川弘文馆 1998 年版）、《五山与中世社会（五山と中世の社会）》（东京同成社 2007 年版）、《日本中世社会与寺院（日本中世社会と寺院）》（大阪清文堂出版 2004 年版）等。

② 很多日本学者研究日本文化，尤其是佛教文化，都注意到"外部契机"，例如大冢纪弘的《中世律仏教论》（山川出版社 2009 年版），在研究视角上提到这一点，参见该书第 23—26 页。

心，故本书在镰仓新佛教（禅宗、净土宗、净土真宗、时宗、日莲宗）等诸宗之中选择禅宗（当时分临济宗和曹洞宗）。

通过这一国际交流注入的新鲜文化，为日本社会的成长注入了新鲜血液，影响了中世日本的社会思潮和群体心理。对中世日本社会心理的分析，有助于理解日本在接受外来文化、思想的过程中，是如何克服"接纳与抵制"的矛盾的？对于复合型的日本文化（或者说"杂种性文化"）来说，其"自我"和"他者"的区别意识，其文化冲突与融合的过程均值得探明。所以，中日禅宗交流史和中世日本禅宗史的研究很有价值，成为本书重点研究对象。

进入中世以来，不少日本僧人为复兴日本佛教、改造日本社会而来宋，荣西、道元两人"前后入宋"，来宋后求密而得禅，成为日本禅宗"临济曹洞之始祖"，"自尔以来，诸师争驰蹈溟越漠，往而传焉，来而授焉"①，中世日本佛教于是乎鼎盛②。

荣西、道元等回日本后宣传中国的新佛教、新思想乃至新文化，使日本文化得以继续繁荣。荣西因其一开始宣扬的是兼修禅，以致自古以来就有不少日本学者认为他不是日本禅宗的最初输入者，这一观点的始作俑者当推虎关师炼，其实，比荣西更早的传教大师最澄，来唐求法在接受天台宗的同时，在唐僧修然那里接触并接受了牛头禅，只是当时的日本尚无法接受而已。荣西是新一代的宗教改革者，目的是为挽救平安末以来日本佛教界的颓唐风气，企图复兴传教大师的宗风，因而输入并宣传中国禅宗，其所著《日本佛法中兴愿文》便是明证。岩波讲座《日本历史》也认为："镰仓时代的禅宗，开始是针对日本佛教的堕落进行批判而输入的。"③ 镰仓诸宗派为了"打破平安佛教发展的瓶颈，从颓废中振作起来而提倡宗旨"，有的宗派表现出"将教义单纯化、亲近民众、潜居山林、隐遁"的倾向④。

---

① 〔日〕师蛮撰：《延宝传灯录》，收入《大日本佛教全书》，佛书刊行会1917年版，第40页。
② 相关研究的代表者有黑田俊雄（1926—1993），他提出了"显密体制"的说法，关注到镰仓新佛教，以及中世佛教和寺院势力的社会影响，庄园制在日本中古史中的作用等。代表作《日本中世的国家与佛教（日本中世の国家と佛教）》（收入《黑田俊雄著作集》，京都法藏馆1994—1995年版）。
③ 〔日〕家永三郎主编：《岩波讲座·日本历史6》（中世2），东京岩波书店1963年版，第200页。
④ 〔日〕家永三郎主编：《岩波讲座·日本历史7》（中世3），东京岩波书店1963年版，第281页。

中世以来，越来越多的日本僧人关注禅宗，这与禅、密二宗相对较多显现出的神秘性有关，也与北宋以后看话禅和文字禅的成熟有关。中国禅宗"棒喝""机锋"的神秘主义，显然让喜欢鬼道、神秘术的日本人好奇，很容易吸引日本人学习它、引进它。"宋是诸教融合之时代，其禅教之一致，自然之势也"①，日本是一个喜欢"杂交"文化的民族。禅宗被日本人做了"本土化"（localization）的改造。

一个民族的社会改革和社会转型需要新的指导思想，也往往喜欢从外部引进新思想。虽然日本有很多学者如铃木大拙②、柳田圣山等对禅宗思想做了较为深入的研究，但是，禅宗作为日本中世的一个新佛教，在输入、立足和发展的过程中，在中世日本整个佛教体系中，乃至在整个日本宗教体系中，在中世日本社会中处于什么样的地位，对中世日本社会产生了多大的影响，许多日本学者没有给予足够的重视。相比之下，作为新佛教之一的净土宗因较早流传，且被他宗兼修，受到日本学者重视，如今井雅晴的《镰仓新佛教的研究》，该书共分五章，第五章为"临济宗和曹洞宗的展开"③，只有两节。从镰仓佛教对后世影响的人物看，现在日本学界公认的是亲鸾、道元和日莲三人，道元的影响盖过了荣西。禅宗在镰仓时代虽未得独尊的地位，但其冲击了日本整个佛教体系，引发争论，被幕府纳入意识形态的重要范畴，许多禅僧都成为政府的顾问，这不是当时的天台宗、密宗所能比拟的，故本书不能人云亦云，以现在的研究兴趣否定历史的本来面目。

现代日本佛教，宗派林立，不少人简单地分为"禅宗和教宗"两大类，"临济宗、曹洞宗、黄檗宗三宗统称禅宗，其他十五宗五十三派的佛教诸宗统称教宗"，如此清楚地分成两大类，主要是因为禅宗乃称"教外别传"。从寻找解脱方法的角度来看，"禅宗称为自力，教宗称为他力。特别是净土真宗称绝对他力"④。此亦见禅宗研究的重要性。

希望本书能弥补日本方面对禅宗文化相关问题不够重视之处，同时也能补充中国方面这一领域的研究。日本禅宗可以说是中国禅宗的一个支派，对日本禅宗的研究也是丰富中国禅宗的研究，突出中国传统文化的软实力。

---

① 〔日〕忽滑谷快天：《中国禅学思想史》，朱谦之译，上海古籍出版社1994年版，第627页。
② 参见《铃木大拙全集》（全三十卷），东京岩波书店1969年版。
③ 〔日〕今井雅晴：《镰仓新佛教的研究（鎌倉新仏教の研究）》，东京吉川弘文馆1991年版，第9页。
④ 〔日〕水上勉等：《古寺巡礼 京都4·天龙寺》，淡交社刊1976年版，第100、101页。

二 日本接受禅宗影响并实现社会转型的过程与意义

如何引进和改造外来文化，从而改造日本列岛？这是日本民族一直思考和争论的问题，对禅宗促成日本社会转型这一问题的研究极有现实意义，故也是本书研究的重点之一。

对于如何应对异国（中国）典章、制度、文化等的影响，如何应对周边世界的变局，岛国日本在中世一直存在着自我封闭和开放引进两种主张的争论。

日本历史上的第一次自我封闭，始于894年，以遣唐使的中止为标志，从此热衷于"国风文化"的鼓吹。1170年，平清盛"开国"后，日本对外经济、文化、政治交流得以复兴，其保守观念的结束以"五山文化"的繁荣为标志。而因德川幕府的创建，日本于1603年再次推行的"锁国"政策，标志着自我封闭和保守思想再次在日本取得主导地位。在这两次闭关中间的开放时期，禅宗对当时社会的变化起了什么样的作用？

1170年以后中日贸易的发展，以及贸易形式和规模的变化，是禅宗东渐日本并促使日本社会转型的前提条件。尤其是南宋以后，日本商人作为一个阶层崛起，木宫泰彦认为：

> 日本商船驶往宋朝所以如此之多，一则可能由于当时日本武家兴起，倾向进取，尤其平清盛极力奖励海外贸易；一则由于宋朝贪图贸易之利，欢迎外国船只驶来。当它们开入港口时，提举市舶司赠送酒食或设宴慰劳，极力优待。[1]

即使社会转型的外部条件具备了，如果内部没有对应也是没有结果的。中世日本对禅宗的接受及其繁荣，反过来又促进了中日朝贡贸易的发展，进而促进庄园经济体制的转型。

中世日本庄园经济的发展是促使中世日本社会转型的重要内部因素，新成长起来的武士阶级的庄园、禅寺的庄园，也因参与和主持中日之间的"朝贡贸易"而拥有雄厚的经济实力，这一经济实力又是他们参与政治斗争的资本，故禅寺和大名们又反过来支持中日贸易和开放民间人员的往来，一改平安后期以来的闭关政策[2]。

---

[1] 〔日〕木宫泰彦：《日中文化交流史》，胡锡年译，商务印书馆1980年版，第295页。
[2] 具体参见郝祥满《中日关系史（894—1170）》，湖北人民出版社2016年版。

在内部传统秩序和价值观念被突破之际，内外的经济贸易往来必然导入新的外来文化，新思想、新文化的注入必然在旧文化母体中发酵，从而使整个机体产生变化。虽然注入的是外来的新宗教——禅宗，其影响却涉及日本经济贸易、政治体制、社会意识、外交思想等各个方面。

1189年，大日能忍将所悟（诗偈或其他形式？）呈宋僧拙庵德光求印证，并接受其印可，此证明，宋元以来日本尊华的心理（至少是文化上）在逐步形成，禅宗交流是培养其尊华心理的心灵鸡汤。当更多的日本僧侣由教入禅，进而在日本确立纯粹禅，于是促成室町时代中日之间的朝贡贸易，才有足利义满等积极开拓对华外交。禅宗转型过程中，随着它在日本的通俗化，也由出家者的人生哲学转型为执政者的处世哲学，禅林的规则成为社会政治管理的参考[①]。社会的转型是各种因素互为因果的结果，也是普遍联系的规律所决定的。

限于篇幅，并防止驳杂，本书的探讨，专注于中世日本"社会"，界定为社会政治、社会经济、社会心理、社会思潮和学术思想等，探讨这些社会问题与禅宗的关系，侧重于作为价值观、意识形态或被意识形态利用的禅宗，以及禅宗附带进入日本的朱子学。至于各种文学形式、各种美术、各种艺能、建筑等纯"文化"的内容，为了整体性的建构，简单提及。其具体分析，比如中世日本的"五山文化"，将不具体讨论五山文学、五山艺术（书法、绘画、茶道）等。中世日本文化、艺术转型方面的内容，另作专题研究（参见前文说明）。

第三节　本书叙事手法、论证方法和结构安排

一　叙事手法、论证方法和结构安排

本书力图最大限度地参考、引用原始文献，在考订原始文献，还原历史场景的基础上，论述"禅宗与中世日本社会转型"这一问题。历史研究必须叙事清楚，在讲好历史故事的基础上发表议论。

本书描写手法上明暗结合，即禅宗东渐及其在日本的转型、中世日本社会的转型为明线，读者从章节安排上一目了然；而两个转型之间关系的

[①] 〔日〕日本史研究会：《讲座日本文化史》（第三卷），东京三一书房1976年新装版，第18页。

研究，作为暗线贯穿全文。

为了让读者对日本禅宗有整体的印象，本书在第一章中介绍了中国禅宗输入日本并在日本立宗的前史及早期禅宗在日本立宗失败的原因，在分析失败原因的基础上，导出中世日本能够接纳禅宗的社会条件、宗教文化和信仰环境，特别是政治条件。

第二章到第六章则是中世日本社会引进、接纳禅宗，并将禅宗作为日本"国教"的历史过程，在叙事的基础上加以分析。第二章叙述禅宗初传日本与旧佛教妥协的兼修禅，主要介绍禅宗开创初期，日本宗教改革派引入禅宗的挫折、无奈，他们或变通、或坚持，终于使禅宗能够在日本生根发芽。第三章叙述日本僧人到宋朝修禅问道以及由教入禅的历史，说明这一渐变，兼修禅群体的壮大，为纯粹禅的确立奠定了基础。第四章叙述宋朝禅僧东渡日本传扬纯粹禅的历史，说明宋僧信仰的坚持对日本意识形态的影响。第五章是元代的中日禅宗交流，两国间的战争没有影响到两国的文化传输，日本禅宗发展的新局面恰恰因一山一宁等的到来而开创。第六章主要是明代建立后的中日禅宗交流，以及日本五山制度的最终确立，禅宗成为日本国教的具体表现和影响。

第七章到第十章则以中世日本的社会政治为背景，从贸易和庄园经济、外交及其顾问人员、主流思想和学术观念、社会风气和生活制度等层面说明禅宗对中世日本社会转型的影响。

由于本研究涉及中日僧侣群体、武士集团，故本书在具体研究中突出采用了心理分析的方法。分析中世日本社会的群体心理，理解日本社会在接受外来文化、思想的过程中，是如何克服"接纳与抵制"的矛盾。

由于"中日禅宗交流史"是本研究重点内容之一，故不可避免地采用了比较研究的方法，作一些中日社会文化的比较分析。

最后要说明的是，本书以"禅宗""社会转型"为关键词，确定选题，其基调不是强调中世日本社会转型的决定因素就是从中国东渐日本的禅宗，而是要说明，禅宗确实对中世日本社会转型有些什么样的重要影响。另外，中世的中日禅文化交流成为本书的暗线，不能不让人注意到，禅宗作为中国传统文化在历史上表现出的软实力。但我们在研究中时刻提醒自己注意的是，学术研究必须力求客观，不可夸大其研究对象的社会作用。

二 本书论证所参考的史料及前期研究成果

对于日本禅宗史、中日禅宗交流史的研究，以及日本禅宗文化、武家文化的研究，学界已经很深入，成果丰富，特别是在日本国内，史料的整理也很完备。例如日本国内研究武士、武家文化和幕府体制等方面的著作和论文，可谓汗牛充栋，本书无法在"绪论"中将前期成果向读者一一介绍，读者具体可以参照本书"附录二"中的征引和参考文献书目。

征引和参考文献书目在本书中，担当了史料和前期研究介绍的功能，以此替代相关研究的前期成果综述，减少内容的重复，这里主要强调一下本书频繁引用的史料丛书。

本书的撰写、观点的论证，尽量使用第一手史料，引用率较高的是，由日本人高楠顺次郎等编辑的《大正新修大藏经》相关部分，特别是《大正新修大藏经》第80册、第81册、第82册"续诸宗部"的中日禅僧语录。《大正新修大藏经》简称《大正藏》，由日本"大正一切经刊行会"于20世纪20年代开始校勘、印行。因其铅字印刷，比雕版影印的大藏经使用方便，被中日学者广泛征引。中国台北佛陀教育基金会1990年影印了《大正藏》，中国大陆近年来亦多有影印。前田慧云、中野达慧等日本明治三十八年至大正元年（1905—1912）编集的《卍续藏经》（又称《大日本续藏经》）情况亦同。

其次是《大日本佛教全书》所收《本朝高僧传》《游方传丛书》《荫凉轩日录》等；以及《群书类丛》《续群书类丛》传部等、《史籍集览》《续史籍集览》所收录禅僧日记《空华老师日用工夫略集》《鹿苑日录》等，《大日本古记录》所收录的《卧云日件录拔尤》等。

日本学者研究中世禅宗及其社会影响的有玉村竹二、辻善之助、村井章介、上川通夫、纲野善彦、芳贺幸四郎、西尾贤隆、荻须纯道、玉悬博之等。特别是玉村竹二这方面的研究成果值得参考，他的《日本禅宗史论集》[①]，分上、下两卷三大册，内容涉及制度、建筑、人物等各个方面。由于日本学者的许多论文都以结集成书的方式重复发表，而且他们在把相关论文纳入著作时，作了一些系统的修改或补充，故本研究的许多征引直接引用他们的著作。

大陆学者（如杨曾文[②]、王仲尧[③]等）、台湾学者（如关世谦[④]等）的相关研究成果，本书在相关观点的论证中多有参考，均有注释，不在此一一介绍。

[①] 〔日〕玉村竹二：《日本禅宗史论集》（上、下卷），京都思文阁出版1976年版。
[②] 杨曾文：《日本佛教史》，浙江人民出版社1995年版。
[③] 王仲尧：《南宋佛教制度文化研究》（上、下册），商务印书馆2012年版。
[④] 关世谦：《中国禅宗史》，台北东大图书股份有限公司1986年版。该书涉及天童如净与道元禅师的研究。

为节省篇幅，本书对于前期相关研究成果中存在的问题和批评，亦不在绪论中讨论，而在文中随论而出。

本书的创新点，主要体现在对所研究问题系统的、整体的把握上，可为今后的研究者提供一个中古日本社会史宏观的视角。

第一章　1170年以后的日本宗教改革与信仰转型

1170年，日本太政大臣平清盛（1118—1181）在其摄津的福原别庄内招待宋朝商人，特意邀请后白河上皇（1127—1192）出席，并与后白河上皇一起召见了宋朝商人。在上皇参拜日本的圣地之一严岛神社时，平清盛又使用宋朝的商船作为上皇的御船。

这是日本朝廷主动出面，后白河上皇以"太上天皇"的尊号回牒宋朝，促进中日两国政治交流和贸易往来，不再被动应付宋朝廷和明州的各种"国书"及国交问题，此举乃日本朝廷自"延喜（901—923）以来未曾有的事"[①]。平清盛此举不仅打通了中日"政府间"的政治和经济联系，而且逐步深入的中日贸易促进了中日间的文化交流，促进了日本的宗教改革和中世社会的信仰转型。一批对日本社会现实不满，且怀有改革抱负的日本僧人如觉阿、荣西等，因国门开放得以自由来华求法巡礼，而在中国兴起于南朝、兴盛于宋朝的佛教禅宗，从此得以输入日本，影响日本各阶层，作为"新佛教"的主要宗派之一在日本兴盛起来。禅宗寺院、宗派在中世日本的纷纷创立，促成了中世日本的宗教改革和信仰转型，并深刻改变了中世日本社会。

第一节　1170年以前中国禅宗在日本的"昙现"

一　奈良平安初期禅宗初传日本的遭遇

中国佛教诸宗，三论宗、成实宗、法相宗、俱舍宗、华严宗、律宗

[①] 〔日〕藤原兼实：《玉叶》（图书寮丛刊·九条家本），东京宫内厅书陵部1995年版，第197页。

等，于7、8世纪先后传入日本，形成"奈良六宗"（或称"南都六宗"）。天台宗、密宗则于9世纪初东传日本，得到平安朝廷的扶持，很快立宗发展并凌驾于奈良六宗之上。到日本平安时代中期，此八宗经过斗争和妥协，"显密兼修"，形成以密教信仰为主导，并以延历寺、东大寺、兴福寺等为核心的"显密体制"（或称"显密佛教"）。何以禅宗在日本的确立姗姗来迟呢？

中国佛教禅宗，兴起于南朝末年，至唐代立宗，许多禅僧成为国师，来唐求法巡礼的日本僧人其实已经接触到了禅宗，并试图向日本输入并传播禅宗。到北宋初期，来宋求法取经的奝然也曾致力于此。但在1170年以前，中日高僧们向日本输入禅宗的努力都失败了，何以如此？简单地说，就是遭遇到日本佛教此八宗和"显密体制"严密的防范。

尽管早期禅宗传播者在日本的努力失败了，却为1170年以后（南宋以后）禅宗得以东传日本并在日本立宗做了重要的准备工作。

关于禅宗东传日本，日本中世亦有圣德太子传禅兴禅的传说，说太子曾"游片岗，逢菩提达摩"[1]，这是说，菩提达摩曾经东渡日本并化身为"片冈饥者"开示太子了。许多日本学者论及日本禅宗史，忍不住从达摩东渡日本开始说起[2]。本人认为，这只能是一个妄想的传说，是后人的附会，很可能是受平安末期、镰仓初期密教的影响。其实，圣德太子本人的真实性尚有许多值得怀疑之处。

日本临济宗开山祖师荣西和尚在他的《兴禅护国论》的跋文"故德证诚门"中，专门论及奈良、平安时期中国禅宗东传日本之事："爰西来大师，鼓棹南海，杖锡东门以降，法眼逮高丽，牛头迄日域。学之诸乘道达，修之一生发明，外打涅盘扶律，内并般若智悲，盖禅宗也。"[3] 荣西在其文中并未提及达摩到日本的传说，但荣西的表述暧昧，意在暗示日本僧侣一直受到禅宗的影响，密教徒兼习禅学。这说明荣西认识到，禅宗的宣传不得不利用密教，故禅宗最初在日本立足的时候，以"兼修禅"的面目示人。

可以确定的是，日本僧俗之中真正最早接触中国禅宗之学的，应该是

---

[1] 〔日〕虎关师炼撰，黑板胜美编：《元亨释书》，收入《新订增补国史大系》（新装版）第31卷，东京吉川弘文馆2004年版，第216页。
[2] 〔日〕林岱云：《日本禅宗史》，东京大东出版1938年版。诚进社1977年版。
[3] 〔日〕市川白玄等校注：《中世禅家的思想（中世禅家の思想）》，收入《日本思想大系》16，东京岩波书店1972年版，第99页。

奈良时期的南都律师道昭（629—700）。道昭本为日本南都旧寺元兴寺（原为苏我氏建立的法兴寺）僧人，唐永徽四年（日本孝德天皇白雉四年，653年），日本朝廷派遣小山长丹为大使来唐朝贡，道昭以留学生的身份随同，到长安后拜玄奘为师，据说很受老师器重。创立法相宗的玄奘（602—664）善于因材施教，见道昭学法相宗难见成就，便传授其禅宗，所以道昭毕业后"直回南都"，在"元兴寺东南隅，别构禅院"，将从中国"传来经籍藏于禅院"。到日本和铜二年（710年，唐中宗景龙三年），"元明天皇迁都平城，昭之徒奏建禅院于新都，是谓平城右京禅院也，经书亦藏于慈①"。尽管道昭理解能力有限，但他很勤奋，而且此时日本的佛教重在机械地记诵，回国后的他足以让日本公认："本朝入唐传法相者，凡有四人，道昭第一番也。"② 其实，道昭也是为日本传入中国禅宗的"第一番"，只是禅宗并没有因他而在日本流传。

其次，在日本宣传禅宗的，便是736年东渡日本的唐朝僧人道睿③，道睿曾参谒神秀弟子嵩山普寂，深通禅宗。故荣西说，"日本国天平中，唐道睿在大安寺，以禅宗授行表和尚"④。行表虽从大安寺道睿受戒并接受了禅宗，但并未为禅宗在日本的传播做过什么努力，也许本身就是一知半解。

进入平安时代，日本天台宗传教大师最澄及圆仁、圆珍等一门来唐留学时，显然接触到了禅宗，回国后也宣传了禅宗及禅法。荣西在《兴禅护国论》中就指出：

  传教大师谱文云：谨案某度缘云，师主左京大安寺传灯法师位行表（文），其祖睿和上，自大唐持来写传，达摩大师法门，在比睿山藏。延历末向大唐国请益，更受达摩大师付法，大唐贞元二十年（804）十月十三日，天台山禅林寺（今大慈寺）僧修然，传授天竺大唐二国付法血脉，并达摩大师付法牛头山法门等，顶戴持来安睿山。⑤

---

① 当为"兹"之误。
② 〔日〕师蛮：《本朝高僧传》（第一），编入《大日本佛教全书》第102册，佛书刊行会1913年版，名著普及会1979年复刻版，第65—66页。
③ 睿，繁体作璿，也有写成"璇"字等。
④ 〔日〕荣西：《兴禅护国论》卷上，收入《大正新修大藏经》第80册，台北佛陀教育基金会1990年印刷，第4页。
⑤ 〔日〕荣西：《兴禅护国论》卷上，收入《大正新修大藏经》第80册，台北佛陀教育基金会1990年印刷，第4页。

第一章　1170年以后的日本宗教改革与信仰转型　15

传教大师等虽在唐接受了达摩付法之牛头禅法，但因其致力于天台宗在日本的传播，只是在天台宗思想中融入了禅宗的禅法，因而禅宗当时在日本影响甚微。

日本真言宗弘法大师空海，在唐期间应该也接触或了解过禅宗，虽然从中国求得百法归日本，他也遗憾没有为日本请来禅宗，空海这一遗憾见于史书记载之中：

> 世言：橘皇后问密法于弘法，法盛称之，后曰："更有法之迈之者乎？"法曰："太唐有佛心宗，是达摩之所传来也，炽行彼地。空海又虽少闻之，未暇究之尔。"因兹，后使蕚扣问灵池。①

日本《本朝高僧传》第十九《洛阳檀林寺沙门义空传》对此有记载：橘皇后曾经诏空海问密法，并问空海是否有优于密教的佛法存在？空海回答："唐有佛心宗，乃达磨氏所传，此法最尊无上也。空海虽少闻之，未遑究焉。"这里空海所称的"佛心宗"就是禅宗，即入宋以后奝然要追随师足迹所求的"三学宗"。橘皇后一听此言，便亲自"裁造绣袈裟并宝幡，遣慧蕚法师入唐聘请有道禅师"②。慧蕚入唐及之后拜师的有关经历如下：

> 蕚抵杭州，献袈裟于一时名衲，施宝幡镜奁之具于五台山。寻往盐官县海昌院，谒齐安国师，启曰："吾国经论之宗鼎盛，禅宗未传，愿得国师神足，以为本邦之始祖，国后之志也。"国师感其诚信，命空受请。空与法弟道昉等及蕚，泛海着太宰府。蕚先入京城具奏，皇后大悦，馆于东寺之西院，慰劳勤挚。就诏入宫询禅，奏对称旨，敕住檀林寺，为开山祖，礼问相继。天皇听其道声，宠赐优渥。官僚缙绅参问者多，如中散大夫藤公兄弟是其选也。③

但是，许多人谈及禅宗只是赶时髦而已，当时的日本人尚无法理解禅宗，虽知道有禅宗，"然实参实悟者，橘后一人而已"，义空禅师知道时机"未熟，辞之归唐。语句不传"。只留下纪事碑一尊、"唐人书函十七通，现在栂

---

① 〔日〕铃木学术财团编：《游方传丛书第四》，收入《大日本佛教全书》第116册，东京佛书刊行会1915年版，第536页。
② 〔日〕师蛮：《本朝高僧传》（第一），《大日本佛教全书》第102册，第270页下。
③ 〔日〕师蛮：《本朝高僧传》（第一），《大日本佛教全书》第102册，第270—271页。

尾之文库"①。唐僧义空禅师为中国禅宗在日本的弘传作出了极大的努力。

此外，还有日僧瓦屋能光，"航海入唐"朝，"参洞山价禅师，亲乘法印。天复初游化入蜀，永泰军节度使禄虔扆挹其道貌，舍碧鸡坊宅为禅院，请光而居，僧俗向化，大振禅风"②。但这是他在中国境内弘传，对日本尚无影响。

二　奈良平安时期传入日本的禅宗典籍

在法相、三论、律、天台、真言等八宗相继传入日本，并建立宗派之时，主张"不言之教"的禅宗无法被日本人接受，但中国禅宗典籍从此就不断输入日本。日本曹洞宗禅师莹山绍瑾在《十种敕问奏对集》中说："本朝传教弘法二师等，参祖师禅，得印证者，不可胜记。"③从典籍输入日本的角度来看，不无道理。

查看《传教大师将来越州录》，可见传教大师最澄曾将"《曹溪大师传》一卷""《达摩系图》一卷"携至日本④。荣西在他的《兴禅护国论》中强调，最澄曾经在比睿山传禅。

随后到唐朝求法巡礼的慈觉大师圆仁，也求取得禅宗经典回日本，圆仁的《日本国承和五年入唐求法目录》中就记载有"《大唐部州双峰山曹溪宝林传》十卷一帙（会稽沙门灵彻字明泳序）"⑤。又，其《慈觉大师在唐送进录》中载有"《曹溪宝林传》十帖（二帖）"；在其承和十四年的《入唐新求圣教目录》中也载有：

《曹溪山第六祖惠能大师说见性顿教直了成佛决定无疑法宝坛经》一卷（门人法海集）

《唯心观》一卷（菩提达摩撰）

《南阳和尚问答杂征义》一卷（刘澄集）

《曹溪禅师证道歌》一卷（真觉述）

《甘泉和尚语本并大誓和尚以心传心要旨》一卷

---

① 〔日〕师蛮：《本朝高僧传》（第一），《大日本佛教全书》第102册，第271页下。
② 〔日〕师蛮：《本朝高僧传》（第一），《大日本佛教全书》第102册，第272页。
③ 〔日〕莹山绍瑾：《十种敕问奏对集》，收入《大正新修大藏经》第82册，新文丰出版公司1990年影印版，第422页。
④ 〔日〕最澄：《传教大师将来越州录》，收入《大正新修大藏经》第55册，第1059页。
⑤ 〔日〕圆仁：《日本国承和五年入唐求法目录》，收入《大正新修大藏经》第55册，第1075页。

《达摩和尚五更转》一卷（玄奘三藏）
《最上乘佛性歌》一卷（沙门真觉述）
《大唐韶州双峰山曹溪宝林传》一卷，会稽沙门灵彻①

作为日本"入唐八家"之一的惠运和尚，其《惠运禅师将来教法目录》中亦载有"《菩提达摩论》一卷"，其《惠运律师书目录》载有"《菩提达摩论》一卷""《禅宗脉传》一卷""《维摩经记》一卷（江宁牛头山惠融和尚译）"②。

以后就越来越多了。

圆珍和尚《福州温州台州求得经律论疏记外书等目录》载有："《禅门七祖行状碑铭》一卷（复一十三卷）""《达摩宗系图》一卷（新写）""《曹溪山第六祖能大师坛经》一卷，（门人法海集，随身）"③；另其《青龙寺求法目录》中载有"《达摩和上悟性论》一卷（随身）""《百丈山和尚要诀》一卷（神海集，随身）"④。在"入唐八家"中，携入禅宗典籍最多的是圆珍，除了以上典籍之外，再据其《日本比丘圆珍入唐求法目录》所载，又有：

《傅大士歌》一卷
《梁朝志公歌》一卷
《达摩系图》一卷
《达摩和上悟性论》一卷
《曹溪能大师坛经》一卷⑤
《禅宗会唯识文》一卷
《达摩尊者行状》一本
《达摩和上碑文》一本
《中岳少林寺释惠可本状》一本
《可和尚碑文》一卷

---

① 〔日〕圆仁：《入唐新求圣教目录》，《大正新修大藏经》第55册，新文丰出版公司影印，第1083—1086页。
② 〔日〕惠运：《惠运律师书目录》，《大正新修大藏经》第55册，第1091页。
③ 〔日〕圆珍：《福州温州台州求得经律论疏记外书等目录》，《大正新修大藏经》第55册，第1094页。
④ 〔日〕圆珍：《青龙寺求法目录》，《大正新修大藏经》第55册，第1095页。
⑤ 〔日〕圆珍：《日本比丘圆珍入唐求法目录》，《大正新修大藏经》第55册，第1100页。

18　禅宗东渐与中世日本的社会转型

《舒州峴（皖）公山释智璨事迹》一本
《璨禅师碑文》一本
《唐蕲州双峰山释道信踪由》一本
《信禅师碑文》一本
《杜正伦送双峰山信禅师碑文》一本
《唐蕲州东山释弘忍议行》一本
《唐蕲州忍禅师碑文》一本
《唐荆州玉泉寺大通和尚碑文》一本
《唐韶州曹溪释慧能实录》一本
《能禅师之碑文》一本　上十五本合卷
《南宗菏泽禅师问答杂征》一卷
《菏泽和上禅要》一卷①

另据《智证大师请来目录》，其中所载禅宗典籍及相关典籍还有：

《梁朝志公歌》一卷
《达摩宗系图》一卷
《达摩和尚悟性论》一卷，未详
《曹溪能大师檀经》一卷，海
《十四科义》一本（生公），《法门名义》一本（上二本合卷）
《六祖和尚观心偈》一卷
《百丈山和尚要诀》一卷
《达摩尊者行状》一本
《菩提达摩碑文》一本，梁武
《中岳少林寺释惠可本状》一本
《可和尚碑文》一本，琳
《舒州峴（皖）公山释智璨事迹》一本
《璨禅师碑文》一本
《唐蕲州双峰山释道信踪由》一本
《信禅师碑文》一本，杜正伦
《杜正伦送双峰山信禅师碑》一本
《唐蕲州东山释弘忍议行》一本

---

① 〔日〕圆珍：《日本比丘圆珍入唐求法目录》，《大正新修大藏经》第55册，第1101页。

《蕲州忍禅师碑文》一本

《唐荆州玉泉寺大通和上碑文》一本

《唐韶州曹溪释慧能实录》一本

《大唐韶州广果寺悟佛知见故能禅师之碑文》一本（上一十五本合册子）

《南宗菏泽禅师问答杂征》一卷

《菏泽和尚禅要》一卷①

《南阳忠和尚言教》一本

《傅大士真影》一张

以上是作者的简单归纳，仔细检索可能还不止于此。一言以蔽之，日本僧俗在接受禅宗之前，已经熟悉了较多的禅宗典籍。

三 早期禅宗东传日本遭遇失败的原因

奈良到平安时代早期，中国禅宗虽几度被推介给日本人，却只是在日本昙花一现，不能被普遍接受、广泛流传。以上列举的各家输入的禅宗典籍，虽然不是昙花，却被束之高阁，很少被阅读、宣传。究其原因，大体归于以下几点：

第一，是因为没有得到有力檀越的支持。慧萼来唐朝求禅宗，其机缘是弘法大师空海和橘皇后的一次论道，于是日本开始建造禅院，这也是因为有橘皇后这样有势力、有财力的大檀越支持。一旦失去有势力的大檀越，不仅是禅宗寺院，就是其他宗派的寺院也难以发展，所谓"佛法必应依国王施行，令流通也"②。

第二，是因为古代中日两个民族之间，思想、文化的交流很大程度上依赖于书籍的翻译。日本对中国的理解，离不开汉字这一工具，只有相互的理解达到一定的默契之后，才能"以心传心"，禅宗的输入并被日本人接受才有可能。故荣西传禅时，有日本人质问他："禅宗不立文字，则无依凭，若无诚证者，帝王难信容。又汝以不肖身，何辄警天听耶？"③ 这说明许多日本人认为没有文字就无法理解和接受禅宗。日本是通过文字、典籍吸收中国文化的，到北宋时期，在禅僧和士大夫的共同努力之下，中国

---

① 〔日〕圆珍：《智证大师请来目录》，《大正新修大藏经》第55册，第1106页。
② 〔日〕荣西：《兴禅护国论》，《日本思想大系》16，东京岩波书店1970年版，第107页上。
③ 〔日〕荣西：《兴禅护国论》，《日本思想大系》16，东京岩波书店1970年版，第103页上。

不仅出现了大量的语录和灯录，而且出现了注解公案的新的语录体裁，如临济宗高僧善昭（947—1024）首创之颂古，用韵文对公案作出的赞誉性的诠释①，这为禅宗输入日本并为日本人所理解创造了条件。

第三，唐末、五代中国的战乱，令日本停止了朝贡使节和留学生的派遣，日僧来华求法巡礼一时中断。日本平安贵族极力宣扬其"国风文化"，因文化自信而故步自封，这就使得佛教新的宗派（包括禅宗和净土宗）难以传入日本。

第四，是因为旧宗教对于新思想的抵制和排斥。佛教旧宗派一旦形成势力之后，作为国家意识形态得到了日本朝廷支持，于是极力防止排挤新思想、新宗派的出现，以防威胁自己垄断意识形态的地位。平安初年是"南都六宗"（或称"奈良六宗"）抵制北岭天台、真言二新宗；平安中期是天台等八宗抵制禅宗、净土宗等新信仰。这就形成了日本佛教所谓的"显密体制"和"权门体制"②，使新的宗派（包括禅宗和净土宗）难以成长。

第二节　北宋时禅宗东传日本却未能在日本立宗的原因

一　奝然宣扬禅宗及其失败③

10世纪，北宋的局部统一及其文化复兴政策，引起日本朝野的关注，中国的禅宗、净土宗再次冲击日本。自圆珍来唐求法之后，到983年，奝然（938—1016）是第一个来宋朝求法的日僧，他将雕版《大藏经》请进日本，向日本佛教界介绍了宋朝的新译佛经、新佛教，尤其是宋朝正在兴盛的禅宗和净土宗。当时日本尚未引进的佛教新宗只有禅、净二宗。

10、11世纪作为日本最著名的高僧源信（942—1017），以其理论水平和道德魅力，尽管他已经组织结社，撰写了《往生要集》等书在日本极力宣传，都无法确立净土宗，而日本净土宗的创立则必须等待源空

---

① 参见魏道儒《禅宗看话禅的兴起与发展》，《中国文化》1992年第6期。
② 主要由先后任大阪大学、大谷大学教授的黑田俊雄提出，黑田阐述其理论的主要论著包括《中世的国家与天皇》（岩波书店1963年版）、《庄园制社会与佛教》（京都法藏馆1967年版）、《日本中世的国家与宗教》（岩波书店1975年版）、《中世寺社势力论》（岩波书店1975年版）、《寺社势力——另一个中世社会》（岩波书店1980年版）、《王法与佛法——中世史讲图》（法藏馆1983年版）等。
③ 参见郝祥满《奝然与宋初的中日佛法交流》，商务印书馆2012年版。

(1133—1212）来实现。

奝然也想成为日本的新一代开山宗师，弘扬来自宋朝的佛教新宗派。由于奝然在净土宗的理论建构上比不上同时代的源信，故选择了重实践的禅宗。尽管他的选择是对的，可是传教的时机尚未成熟。因为日本的旧佛教显密诸宗还没有进入山穷水尽的境地，其内部的人还很少有打破"显密体制"的想法①。

奝然来宋求法，回日本传禅宗，理由如下：奝然在宋朝期间交往的大多是禅僧，熟悉新兴的比较现实主义的禅宗，这种接触让他接受了宋朝的禅宗，并希望借禅宗以改革日本宗教界的现状，确立新宗。奝然自宋返日后宣扬禅宗一事就是奝然在宋朝接受了禅宗的证明。

12世纪末的禅僧明庵荣西（1141—1215）在《兴禅护国论》一书中记载奝然传禅宗。当时有人就禅宗输入日本问题问荣西："法桥上人位奝然，入唐归朝，欲建立三学宗。依诸宗诉，被败已毕。此宗同异如何？"荣西把奝然的三学宗和禅宗作了比较之后回答道：

> 名字已殊，不及鱼鲁欤？且不知奝然之意趣。今之禅宗者，清净如来禅也。无三学名字，梁朝已来，只号禅宗而已，更无别号，无异辙矣。②

荣西认为自己所求回日本的，与奝然欲弘扬的，没有什么差别，虽"名字已殊"，"不及鱼鲁欤？"有关奝然从宋朝回日本后传禅宗、立新宗又一明确记载，是与《兴禅护国论》大约同时代的《三僧记类聚》所记载的"奝然事"，称：

> 奝然法桥，申请传达磨宗，宣旨流布之由沙汰候间，很快被诸宗之人（脱"寻"？）古今之例，以所立宗义不甚分明，结果不被批准立该宗。③

---

① "显密体制"是日本佛教研究常用的概念，概指平安时代以前的佛教八宗。例如平雅行《日本中世的社会与佛教（日本中世の社会と仏教）》（博士学位论文，大阪大学，1993年）论及"显密体制论的意义"（见该书第32页）。
② 〔日〕荣西：《兴禅护国论》，《日本思想大系》16，东京岩波书店1970年版，第108页下。
③ 转引自〔日〕西冈虎之助《奝然与三学宗的建立（奝然と三學宗の建立）》，载《历史地理》第46卷第1号，第87页。

此"达磨宗"之名比"三学宗"更为明显,这条史料不仅说明了奝然传禅宗,还说明了其立宗失败的原因。

奝然所在的10、11世纪之交,禅宗在日本还难以从其他宗派内独立出来,日本接受和理解禅宗的时机还不成熟,恰恰是禅宗受到其他寺院宗派的抵制。

从荣西的以上对话可知,奝然的新宗构想被日本各旧有宗派否定。更重要的是,奝然宣扬的禅宗是被他改造的禅宗,即三论宗、密教宗和禅宗的结合,可惜缺少明确说明"三学"即"禅"的相关资料,但荣西认为,奝然的三学宗就是禅宗,"无异辙矣"。奝然名"禅宗"为"三学宗",是一种折中的做法,三学可能是指戒、定、慧,本期待能够得到日本僧众的理解和接受,经过他的泛泛而论且名不正、言不顺,当时的日本僧界接受不了。

从奝然在宋求法期间的日记等史料记载看,他过于关注中国佛教的事项,缺少理论研究,故回国后无法提出立宗的有力理论,如后来荣西的《兴禅护国论》那样。实际上,在10世纪末的日本,奝然就是给日本贵族们提供正宗的禅宗,他们也是难以接受的,只能是让日本佛教徒们多一个失望的"空""无"世界,他们无法接受"呵佛骂祖"的禅宗、无佛无祖的偶像否定,当时的日本贵族是希望有一个实在的净土,有可赖以拯救接引的佛和圣众。

奝然在日本树立禅宗失败的原因还在于他无法和旧学决裂,不能不依赖已有的三论宗知识,因而由三论宗而提出"三学宗"这一新鲜名词。荣西后来之所以成功,是因为荣西来宋时,宋朝僧人告诉他,要习禅必须抛弃以前的一切修为,从零开始,从空无开始,荣西能空且能权变,所以荣西终于成功了。

奝然在日本树立禅宗失败的原因还有宿命的因素,奝然任东大寺别当时,与当年义空住持檀林寺一样,所住持的寺院遭遇大风而被摧毁,世人宿命将此归于天意,称天意拒绝在日本兴禅宗。此时日本天台诸宗势力强大,足以利用这类天灾抵制新思潮的"泛滥"。

日本天台宗的本山延历寺抵制建立禅宗,强调日本天台宗乃"一大圆教","'圆(天台)、密、禅、戒'四宗相承"[①],是"三宗一致的天台宗",其三宗即天台宗、密宗和禅宗,实乃"圆教的三谛",总之是最完善的,不需要改造的,禅宗在延历寺是作为天台宗的从属而存在的。延历寺

---

① 杨曾文:《日本佛教史》,浙江人民出版社1995年版,第119页。

的天台宗在 10 世纪的日本佛教界正处于有利的地位，在八宗中影响最强，它希望维持现状，因此不希望有什么改革或新思想的流传，不希望禅宗独立于八宗之外，作为第九宗出现在日本，从而影响和分裂延历寺现在的有利地位。兴禅本是慈觉大师未竟之愿望，在慈觉门徒看来，即使分立禅宗，此大任也不能由其他宗派的僧侣来完成。

二 成寻与宋人论禅宗及让弟子带回日本的禅宗典籍[①]

奝然来宋朝求法，回日本传禅宗失败，又过了 80 多年，天台宗僧人成寻（1011—1081）又寻着他的足迹来宋朝求法了，成寻在其旅宋日记《参天台五台山记》中记载，在宋朝寺院里所见的，且令他感到"不思义也"的许多事情，多是他所不了解的禅宗清规和禅僧威仪。

从成寻的旅宋日记看，他一踏上宋土，就有宋朝僧俗向他介绍禅宗。宋熙宁五年（1072）闰七月二十二日，他在台州先后拜访少卿衙门、转运谏议衙门时，宋朝官员便与其"笔言，重重问答"论禅说法。比如，转运使见成寻手中所握的法器独钴，便指着该钴问成寻："得见金刚杵，何见金刚禅？"成寻回答道："禅常在心中，何因望得见。唯独自明了，余人所不见"。从成寻的回答来看，机锋敏锐，令转运使连连叫好[②]，成寻也对自己的回答颇为满意，毕竟他随身携带了奝然旅宋的日记《在唐记》，让他有所准备。

成寻在浙江期间看到不少来台州参加科举考试的明州、温州和台州三地秀才，借宿国清寺备考。宋朝文士流行读经批经，见日本僧人成寻，这些秀才便找成寻讨论佛法。例如，成寻从转运使府衙返回住所的当晚，有明州秀才来造访，笔谈中他告诉成寻："达磨西来，九年弘法；国师东至，传其言句。"[③] 由于成寻出自天台宗，与宋人自然喜谈天台教，并宣扬天台教，因中国正在兴盛的禅宗，秀才们显然要建议成寻多多了解并接受禅宗，并回日本弘扬。

日延久四年（1072）闰七月二十五日，成寻在国清寺十方教院巡礼，当时有从韶州来的客人告诉他，"六祖惠能禅师主处，有州内曹溪宝林山

[①] 详细参见郝祥满《中日关系史（894—1170）》，湖北人民出版社 2016 年版。
[②] 〔日〕平林文雄：《〈参天台五台山记〉校本及其研究（〈参天台五臺山記〉校本并に研究）》（上），东京风间书房 1978 年版，第 71 页。
[③] 〔日〕平林文雄：《〈参天台五台山记〉校本及其研究（〈参天台五臺山記〉校本并に研究）》（上），东京风间书房 1978 年版，第 72 页。

南华寺，有二百僧。六祖真身塔在彼寺，州四十里者"①。这显然是劝成寻到南华寺习禅。

成寻在宋朝寺院求法巡礼期间，见到了禅宗修行的方法，也就是后来荣西来南宋时所见的禅宗清规对宋朝寺院宗风的影响，例如"六威仪"所要求的相关做法：

> 谓老少恒着大衣（七条、九条）。每互相见，先合掌低头，深致和敬之礼。饮食时、经行时、坐禅时、学问时、读经时、眠卧时，不离众会。百千人集在一堂内，互护行仪。若有座阙，即维那检之，乃至小罪不恕。②

宋熙宁五年（1072，日延久四年）七月二十七日，成寻在台州看到了让日本僧人觉得"奇怪多端"的事，即高僧与"行者等着座吃，同器为例事"，其中"见惟观等布五条二长一短最为怪"③。成寻九月一日船到苏州时，特地停船派人下船购买了中式袈裟，一下子便买了"七条七贴衣衫七领"④，就是说给一行每个人都各买一件。宋熙宁五年九月二十一日在扬州普照王寺时，成寻礼拜之间顺便进了僧堂，见僧人"百五十人休息坐，各有衣钵，或卧或坐，或书法门或读经"⑤。这些都是他所见所闻的禅宗威仪。

耳濡目染之下，成寻在宋朝巡礼期间，不觉对达摩及禅宗关注并研究起来，而且体验了禅修生活。宋熙宁六年（1073）二月二十二日，成寻特意到文惠大师禅房借阅《南梁七代记》，因为有关记载"达磨魏来、梁来相违，欲见年代记也"⑥。

宋朝高僧们不断积极地向成寻介绍禅宗，对他产生了很大的影响。特别是文惠大师，认真向成寻介绍达摩来华经过，介绍宋朝禅宗的发展。宋熙宁六年（日延久五年）一月二十九日，文惠馈赠成寻"六祖影二张"，成寻后来特意送回日本珍藏，"一张石藏，一张进宇治藏"⑦，这是成寻生

---

① 〔日〕平林文雄：《〈参天台五台山记〉校本及其研究（〈参天台五臺山记〉校本并に研究）》（上），东京风间书房1978年版，第72页。
② 〔日〕市川白玄等校注：《中世禅家的思想（中世禅家の思想）》，《日本思想大系》16，东京岩波书店1972年版，第118页。
③ 〔日〕平林文雄：《〈参天台五台山记〉校本及其研究》（上），第61页。
④ 〔日〕平林文雄：《〈参天台五台山记〉校本及其研究》（上），第88页。
⑤ 〔日〕平林文雄：《〈参天台五台山记〉校本及其研究》（上），第102页。
⑥ 〔日〕平林文雄：《〈参天台五台山记〉校本及其研究》（上），第215页。
⑦ 〔日〕平林文雄：《〈参天台五台山记〉校本及其研究》（上），第207页。

涯中两个重要的日本寺院经藏，这一接受和安排表明他接受了禅宗并要向日本弘传。还有一个重要证据就是，随后的二月二十四日，文惠大师又为成寻送来《达磨大师自西天来堪文》：

> 达磨大师以正法眼藏及袈裟付嘱二祖惠可，听吾偈曰：
> 吾本来兹土，传法救迷情；一花开五叶，结果自然成。
> 大师当梁武帝普通八年丁未九月二十一日到此土。……①

成寻认真抄录了堪文，让弟子送回日本，显然是接受了宋僧的劝导，并接受了禅宗，有意向日本流传。与此同时，成寻自己也订购了不少的禅宗典籍送回日本，如《景德传灯录》一部三十二卷。②成寻在宋期间，通过他积极向日本介绍禅宗的宋朝高僧不乏其人，从向成寻赠送禅宗相关典籍、法宝的举动上就能说明问题。例如嵩大师特意送给成寻达摩六祖《坛经》一帖。③可惜，成寻返回日本并没有像奝然一样向日本人宣传禅宗，并努力立宗。

三 北宋时期禅宗为何不可能在日本立宗

在北宋时期，中国的禅宗尚难以广泛并深入地影响日本社会，以至于在日本国内形成一个独立的宗派，成为日本的第九宗。主要是此时的天台宗和密宗在日本的社会影响太大，而且延历寺等天台宗寺院势力强大到可以左右朝廷政治，该宗僧众为了维护既得利益，不希望有任何宗教革新，极力防止出现新宗派而挑战自己的垄断地位。

奝然于9、10世纪之交在日本宣扬禅宗，以树立佛教新宗来挑战延历寺的宗教地位，突破"显密体制"，延历寺僧众因此极力打击嘲笑奝然，说他没有这样的才能和天资，日本这种排斥新思想的状况，直到历史进入12、13世纪之交依然没有改变。

所以，当荣西从南宋求法归来，在日本宣扬新的禅宗之时，日本天台宗的僧侣依然嘲笑他的个人能力和学识不配开山立宗，荣西在第二次来宋之前经历到了和当年奝然相同的遭遇，对此荣西在《兴禅护国论》中特意提及：

---

① 〔日〕平林文雄：《〈参天台五台山记〉校本及其研究》（上），第215—216页。
② 〔日〕平林文雄：《〈参天台五台山记〉校本及其研究》（上），第270页。
③ 〔日〕平林文雄：《〈参天台五台山记〉校本及其研究》（上），第272页。

问曰:"或人云,立宗希代事也。汝非其人,何欲成于大事耶?"

答曰:"……虽为希代事,又虽为不肖身,以大悲行愿故,逐先圣之迹,无妨欤?况末代虽无其器,而置其名记之例不一也。若待太公欲为卿相,而千载无太公;要得罗什为师范,而万代无罗什。其佛法半偈不贱,何强嫌人哉?……"

问曰:"或人云,古代祖师,各皆大权萨埵也,汝既无异德,岂许兴废耶?"

答曰:"言辉瑛未现,而捐矿中宝哉?言皮囊臭,亦不可捐金也。蜀锦不问于主,槟榔只取于味而已。禅宗独诧传度人,况末代佛法,多以密益为事,不必求反通,今所难,非予一人耻乎?"①

日本僧界如此质问荣西,是因为他们走不出权威的阴影。批评攻击荣西的仍然主要是在政治上、信仰上处于支配地位的延历寺僧,他们不希望改变现状。故说:"禅者,诸宗通用法也,何建立别宗耶?"② 在保守延历寺僧看来,日本已经有了护国之佛法,不需要再从中国输入禅宗,故荣西被质问,"何禅宗独为镇护国家法耶"③。

荣西回国后,在建立寺院和宗派的过程中虽然遇到了和奝然同样的阻力,但与奝然不同的是,荣西不避嫌疑,寻求国王、大臣的支持,他在1198年脱稿的《兴禅护国论》题下自称"大宋国天台山留学日本国阿阇梨传灯大法师位荣西",在文中以问答的形式,旗帜鲜明地要求朝廷颁布敕令支持禅宗的流通,具体对话如下:

问曰:"或人云:念佛三昧,虽无敕流行天下,禅宗何必望敕耶?"

答曰:"佛法皆付属国王,故必应依敕流通也。又念佛宗者,先皇敕置天王寺,云云。今尊卑念佛,是其余薰也,禅宗争不蒙施行诏矣。"

---

① 〔日〕市川白玄等校注:《中世禅家的思想(中世禅家の思想)》,《日本思想大系》16,第105页。
② 〔日〕市川白玄等校注:《中世禅家的思想(中世禅家の思想)》,《日本思想大系》16,第104页。
③ 〔日〕市川白玄等校注:《中世禅家的思想(中世禅家の思想)》,《日本思想大系》16,第106页。

问曰："或人云：天下流行八宗①也，何有九宗耶？"

答曰："安然和尚《教时争论》云：三国诸宗，兴废时有，九宗并行（文）。智证大师云：禅宗是八宗之外也。三国九宗名字，捡可知之。"

问曰："此禅宗，戒定惠中何耶？"

答曰："此是如来禅也，不立文字宗也。与而言之，通诸大乘；夺而言之，离心意识，离言说相矣。"②

这是争取禅宗国教的地位、国家的认可，以国王为护法，显然威胁了处于国教地位的天台宗。故筑前吕崎的良辩和尚"嫉西之禅行，诱睿山讲徒，诉朝窜逐"③。在延历寺同门的攻击下，出身延历寺的荣西不得不离开本门下山，后来与东大寺建立起越来越密切的关系。

荣西最终立宗成功，在于他的权变和努力，也在于时机，荣西所处时代已经不同于奝然的时代，日本政治格局发生了很大的变化，形成了两个政治中心公家和武家，东方不亮西方亮，荣西不能争取朝廷还可以争取幕府。在信仰和思想领域，12世纪的延历寺及天台宗早已衰落，没有10世纪末的影响了，难以遏制新思想、新佛教了。

第三节　平安镰仓之际的社会动荡与宗教改革高潮

一　武士集团崛起后社会矛盾复杂化的中世日本

1170年以后，曾经作为公家（或称"公卿"）奴仆的武士阶级（日语称"侍"），不仅在日本的政治舞台上崛起，经济上对外"开放"，允许宋朝商人深入日本内地，甚至凌驾于公卿、皇室之上，故1170年平清盛力促中日建立官方关系的一系列行为被平安公卿骂为"天魔之所为"④，这使

---

① 八宗即奈良八宗，第九宗指禅宗。
② 〔日〕市川白玄等校注：《中世禅家的思想（中世禅家の思想）》，《日本思想大系》16，东京岩波书店1972年版，第108—109页。
③ 〔日〕虎关师炼撰，黑板胜美编：《元亨释书》，收入《新订增补国史大系》（新装版）第31卷，东京吉川弘文馆2004年版，第43页。
④ 〔日〕藤原兼实：《玉叶（玉葉）》（图书寮丛刊·九条家本），东京宫内厅书陵部1995年版，第197页。

得日本的政治斗争更加复杂，使中世日本社会的矛盾更加尖锐。

1170年前后，作为社会经济基础的庄园开始分割为相对分散的"名庄园"，"名主"阶层成长起来，与武士阶级的成长相互照应。随着庄园土地的兼并，由小名而大名，大名主不断积聚武装力量，名主便逐步武士化[①]，相应地中央贵族和寺社的庄园也不得不组织武装力量来警卫庄园，以致中世日本围绕土地所有的战争频仍。因国家土地总面积没有明显增加，社会阶层的分化致使中世围绕庄园、贸易等的经济斗争更为激烈。

在12、13世纪之交，平氏专权跋扈、"源平争霸"、平安镰仓政权的更替，社会急剧变化，战争频仍、政变不断，人们很容易把社会动荡的原因归于道德的沦丧、价值观的蜕变。面对如此混乱的社会，南都（奈良）北岭（比睿山）的日本佛教诸宗的高僧大德，率先思考如何改造日本社会，希望从改革教化人心的宗教开始，改造日本社会，为了完成这一改造，他们希望从中国获得精神力量和理论支持，这是禅宗在中世输入日本的重要前提。

一方面，以平清盛为代表的武家先后崛起，并推行"开国"政策，特别是平清盛，甚至想恢复中日"朝贡贸易"，中日人员贸易往来因此日益密切，中日交通便利、海上"丝绸之路"的繁荣，为日本高僧来宋求法创造了客观条件，日本来华求法的高潮再次兴起。武士阶级在中世日本的崛起，实用主义外交政策的推行，本书第七、第八章中有详细论述，此略。

中世日本，不断向旧有庄园渗透并日益处于政权核心的武士阶级，"尽管依然保持着'侍'这一公家奴仆的名称，但跻身于社会上层，掌握着实权，必然按照自己的要求建立组织新的社会"，为了巩固武家的政权，并维护其统治地位，必须打破"数世纪以来支配人心的南都北岭的教权"[②]。虽然旧的秩序和旧的信仰被打破了，但武士阶级尚未收服人心，武士们需要寻找新的意识形态的支持，要寻找良心的安慰，即残酷杀戮之后的忏悔、战争后的心理平复，并为新社会树立新的信仰，最后选择新传来的禅宗作为武士精神和信心的支持，因为武士和禅僧在新时期的发展有相互需求。

面对平安末世的动乱和利益争夺，代表民间的是立志改革的僧侣，他们纷纷赴宋求法取经，企图规范迷失的政治伦理，希望挽救沦丧的日本社

---

① 〔日〕安田元久：《日本庄园史概说》，童云扬译，武汉大学出版社1990年版，第94、101页。

② 〔日〕和辻哲郎：《日本精神史研究》，东京岩波书店1926年版，第256页。

会，纠正唯利是图的世道人心。

二 复兴密宗、天台宗的需要促使日僧西游

12世纪以来的日本，面对混乱的社会局面、贪欲的人情，许多力求变革的日本人开始自我批评其社会风气，心中逐渐丧失了之前对本国政治体制、伦理道德，以及日本"国风文化""显密体制"宗教信仰等的自信，并开始把目光再度投向中国大陆，寻求新的变革理论。

在10世纪"国风文化"成长之时，民族意识强烈的日本贵族是充满自信的。平安公卿贵族自信其制度，即所谓"万世一系"的天皇制优越于中国，以此傲视中国的王朝"革命"政治；平安佛教徒也有着强烈的宗教理论自信，自认为日本有可以傲视中国的密宗法术、义学，因为中国的密宗、天台宗已经衰落，典籍散佚以致到日本去搜购。其实，密宗在平安末期的日本盛行，恰恰是日本佛教发展走向没落的标志，当初在印度也是如此，所谓的祈祷灵验不足挂齿。科学知识的丰富必然导致密教的衰落，密宗在中国大陆的衰落在于此。

实际上，日本所谓的"镇护国家"的法宝密宗（包括真言宗密法和天台宗密法）并不能保证11、12世纪的日本一直平安，现实让他们中的许多人逐渐失去对此法宝的自信，乃至"厌离秽土"日本，"欣求净土"。

面对动荡的社会政治，越来越多的贵族和僧侣要求变革现实，包括觉阿（1143—1182）等较为清醒的日本天台僧侣，尽管受此前社会风气的影响，他们初来中国时锐气尚盛，但很快被中国禅僧的学养所挫败，皈依禅宗之法宝。

当然，保守的力量不会自行退出日本精神世界的历史舞台，不会轻易容纳外来的新思想、新学术。平安时代形成的所谓"显密体制"，对于12世纪以后的日本天台宗僧徒的影响依然很大。天台教徒们为维护本宗在这一体制下的垄断地位，极力排斥其他教派宗派，思想持续不断地僵化、教条，而社会现实让越来越多体制内的僧侣们主张改革以天台宗为中心的旧佛教，从中国大陆吸收新鲜血液，包括一些尚未传入日本的密教经典、仪轨等。

也许古代、中世之交的日本社会，把宗教改革者们新导入的宋朝禅宗误解为近似密宗的教派了，所以对禅宗的输入抵制一如10、11世纪，这也许是荣西在13世纪初不得不宣扬"兼修禅"的原因，将禅宗和密教、天台宗调和在一起。

尽管日本僧人自信密宗兴盛，对密宗的迷信和中兴的抱负，依然驱使

他们纷纷到宋朝寻宝，他们以为在宋朝还有先辈遗漏而未输入日本的密法（即"真密"和"台密"），结果他们在宋朝求密得禅，此可谓"种豆得瓜"。因为这一原因，在12、13世纪来华求法的这些僧人撰写传记时，依然有神秘色彩，例如虎关师炼写的鹫峰觉心（心地觉心）传，充满密教的神秘内容。比如写他在从宋朝回日本途中及传法时的经历说：

> 初，心自宋归，海风俄起，波涛怒鼓，一船震慑。心安坐不动，忽月轮现樯上，顷刻风波恬如也。鹫峰元多妖魅，有涉竟者必遭惑乱，心居于此，屡见怪异，心一一降摄，或授戒法，自尔魅事息。①

除密宗之外，日本佛教感到骄傲的超越中国的便是其天台教学了，10世纪以来，日本出现了良源、源信、觉运等一大批优秀的学者；相反，中国"天台宗的主要著作在唐末散失严重，因而宗势衰微，只勉强传承下来而已"，得益于日本，中国天台典籍的恢复促成天台教学研究的热潮，致使台教中兴，至于"有传说吴越曾从日本得到完备的天台著述，此不足信"，②说天台典籍丧失殆尽也是夸张，此不能说明中国天台宗已经劣于日本，更不能说整个佛教研究日本已经凌驾于中国之上。

日本天台僧人荣西、道元等为改革平安末以来日本佛教界的颓唐风气，复兴日本佛教而来宋求法，说明他们是认可中国佛教的。他们终于在中国求密而得禅，回日本后弘扬中国禅宗，宣传中国新思想、新文化。日本僧人关注禅宗，与禅、密二宗相对较多显现出的神秘主义的共性有关，也与北宋以后看话禅和文字禅的成熟有关。中国禅宗"棒喝""机锋"的神秘主义，显然让喜欢鬼道、神秘术的日本人好奇，很容易吸引日本人学习它、引进它。道元则努力将教义单纯化，亲近民众，乃至潜居山林、隐遁。

日本不少僧侣从旧宗（天台宗）转入新宗（禅宗），本书的第二、第三章（具体参见后文，此略）介绍许多由教入禅的日本僧众，包括荣西、道元等，这标志着日本天台宗的分裂。

另外，便是针对日本佛教腐败而到宋朝寻求律宗，寻求戒律的风潮。

---

① 〔日〕虎关师炼撰，黑板胜美编：《元亨释书》，《新订增补国史大系》（新装版）第31卷，第102页。

② 吕澄：《中国佛学源流略讲》，中华书局1979年版，第266页。

三 社会规范的需要促使宋朝律宗等传入日本

日本从中国输入律宗的原因，就是挽救不守法、不守戒的社会，挽救进入平安后期以来日本僧尼败落的风纪。平安末期到镰仓初期的日本宗教界，比较关注戒律的规范问题。

荣西、不可弃俊芿（1166—1227）等来宋，一个主要的目的就是寻求挽救日本社会堕落的真理，希望能够移风易俗，从中国引进新风，改变日本的陋俗。所以他们回日本后，坚持按照《禅苑清规》或禅苑的行仪持斋、节食，而且以此作为出家的义务要求其弟子、门下。"这是针对（日本）既存的显密佛教已经不持斋的行为，荣西、俊芿等入宋僧，按照南宋禅教律三院的规范，而形成的新的僧侣集团禅家和律家，每日朝夕不缺，按照僧食的要求来持斋的僧侣集团。"①

中国"禅宗以戒为先"。故荣西在《兴禅护国论》中详细地介绍了宋代的禅林制度，律宗与禅宗一样重视清规戒律。宋朝寺院的戒律和行仪让来宋求法的荣西等感觉耳目一新，促使他们反思日本僧侣丧失戒律的日常行为，以致决定将重清规的禅宗和律宗输入日本。

两宋中国佛教的趋势，诸宗归禅、净，虽然律宗并不发达，但宋朝禅宗和净土宗都重视戒律，故律学比较兴盛。

而此时的日本，由于平安后期以来社会风气追求浮华奢侈，以致佛教徒不守戒律，甚至连戒律也忘记了，这是导致日本僧人到宋朝学习律宗的主要原因。

说到赴宋朝寻求律宗的日僧，不可不提及法师不可弃俊芿，法师乃日本肥后人，在大宰府观音寺受戒，字我禅，号不可弃，敕号大兴正法国师。他是日本八宗兼学的一位博学僧人，俊芿在往来日本南北二京时，向天台、真言名宿询问大小戒律，竟然连南都北岭名噪一时的名匠都无法回答，这让他感到非常不满，于是决定到宋朝寻求戒律，引进新的律宗。

俊芿决定来宋朝求法，既是不满日本八宗学问僧的佛学，也是因为听说宋朝重视戒律。俊芿于后鸟羽天皇建久十年（1199，南宋庆元五年）渡海来宋朝，学习戒律及其他学问，并巡礼诸方。翌年春，俊芿拜四明景福寺如庵了宏律师研习律部，三年后宿疑冰释。于南宋宁宗嘉泰二年（1202）离开明州，从秀州华亭县超果教院的北峰宗印学天台教观，又精修八年，之后离开超果院游历帝都杭州，寓居下天竺寺，与当时名宿议论

---

① 〔日〕大冢纪弘：《中世禅律佛教论》，山川出版社2009年版，第152页。

法义，曾就律部提出五十三个问题，据说众人难以回答，这说明他的律学造诣很深了。律学之外，不可弃俊芿的书法在日本也很有名，泉涌寺至今存有其墨宝。

日本顺德天皇建历元年（1211，南宋嘉定四年），俊芿携带律宗大小部三百二十七卷经典回国，同时还带回天台教观文字七百十六卷、华严章疏百七十五卷，以及儒道书经典其他杂书、法帖等，共2103卷。①

回国后受宇都宫信房入道道贤的邀请，俊芿于建保六年（1218）入住"洛东仙游寺"，将该寺改称泉涌寺，并"随即改定清众规式，又模仿宋朝寺院规模"②，重建寺院，使该寺成为日本天台、真言、禅、律兼学的道场。因为禅宗和律宗的密切关系，一些日本学者在研究中世日本的律宗时，一般是和禅宗一同研究，如松尾刚次的《日本中世的禅与律》③，并合称为"禅律僧"。与不可弃俊芿同行来宋朝的还有安秀、长贺，也是一去十三年。

和俊芿同时在京都建立律橦的还有净业和尚，净业也是听说宋朝重视律学，于是到宋朝求法。法忍净业（忍律法师）两次来宋朝求法求学，第一次是在日本顺德天皇建保二年（1214），因为"闻知宋朝律学昌盛"，从中峰的铁翁学习，留学十五年，归国时带回《大藏经》。第二次留学则有九年，于日本仁治二年（1241）回国，在大宰府建西林寺。

以上是律宗在平安末、镰仓初期输入日本的概况。

四　日僧俗"往生净土"的追求促使宋净土教的东传④

庶民宗教的兴起是中世日本宗教革命的一大特征，其代表是净土宗、净土真宗、日莲宗（法华讲）和道元曹洞宗。故村上专精在其《日本佛教史纲》中认为，1192—1603年是"净土宗、禅宗、日莲宗时代"⑤，这里重点提及净土宗、净土真宗在12、13世纪之交兴起，源空、亲鸾等宗教改革人士诞生的社会背景。此时多灾多难的日本，被大众视为可厌离的秽土，而对于无法逃离的人来说，日本这一世界（即"人间"）的经济生

---

① 〔日〕久须本文雄：《日本中世禅林的儒学（日本中世禅林の儒学）》，东京山喜房佛书林1992年版，第5页。根据〔日〕辻善之助《日本文化史》（第三卷、镰仓时代）（春秋社1959年版，第218页），则为2013卷。
② 〔日〕辻善之助：《日本文化史》（第三卷、镰仓时代），东京春秋社1959年版，第219页（753）。
③ 吉川弘文馆2003年版。
④ 详细参见郝祥满《奝然与宋初的中日佛法交流》（商务印书馆2012年版），以及《中日关系史（894—1170）》（湖北人民出版社2016年版）。
⑤ 〔日〕村上专精：《日本佛教史纲》，杨曾文译，商务印书馆1981年版，第123页。

活、社会生活、人群生活、身心、欲望都需要得到净化。

关键是中世日本的下层民众也希望得到佛的救赎，且希望有一个方便的法门。纵观中国宗教文化史，与禅宗一样，中国净土宗进入宋朝以后也给更多的中国人提供了成佛的方便法门，得到越来越多的人的信奉，固陋的旧宗派已经难以吸引更多的信徒了。日本有学者认为："不言而喻，通往天国之路简便易行，这是使天国接近民众的重要条件。在这一点上，在专修念佛中寻求真正信仰的净土宗，大概称得上是最简易、最方便的。"① 在隋唐时代八宗之中，由于没有衣钵相传的继承，"唯独净土宗算不得宗派"②，到宋代可以说是诸宗归净土了。

宋人形容当时佛教信仰在民众之间普及的程度，有"家家观世音，处处弥勒佛"的说法。在众多的结社和结会中，往生净土的结会影响很大，尤其是杭州、台州、天台山等佛寺附近地区。在杭州有永明延寿（904—975）禅师的宣传，他960年在灵隐寺、961年以后在永明寺（即净慈寺）宣扬"心宗"，编辑出版了《宗镜录》一百卷，此外还有《万善同归集》，主张禅教合一、净禅兼修、禅戒并重。前后度弟子1700人，宋开宝七年（974）入天台山，度戒万余人。《佛祖统纪》在谈及他的影响时说："师道播海外，高丽国王，致书献物叙弟子礼。"③ 其影响必达于日本。日僧日延于天历年间（947—957）入华，显然体验到了中国南方台、杭一带净土宗的兴盛，他于天历年代末叶回日本，带回了著名的宝箧印塔。值得注意的是，他将《往生西方净土瑞应传》抄写并带到了日本。这本书在日本的影响非常大，庆滋保胤读后模仿它撰写了《日本往生极乐记》。

结会修行、结缘布施这一宋人的信仰风气和特征，984年来宋的日僧奝然等更有体会，985年他在台州雕刻释迦牟尼佛像时按惯例肯定举行了法会，台州僧众踊跃结缘施舍，我们从他那纳入释迦瑞像胎内的两张"舍钱结缘交名记"④ 所记名单，就可以知道江浙一带民众的宗教热情。名单中所录的"刘廿十娘、应五娘、蒋十二娘"等，都是一些有姓无名的普通人家妇女。尽管在10、11世纪还没有也不可能形成接近大众的禅宗，但

---

① 〔日〕永田广志：《日本封建意识形态》，刘绩生译，商务印书馆2003年版，第90页。
② 陈扬炯：《中国净土宗通史》，江苏古籍出版社1995年版，第175页。
③ （宋）志盘：《佛祖统纪》，收入《大正藏》第49卷，台北佛陀教育基金会1990年影印版，第264页。
④ 〔日〕京都国立博物馆1982年展《释迦信仰与清凉寺（释迦信仰と清凉寺）》，京都国立博物馆，第92页。

简易便行的净土宗在日本已经流行起来,原因是多方面的,主要是由于"市圣"空也(903—972)和千观等人的传导,影响比较广泛,空也倡导的"空也念佛""死灵镇送"是其标志之一,根据庆滋保胤的《日本往生极乐记》一书记载,他"口常唱弥陀佛,故世号阿弥陀圣;或住市中作佛事,又号市圣"[1],是一个致力于向民间传播净土信仰的沙弥。

随着日僧穿梭般的来宋求法巡礼,耳濡目染,净土信仰在日本各阶层中逐渐普遍起来。

宋儒、佛、道"三教合流",禅宗、天台宗的"合流",呈现出"诸宗归净土"的特点[2],其"禅净合流"在宋代尤为引人注目。鼓吹二宗合流的,除吴越禅宗法眼宗延寿禅师外,还有杭州昭庆寺净土宗省常,于宋太宗末年在西湖边结莲社(后改易行社),入社的信众百余人,僧众达千余人;此后佛教结社念佛遂成风气。[3] 四明知礼(960—1028)和慈云遵式(964—1032)、孤山智圆(976—1022)等是推进"台净合流"的代表人物。台州、杭州之于日本,有地利之便,宋朝净土宗发展及其和他宗的"合流"对于日本佛教影响所及,也是唐末东渐佛教的继续,在大乘佛教诸经论中说到许多净土,其中比较有影响的是阿閦佛净土、药师佛净土、弥勒净土、文殊净土、唯心净土以及阿弥陀佛净土,而对日本影响最深刻的是弥勒净土、文殊净土和阿弥陀佛净土,它们在唐朝以前就影响了日本。

五代宋以来,中国净土教影响日本根本原因就是,频繁往返于中日之间从事贸易的中国商人的传导作用。朱仁聪等宋朝商人都信仰净土教,且广泛接触日本僧人,使中日之间的书籍交流频繁。当时日本系统研究净土宗的当推良源(912—985)僧正,他著有《极乐净土九品往生仪》一卷,是对《观无量寿经》中九品往生经文的解释,在他的影响下,源信和觉运两大弟子使日本的天台净土信仰建立起来。可以说,日本的"台净合流"与同时在中国上演的"台净合流"是相互影响的。净土教在抬头,促进了佛教理论研究的继续,这是日本佛学发展的新希望。10、11世纪以后的中国,佛与儒、道自然结合,佛教内部宗派对抗不明显;而在日本,佛教越是传播,佛学越是发展,门派之争越是激烈,对于其佛教诸宗来说,是兼学还是专学,尚有长期之争。起源于学阀思想的门户之见越是强烈,门派

---

[1] 〔日〕庆保胤:《日本极乐往生记》,《群书类丛》第4辑,东京经济杂志社1893年版,第376页。庆保胤即庆滋保胤。
[2] 陈杨炯:《中国净土宗通史》,江苏古籍出版社1995年版,第413页。
[3] 白寿彝总主编:《中国通史》(11)第七卷"五代辽宋夏金时期(上)",上海人民出版社1999年版,第1025—1026页。

越被强调，必然排斥异学异己。中国出现过这种倾向，中世日本则大行其道。以真言宗和天台宗为代表的日本平安前期贵族宗教，其教义无节制地朝着机械的烦琐哲学的形式主义发展，这一点森克己教授也认识到了。[①]

几乎整个平安中后期，从10世纪末到12世纪末，中日净土思想的交流没有中断，日本佛教若要革新、发展，日本佛教研究者需要到宋朝呼吸新鲜空气。

平安时代末期，日本信仰净土的人越来越多，故净土宗是镰仓新佛教宗派中成立较早的一个宗派。在12、13世纪之交，净土信仰的影响在日本下层民众之间非常广泛，最后由源空（1133—1212）创立日本净土宗，进入镰仓时代后，净土教成为日本新兴佛教中非常重要的一支。下文提及的负责重建东大寺，担任"大劝进"一职的便是源空的弟子重源。净土宗、净土真宗（亲鸾为创始人）的许多僧侣也是从天台宗脱离出来的，之后成为独立的宗派。

净土信仰的繁荣对中世日本社会，特别是下层群体产生了很大的影响，是中世日本社会转型的一大因素（参见本书终章）。因篇幅的限制，本书不得不将净土宗、净土真宗等对中世日本的社会影响部分省略。

总之，影响中世日本社会、思想、文化转型的因素众多，难以全面论述，故本研究选择佛教为突破口，并在镰仓新佛教（禅宗、净土宗、净土真宗、时宗、日莲宗）等诸宗之中选择禅宗（分临济宗和曹洞宗），探讨其对社会转型的影响。

第四节 镰仓初期的社会背景与宗教复兴政策的影响

一 镰仓幕府建立前后复兴佛教的举措

中世日本的社会转型从政治转型开始，只是经济和文化思想的转型相对平缓，政治转型更为急促。1183年末，源赖朝（1147—1199）获后白河法皇宣旨开创了镰仓幕府，导致"古代奴隶制度崩溃、封建制度成立"，日本历史进入远山茂树等所谓的"封建社会前期"[②]。1192年，源赖朝平定全国，

---

① 〔日〕森克己：《日宋文化交流的诸问题（日宋文化交流の諸問題）》，东京刀江书院1950年版，第104页。

② 〔日〕远山茂树、佐藤进一编：《日本史研究入门》，吕永清译，生活·读书·新知三联书店1959年版，第82页。

在东部镰仓地区割据，控制了日本朝廷，后鸟羽天皇（1180—1239）不得不封他为"征夷大将军"，镰仓政权正式改称幕府，掌握了国家的实权，为控制各地的武士团，源赖朝建立起"御家人制"这一封建的主从关系。

这一政治变革又成为宗教改革、社会变革、思想变革和文化变迁等一切变革的重要推手，其相互关系将在后文择要分析，基于本书的研究角度，从宗教变革的分析开始。

面对政权建立初期的社会诉求，开府将军源赖朝非常重视复兴佛教，这也是禅宗在中世日本立宗、发展的重要原因。源氏一族与佛教禅宗、律宗等教派的机缘都很深厚。

在"末代"的认知之下，赎罪和祈祷思想，是"源平争霸"中获胜的源氏一门复兴佛教的根本原因。集体杀伐之后总有反思和忏悔，源氏将军为赎罪大兴寺院，一如印度阿育王、中国五代时期的吴越王，为生前的杀戮赎罪、忏悔。其祈福则是为源氏一门的死者祈祷冥福，寻求心理安慰；为了源氏一门能够往生西方极乐净土，故"尼将军"北条政子邀请荣西法师到镰仓，使其成为寿福寺的首任住持。

源氏复兴佛教之举也因日本自古以来一直流行的"怨灵崇拜"，包括为政敌源义经、藤原泰衡而建永福寺，抚慰亡灵和怨魂。这也是对义经等活着的追随者的安抚。

镰仓幕府复兴宗教政策的宣示，起于对东大寺重建的支持。东大寺不仅是日本佛教的标志性建筑，也是日本民族精神上的支撑。源平争霸之时，平氏的大将平重衡于1180年烧毁了东大寺等南都诸寺①。天皇代表的朝廷想尽快复兴这座历史悠久的建筑，这一护国之寺院，不仅可以笼络人心，还可维持京都作为日本思想、文化、精神中心而继续繁荣。于是，安德天皇于养和元年（1181）六月下"知识诏书"②，再建兴福寺和东大寺，但因财政问题，工事难以开展。

在与平氏的争霸战争中获胜的源赖朝，以其政治敏感度，知道支持朝廷复兴东大寺有利于扩大源氏一门的社会影响。早在1185年，他就奉献了东大寺一万石米、砂金千两、上绢千匹。1192年幕府正式建立后，源赖朝便以幕府的财力，协助朝廷复兴东大寺，既是出于对佛法的敬畏和对杀戮的忏悔，也是对寺院势力在争霸战争中对源氏的支持表示感谢，还佛法护持的心

---

① 资料证明，平清盛一门很重视和宋朝的佛教文化交流。
② 〔日〕黑板胜美编辑：《百炼抄》第九，收入《新订补国史大系》，东京吉川弘文馆1934年普及版，第106页。

愿。也可能是因为源赖朝此时正在寻找可以为其政治服务的新的意识形态，比较之后发现"以严厉的修行打破迷妄，追求生死事大的禅的教义"更为合适镰仓幕府。总之，源氏复兴宗教，是为了迎合朝野，收买人心。

平氏一门的失败和灭亡，在迷信神佛力量的当时，民众自然把平氏的命运和他们烧毁寺院的行为联系起来，因为在古代日本，建造寺院是无量功德。皇室一直把佛法和寺院的兴盛与其统治联系在一起。后白河法皇因此支持宗教界的呼声，复兴东大寺，命令藤原行隆为造寺长官，行隆是一个外行，根本不知道如何构想、如何选择技工，如何筹措资金，于是宣旨命学问高深且深入下层民众的重源上人为大劝进一职。重源以其在民众中的声望和影响力，掀起日本宗教界复兴宗教和寺院的热情，社会各阶层纷纷施舍结缘。

二 东大寺重建事业的国际化及其影响

东大寺的重建是促进日本执政者开放国门的一大动因，对积极开拓日本市场的宋朝商人来说意义重大。自894年日本朝廷停止遣唐使的派遣，禁止国人出境，并限制中国商人入境以来，中国商人一直在多方活动，与寺院僧侣、地方庄园主、朝廷公卿等建立联系，以期突破贸易限制。

因为战后的疮痍，为了重修重任，当时担任劝进重任的重源上人（1121—1206）自然想到了富有的中国宋朝商人，于是，他屡次渡海前往宋朝化缘[①]，并到宋朝聘请技师和工匠担当建筑重任。宋商陈和卿等因此能够参与这一事业，帮助重源建造东大寺，铸造大佛[②]，得到与日本上层社会接触的机会，商人陈和卿本人据说就是铸工。根据《东大寺造立供养记》的记载，陈和卿率领其弟陈佛铸等宋朝工匠7人参与了铸造大佛工事。

以陈和卿为代表的宋朝商人也热衷于参与该重建工程，极力表现崇佛的诚意，陈和卿在日本铸工14人的协助下，从日本养和元年（1181）开始，利用16年的时间，修复了毁于兵火的大佛。陈和卿因其建寺之功劳获得日本朝廷的赏赐，被赐大量田产，但他们却将这些赏赐捐给了东大寺。日本《东大寺文书》关于此事有很多记录：

[①] 参见〔日〕上川通夫《日本中世佛教与东亚世界（日本中世仏教と東アジア世界）》，东京塙书房2012年版，第78—84页。
[②] 相关记载见于〔日〕国书刊行会编《续群书类丛》第11辑（宗教部，续群书类丛完成会，1969年订正版）所收录的《东大寺要录》（第17、18页）和《东大寺续要录》（第199—201页）。

伊贺国阿波、广濑、山田、有丸庄者，为平家没官之地，前右大将家知行，而依后白河院敕命，被赐当寺惣大工宋人陈和卿，之日右大将家同以次令去进地头给了，仍和卿发善愿，永以寄付净土堂领矣（其旨具见于大和尚让文）。①

查看以下日本朝廷建久元年（1190）的宣旨（院宣），其中联署人之多，足见陈和卿等的功劳之大，朝廷对这一赏赐的重视：

院厅下伊贺国在厅官人等
可早令东大寺宋人知行山田郡内有丸广濑阿波杣山事
右件村村为没官之地，前右大将源卿知行，而宋人依申请成赐彼家，下文毕者，可令彼宋人知行，之状所仰如件，在厅官人等宜承知，不可违失，故下。
建久元年十二月　日　主典代安倍朝臣在判
别当右大臣藤原朝臣　判官代备后守藤原朝臣判
权大纳言藤原朝臣判　美浓守藤原朝臣判
中纳言藤原朝臣　　　勘解由次官藤原朝臣判
中纳言兼右卫门督藤原朝臣　摄津守藤原朝臣
参议造东大寺长官左大辨　讃岐权守藤原朝臣判
右少辨兼左卫门权佐藤原朝臣判
右京大夫兼因幡权守藤原朝臣判
修理大夫兼内藏头藤原朝臣判
大藏卿兼中宫亮备中权守藤原朝臣
播磨守高阶朝臣判
左中辨藤原朝臣判
左中辨平朝臣②

根据当时的文献记载，陈和卿把他获赐的田产施舍给寺院了。从《东大寺要录》等文书的有关记载看，源赖朝也下文表示支持朝廷对陈和卿的赏赐，并给予承认和保护（此处不再引文）。另外，源赖朝出于感佩之情，也赠予陈

---

① 〔日〕国书刊行会编：《东大寺续要录》，收入《续群书类丛》第11辑（宗教部），续群书类丛完成会发行，平文社1969年订正版，第18页。
② 〔日〕国书刊行会编：《东大寺续要录》，收入《续群书类丛》第11辑（宗教部），续群书类丛完成会发行，平文社1969年订正版，第19页。

和卿"甲胄并鞍马三匹、金银等"①。这些,陈和卿同样也施舍给寺院了。

日本朝廷赏赐给陈和卿的庄田不止以上一处,以下另见在播磨国还有赐地:

> 播磨国大部庄者,往古寺领也。然而废到(倒?)年尚,而南无阿弥陀佛申后白河院,宛赐和卿,即成下宣旨,被差遣官使,改打四至牓示,已后专为一圆之地,更无相交之方,和卿同以寄附大佛,御领一向为南无阿弥陀佛进止,遂申下官符,宛募诸供粮,了后官符手载供僧篇之初,可见之。②

源赖朝及其领导下的幕府支援重源到宋朝及其复兴东大寺的行为,对此后禅宗的发展很重要。1195年,源赖朝上京,出席大佛的竣工仪式,表明了幕府对于佛教的态度。

铸造大佛,营造大佛殿,重修东大寺是日本佛教复兴的一次机缘。从此日本兴起了营造寺社的新潮流。荣西和弟子行勇相继负责东大寺营造事务,就是因为他们和中国的密切联系,这也使得禅宗借此次佛教在日本复兴之机,在日本立宗、传播,在这一宗教复兴的背景下,禅院纷纷建立起来。

1204年,荣西草拟"日本佛法中兴愿文";1206年,东大寺大劝进重源圆寂,东大寺再建大事业缺乏人才,荣西担当大任。

日本寺院恢复过程中,中国南宋提供了技术支持,不过,在此后南宋的一些寺院重建过程中,日本禅僧们也给予了木材等物质的支持。例如荣西之于宋太白山万年寺的重建,曾"致百围之木凡若干,挟大舶泛波而至"③。再如圆尔辨圆之于径山寺的重建,据载"径山火后,佛鉴做疏索援,尔白圆明丞相,通巨财珍货"④。

三 源氏一族对于宋朝文化的迷恋及其影响

源氏一族兴禅护国,弘扬新自宋朝东渐的禅宗,和源氏一门迷恋宋文化密切相关。

---

① 〔日〕国书刊行会编:《吾妻镜》(吉川本上卷,国书刊行会刊行书),国书刊行会1915年版,第455页。
② 〔日〕国书刊行会编:《东大寺续要录》,《续群书类丛》第11辑(宗教部),第19页。
③ 〔日〕伊藤松编辑:《邻交征书》,东京国书刊行会1975年版,第29页。
④ 〔日〕瑞溪周凤:《善邻国宝记》(东方学会印),收入《丛书集成续编》第217册(文学类),新文丰出版有限公司1989年影印出版,第365页。

源氏一门早就嫉妒平氏一门在宋日贸易中的利益。进入镰仓时代（1192—1334）[①] 之后，由于宋日民间交往的频繁，大宋发达的经济文化对于中世日本充满着无穷的魅力，加之日本人往生西方净土的信仰和愿望依然在流行，朝拜宋朝育王山等圣地已经不仅仅是僧侣们的追求，也是新兴武士的梦想，因而镰仓初期的将军们对推进中日文化和经济交流表现得比较积极，继续平氏与宋朝的贸易，积极寻访宋地名师。第二代将军源赖家，则援助荣西在京都建造建仁寺。

尤其是第三代将军源实朝（1192—1219），非常关注宋朝文化，仰慕宋朝禅林，1211 年，源实朝梦见自己前身在宋朝温州雁荡山为僧。源实朝邀请荣西及其弟子行勇等僧侣到镰仓，加以供养。建保四年（1216），源实朝竟准备亲自西游大宋国，并为此接见宋人陈和卿，命其建造"唐船"以备出行。

源实朝将军提出西渡大宋国的理由，和筹划入宋的经过来源于他的一场梦。此梦在《善邻国宝记》《吾妻镜》等书中都有记载。

《正续院佛牙舍利记》略曰：日本国相州镰仓都督右府将军源实朝，一夕梦到大宋国，入一寺严丽，因见长老升座说法，众僧围绕，道俗满庭。实朝旁僧问彼寺名。僧曰："京师能仁寺。"次问："长老谁？"

僧曰："当寺开山南山宣律师。"

又问："宣律师入灭年久，何今现在？"

曰："汝未知耶，圣者难测，生死无隔，应现随处，律师今现再诞日本国，实朝大将是也。"

又问："长老左右侍者是谁？"

僧曰："侍者今现再诞日本国镰仓雪下，供僧良真僧都也。"

实朝梦中问答数刻而觉，心中生奇异想，便以使者召良真僧都。

僧都又梦，早晨谒幕府，使者于路相遇，即随使者参谒。

实朝先问曰："僧都来何也？"僧都乃说梦中事。实朝曰："与我梦合也！"

其时寿福开山千光禅师（荣西）又有梦，三梦不少差！实朝与于是自悟南山之后身，深希拜彼灵迹，因废世务，思之在兹，因怀渡宋之志。[②]

[①] 也有定为 1184—1333 年的。

[②] 〔日〕瑞溪周凤：《善邻国宝记》（东方学会印），《丛书集成续编》第 217 册，第 364—365 页。

源实朝赴宋朝计划也许是宋朝人陈和卿鼓动的结果。

日本建保四年（1216）六月八日，宋朝大商人陈和卿来到幕府所在的镰仓，求见源实朝将军，被安置在八田朝重的宅内。陈和卿曾受聘为修造东大寺的总工程师，在十五日将军接见他的时候，陈和卿对实朝说，实朝将军"昔为宋朝医（育）王山长老"，他自己前生曾"列其门弟"，故知源实朝的前世是宋朝明州（宁波）育王山的长老，于今乃权化之再诞。实朝意想不到，陈和卿所言竟然和自己六年前的一个梦吻合，于是更加坚信前世在中国为僧，更加想参拜阿育王山了，决意渡宋，于是"可修造唐船之由，仰宋人和卿"，并派定扈从六十余人跟随，其手下将士反复劝谏，"不能御许容"①。

陈和卿接受实朝的命令后努力督造大船，到第二年四月十七日，大船造好了，当日，实朝将军召集数百名御家人，拟于"由比浦"拖船下海，由信浓守行光负责监督举行下水法事。众人夫按照陈和卿的号子奋力拖船，但是"自午刻至申斜"，"不能浮出"海面②，将军入宋的计划成为泡影，该船最终腐烂在海滨沙滩之上。

大船无法下水，据说是此港湾不适合如此的大船出入，显然是北条、泰时等的阴谋，御家人们并未卖力。他放弃了亲自入宋的打算，另派遣十二人的使团出使大宋国。

将军源实朝的使团以良真僧都葛山为首，以下是大友丰后守、小贰孙太郎、小山七郎左卫门、宇都宫新兵卫、菊池四郎、村上次郎、三浦修理亮、海野小太郎、胜间田兵库头、南条次郎等武士，"赍金银财货，载材木器用，遂达大宋国京师能仁寺，相通梦中事，金银施僧众，材木修殿宇"③。对于如此意外之财，宋朝寺院的众僧感激不尽，聚议加以报答。根据《善邻国宝记》记载，日本使者等回答能仁寺主说："我国货财不乏，况且将军也不希望这样，但深愿借贵寺佛牙舍利一年，携归本国，让将军瞻仰礼拜结圣缘，让将军欢喜的没有什么超过此物了。"如果此舍利是南山宣律师的，源实朝当然想看看自己的"前身"了。不过寺主表示很为难："帝王有敕封之，难出外国。"日本使者们立即恳请道："我们潜持深藏，绝不让他人知道！将军是守信的武士，一礼之后迅速返送回来！"众

---

① 〔日〕国书刊行会编：《吾妻镜》（吉川本中卷，国书刊行会刊行书），东京国书刊行会1915年版，第113、117页。
② 〔日〕国书刊行会编：《吾妻镜》（吉川本中卷，国书刊行会刊行书），东京国书刊行会1915年版，第113、119页。
③ 〔日〕瑞溪周凤：《善邻国宝记》（东方学会印），《丛书集成续编》第217册，第365页。

僧讨论之后决定交给来使，同时派遣数僧为舍利伴使者一同去日本。

此一行在中国没有出事，回到日本却出事了。他们奉舍利道经日本京城的时候，天皇突然下旨："留之安内道场。"结果这一保护供养一过就是半年多，源实朝的使者空等之下，绝望而回关东幕府汇报，实朝一听大怒，将发兵上京理论，有一叫藤九郎盛长的八十老者扶杖入府，流泪请求奉使上京申诉，不要轻易举兵。源实朝虽然同意了他的请求，却派三千余骑兵随同，盛长到京师以后，不入旅邸，直趋禁中，奏实朝之诉。天皇犹不听，盛长于是在殿上高声威胁道："若诉不达，上殿自杀！"天皇虽然很不高兴，却也只好敕封出舍利。盛长请回舍利之后不回旅馆，即还关东。实朝则徒步到小田原的驿馆来迎接，接受舍利之后，载之小车，返回镰仓①。

既然不能亲身赴宋，源实朝希望在日本建造一座和雁荡山同样的寺院，于是秘密派身边的关东武士藤原景伦、葛山五郎去宋朝绘制雁荡山的地图②。藤原景伦到九州岛镇西，听到源实朝的讣告，披剃出家③。

平氏和源氏，以及随后兴起的北条氏，对大陆的关注，武士阶级对中国文化、中国宗教的兴趣，开拓了此后中日贸易、文化乃至政治交流的空间。

---

① 〔日〕瑞溪周凤：《善邻国宝记》（东方学会印），《丛书集成续编》第 217 册，第 365 页。
② 参见〔日〕荻须纯道《日本中世禅宗史》，东京木耳社 1965 年版，第 89—90 页。
③ 参见〔日〕圣熏编集《圆明国师行实年谱》，《续群书类丛》第九辑上（传部），续群书类丛完成会 1957 年订正版，第 347—348 页。

第二章　宋禅初传与"兼修禅"在日本的传播

中世的佛教复兴，无疑是日本文化转型和社会转型的先导，复兴的路径则是从旧宗、旧寺的重建走向新宗派、新寺院的创立。12世纪末的日本意识形态，依然处于"显密体制"① 控制之下，天台宗和真言宗虽然还在垄断日本的教权和发言权，但在教学上、修行上、道德的表率上，却都出现了衰落的迹象。"源平争霸"带来的战乱，也让日本僧人有了突破政治"闭关"的空间。为维护天台宗、密教在这一体制的垄断地位，防止继续僵化和衰败，体制内的一些天台僧侣也主张改革，从中国大陆吸收新鲜血液，引进新思想和理论。比如下面将提及的荣西、道元和觉阿，便是宗教改革的代表人物。

"兼修禅"的出现，表明"显密体制"被突破，也标志着日本进入"神佛习合"的时代，中世日本关于天神菅原道真渡宋，并成为无准师范的弟子的传说（通称"渡唐天神说"），就是禅宗思想与日本神道习合的证明。

第一节　为改造社会而西行求法的日本天台僧

一　荣西赴宋求"天台"而遇"禅"

荣西（1141—1215），号明庵，又号叶上房，因曾住比睿山千光院，后被尊称为千光法师。荣西日本备中（今冈山县）吉备津人，出身名族，俗姓贺阳氏，萨州刺史贞政的曾孙。

---

① 黑田俊雄在其所著《日本中世的国家与宗教》（东京岩波书店1975年版）一书中提出的概念。

荣西八岁时即从父研习《俱舍颂》，十一岁师事本郡安养寺静心法师，十三岁登比睿山戒坛受大乘戒，正式剃度出家，静心法师去世后，根据老师的遗言从法兄千命学天台密教。十九岁时，荣西再投比睿山有辨门下，习天台教义，成为显教的一名学僧，显然也是显密兼修，年轻的荣西主要关心的是密教①。应保二年（1162），二十三岁时下比睿山，荣西回到故乡日应山，从千命法师等受密教灌顶，至伯耆大山寺从基好学天台密教。大概在此两山修行期间，荣西萌生了到宋朝求法的志向。

荣西既然"久怀入宋志"，自然不免与人流露出来，"偶说及此言，则为人嘲，而意不屈"。当时人们嘲笑他，不外乎两点：一是嘲他好高骛远，二是笑他想立宗做祖。仁安二年（1167），荣西再下比睿山，回到备中乡里，在伯耆（今岛取）大山寺勤修一夏，在征得父母同意之后，于十二月辞别父母西行，估计情形一如当年来宋的奝然和成寻。仁安三年春天，荣西来到了镇西筑前博多津，一边祈祷神佛保佑平安渡海，一边等待渡宋的船只，二月遇到了宋朝通事（翻译官）李德昭，得闻"有禅宗弘宋朝"之事②。

12世纪的日本，虽然流行密宗，宋朝禅宗繁荣的消息可能也传到日本，这一消息此前可能没有引起荣西这样天台宗僧众太多的注意，尽管此时日本僧界诸宗兼修者越来越多，拜各派高僧为师，继承不同的血脉③，在修学的时候，对于其他宗派也不甚排斥。12世纪末来宋求法的日僧，为密宗、律宗而来的居多，但不少人却是求密得禅，种瓜得豆。

宋乾道四年（1168，日本仁安三年）四月，正值平氏专政之时，二十八岁的荣西从博多搭乘宋朝商船渡海来到宋朝，先抵达明州，初访广惠禅寺，表明心志，拜求知客禅师："我国祖师传禅宗归朝，其宗今遗缺，予怀兴废故到此，愿开示法旨。其禅宗祖师达摩大师传法偈如何？"知客开导一通之后，建议他"欲知源流，请垂访及"④。于是，荣西往天台山、万年寺、阿育王山等处求法问道。

---

① 参见〔日〕水野恭一郎《武家社会的历史像（武家社会の歴史像）》，东京国书刊行会1978年版，第119—180页"荣西与日宋交流（荣西と日宋交流）"。
② 〔日〕荣西：《兴禅护国论》，收入《大正新修大藏经》第80册，台北佛陀教育基金会1990年印刷，第1、10页。
③ 参见〔日〕榎本涉《日中·日朝僧侣往来年表（1127—1250）》，载《8—17世纪东亚地域的人物情报交流——以海域与港口都市的形成、民族、地域间的相互认知为中心（8—17世紀の東アジア地域における人・物・情報の交流——海域と港市の形成、民族、地域間の相互認識を中心に）》，东京大学教材出版2004年版，第422页。
④ 〔日〕荣西：《兴禅护国论》，收入《大正新修大藏经》第80册，第10页。

荣西此次来中国，主要还是为弘扬日本密法和天台宗，故上浙江天台山，在此荣西偶遇1167年来宋的日本东大寺僧重源上人，重源是日本天台宗高僧法然弟子，是为重建东大寺而来宋的。于是，二人在当年五月同登万年寺，当时的万年寺已经成为中国禅宗活动中心之一，荣西因此了解了中国禅宗的兴盛，并从此留心禅宗。同年九月，因与重源有同时回国之约，荣西返回日本，未能够按照他在明州时遇到的广慧寺知客的建议，进一步在宋朝访师参学禅法。

荣西在宋停留五个月，搜求并抄写携归中国天台宗新章疏30余部60卷，呈送天台座主明云僧正，因此在日本天台宗名声传扬起来。因此名声，后鸟羽天皇曾命荣西在神泉苑修持请雨法以求雨，很有"灵验"，天皇特赐"叶上"称号。

自宋朝回日本后的20年，荣西在比睿山依然以研究天台密教为正业，而且造诣很深，自称一派，人称"叶上派"，列于日本"台密"（指最澄、圆仁、圆珍在比睿山和三井园城寺所传的天台宗系的密教）睿山十三派之一。

尽管一心修习密教，但是在宋朝五个月的体验，使荣西无法放弃对宋朝禅宗的关心，故在兼修显密二教的同时，寻找日本天台教学的禅学传统，得知安然的《教时诤论》和传教大师的《佛法相承谱》中均论及禅宗，以致萌生了兴禅的想法，最后决定再次到宋朝研究禅宗。

二 觉阿来宋朝留学修禅的经过

与荣西同样出身于比睿山天台宗的僧人觉阿（1143—1182），在荣西自宋回日本两年后的1170年（宋孝宗乾道六年），乘船西下日本九州岛，与同门师弟金庆（生卒年不详）一起到宋朝参禅求法。

日僧觉阿，俗姓藤氏，自幼兼通大小乘，据说是因听"闻客商称宋国禅宗之盛，奋然志遐游"[1]。觉阿一行于南宋乾道七年（1171）秋辗转来到中国浙江，径赴杭州灵隐寺问道，当时灵隐寺的住持正是瞎堂慧远。

瞎堂慧远（1103—1176），又称佛海慧远，宋朝临济宗杨岐派高僧，圆悟克勤弟子。瞎堂慧远在杨岐派的血脉如下，杨岐方会传白云守端，守端传黄梅东山五祖法演，法演传圆悟克勤。圆悟克勤（1063—1135），号佛果，乃中国宋朝著名高僧，曾到舒州白云山寺

---

[1] 〔日〕师蛮：《本朝高僧传》（第一），编入《大日本佛教全书》第102册，第272页。

(今安徽省太湖县城东)参谒杨岐下二世法演禅师,后作法演的侍者,一日旁听法演引述"艳诗"给陈姓官员说法,恍然大悟,并得到法演的印可。克勤先后在七大寺说法,其法汇编有《圆悟佛果禅师语录》二十卷、《碧岩录》十卷等。克勤弟子有大慧宗杲、瞎堂慧远、虎丘绍隆等,皆一代名师。

瞎堂慧远俗姓彭,四川眉山金流镇人,十三岁出家,先从成都药师院宗辨学法,后师从圆悟克勤,听法大悟,因得到老师克勤的赐偈印证,机锋难当被称为"铁舌远"。师兄大慧宗杲(1089—1163)等对慧远也是极力延誉,促使其出世。历住诸寺后于1167年住持平江府(今江苏省苏州市)虎丘寺,1170年敕任临安(今浙江省杭州市)灵隐寺住持,1173年获赐"佛海禅师"号。①

日僧觉阿来灵隐时,瞎堂慧远六十九岁,正值声望隆盛之际,此时觉阿年仅二十九岁,年轻气盛。觉阿来中国的目的既是求法,也是为了显示自己的才学,这是日本平安末期以来的风气。觉阿自恃身通天台学,工中国书法,慕慧远盛名而来,一进灵隐山门,即入佛海慧远禅师丈室叩问。哪知寒暄之后,当慧远"问其来由"及日本风俗等时,"未通语音"的觉阿不得不"执笔书而对",但还是将日本夸耀一通。慧远询问其日本禅宗大义,觉阿回复道:"我国无禅宗,只讲五宗经论。某等仰服和尚之名,特诣丈室礼拜,愿传心印,以度迷津。"接着,他逼问慧远禅师:"且如心佛及众生,是三无差别,离相离言,假言显之,禅师如何开示?"虽说是拜师,却锐气十足,近乎发难。于是,慧远反问他:"众生虚妄见,见佛?见世界?"觉阿一时不知如何回答,便通过笔书再问:"无明因何而有?"② 一心只想难倒慧远。话音未落,慧远大声一喝,劈头一棒,打了他一顿。遭遇棒喝的觉阿,虽未因此悟禅机,却不自觉地拜在瞎堂门下,继续请教。

辩论、问难是日本平安中后期以来的佛学风气,面对陷入教条且"其甚锐"的觉阿,棒喝截断之后,慧远"徐以禅宗晓之",慢慢让他懂得何为功夫。此后,觉阿在灵隐寺"居三年",终"顿有所得"。③ 但要让喋喋

---

① 详细参见(南宋)释法寿等编集《瞎堂慧远禅师广录》,编入《卍新纂续藏经》第69册。以及(南宋)释正受撰《嘉泰普灯录》卷一五《临安府灵隐佛海慧远禅师》(编入《卍新纂续藏经》第79册)等。
② [日]师蛮:《本朝高僧传》(第一),《大日本佛教全书》第102册,第272页。
③ [日]虎关师炼撰,黑板胜美编:《元亨释书》卷六,《新订增补国史大系》(新装版)第31卷,东京吉川弘文馆2004年版,第100页。慧远问觉阿日本风俗,"(觉)阿未通语音,便书曰",即,他用文字书写出回答。觉阿答:"……风闻德义,特谒函丈,愿传心印,以度迷津。"

不休的觉阿大彻大悟，其方法显然不是通过辩论来说服他，只有让他在行脚体验中自觉悟境，于是，慧远鼓励觉阿在南宋各地云游、参访，事见《瞎堂慧远禅师广录》。慧远曾作《示日本国觉阿》说明此事：

日本觉阿禅人，泛海而来，参究达磨正宗。相从日久，执论不已。至金牛作舞处，似信不信。以后令往诸方游礼，自江北回至金山，闻击法鼓，乃高声云："灵隐禅师，打我一拳！"从此知解释然，如桶底脱。

辩论是平安末期日本僧界的家常事，觉阿从慧远学禅，不免唠叨好辩，瞎堂慧远也不免苦口婆心，最终让觉阿通过行脚达到悟境："了无住着，截断葛藤，趯翻窠臼，方知饭是米做。"这种悟境，如"卷舒出没，星电交驰"，"铁壁银山，谁敢近傍？"觉阿从此知"佛法禅道，了不可得"，而一旦得悟，便如"知饭是米做"那般平常。[①]

觉阿"忽然大悟"后，内心震动很大，如大气磅礴，地动山摇。"始知佛海垂手旨趣"，立即返"回灵隐，作五偈呈所悟"[②]。这既表示他期待恩师的认可和证悟，也想以此表示感恩之情，五偈具体如下：

（一）航海来探教外传，要离知见脱蹄筌；诸方参遍草鞋破，水在澄潭月在天。

（二）扫尽葛藤与知见，信手拈来全体现；脑后圆光彻太虚，千机万机一时转。

（三）求真灭妄元非妙，即妄明真都是错；堪笑灵山老古锥，当阳抛下破木杓。

（四）竖拳下喝少卖弄，说是说非入泥水；截断千差休指注，一声归笛啰啰哩。

（五）妙处如何说向人，倒地便起自分明；蓦然踏着故田地，倒裹幞头孤路行。[③]

---

① （南宋）释法寿等：《瞎堂慧远禅师广录》卷三《示日本国觉阿》，收入《卍新纂续藏经》第69册，第586页。
② 〔日〕师蛮：《本朝高僧传》（第一），载《大日本佛教全书》第102册，第272页。
③ （南宋）释正受：《嘉泰普灯录》卷二〇《日本国觉阿上人》；《本朝高僧传》（第一），第272—273页。

这次佛海禅师"印其所证"。既然得到老师的印可,便等于觉悟、得道了,可以毕业了,于是觉阿便决定辞师回国。从他进杭州灵隐寺拜佛海慧远禅师等受临济禅法,至此已经四年,"于华语能自通"①。淳熙二年(1175),觉阿向恩师辞别,慧远临别赐言:"汝归本国,流通大法,续佛慧命。佛佛授手,灯灯相传,临济正宗,单提独掇,末后一句,始到牢关,在汝一人,全身担荷。"并书送偈曰:

参透西来鼻祖禅,乘时东去广流传。镬汤炉炭随缘入,剑树刀山自在攀。

教海义天休更问,龙宫宝藏岂能诠。翻身师子通涂妙,活捉魔王鼻孔穿。②

另赠水晶降魔杵一根、念珠两串、彩扇一把,以作纪念,也算是传法的凭证。觉阿回日本后,一直不忘保持和宋朝禅林、老师的通信,为答谢师恩,曾托人回赠老师法器等物品。日本高仓天皇安元元年(1175),觉阿与日本园城寺的觉忠派遣僧人讯海来到宋朝,向慧远赠送了"水晶降魔杵并数珠二臂、彩扇二十事,储以宝函"③。

如此说来,临济禅传入日本自觉阿始。觉阿回到日本后,高仓天皇听说他曾去中国求禅,遂招他入宫,询问禅宗的法要。日寿永元年(1182),安德天皇请觉阿住持睿山寺,觉阿再次给慧远写信,派人持礼物到宋,向慧远问安。但未见觉阿在日本创立禅宗的运动,故觉阿也未能成为日本禅宗的一代宗师,这一重任还得等荣西再来宋朝。

三 荣西赴印度求法不成而传宋禅宗入日本

中世日本高僧中像荣西那样一生二度来宋朝的难见第二,荣西第一次是为天台宗复兴而来宋,携天台典籍而归去,他接触禅宗却并未发现弘扬禅宗的重要性。荣西第二次西行求法来宋朝时,虽说对禅宗的认知已经非同一般,但依然是为密宗而来,但最后因种种机缘携禅宗而归。

荣西第二次顺利来宋,据说和九州宋朝大商人王氏、宗像大社的宗像

---

① (南宋)释正受:《嘉泰普灯录》卷二一:觉阿"少亲文墨,善诸国书。至此未数载,径跻祖域,其于华语能自通",载《卍新纂续藏经》第79册,第287页上一下。
② (南宋)释法寿等:《瞎堂慧远禅师广录》卷三《示日本国觉阿》,《卍新纂续藏经》第69册,第586—587页。
③ 〔日〕师蛮:《本朝高僧传》(第一),《大日本佛教全书》第102册,第273页。

氏保持着密切的关系①。宋淳熙十四年（1187，日本文治三年）三月，荣西再度辞故乡来宋朝，据说是想借道宋朝去印度。这次他携带着《诸宗血脉谱》和《西域方志》，一是想和佛教发源地印度接上血脉，二是作为从中国赴印度巡礼释迦圣迹的指南，这在日本可谓是远大抱负，许多日本高僧怀此梦想却未敢滔海西行。

哪知来宋朝都城临安后，宋人以蒙古人控制西域边境、"关塞不通"予以劝阻，荣西西行的计划无法实施，失望的荣西便再登天台山，拜万年寺第八代住持虚庵怀敞禅师为师，认认真真地修习临济宗黄龙派禅法。

虚庵怀敞（生卒年不详，约1187—1191年），是禅宗临济宗黄龙派第八代传人，黄龙慧南（1002—1069）传晦堂祖心，祖心传灵源惟清②，惟清传长灵守卓，五世而至虚庵怀敞，宗风远播，以至日本。

虚庵禅师因听说"日本密教甚盛"，便让荣西概述一下日本密教的宗旨。荣西答道："初发心时，即成正觉。不动生死，而至涅盘。"③ 虚庵禅师听后说，这和禅宗是一样的，建议他修禅。于是，荣西在虚庵禅师门下参禅问道。此外，荣西还学《四分律》《菩萨戒》等。

在天台山停留期间，荣西施舍随身衣钵资财，重建了智者大师的塔院，以及万年寺山门、两庑等。淳熙十六年（1189），虚庵怀敞禅师由万年寺调任明州天童寺住持，荣西亦随侍至天童山，在天童寺再侍两年。荣西这次在宋留学共五年，于宋绍熙二年（1191，日本建久二年）秋七月学成归国，临行前得到了虚庵怀敞的印可，虚庵向荣西传授大戒和僧伽梨衣（袈裟，即法衣），并赐法号"明庵"。其"千光法师"之号据说也得自宋孝宗皇帝的御赐。

虚庵何以授荣西菩萨戒？之前在万年寺的时候，虚庵怀敞就和荣西说过："菩萨戒，禅门一大事也。"何以授荣西法衣？虚庵怀敞也特别作了说明："达磨始传衣而来，以为法信，至六祖止不传。汝为外国人，故我授此衣为法信，则乃祖耳。"此外，还授予荣西"应器、坐具、宝瓶、挂杖、白拂"等。荣西接受之后，"趋出到奉国军（今改庆元府），乘扬三纲船，著平户岛苇浦，本朝建久二年辛亥也"④。

---

① 参见〔日〕古田绍钦《日本禅宗史的诸问题（日本禅宗史の諸問題）》，东京大东出版1988年版，第14页。
② 曾在任舒州（今安徽省潜山县）太平寺住持，禅语清丽，富有意蕴，名声远扬。
③ 〔日〕虎关师炼撰，黑板胜美编：《元亨释书》，《新订增补国史大系》（新装版）第31卷，东京吉川弘文馆2004年版，第43页。
④ 〔日〕虎关师炼撰，黑板胜美编：《元亨释书》，《新订增补国史大系》（新装版）第31卷，东京吉川弘文馆2004年版，第43页。

荣西回日本后，和宋朝禅宗诸师一直保持着密切的联系，荣西回日本两年后，即运来"百围之木若干，挟大舶泛鲸波而至焉，千夫咸集，浮江蔽河，辇至山中"，协助营建了天童景德寺，重修了千佛阁，事见《太白名山千佛阁记》①。荣西主要是通过侨居日本镇西博多的张国安等宋朝商人与中国禅林保持联系，虚庵怀敞、灵隐寺佛海禅师、佛照禅师等也通过商人给弟子荣西带去口信②。虚庵圆寂后，墓塔重修之时，荣西撰《千光西礼塔偈》悼之：

　　海外精蓝特特来，青山迎我笑颜开；
　　三生未朽梅花骨，石上寻思扫绿苔。③

荣西在天台山求法期间，在石桥诸刹，对石梁方广寺罗汉阁的"罗汉供茶"作了记录，并将宋茶文化传入日本。关于他对日本茶道文化的影响，将另撰文介绍。

第二节　显密兼修的荣西开创日本临济宗兼修禅

一　荣西以"护国"的名义兴禅

荣西于宋绍熙二年（1191）七月搭乘宋朝商人杨三纲的船，从明州（今宁波）出发，到日本肥前国（今长崎）平户登陆。于日本建久三年（1192）在筑前国（今福冈）香椎神宫旁边，筑造建久报恩寺，按照宋朝的仪式，开讲菩萨大戒，宣扬禅宗（临济宗黄龙派），声名渐著。由于日本"南都北岭诸讲师，颇有偏执者"，荣西的风光引起了他们的"谤且诉"④，特别是遭到天台宗僧人良辩等的嫉妒，怂恿比睿山僧众上告朝廷，禁止荣西宣传禅宗。

---

① 〔日〕伊藤松：《邻交征书》，东京国书刊行会1975年版，第29页。
② 〔日〕市川白玄等校注：《中世禅家的思想（中世禅家の思想）》，编入《日本思想大系》16，东京岩波书店1972年版，第122页。
③ 原载《咸丰天童寺志》卷七，本书转引自王仲尧《南宋佛教制度文化研究》（上册），商务印书馆2012年版，第355页。
④ 〔日〕荣西：《兴禅护国论》卷上，收入《大正新修大藏经》第80册，台北佛陀教育基金会1990年印刷，第1页。

荣西于是从九州岛上京，向朝廷申诉。但是建久五年（1194）七月，朝廷还是通过太政官宣旨，禁止开创圣福寺的荣西宣传"达摩宗"。荣西并未因此放弃，于是离开京都，再回九州岛，在九州岛开创了圣福寺。

建久六年（1195）春，南都东大寺大佛殿建成，因东大寺劝进重源与荣西曾在宋朝相遇，作为好友的荣西为了表示祝贺，特将自己从宋朝带回栽在香椎宫的菩提树移植东大寺。借此机会，荣西再次上京，向京都朝廷提出申诉，朝廷让关白九条兼实听取申诉。"诏藤相国，召西府里，以主当令仲资徵问，尚书左丞宗赖预闻。西排斥伪党，举唱真乘，词辩涣然，冠缨耸听"，荣西得到这次辩解的机会，可能和重源的运动有关。这次"荣西辩相府"的结果，使朝廷改变了态度，允许荣西"创圣福寺于筑之博多"[①]，大力弘扬临济禅法，为日本官许禅寺之始。

荣西得以传禅宗，也是他善于妥协的结果。相府的次辩论，也促使荣西尽力从事弘禅的著述，引经据典，从佛教理论上、从日本西行求佛法的历史依据上，寻找宣传禅宗的支持。大约在建久九年（1198），荣西完成《兴禅护国论》一书，全书三卷，共分十门（相当于十章），每门一个主题，逻辑缜密，这是他一生中最重要的著作。他在跋文中开门见山旗帜鲜明地宣言禅宗是"最上乘""第一义""正法眼藏"。

为驳斥诸宗僧徒对自己的恶意中伤和非难，荣西在该书"序言"中自称"大宋国天台山留学"，极力说明自己宣扬禅宗是"兴废继绝"之举，即复兴比睿山，弘扬"山上先入唐求法大师等"的伟业，传教大师最澄等早就从中国继承了达摩的血脉，并且将禅宗传入了日本，"其意专为护国家利众生"，既然"行表传教俱传之，智证安然同行之"，自己并非标新立异，是"宗门弘通"之举，诋毁的人"抑亦毁叡岳之祖道"[②]。一时名声大振。

《兴禅护国论》也是写给日本朝廷和幕府看的，故荣西在该书中打出了兴禅宗"护国"的旗号，面对日本宗教界守旧势力天台、真言二宗的压制，荣西不得不寻求政治势力、国王大臣的支持，他向朝廷请求赐大师号便是有力的证明。荣西虽然没有获得大师号，但他获得了僧正的高位，当时的天台宗座主，许多也不过权僧正而已，这可能和他在宋朝孝宗皇帝那里获得"千光法师"的赐号有关。

荣西的《兴禅护国论》虽是为抗辩而作，但有不少与日本密教折中、

---

① 〔日〕虎关师炼撰，黑板胜美编：《元亨释书》，第43、400、45页。
② 〔日〕荣西：《兴禅护国论》卷上，《大正新修大藏经》第80册，第1—3、5页。

调和的内容，甚至说是为了中兴天台宗和天台密教，这也是他斗争的策略。尽管《兴禅护国论》是一种"极端国家主义的宣传"，却有很高的史料价值，据柳田圣山的研究，该书在荣西死后很长时间被忘却，甚至有人怀疑它是否为伪作①。

1200 年《出家大纲》一卷完稿，主要是自己第二次在中国的经历，介绍"衣食""行仪"二门护斋戒法，重点介绍"大宋国禅院食法"，此书荣西"在唐之时粗书此略仪"②，如今再修改赠门下，宣传持戒持斋。1204 年撰《僧荣西斋戒劝进文》呼应其兴禅论③。日本临济宗礼仪制度的建立在荣西再传弟子大歇了心时代得以建成。

二 荣西建仁寺开山传"兼修禅"

逆境中的荣西很注意与政治势力建立联系，他看准了关东的幕府。荣西大约于 1196 年在京都庆祝东大寺大佛殿落成之时和将军源赖朝的相识。1199 年，荣西东下镰仓，具体时间不详，源赖朝于当年正月死去。源赖朝逝世一周年的法会上，荣西担任导师，此足见荣西在镰仓幕府中的地位。在镰仓，荣西先后得到源赖朝夫人北条政子、第二代将军源赖家的皈依，成为源氏家族的祈祷僧，政子发愿创建了寿福寺，并赠给荣西。这是镰仓的第一座禅寺，荣西"晚年成为镰仓幕府的御用祈祷师"，乃至在负责东大寺和法胜寺的俗务中成为"土木事业家"④，严重影响其作为禅宗一代宗师的形象。

荣西亲近王大臣最著名的例子是，建保二年（1214），时为"权僧正法印大和尚位"的他，向患病的第三代将军源实朝奉茶并献《吃茶养生记》一书，而该书"示末世病相，留赠后昆，共利群生"⑤，感动将军，有利于禅宗的推广。

佛法亲近王大臣的这些举措，使荣西宣扬的禅宗得到有力的护法和檀越。幕府首脑源赖家、政子等不仅皈依荣西，常常让荣西以"律师"、法会"导师"的身份住持镇护家国的佛事、祈祷仪式。

---

① 〔日〕市川白玄等校注：《中世禅家的思想（中世禅家の思想）》，收入《日本思想大系》16，东京岩波书店 1972 年版，第 439、440 页。
② 〔日〕荣西：《出家大纲》，富冈新三郎 1880 年刻印。
③ 参见〔日〕竹内理三编《镰仓遗文》（古文书编第三卷），东京堂出版 1978 年版，第 133—134 页。
④ 〔日〕市川白玄等校注：《中世禅家的思想（中世禅家の思想）》，第 439 页。
⑤ 〔日〕荣西：《吃茶养生记》，收入《大日本佛教全书》之《游方传丛书第三》，佛书刊行会 1917 年版，第 505 页。

第二章　宋禅初传与"兼修禅"在日本的传播　53

　　有了关东幕府做靠山，荣西再次进军京都。建仁二年（1202），将军源赖家将位于京都鸭川东边的领地施舍给荣西，"营大禅苑"，开创建仁寺，请荣西为开山，这是京都的第一座禅寺。以年号为寺号，这是平安初期延历寺以来几百年不遇的事，可谓是对延历寺的挑战。由于延历寺天台宗的强大势力的抵制，净土教尽管在日本流传了几百年，拥有强大的基层势力，也难以建立独立的宗派。由于将军赖家的申请，朝廷当年六月二十二日宣旨，敕许荣西在寺内置真言、止观、禅门三宗。《元亨释书》亦载："建仁二年六月，尚书省札赐沙门荣西，置三宗建仁寺，教授学者。"① 足见幕府对禅宗的重视。

　　1203年，即建仁寺开山的第二年，荣西在寺内设真言院和止观院，作为弘传天台、真言（密宗）、禅三宗基地，"以台教为表，以修禅为内里"②，说明荣西不得不和天台宗等其他诸宗妥协。

　　遗憾的是，元久二年（1205），日本京畿一带风灾，一时"流言集荣西"，诸宗造谣，说荣西师徒所穿宋式袈裟所致。《沙石集》十《建仁寺本愿僧正事》一条中有此记载：

　　　　故建仁寺的本愿僧正（荣西）……回国后，有志建寺，当时天下恰有大风为灾。世人遂说，此风似外国风，与着大袈裟、大衣服之僧侣同时出现。彼衣袖之宽，袈裟之大，吹拂成风。如此怪人，应从都中驱逐出去。③

　　在此期间，幕府政变不断，建仁三年（1203）九月，第二代将军被暗杀，源实朝继任将军。据《元亨释书》记载，"荣西辩拆明切，因是建仁为官寺，得监造"，看来流言对荣西未有太大的冲击。荣西辩驳称：自己若有此异能，则更说明自己是非凡之人，不应该从京都驱逐。故因其善辩之智慧，不仅化险为夷，且因祸得福，朝廷不仅将建仁寺上升为官寺，而且在建永元年（1206）重源死后，因荣西具有很强的事务能力，朝廷"敕主东大寺干事"④，即接替重源担任东大寺的大劝进一职。

---

①　〔日〕虎关师炼撰，黑板胜美编：《元亨释书》，第400页。
②　〔日〕卫藤即应：《作为宗祖的道元禅师（宗祖としての道元禅師）》，东京岩波书店1944年版，第78页。
③　转引自〔日〕木宫泰彦《日中文化交流史》，胡锡年译，商务印书馆1980年版，第388页。
④　〔日〕虎关师炼撰，黑板胜美编：《元亨释书》，第401、45页。

此后荣西一直得朝廷倚重，委以重任，建保元年（1213）擢任僧正这一高位。

建保三年（1215），荣西应镰仓幕府将军源实朝之请，又"在相州龟谷营寿福寺"①。可惜寺未建成，荣西便圆寂了，但其禅宗传于关东。

在京都、镰仓这两个政治中心，荣西面对天台、真言二宗的抵制，不得不依赖大檀越的支持，在当时的环境下，要面对世俗很难达到宣传纯粹禅的目标，不过能让禅宗与天台宗、真言宗在日本并立，已经足够了，他也只能企望如此。大概因此，后来圆尔一派的虎关师炼在他的《元亨释书》中暗示，他个人不承认荣西是日本禅宗的始祖。在镰仓后期的许多比睿山僧眼中，荣西不过是一显密兼通的天台僧②。

三 荣西弟子及日本禅宗的流派

荣西虽然在京都立足，不得不借密教身份的方便传扬禅宗。输入禅宗的荣西很注意培养弟子，并保持和南宋禅林的密切联系，这是弘法的关键。荣西弟子众多，以荣朝、行勇、明全三人最有名，这三人的弟子中有不少来宋求法，巡礼南宋禅宗诸寺，如释圆房荣朝和庄严房行勇的弟子心地觉心、大歇了心。

荣西圆寂后，退耕行勇（1163—1241）掌门禅宗，成为镰仓寿福寺的第二代住持，并继任东大寺劝进职，退耕也因此作为源赖朝的供养师和北条政子剃发受戒的戒师，很受尊重，之后得到将军实朝和政子的皈依。传言行勇及其徒弟隆禅也曾经到过宋朝，但是证据不足，只能存疑。

荣朝本兼修显密二教，从荣西受灌顶，从其受禅法，在荣西众多弟子之中，他的门下最兴旺，其次是天庵源佑一门。承久三年（1221）在新田义季的帮助下，荣朝在上野世良田开创了长乐寺，成为开山祖师，后亦成为台、密、禅三宗兼学的道场，圆尔辨圆、心地觉心、无关普门等都曾来长乐寺，或参禅问道，或受戒研习显密教法。荣朝死后弟子藏叟朗誉继任长乐寺住持，藏叟门下声势壮大，再传龙山德见，光耀门庭，再兴黄龙古道场③。

荣西弟子明全受老师的影响，来宋拜师解惑；善于思考的道元和日本历代大德一样，仰慕唐土先进的高风，他遇到问题爱追根求源，自然也模

---

① 〔日〕虎关师炼撰，黑板胜美编：《元亨释书》，第46页。
② 参见〔日〕广濑良弘编《禅与地域社会（禅と地域社会）》，东京吉川弘文馆2009年版，第23页。
③ 参见〔日〕市川白玄等校注《中世禅家的思想（中世禅家の思想）》，《日本思想大系》16，第448页。

仿空海等先辈，带着疑问到中国寻求答案，也成为日本禅宗一代宗师。退耕行勇门下则有大歇了心来宋朝。

荣西是开拓宋日文化交流的先驱者，以禅宗的输入日本为契机，荣西在中日佛教交流史、在中日文化交流史、在日本文化史中的地位不可忽视。荣西曾说："我没后五十年，禅宗大兴于世。"① 日本禅宗后来果然大兴，分为二十四个流派②彼此竞争。

即自荣西、道元传入禅宗后，在日本分支的二十四个流派中，有二十一流属于临济宗，而道元开创的曹洞宗所属只有三流（道元派、东明派、东陵派的三流）。

荣西流从六祖慧能以下有南岳—马祖—百丈—黄檗—临济—兴化—南院—风穴—首山—汾阳—慈明—黄龙—晦堂—灵源—长灵—育王—万年—天童—虚庵—明庵荣西。

也许是神佛习合的时代背景之下，日本易于形成"杂种的文化"，荣西融天台、真言、禅三宗于一体，形成日本化的临济宗。荣西 1215 年圆寂后，日本禅宗逐渐得势，但多属临济宗派，而此一派的纯粹化，回归中国式的禅宗还有待兰溪道隆等的到来。

因为北条政子的关系，源氏三代之后，幕府执权北条氏依然器重荣西、退耕师徒，这也是禅宗得以兴盛的一大原因。

荣西在和天台、真言二宗等旧佛教抗争和竞争过程中，不仅注意培养弟子，培育僧团，也很注意联结同志（主要是有宋朝背景的人），或直接联系，或遥相呼应。荣西直接联系的同志有重视戒律的明惠上人，有曾经到宋朝求法的不可弃俊芿。

不可弃俊芿（1166—1227），肥后国人，十八岁剃发，字我禅。是三论、成实、法相、俱舍、华严、律、天台、真言等八宗兼学的僧人，因不满足于日本戒律的衰微，以及南都北岭的学问，曾于日本正治元年（1199）来到中国宋朝学习戒律及宋学。来宋后到明州（宁波）的雪窦寺、临安府的径山寺等处游学，学禅并钻研律宗、天台宗，1211 年归国。荣西曾邀请回日本的俊芿到京都建仁寺担任住持，次年移驻博多崇福寺。

虽然日僧来宋朝能留下确切记载的不多，但在荣西来宋前后，接触到禅宗的，或到宋朝求法的日本僧人并不少，比如觉阿等，比如俊芿及其同伴，再如宣扬达摩禅（或称"达摩宗"）的大日能忍一门。

---

① 〔日〕虎关师炼撰，黑板胜美编：《元亨释书》，第 46 页。
② 日语中称"流"，即"派"之意，二十四个流也就是二十四个门派。

第三节　兼修禅在镰仓佛教诸宗中初步立足的原因

一　平安末期到镰仓初期诸宗竞争的局面

荣西的禅宗能够在日本立足，其禅宗能够以"兼修禅"的形成生存于镰仓诸佛教之中，除了荣西主观的努力之外，客观上的原因主要在以下两个方面：

其一是平安末期，日本王法、佛法（南都六宗和天台宗、真言宗）共衰，社会呈现出"末世"心态，旧宗教（佛教的旧宗）被怀疑，僧俗两方面都需要新的思想来振兴日本佛教，禅宗、净土宗因此被有志者所注意。

禅宗、净土宗此时在日本的兴起，也与东亚社会环境的变化有关，中国、朝鲜进入10世纪以后，诸宗归于禅宗、净土宗两宗，非常兴盛。禅宗强调"自力"拯救，不同于日本"教宗"，特别是净土真宗期待"他力"救助。

从荣西到道元，这数十年是日本禅宗的开山立宗期，所以，作为开创者的荣西和道元等，非常强调禅宗的"学问"与"教化"功能。他们自己非常注意提升学问、著书立说。荣西的弟子明全与明全的弟子道元等，相继到宋朝"请益"，所谓的"请益"就是"进修""深造"。目的在于借用中国的学术权威，好在学问上超越其他诸宗。

特别是荣西，面对诸宗僧人的教条，他更博闻善辩[①]。更重要的是，荣西能够权变，知道妥协，善于运用密教的理论，"以子之矛攻子之盾"，他的《未来记》，就是用密宗的手法宣扬禅宗。荣西在《未来记》中，借商人张国安之口转述了宋朝高僧的预言：

> 建久八年（丁巳）八月二十三日，镇西博多津张国安来，语曰：
> 　　大宋乾道九年（癸巳，当日本承安三年癸巳岁）七月，到临安府（今王都也），诣灵隐寺，亲见堂头和尚佛海禅师，升座说法。为国安示曰："我灭度后二十年，法周沙界（云云）。所谓日出往西，往西必入西山。潮曳还东，还东决渐东海。然者东渐佛法，不到日域哉。因

[①] 参见〔日〕虎关师炼撰，黑板胜美编《元亨释书》，第43—44页。

兹有东海上人，西来将可传禅宗，决不虚也。你归乡怎么说矣。我今视你，你又见我。我明年正月十三日，当避世。你再来唯闻名，忆今日事乎。我宿因多幸，见汝为说日本佛法弘通事。你记勿忘（云云）。"国安辞复乡。又明年四月渡海到寺，问师安否。师果然迁化，如去年示，正月十三日安然迁化云云。佛照禅师蒙诏继其迹，修报恩斋席。国安诣会，复陈报恩志。佛照禅师赞言："凌远来报师恩（云云）。"

其佛海禅师，无生见谛人也，能识知未来事。今既荣西到彼传而来。其身虽不肖，其事既相当。除予谁哉？好人不越海，愚人到何要耶。智人察矣。从彼佛海禅师记，至于予越蓬莱瀛，首尾一十八年，灵记太□哉。追思未来，禅宗不空坠。予去世之后五十年，此宗最可兴矣。即荣西自记①

这里，荣西暗示自己就是"东海上人"，借中国高僧佛海禅师之口，乐观地预言日本禅宗将来的发展。当时的日本最推崇"能识知未来事"的密术，故荣西强调自己的这一密术。自10世纪至此时的日本，禅宗的立宗和发展，依然面临重重阻力，它不仅要与净土宗、净土真宗、时宗、日莲宗等镰仓新宗竞争，而且还要排除来自旧宗的压力，因为从平安末期到镰仓初期，日本天台、真言、法相等佛教旧宗，极力排斥禅宗、净土宗等新宗派，并迫害新宗派的传教者。

二 平安末期到镰仓初期政治势力竞争的局面

12、13世纪之交是日本社会动荡的时代，是从古代进入中世的转折关头，其高潮便是源平争霸。平家在政争中失败，原因之一是他们未得到佛教寺院势力的支持，源氏和朝廷显然也认识到了这一点。因此，注重拉拢宗教势力。

禅宗进入中世以后的发展，还在于镰仓初期日本政治上的不稳定，"无论是东面的幕府还是西面的王朝，都存在深刻的内部矛盾"②，这有利于禅宗在夹缝中求生存、谋发展。

在东国的幕府，无论是源氏，还是北条氏，家族内部都存在着尖锐的

---

① 〔日〕市川白玄等校注：《中世禅家的思想（中世禅家の思想）》，《日本思想大系》16，第122页。
② 〔日〕冈野善彦：《日本社会的历史》，刘军、饶雪梅译，社会科学文献出版社2011年版，第200页。

矛盾。而在西国的王朝方面也是如此，无论是皇室内部，还是摄关家内部，都存在着尖锐的争斗，这也致使他们竞相拉拢佛教，或天台宗、或禅宗、或净土宗。

镰仓武家期待政治上独立于公家之外，自然在宗教方面也有自己的追求，并且独立于公家的信仰之外。所以荣西得到源氏将军这一大檀越，开创了镰仓寿福寺、京都建仁寺，弟子荣朝得到新田义季的邀请，在上野世良田开创了长乐寺。之后临济宗一派又得到北条氏的皈依，在北条氏这一新檀越的支持下开创了众多新的寺院。

荣西走上层路线，突出表现是，面对南都和比睿山诸宗的抗议和诋毁，撰写三卷《兴禅护国论》加以驳斥，就是强调禅宗振兴日本的功用。

荣西为患病的源实朝将军加持，并于1214年向他进献了《吃茶养生记》和茶，令源实朝非常感动。

武家需要自己的文化，需要完全不同于平安公卿贵族的文化与宗教及意识形态。他们必然接触外来的新思想以之来摧毁平安贵族的精神支柱——天台宗等。

禅宗在日本镰仓时期从诸宗中突破出来，和日本国内情势的一系列巨大变化有关。

南宋全新的文化（从物质到精神）早就吸引了新兴的武士阶层。早在平安末期，有"武家栋梁"之称的平清盛便主张"门户开放"、奖励海外贸易，并推动天皇、法皇修改政策，鼓励两国商船的往来。中日之间商船的频繁往来便利了两国僧侣的随船往来，中日佛教交流又因此走向兴盛。"承久之乱"即承久三年（1221）幕府（北条义时）与朝廷（后鸟羽）之间的战争，幕府最终取得胜利，武士阶层作为新兴的统治阶级登上了历史舞台，需要自己的意识形态，于是禅宗得以兴盛。幕府逐步在社会政治、经济领域占据支配地位，天皇的朝廷则名存而实亡。总之，幕府统治的稳固是禅宗发展的重要客观条件。

三　佛照德光印可后昙花一现的日本达摩宗

日本早期禅宗有三派，即荣西开创的临济宗，和荣西同时活跃的大日能忍开创的达摩宗，以及道元的曹洞宗。三人之中，尽管能忍起步早，有强烈的培养和组织僧团的意识，可惜在能忍死后，徒孙怀奘、怀鉴带领达摩宗门徒全部投入道元门下，成为曹洞宗的骨干（具体参见后文），因此未能形成大气候。

大日能忍的达摩宗主要在摄津国的三宝寺宣传禅法，荣西批评过能忍

第二章　宋禅初传与"兼修禅"在日本的传播　59

的禅法①，语见《兴禅护国论》第三门中：

问曰："或人妄称禅宗，名曰达磨宗，而自云：'无行无修，本无烦恼，元是菩提，是故不用事戒，不用事行，只应用偃卧，何劳修念佛、供舍利、长斋节食耶（云云）。'是义如何？"

答曰："其无恶不造之类也。如圣教中言空见者，是也。不可与此人共语同座，应避百由旬矣。"②

其实，能忍为荣西分担了不少来自各宗的攻击和压力，呼应了荣西的临济宗，但荣西却未接受能忍，而是极力与能忍划清界限。根据虎关师炼《元亨释书》的记载，比睿山天台宗僧人排斥荣西的时候波及能忍，"迄西演心宗，缙绅士庶欲混忍而摈"，所以"西又与忍抗辩宗义，往反数番。忍杜口而退，以故西之道行盛于都城"③，而能忍一派逐渐衰落。

因为达摩宗未能延续，故日本佛教史中有关能忍的记载很少。史传能忍"天生好禅，励精工夫，卒有所悟处，兼三宝寺于摄州水田县，煽唱禅法"。因为"畿内缁白归风者多，或谤以无师承"，于是大日能忍，于文治己酉（1189）夏，遣弟子练中、胜辨二人"赍书币入宋，谒育王山拙庵禅师，呈其所悟"④。

大日能忍的求证和求助得到了宋朝高僧拙庵德光（1121—1203）⑤的支持和肯定，这是非常难得的，因为佛照德光是大慧宗杲传人，宋禅林当时的名师，欲入其门者如过江之鲫。史载练中、胜辨代师拜师获得成功，"拙庵大证明，乃付法衣、道号并赞、达摩像"⑥。可见大日师徒的精诚感动了拙庵德光，当即给予印可。德光所赠达摩像的赞文如下：

直指人心，见性成佛。太华擘开，沧溟顿竭。
虽然接得神光，争奈当门齿缺。⑦

---

① 参见〔日〕原田正俊《日本中世的禅宗与社会（日本中世の禅宗と社会）》，东京吉川弘文馆1998年版，第57—58页。
② 〔日〕市川白玄等校注：《中世禅家的思想（中世禅家の思想）》，《日本思想大系》16，第108页。
③ 〔日〕虎关师炼撰，黑板胜美编：《元亨释书》，第45页。
④ 〔日〕师蛮：《本朝高僧传》（第一），《大日本佛教全书》第102册，第273页。
⑤ 拙庵德光嗣法大慧宗杲，先后住持灵隐寺、径山寺、育王寺。
⑥ 〔日〕师蛮：《本朝高僧传》（第一），《大日本佛教全书》第102册，第273页。
⑦ 〔日〕建撕：《建撕记》乾卷，《大日本佛教全书》之《游方传丛书第三》，佛书刊行会1917年版，第545页。

其赞文之后记则曰：

> 日本国忍法师远遣小师练中、胜弁来求达磨祖师遗像。大宋国住明州阿育王山法孙德光稽首致赞。己酉淳熙十六年六月初三日书（印）①

练中、胜辨二人为了纪念导师拙庵德光，证明代师拜师印证成功，并作为日本国内的见证，他们还特意请画工描绘了德光本人的顶相，并请求赞文。德光为其顶相作赞文如下：

> 这僧无面目，拨转天关，掀翻地轴。忍师脱体见得亲，外道天魔俱窜伏。②

其赞文之后记曰：

> 日本国忍法师远遣小师练中、胜弁到山问道，绘予幻质求赞。己酉醇熙十六年六月初三日大宋住明州阿育山拙庵德光题。（印）

以上可见达摩像及德光顶相等的相赠是在宋淳熙十六年（1189）六月初三日③。根据达磨宗的文献《成等正觉论》的记载，练中、胜辨二人是在同年归国的。

《本朝高僧传》记载：能忍的"二弟归朝之后，忍声名益驰华夷。上足觉晏得忍印记，居和州之多武锋，丕唱禅要，永平孤云奘公久随觉晏。晏临终劝奘，依道元禅师"④。这说明，能忍这一派，在荣西、道元两派崛起之际颇有影响。孤云奘公即孤云怀奘，道元死后，对曹洞宗的发展贡献巨大⑤。

---

① 原载〔日〕辻善之助《日本佛教史》第三卷（第63页），本书转引自张文良《日本的达磨宗与中国禅宗》，载《佛学研究》2007年第1期，第279页。下引后记同。
② 〔日〕师蛮：《本朝高僧传》（第一），《大日本佛教全书》第102册，第273页。
③ 练中、胜辨二人拜德光的地点，应当是在径山寺而非育王寺，具体说明参见自王仲尧《南宋佛教制度文化研究》（上册），商务印书馆2012年版，第364—365页。
④ 〔日〕师蛮：《本朝高僧传》（第一），《大日本佛教全书》第102册，第273页。
⑤ 具体参见本章后文相关内容。

第二章　宋禅初传与"兼修禅"在日本的传播　61

能忍的两位弟子归国后，有记载说，能忍一门所传达摩宗得到朝廷的敕许，可以名正言顺地弘扬"达磨宗"①，对此，《圣光上人传》有如下记载：

> 昔有大日禅师者，好索理论，妙契祖意。遂令文治五年夏遣使于宋国，请法于佛照（育王山长老也）。佛照印可，赐祖号。于是禅师经院奏，弘达磨宗。

镇西圣光上人弁阿，是能忍同时代的天台宗僧人，与能忍曾有过交往和思想上的交流，《能忍传》中也有"镇西圣光来忍会下，质《宗镜录》要文"②的记载。永平寺第十四世法孙建撕在其《建撕记》中称，能忍因得到德光的"临济家嗣书、祖师相传血脉、六祖普贤舍利等"，进而得到日本朝廷的敕命，成为日本"达摩正宗初祖"，弘传达摩宗③。此说在莹山的《嗣书助证》中也可以得到一些佐证。

在荣西、能忍之前，日本人提到禅宗，往往称为"佛心"宗，最澄等也有"达磨宗"的说法，仅仅是泛指一切以达摩为祖师的禅的信仰者或实践者。"达磨宗"作为日本一个佛教宗派的专有名称，无疑开始于能忍。达摩宗著作《成等正觉论》解释此宗由来，亦云："夫此宗者，达磨大师所传，故名达磨宗也。"以达摩为号召，其实也是强调日本达摩宗的正统性。

能忍的达摩宗与荣西的临济宗，其传教活动一开始由于京都诸宗的抵制，受到朝廷的禁止，由于各自不懈的努力，积极公开活动，最终得到普遍的认可。达摩宗虽然作为一个宗派的活动时间并不长，但在日本佛教史、特别是禅宗史上，仍然是影响深远的一个流派。

能忍的达摩宗，主张自身即佛、众生即佛，不注重戒律，标榜无行无修，是很容易得到民众接受的禅。但是很难像荣西那样，得到大檀越大施主的支持，以至于教团无法维系，弟子四散。

---

① 另见〔日〕市川白玄等校注《中世禅家的思想（中世禅家の思想）》，《日本思想大系》16，第468—469页。
② 〔日〕师蛮：《本朝高僧传》（第一），《大日本佛教全书》第102册，第273页。
③ 〔日〕建撕：《建撕记》乾卷，《大日本佛教全书》之《游方传丛书第三》，第545页。

第四节　日僧道元参学宋禅师天童如净并得印证

一　曹洞宗天童如净禅师的法脉

相比之下，道元（1200—1253）来宋求法、传法的经历和结果，则不同于荣西和能忍。道元虽然曾投荣西法师门下，但他最终却从荣西门下独立出来，成为日本曹洞宗的始祖。何以如此？是因为道元离开了京都和镰仓这两个世俗之地，在偏僻的越前山中修行传禅。

道元回日本后宣传曹洞宗的禅，也是因为道元到中国后，投入了中国曹洞宗门下。

中国曹洞宗的发展，到道元来宋的时代，其师资相传经过大致如下：曹洞宗源出六祖慧能的弟子青原行思（？—740），行思传石头希迁（700—790），希迁传药山惟俨（751—834），药山传云岩昙晟（782—841），云岩传洞山良价禅师。

洞山良价（807—869），会稽诸暨人（今浙江诸暨），俗姓俞，少时出家，年二十一于嵩山受戒，之后遍游禅林。先去南泉（今安徽贵池境内）参谒普愿（748—835），后往沩山（今湖南宁乡境内）参谒灵祐（771—853），再在云岩（湖南潭州境内）从师昙晟并受心印。昙晟圆寂后，良价又往鄂州、袁州、吉州、宜州、建昌等地云游。唐大中十三年（859），良价来到瑞州宜丰洞山，当他涉趟洞水时睹影顿悟，因此终止云游，驻锡洞山，宣讲他所悟的禅宗新法，一时四方徒众纷纷来学，门下常有五百之众，弟子中著名的有曹山本寂。

本寂禅师（840—901）乃泉州莆田（今福建省）人，俗姓黄，十九岁出家，二十五岁受具足戒。咸通初（860）从洞山学法，数年后住抚州曹山（今江西宜黄境内）统扬师法，遂使宗风大举，其说立"五位君臣"为宗要，以"偏正回互"学说为核心。关于中国化的禅宗，其五家的特征，就中世传入日本的临济宗和曹洞宗，潘桂明作了如下比较："如果说临济宗带有与老庄道家思想结合的倾向，那么曹洞宗主要表现为与儒家思想的结合。临济宗在中国思想史上有自己的特殊地位，曹洞宗同样对中国哲学思想产生过深远影响。"[1]

---

[1] 潘桂明：《中国禅宗思想历程》，今日中国出版社1992年版，第364页。

由于老师良价住洞山，弟子本寂居曹山，所以禅林中把师徒两人创立、弘扬的新禅宗称为"曹洞宗"（不言"洞曹"而言"曹洞"，唯语顺而已）。

良价、本寂宗风数传到南宋天童正觉（1091—1157）时，"默照"禅风大兴。

宏智正觉禅师，山西隰州（今山西隰县）人。幼年出家，十八岁时到诸方参学，渡河入洛，游龙门，往汝州香山寺，参谒曹洞宗名僧芙蓉道楷法嗣枯木法成，法成爱坐禅，时人称其禅法为"枯木禅"。之后从丹霞子淳，子淳也爱坐禅，对默照禅的形成影响很大。宣和六年（1124）起继承子淳法席，宣扬默照禅，这与当时文字禅的泛滥有关，宏智正觉的做法可谓是在唱无声的反调。在住持泗州普照禅寺期间，宏智正觉曾得到徽宗皇帝的召见。建炎元年起先后住持安徽舒州太平兴国禅寺、江州圆通寺、能仁寺、安定长芦寺、明州天童寺、杭州灵隐寺等。其中住持天童的时间最长，前后差不多三十年，常以"只管打坐""身心脱落"的禅法教导弟子。死后有《宏智禅师广录》九卷行世，其默照禅主张"默默忘言，昭昭现前。鉴时廓尔，体处灵然"[1]。正觉法嗣有雪窦嗣宗等十四人。

正觉数传而至天童如净（1163—1228），明州苇江（即今浙江鄞州区）人，俗姓俞。出家后勤习经论，十九岁游方，登雪窦山参足庵智鉴，有省而充净头。后云游江湖二十余年，四十八岁后，先后住持建康府清凉寺、台州瑞岩净土禅寺、临安府南山净慈报恩光孝禅寺、明州定海县瑞岩寺等。因如净身材高大，人称"长翁"。明州太白山天童景德禅寺住持无际了派（1149—1224）入寂前，曾遗书给如净接掌寺务，南宋理宗皇帝宝庆元年（1225），如净六十三岁时获敕，许住持天童寺。就在此期间，日本僧人明全、道元等来天童寺求法，曹洞宗于是分支日本。

二 日本道元禅师出身与出家的经过[2]

日本曹洞宗开山祖师道元和尚（1200—1253），俗姓源氏，号希玄，又号佛法房，京都人，土御门天皇正治二年（1200）正月生于日本京都。据《建撕记》所载，道元为"村上天皇九代苗裔，后中书王八时之遗胤"[3]。总之，道元出身日本贵族世家，其父为后鸟羽上皇院政体制下的内大臣源通亲（久我通亲，1149—1202），其母是摄政藤原基房（1144—

---

[1] 《默照铭》，载《宏智正觉禅师广录》卷八，收入《大正藏》第48册，第100页上。
[2] 傅伟勋：《道元》，收入《世界哲学家丛书》，东大图书公司1996年版。
[3] 〔日〕建撕：《建撕记》乾卷，载《大日本佛教全书》之《游方传丛书第三》，第537页。

1230）之女，据说是一个绝代佳人，在源平争霸之际一度被草莽英雄木曾义仲（1154—1184）掠夺为妾①。

道元法师虽出身名门世家，可惜命运多蹇，三岁丧父，八岁丧母，由其叔父收养为嗣子。但京都贵族的出身却使道元从小就受到汉文化的熏陶，据说他四岁就诵读唐朝诗人李峤的《百咏》，被名卿巨公称为神童。

早慧的道元，七岁（或说九岁）时能读《毛诗》《左传》。八岁时遭遇丧母之痛，加之处于源平争霸的乱世，深悟世间之无常，故生起求法出家的大愿，阅读的兴趣也从外典转为内典（即佛典）。道元从九岁开始阅读世亲所撰的深奥的《俱舍论》，据说能解其中奥义，"自此一切文字，不由师训，自然通晓心"，更是被称为"文字童子"。

父母的先后去世，人世的无常，难免让道元感伤厌世，尽管母家亲人希望他学儒，将来能担任朝廷的要职，并有心培养他，但道元却无心仕途而有志于佛道。十三岁时，道元毅然决定上比睿山，随其外舅修道，据说他是在"建历二年（1212）春，冒夜潜出洛阳"，偷偷离家出走的。道元登比睿山访良观法师，强求出家，开始仅被允许入室。

建保元年（1213），十四岁的道元礼请天台座主公圆僧正为他剃发，在僧正的主持下，登坛受菩萨戒，正式成为比丘。从此在横川首楞严院的千光房，"习天台之宗风，兼南天之秘教，三观十乘、六大四曼之奥旨，无不习学"②，可见道元也是显密诸宗兼修，而修禅宗也是偶然。据说在十八岁之前，道元就阅览《大藏经》两遍。

三　道元跟随荣西参禅的机缘

道元是如何拜荣西为师的？荣西有没有开导道元？

据说道元在钻研显密二教义理的过程中，碰到一个大的疑问：那就是当时日本显密二教共同谈论的："本来本法性，天然自性身。"既然"我等一切众生，身内有此天然的佛身，何故三世诸佛、历代祖师发心愿出家，苦修苦行，求证无上菩提？"道元尽管具有非凡的才能，却一时无法理解这两句的真意，问遍山门的法师，也无一人能给出让他满意的答复。苦于疑惑的道元，担心"无正师无善友故，迷而起邪念"，于是，决定将此问题请教于三井寺的公胤僧正，僧正周览三藏，精通显密二教，又刚好是道

---

① 参见〔日〕梅原猛《教思想》，编入《梅原猛著作集6》，集英社1982年版，第91—95页。

② 〔日〕荒井泪光：《道元禅师》（禅学文库，第10编），东京丙午出版社1915年版，第42页。

元的"外叔",被世人尊称为"天下无类的学匠"。哪知公胤倾听之后竟然答道:"此问深奥,恐怕本人难以回答明白,我虽有家训口诀,向你开示未能尽美,传闻西天达摩来震旦,传佛心印之正宗,今其宗风在中国大地普遍流传,名称禅宗。"公胤还告诉道元:"建仁寺的荣西法师,先年从宋朝传其法归日本,你若明其义、知其实,须到荣西处参问。"① 于是,道元前往荣西开创的建仁寺问道。

据《建撕记》所载,道元是在建保二年(1214)到京都建仁寺的,"入建仁开山千光禅师之室,初闻临济之宗风"②。道元被允许加入千光禅师的门下后,据说一天入方丈,向荣西法师提出了以下疑问:"本来本法性,天然自性身。为什么三世诸佛发心成道?"荣西闻听,答道:"三世诸佛不知有,狸奴白牯却知有。"此答犹如当头一棒,警示其莫妄想,据说道元称听后"忽然省"③。

荣西有感于少年道元的求道热情,特别亲切地为其指导,道元在荣西的启发下已经省悟。根据《建撕记》所载,建保三年(1215)七月五日,荣西圆寂,时年七十五岁。此时道元才十六岁,可见能够亲近荣西的时间不多,有记载说道元入寺当年,荣西便在寿福寺圆寂了。但道元向荣西问禅之事是存在的,道元后来在《宝庆记》中回忆说:"幼年发菩提心,在本国访道于诸师,聊识因果之所由,虽然如是,未明佛法僧之实归,徒滞名相之怀幖,后入千光禅师之室,初闻临济之宗风。"④

荣西禅师圆寂后,弟子明全(1184—1225)接董建仁寺,道元继续随侍明全和尚,在明全门下参禅。明全称"佛树房",也是诸宗兼修,精通于天台华严教学,道元在其指导下,一面参临济之宗旨,一面搜寻律藏止观之奥秘,潜心阅读荣西禅师从宋朝带回的《大藏经》,一晃过了九年。道元虽从荣西的嗣法弟子明全受教,依然称荣西为"师翁",他在后来的永平寺塑有千光祖师像及明全和尚像⑤。

日本佛教界自空海最澄以来有一个传统,每有疑问总要到中国求答案,荣西、明全、道元都受到这一传统的影响。

---

① 〔日〕荒井涙光:《道元禅师》(禅学文库,第10编),第46页。另见《永平寺三祖行业记·道元传》。
② 〔日〕建撕:《建撕记》乾卷,载《大日本佛教全书》之《游方传丛书第三》,第538页。
③ 〔日〕建撕:《建撕记》乾卷,载《大日本佛教全书》之《游方传丛书第三》,第541—542页。
④ 〔日〕道元等:《承阳大师圣教全集 第3卷》,永平寺出张所1909年版,附录第1页;〔日〕曹洞宗全书刊行会编纂:《曹洞宗全书》(宗源下),曹洞宗刊行会1930年版,第1页。
⑤ 〔日〕建撕:《建撕记》乾卷,第538页。

四 在明州遇阿育王山典座而"了办道"的机缘

1219 年，镰仓幕府将军源实朝被暗杀，公武矛盾也随之激化，1221 年爆发"承久之乱"，日本局势一时不稳，也许这是让道元迷茫而厌离的一大因素。1223 年，明全计划到宋访求正师，学习禅法，期待能将正统的禅教传到日本，利益众生。而时年二十四岁的道元，正好也有同样的心愿。于是，道元随明全来宋朝拜师。《天童续志》也说他"闻大宋有老宿，传佛之心印，乃航海入宋"。

日本贞应二年（1223）春，道元跟随明全到博多津，搭乘商船来宋朝，四月到达浙江省的明州，"正当宁宗嘉定十六年"①。

道元来宋参禅，最先遇到的是天童无际和尚。道元自信饱读经书，入宋朝后很是自信，所以昌言无忌，哪知一到中国就遭到抢白的经历，记载如下：

道元所乘船四月抵明州，五月中，他还不得不住在船上等候之时（大概一时还未被允许上岸），有一位看起来六十多岁的老僧，前来船中"问和客讨买我椹"②，道元于是请他吃茶，问其所在寺院，答称"阿育王山典座"，并告诉了道元自己的出身和参学经历。道元得知他六十一岁后，想留他船中一宿，叫老人把买椹、办斋粥的事委托其他同事典座。老人告诉道元："吾老年掌此职，乃耄及之办道也。何以可让他乎？"道元不解，认为老人往复三十四五里路的劳苦，不如在静室"坐禅办道，看古人话头"，不能只管做事。老僧大笑回答道："外国好人，未了得办道，未知得文字在。"并告诉道元，这才是自己的办道功夫，不能让与他人替代自己的工作。道元听后大吃一惊，犹如受到棒喝，当下开始参研老僧所语，到后来终于"知文字，了办道"，此觉悟"乃彼典座之大恩也"③。故道元在其《正法眼藏》中开篇第一谈的就是"办道话"。

到了七月，道元上宁波天童山挂搭，再次遇到老典座，再问如何是文字，如何是办道，认识到"自力办道"的真谛④，并影响了日本民众，至今许多日本人依然活到老，劳作到老。

---

① 转引自〔日〕阿部肇一《中国禅宗史》，原著名称为《增订中国禅宗史研究（增订中国禅宗史の研究）》，关世谦译，东大图书公司 1986 年版，第 787 页。
② 椹，桑树之果"桑椹"，亦有人称"买日本产的香椹"。
③ 〔日〕道元：《永平清规》，《大正新修大藏经》第 82 册，第 321 页。
④ 〔日〕本田无外：《道元禅师言行录》（伟人研究；第 27 编），内外出版协会 1908 年版，第 35—38 页。

五 道元来宋拜师参禅与无际了派机缘未契

道元秋七月登上天童山挂搭时，天童山堂头为无际了派（1149—1224）法师。法师是大慧宗果禅师的法孙，佛照德光传人，门下兴隆。无际接受了道元等的挂单，但把他和四十岁的明全安排列于新戒的序位。道元对无际此举大为不满，据《道元禅师行录》记载：

> 于时派元际领景德禅寺。无际一见，便器许，然以日本国人，列于新戒。师曰："夫夏腊者，乃释氏法岁也。长幼之序，靡不由斯。《梵纲经》曰：不问老少国王奴脾，先受戒者列前座，后受戒者次第分座。《法华经》曰：今此三界，皆是我有，其中众生，悉是吾子。岂择贵贱老少，且论此土他土乎？"众议纷然未一。①

对有个性、有主见，心高气傲的道元来说，自己出家多年，却被"列于新戒"，即视为下级僧人，大伤自尊。故道元提出了抗议，要求按出家的先后排座次。据《建撕记》载，高傲的道元因不愿忝于末座，甚至两次曾向宋朝皇帝上表申诉：

> 佛兴西天，以毘尼为洪范；法流东域，序僧腊分阶。前古依由，至今何废？伏以，皇帝圣哲，宸慈溥通，不忘灵山嘱言，愿慕汉庭奉行，垂恩质僧次，授戒先后无忿。分旨治乱阶，法岁短长以别，外客幸沐天泽，下情不悉野词。②

据说道元上书因其朝廷的议论，以致最后要宋朝宁宗皇帝敕裁，下诏书到天童寺，改变有关戒牒的规定，按照道元在日本夏腊具位。此事未必真实，显然是《建撕记》作者的粉饰和润色③，很可能是模仿空海上书编的故事。

无疑，作为纯粹理想主义者的道元是一个率性直言的人。在日本受过

---

① 〔日〕《道元禅师行录》，《续群书类丛》第九辑上，续群书类丛完成会1957年订正版，第278页。
② 〔日〕建撕：《建撕记》乾卷，《大日本佛教全书》之《游方传丛书第三》，第540页。
③ 这一问题，日本也有学者提出疑问，参见〔日〕中村元等监修・编集《亚洲佛教史・日本编Ⅳ镰仓佛教2——武士与念佛与禅——（アジア仏教史・日本编Ⅳ鎌倉仏教2——武士と念仏と禅——）》，东京佼成出版社1972年版，第221页。

菩萨戒的道元，来华时随身仅携带度牒，没有证明已经受戒的官方文书戒牒，按照宋朝僧规，未受具足戒，就等于尚未取得正式的僧人资格，无际了派能接纳他，可谓是对外国人网开一面。

当然，道元因序位的抗辩而"声名藉甚"，但他在无际禅师处的两年间，虽数次参问，却"机缘未契"①。可能是道元对宋朝临济宗"举拂尘""四料拣""四宾主"之类接引方法不适应，最后，在无际禅师的建议下，道元离开了天童寺，独自到各地参谒诸家，如径山浙翁如琰禅师（1151—1225）、台州翠岩卓公等。据载道元：

> 未几入双径礼琰浙翁，跨台之小翠岩门见卓公，又谒惟一、宗月、月堂、无象等诸大老。有问答机缘，师平昔以气自负，诸方无婴锋者。是将理归揖。②

道元来宋留学，因期待嗣法各宗，以得宋朝高僧正式印证的资历，回日本以宗派传人的资格开山建寺，故参方期间先后在隆禅上座、惟一西堂、云门宗宗月长老、佛照无际处拜读了各种嗣书，嗣书是面授嗣法的信凭，即从佛祖至本宗派祖师，世代相传的传法系图，道元因此得到许多宝贵的启示。

六　道元遇"正师"天童如净得证"身心脱落"

道元在南宋历游诸方寺院三年后，因未得契机，竟生"大我慢"之心，"自以为日本、大宋无人能及"③，失望的道元因此决定回国。不过，他决定行前转回浙江天童拜别明全，再访颇为"知己"且堪称师范的无际了派，不料途中得知无际示寂的消息。意想不到的是，途中遇到一位名叫老琏的和尚，向他介绍了应敕请住持天童的如净禅师，并告诉他："当今天下宗匠，没有超过如净禅师的。"④ 道元于是匆匆忙忙上天童景德禅寺，拜谒长翁如净和尚。谒如净的数日后，道元再见师父明全，此时明全已经重病，向道元说法后，明全病殁了。

道元在拜谒如净禅师之时，曾撰有一篇请愿文，叙述自己发心修行以

---

① 关于"机缘不契"的原因，王仲尧著《南宋佛教制度文化研究》（上册）有所分析，详细参见《南宋佛教制度文化研究》（上册），商务印书馆2012年版，第372—383页。
② 〔日〕《道元禅师行录》，《续群书类丛》第九辑上，第278页。
③ 〔日〕莹山绍瑾语，侍者编：《传光录》，《大正新修大藏经》第82册，第406页。
④ 〔日〕建撕：《建撕记》乾卷，《大日本佛教全书》之《游方传丛书第三》，第541页。

来的经过以及来宋朝求法的目的。全文是：

> 道元幼年发菩提心，在本国访道于诸师，聊识因果之所由。虽然如是，未明佛、法、僧之实归，徒滞名相之怀慄。后入千光禅师之室，初闻临济之宗风，今随全法师而入炎宋。航海万里，任幻身于波涛；遂（达大宋），得投和尚之法席，盖是宿福之庆幸也。和尚大慈大悲，外国远方之小人所愿者，不抱［拘］时候，不具威仪，频频上方丈，欲拜问愚怀。生死事大，无常迅速，时不待人，去圣必悔。本师堂上和尚大禅师，大慈大悲，哀愍许听道元问道问法。伏翼慈照。
>
> 小师道元百拜叩头上覆。①

如净展阅此文，为道元热心求法之诚志所感动，遂复书说：

> 元子参问，自今以后，不拘昼夜时候，着衣袒衣，而来方丈问道无妨。老僧一如亲父之恕子许礼也。太白某甲。②

此后，道元经常往如净方丈中问禅决疑，如净有问必答。道元将自己与老师如净的相关对话都记录下来了，这就是保存至今的《宝庆记》③。该书是问答的体裁，可能是道元个人记的笔记，也可能是道元和如净笔谈资料的整理，对此日本学界有争论。可以想象，如净道元师徒二人日常交流，话语难通，当以笔谈为主。

天童景德寺如净和尚，自十九岁参学以来，五十年间只管打坐，因此常常劝诫后进道："参禅者身心脱落也，不用烧香、礼拜、念佛、修忏、看经，只管打坐而已。"④

如净门下禅僧，常常早上三点左右便开始打坐，要坐禅到晚上十一二点。如有盹睡的学人，如净和尚非拳打即棒喝，然后再声明理由："世间的帝王官吏，乃至田夫，皆是营营勤苦，如其入丛林学道者何得贪眠？

---

① 〔日〕道元记录、怀奘整理：《宝庆记》，收入〔日〕道元等著《承阳大师圣教全集 第3卷》，东京永平寺出张所1909年版，附录第1页。
② 〔日〕道元记录、怀奘整理：《宝庆记》，《承阳大师圣教全集 第3卷》，"附录"第1页。
③ 该书是道元的弟子怀奘在道元死后整理遗书时发现，并抄写整理、成书的，时在建长五年（1253）十二月十日，于永平寺中。
④ 〔日〕道元记录、怀奘整理：《宝庆记》，《承阳大师圣教全集 第3卷》，"附录"第7页。

生死事大，无常迅速，难测死于今夜明朝，于其有生之间当行佛法，否则佛法必衰。"有时在棒打之后又请求原谅："我已经老了，本应退居而静养，为使各位破迷授导，不得已当住持接化各位，时出呵责之词，时行棒打，当受佛罪，但为代佛行仪，请诸兄弟慈悲原谅。"众僧听了无不流泪。有一次，如净入禅堂，惩戒瞌睡的和尚时说："夫参禅者身心脱落，只管打睡么？"① 道元正好听到，恍然大悟。

如此严格的老师让道元很感动，从道元在宋的经历看，他很重视择师。道元在南宋禅林参访的经历，让他认定如净一人才是正师，并认识到老师无可替代的引导作用，故道元常告诫学道的弟子说：

> 机如良材，师似工匠，纵虽为良材，不得良工者，奇丽未彰，纵虽曲木，若遇好手者，妙功忽现。随师正邪有悟伪真，以之可晓……不得正师，不如不学。②

何以要择正师、参师？道元在告诫弟子"参禅可知事"，谈及"师法"，谈及耳提面命的重要性时解释道：

> 参师闻法之时，净身心静眼耳，唯听受法师，更不交余念……佛道在思量、分别、卜度、观想、知学、慧解之外也。若在此等之际……学道者不可用思量、分别等之事，常带思量等，以吾身而检点，于是明鉴者也。其所入门，有得法之宗匠悉之。非文字法师之所及耳。③

日僧希玄道元与天童如净可谓大有机缘，相见的第二年，如净视道元为嫡子，授予袈裟、嗣书及其他信表。南宋宝庆三年（1227）秋，道元终于出道，携带客死于宋土的明全师遗骨踏上了归国之途，完结了五年的异国留学生活。

据说道元在宋期间，在如净的鼓励和支持下，连续三次向南宋皇帝上表，要求宋朝廷依据国家大小之别、文化传统之异，区别对待中外僧人，改变对外国僧人的相关待遇和制度④。

---

① 〔日〕荒井涙光：《道元禅师》（禅学文库，第10编），东京丙午出版社1915年版，第118页。
② 〔日〕道元撰：《学道用心集》，《大正新修大藏经》第82册，第3页。
③ 〔日〕道元撰：《学道用心集》，《大正新修大藏经》第82册，第4页。
④ 详细参见《南宋佛教制度文化研究》（上册），商务印书馆2012年版，第382—384页。

第五节　道元在"显密体制"下开创日本曹洞宗宣扬纯粹禅

一　道元回日本创兴圣宝林寺传如净禅法

南宋宝庆三年（1227，日本安贞元年）冬，获得如净印证的道元携"正法"回归日本，时年道元三十二岁。在道元看来，禅宗是"正传"的佛法，日本必须弘扬。故在临行前，道元夜半进入如净内室话别，表明心志。天童如净禅师也有将佛法东渡的希望，因为道元是外国人，特地赠予芙蓉道楷传下的法衣及洞山良价《宝镜三昧》《五位显诀》，外加他自加偈赞的顶相（肖像），以此作为他向道元授法的证明。如净还告诫道元说："汝以异域人，授之表信。归国布化，广利人天。莫住城邑聚落，莫近国王大臣，只居深山幽谷，接得一个半个，勿令吾宗致断。"①

道元自南宋回日本后，先住九州博多，随后上京，寓居荣西开创的京都建仁寺三年，其间目睹了荣西弟子的兼修禅，因此撰写了《普劝坐禅仪》一卷，简述了如净"默照禅"的要旨，道元此举等于是宣告自己的立场②，并以此奠定了后来道元禅——日本曹洞宗禅法的理论基础。应该说道元以后的纯粹禅观都是在此基础上阐发的。《普劝坐禅仪》的撰写表明道元有意从建仁寺僧团中独立出来。

因时常遭到比睿山天台宗僧徒的迫害，并见建仁寺僧团日益腐败，加之又接到先师如净示寂的噩耗，道元遂于宽喜二年（1230）春，移住于京都南部宇治的深草里（今京都伏见区），住极乐寺安养院，只管打坐，潜心思考。之所以如此，也是因为谨守老师如净的教导，隐身山林。所以他在《正法眼藏》第一卷"辨道话"中说："因此，若思弘法救生，犹如重担在肩，此前但将放下弘通之念，暂作云游萍寄，将闻先哲之风。"③

在僧俗信徒的支持下，道元最后才在极乐废寺旧址上，仿照中国禅宗伽蓝结构改造禅寺，于天福元年（1233）春佛殿完成，称"兴圣宝林寺"。此后着手建立法堂、僧堂，以期创立独立的僧团，丛林规则完全依

---

① 〔日〕建撕：《建撕记》乾卷，载《大日本佛教全书》之《游方传丛书第三》，第544页。
② 参见〔日〕镜岛元隆、玉城康四郎编《道元禅的历史（道元禅の歴史）》（讲座道元第2卷），东京春秋社1980年版，第8页。
③ 〔日〕道元：《正法眼藏》，收入《大正新修大藏经》第82册，第15页中。

从天童山。

在此观音导利院,道元着手撰写《正法眼藏》,"以和字柔汉语,奇妙善巧,令人不累文言",开始用日语向日本大众传道①,此足见日本人学道,仍然依赖语言的传授,道元不得不变通。文历元年(1234),日本达摩宗教团觉晏的门徒孤云怀奘来到深草,投入道元门下,门下日益扩大。

嘉祯二年(1236)十月十五日,兴圣宝林寺僧堂竣工,道元举行开堂仪式,上堂拈香说法:

> 山僧历丛林不多,只是等闲见天童先师。当下认得眼横直鼻,不被人瞒,便乃空手还乡。所以一毫无佛法,任运且延时。朝朝日东上,夜夜日西沈;云收山骨露,雨过四山低。毕竟如何?(良久)曰:三年逢一闰,鸡向五更啼。
>
> (久立,下座)②

这是道元在日本最初按照中国禅宗寺院仪规举行的开堂说法仪式。在众人的期待之中,口称"无佛法",并以无言沉默之行为(良久曰、久立下座)暗示大众。

道元在兴圣寺主张纯粹之禅,只管打坐,专一功夫,故在其所著的《普劝坐禅仪》中劝人坐禅云:

> 矧彼祇园之为生知兮,端坐六年之踪迹可见;少林之传心印兮,面壁九岁之声名尚闻。古圣既然,今人盍辨?所以须休寻言逐句之解行,须学回光返照之退步。身心自然脱落。③

道元对在俗信徒也能"因材施教",给予相应的说法和坐禅指导,其积极的教化热情,使仰慕道元之人纷纷前来,公家有九条氏,武家有波多野氏等。三十四岁时所建宇治兴圣寺,便是九条家所施。特别是达摩宗门下的怀鉴率弟子义介、义尹、义演、义准等投奔,使道元僧团很快壮大起来,但也为以后的分离埋下伏笔。

---

① 道元门下义云强调,"正法眼藏。密传密付",乃神秘主义的作法。见《大正新修大藏经》第82册所收《正法眼藏》序,第7页。
② 《永平广录》卷一《开辟初住本京宇治兴圣寺语录》。本文转引自〔日〕《建撕记》坤卷,载《大日本佛教全书》之《游方传丛书第三》,第546页。
③ 〔日〕道元:《普劝坐禅仪》,收入《大正新修大藏经》第82卷,第1页。

仁治二年（1241），兴圣寺法堂竣工，至此标志该寺佛殿、法堂、僧堂齐全，作为禅宗寺院结构完备。

二 道元开创永平寺的经过

从天福元年（1233）到宽元元年（1243），道元在兴圣宝林寺住十一年，因近皇城，"月卿云客，花族车马，往来不断"①。显然他传法活动的影响招致天台宗的嫉恨，以致再次遭到比睿山僧的迫害。加之他的《护国正法义》未被朝廷采纳，朝廷僧官还判定道元的禅法"不依佛教"，兴圣宝林寺也被破坏，并将道元驱逐出京都地区。

好在此时镰仓幕府的下属武士，出云国的大名波多野出云守义重接纳了道元②，让道元在越前选择佳境，重开道场。波多野义重此举，一方面是因为他敬重道元，另一方面是因为他所领的福井之地，经常有平泉寺的僧兵来闹事。僧兵在平安末期以来就成为日本政治动乱的根源之一，镰仓幕府成立以后，天下太平，但尚有大寺的僧兵有时逞威迫害乡村。自宋朝求法回国的道元，极力排斥僧院驻兵，排除旧佛教的弊风。

波多野义重早闻道元声名，前往京都拜访道元，并于京都驻所听道元说法。当他探闻道元爱好闲寂之地，即问："福井的山中，有闲静的古院，如果适合即为国人万幸。"道元："是我所望。"

宽元元年（1243）七月十六日，四十四岁的道元留下义准重振兴圣寺，自己则率领怀奘等弟子，应波多野的召请，从京都来到越前国吉田郡（今福井县）志比庄。

道元一行先在吉峰寺挂锡，后移居禅师峰，在这一带传法，教化道俗。到1244年，在波多野义重、左金吾禅门觉念等的努力下，新伽蓝的法堂、僧堂等竣工，道元将改建扩充的寺命名为"吉祥山大佛寺"，让僧团成员移居该寺。曹洞宗兴起于北越，义重之功最大。

宽元四年（1246）六月，道元因为佛法初传中国是在后汉永平年中，道元是依此典故改名寺院为"吉祥山永平寺"，成为日本曹洞禅的传法中心。

永平寺竣工，道元举行上堂仪式，作颂云："诸佛如来大功德，诸吉祥中最无上，诸佛具来入此处，是故此地最吉祥。"名为吉祥山大佛寺，后改为永平寺。

---

① 〔日〕建撕：《建撕记》坤卷，载《大日本佛教全书》之《游方传丛书第三》，第547页。
② 参见〔日〕获须纯道《日本中世禅宗史》，东京木耳社1965年版，第145页。

道元在永平时代的禅风和在兴圣寺时有很大改变，更重视修行和精进，为规范僧众的修道和生活，制定了《永平寺知事清规》，指导大众一心一意地打坐。

永平寺初创之时的道元非常自信和自尊，这从《越州吉祥山永平寺语录》所载他上堂说法时，有关丛林大小之论中可见。

甚么作大丛林，唤什么小丛林？若以众之寡多院之大小，为丛林之量，则成戏论。纵使众多而无抱道之人，则为小丛林；纵院小而有抱道之人，是为大丛林也。犹不以民繁士广为大国，而以有君圣臣贤为大国也。汾阳昭禅师会中止七八众，赵州，不满二十众，药山仅有十众，然例作晚参，故永平今兹入院，晚参行古规也。或五百七百以至千僧，不悉为大丛林，号大丛林，既无抱道之人具主席者，敢拟药山赵州汾阳诸老耶。所以近代无晚参亦绝讲，先住天童时千载一遇也……今永平既称其嗣子，所以不废晚参。①

永平寺开创之初显然人少，而被他人视为小丛林，道元以为有自己这样"抱道之人"在，能继承大宋宗风，便可称大丛林。永平是道元著述重要之地，他在此撰写了《正法眼藏》九十五卷中的大部分内容。

三　追求纯一的道元与幕府、朝廷的关系

尽管当初在宋天童寺的时候，如净曾反复教诲道元："不可亲近国王、大臣"，"莫吃兵军食"。"你是虽后生，颇有古貌，直须居深山幽谷，长养佛祖圣胎，必至古德之证据。"② 但现实经历让道元知道，在当时的"显密体制"之下兴盛禅宗，若建立独立的宗派，仅走下层路线是不行的，尽管不依附大名、幕府等"大臣"，至少也要得到朝廷或者幕府的认可。于是道元于仁治三年（1242）四月，赴京都前关白近卫兼经府邸谈法。同年十二月十七日，"于檀那云州（考：波多野出云守藤原义重）私宅说法"③。

此外，道元也曾模仿最澄、荣西的做法，著《护国正法义》④，阐明自己所传禅法与国法的关系，并于宽元元年（1243）上奏朝廷，说自己所传

---

① 〔日〕曹洞宗全书刊行会编纂：《曹洞宗全书》（宗源下），第30页。
② 〔日〕道元记录，怀奘整理：《宝庆记》，《承阳大师圣教全集　第3卷》，第4、5页。
③ 〔日〕建撕：《建撕记》坤卷，载《大日本佛教全书》之《游方传丛书第三》，第546页。
④ 或说道元曾向朝廷提出《兴圣护国论》。

禅门正法可以护国。同时也积极出席京都贵族在府邸举行的和歌会。《护国正法义》带有宣扬忠君爱国思想的意味。

由于道元旗下寺院包括兴圣寺、吉峰寺、禅师峰、永平寺,很快形成一股不弱的势力,在大檀那波多野义重等的推荐下,道元一派也引起了北条时赖等"王、大臣"的关注。

1246年,任镰仓幕府第五代执权的北条时赖(1230—1264),一心向佛,倾向禅宗,以禅宗的清规自我约束,后来让位于其子宗俊,剃发为僧,行脚各地,视察民生。何以如此?据说时赖的祖父泰时,曾问于临终的明惠上人云:"上人百年以后,可以谁为师?"明惠上人说:"关于道,可问于禅僧。"新传来的禅宗适合于武士的修养,加之京都旧佛教势力压迫幕府,佛法的社会影响力握在京都各大寺,形成京都公卿的势力范围。宝治元年(1247)八月,镰仓幕府执权北条时赖仰慕道元的高风,邀请道元到镰仓传法,道元于是赴镰仓,拜会时赖,为其说法。时赖于是从道元"受菩萨戒,执弟子礼"[①]。北条时赖为抵制天台、真言二宗,特意皈依禅宗,康元元年(1256)于最明寺出家,法名"道崇"。

北条时赖希望为道元建一寺院,请道元做开山第一祖,以此将道元留在镰仓,但道元在镰仓仅住半年就返回了越前,尽管时赖再三请求,道元坚辞不受。该寺即后来的建长寺,成为该寺开山的则是宋朝禅僧兰溪道隆。道隆东渡镰仓后,因崇拜道元,曾与道元有书信往来,道元到镰仓时,也曾写信问候兰溪,信收录于《建撕记》。

道元返回越前后更加重视清规,追求纯粹的修行,改变了传教的态度,要求门徒"不可亲近国王大臣"。根据《建撕记》的记载,后来时赖又将越前六条堡二千石的领地赠送永平寺,道元也没有接受。

宝治二年(1248)三月,道元回到永平寺。因到镰仓"为俗弟子说法",有人批评他"重俗轻僧",从镰仓归来的道元宣告大众:自己"爱山之爱甚于初",从此专心坐禅,和政治保持距离,"昼夜不离当山之境,虽蒙国王宣命,亦誓不出当山"[②]。

京都朝廷,后嵯峨上皇闻听道元之道化,为了拉拢他,"赐紫方袍并禅师号。元再三固辞,皇诏不许。不获已而受"。建长五年(1253),道元患病,"上皇敕命国医诊脉"[③],足见朝廷对他的态度。

---

① 〔日〕师蛮:《本朝高僧传》(第一),《大日本佛教全书》第102册,第275页。
② 〔日〕建撕:《建撕记》坤卷,载《大日本佛教全书》之《游方传丛书第三》,第553—554页。
③ 〔日〕师蛮:《本朝高僧传》(第一),《大日本佛教全书》第102册,第275页。

道元非常推崇中国高僧宗赜的《禅苑清规》，其《永平清规》与宋禅宗的清规一脉相承。禅宗祖师达摩在《四行观》中说："夫入道多途，要而言之，不出二种：一是理入，二是行入。"① 为了令弟子"行入"，道元基于达摩祖师的"二入四行"禅观，在行为（戒行）上约束。在理论的坚持上，主唱纯粹之禅，"倡导纯一办道的道元，排斥儒教和道教"②，反对禅、道、儒三教的融合。他的这一思想在其《正法眼藏》中随处可见。其门下也在传教中借助神秘主义，说道元在求法途中，有一次罹痢症，最后获得神妪的救助。又说道元在回国的船中遇起大风，众中扰骚，但道元并无所动心，求道之诚感动天地，安然无事。又说道元是洞山后身，转世日本。

四　道元的曹洞僧团及其门派弟子

关于禅宗在日本的传播和影响，有"临济将军、曹洞士民"的说法。因为临济宗自开创者荣西以来，"一直走上层路线"，"主要和幕府上层武士关系密切"；而曹洞宗的开创者道元走的是下层路线，"注重在地方上发展，得到各地领主地头等中下武士的支持"。不过两宗的发展趋势都是世俗化道路③。

道元传道走下层路线，立足山林，从一点一滴做起，正如其嘉祯二年（1236）在宇治县兴圣寺所言的："依草家风附木心，道场最好叢林。"宽元二年（1244）在吉祥山大佛寺时再强调："不可以众多院阔为大丛林，不可以院小众寡为小丛林。若以众之寡多、院之大小为丛林之量，则成戏论。"④

针对下层民众这一对象，道元提倡和坚持的简易方法，便是如净主张的："参禅者，身心脱落也。不用烧香、礼拜、念佛、修忏、看经，只管打坐而已"⑤，对普通愿意修行的日本人来说，"只管打坐"的确是方便法门，故影响了广大的日本民众。道元在下层民众中的影响，致使

---

① 原载《续高僧传》卷十九及《景德传灯录》卷三十。本文转引自〔日〕忽滑谷快天《中国禅学思想史》，上海古籍出版社1994年版，第83页。
② 〔日〕荻须纯道：《日本中世禅宗史》，第148页。
③ 参见〔日〕梁晓虹《"句双纸"（禅林句集）与日本近代禅学》，载吴言生主编《中国禅学》第三卷，中华书局2004年版，第206页。
④ 〔日〕道元语、侍者诠慧等：《永平广录》，载〔日〕道元等《承阳大师圣教全集　第3卷》，永平寺出张所1909年版，第103、136页。
⑤ 〔日〕道元记录，怀奘整理：《宝庆记》，载〔日〕道元等《承阳大师圣教全集　第3卷》，附录第7页。

幕府和朝廷不得不重视道元，拉拢道元，其实，这也是想通过道元影响民众。

道元禅师一生极重师传，建长五年（1253）八月二十八日于京都圆寂，时年五十四岁。死前他也模仿导师如净书写遗偈，如净禅师当年的遗偈云：

> 六十六年，罪犯弥天。
> 打个勃跳，活陷黄泉。咦！
> 从来生死不相干。①

道元的遗偈云：

> 五十四年，照第一天。
> 打个勃跳，触破大千。咦！
> 浑身无着处，活陷黄泉。②

比较两个遗偈，几乎是一模一样，足见师徒之间的影响。

道元四十七岁以后已很少执笔，致力于培养弟子，确立僧团，组织永平曹洞宗教团，确立僧团制度。道元门下受法弟子有五十余人，其中入室弟子主要有孤云怀奘（1198—1280）、诠慧、寒岩义尹、彻通义介四人，最为杰出的则是孤云怀奘。

孤云怀奘是京都人，俗姓藤原氏，是相国为通公的曾孙，出身显贵，也足见道元的魅力。孤云怀奘本来修学台、密、俱舍、净土等法门，后因参侍多武锋觉晏而改学修禅，觉晏是日本大日能忍的法嗣，传承的是日本达摩禅③。其转投道元门下也是顺理成章的事。

道元在兴圣寺著作《正法眼藏》第二卷、第三卷时，弟子怀奘、怀鉴都参与协助工作。其实，怀奘早就代师说法了，道元在三十七岁时就请三十九岁的怀奘当首座，许其接化学人。怀奘多年间在协助道元完成《正法眼藏》的同时，又记录道元所说的夜话，编成《正法眼藏随闻记》，成为后人研究道元的重要资料。

---

① 见《如净语录》卷下。
② 〔日〕建撕：《建撕记》（坤卷），收入《大日本佛教全书·游方传丛书》（第三），第557页。
③ 具体内容参见前文。

孤云怀奘在道元灭后继承永平寺第二代住持。道元门下弟子从此均受怀奘之教，也就成了怀奘的弟子，怀奘弟子中彻通义介、宝庆寂圆、报恩义演、永德义准被称为四哲。

孤云怀奘对曹洞宗僧团的贡献主要是守成和巩固基础，其发展则在寒岩义尹、彻通义介和莹山绍瑾三人，具体参见后文。

但是怀奘死后，日本曹洞宗因开拓而出现了"永平三代争论"，致使曹洞宗分裂为以永平寺为中心和以大乘寺为中心的两大教团，彼此各自传教，互不往来。

五 道元著作的流传与宋禅宗的源流

道元回日本后，由于能够在必要的时候和政治保持距离，专心坐禅修行和著述，又由于他悟性极高，所以著述颇丰，使中国禅宗曹洞派在日本源远流长。

道元著作除了在宋朝时的笔记《宝庆记》外，主要有《普劝坐禅仪》一卷、《正法眼藏》九十五卷①、《学道用心集》一卷、《永平清规》《永平广录》等。此外还有高徒怀奘记录而成的《正法眼藏随闻记》。

道元三十三岁开始作《正法眼藏》，临死前才完成百卷计划中的九十五卷。该书是道元的思想精华，体现了道元禅学的本质。该书的命名与宋朝大慧宗杲禅师（1089—1163）同名的六卷本《正法眼藏》有很深的渊源，显然，道元在宋朝留学期间受到了该书的影响②，但道元对该书也有批评，可以说，道元是中国禅宗日本化的一个重要人物。

道元的《正法眼藏》，在参考和研究中国禅宗历史、公案的基础上，提出了自己的观点，较为突出的是《景德传灯录》。例如在《正法眼藏》卷九《溪谷山色》篇中，道元引用《景德传灯录》卷十一"邓州香严智闲禅师"证悟的故事③，谈"声色外相见"。

邓州香严智闲禅师

青州人也。厌俗辞亲，观方慕道。依沩山禅会。佑和尚知其法器，欲激发智光。一日谓之曰："吾不问汝平生学解，及经卷册子上记得者，汝未出胞胎，未辨东西时，本分事试道一句来。吾要记汝。"

---

① 收入《大正新修大藏经》第 82 册。
② 傅伟勋所著《道元》（东大图书公司 1996 年版）认为："具有直接间接的相当影响。"
③ 参见〔日〕道元《正法眼藏》（卷九一），收入《大正新修大藏经》第 82 册，第 39 页。

师懵然无对。沈吟久之,进数语陈其所解。佑皆不许。师曰:"却请和尚为说。"佑曰:"吾说得是吾之见解,于汝眼目何有益乎?"师遂归堂,遍检所集诸方语句,无一言可将酬对。乃自叹曰:"画饼不可充饥。"于是尽焚之,曰:"此生不学佛法也,且作个长行粥饭僧,免役心神。"遂泣辞沩山而去。抵南阳睹忠国师遗迹,遂憩止焉。一日因山中芟除草木,以瓦砾击竹作声,俄失笑间,廓然惺悟。遽归,沐浴焚香,遥礼沩山。赞云:"和尚大悲,恩逾父母。当时若为我说却,何有今日事也。"仍述一偈云:

一击忘所知,更不假修治。
动容扬古路,不堕悄然机。
处处无踪迹,声色外威仪。
诸方达道者,咸言上上机。①

道元的书中常常大段大段地引用、转译或注释中国禅宗经典内文字。再如,道元《正法眼藏》的第二十篇论《古镜》,其中也引用了《景德传灯录》的相关内容。

此外,道元在他的《正法眼藏》中还引用《五灯会元》《碧岩录》等中国禅宗著作。史蒂文·海涅在《道元与公案传统》一书中就认为,道元的《正法眼藏》无论是主题还是风格,都与《碧岩录》明显相似。

> 围绕《碧岩录》,道元开启了一种新的注释体裁,这种体裁抹去了第一位的原始文献与第二位的、解释性的文字之间的差别,或是经典与自我之间的差别。在这种体裁中,"转语"(turning word)可以出现在任何地方,或出现在道元对原始公案的批评中,或出现在这位修行人员自省的时刻。②

正因为注重撰述,有学者认为,道元《正法眼藏》是日本禅宗第一经,其地位相当于中国禅宗的《六祖坛经》。道元自己在永平寺,"上堂"时曾经自豪地说:"日本国人,闻于上堂之名,最初永平之传也。""小参"时也曾说,小参"永平始而传之以来已经二十年亦,国之运也,人之

---

① 可参照(宋)道原辑《景德传灯录》,朱俊红点校,海南出版社2011年版,第280—281页。
② 参见戴尔·怀特《公案史——中国佛教思想中的语言转换》,载《中国禅学》第五卷,中国社会科学出版社2011年版,第199—200页。

幸也"①。

　　道元虽然最后能够和朝廷、幕府保持独立，坚持宣扬纯粹禅，但是他的宗派在当时影响有限。在镰仓初期，禅宗在日本的传播，主要靠临济宗的兼修禅。

---

① 〔日〕道元语、侍者诠慧等编：《永平广录》（第五卷），载〔日〕道元等《承阳大师圣教全集　第3卷》，第215、297页。

第三章　日本禅宗的兴盛与西行来宋求学禅僧

继荣西、道元之后，日本僧人兴起了西行来华求法的高潮，许多日本天台宗、律宗等各派高僧来南宋江浙一带，往"五山""十刹"等诸禅寺拜师参禅问道，再回日本国传扬"兼修禅"，禅宗因此在日本兴盛起来。特别是宋元五山高僧，最受日本僧徒关注和爱戴。

这一局面的形成，也与以北条政子、北条泰时（1183—1242）为核心的北条氏一门，继续支持禅宗发展的政策有关。1224年开创的执权体制，维持了武士团的稳定，"执权"一职，中世禅籍中尊称为"副元帅""副帅"。

正因为中日佛教宋元以来的密切交流，和日本对中国禅林模仿的热情，日本典籍保留了许多宋元"五山禅寺"和"十刹"的记载。

第一节　成为日本禅宗祖庭的南宋五山

一　南宋五山禅宗的兴盛及其在日本的影响

中国自后周世宗毁佛之后，佛教诸宗进一步衰落。五代十国之中，因吴越王钱镠皈依佛教，诸宗开始在江浙地区中兴，禅宗尤甚。吴越王钱镠改江南之教寺为禅寺，对禅宗在江浙一带的影响很大，波及邻近的日本、朝鲜也是自然之中，因为自晚唐以来，中国与日本、朝鲜的贸易逐渐兴盛，有利于维持政治关系中断之后的文化交流。

南宋迁都江南之后，进一步大兴禅寺。宋宁宗（1195—1225）在位时，由于史弥远的奏请，朝廷始制定禅院之等级，"敕命"五山[①]，设置十

[①] 偃溪广闻（1232—1298）上呈宋理宗的遗表中有"五山敕命，臣领其四"之语，载（宋）释如珠、释道隆编《偃溪广闻语录》卷下，收录于《卍新纂续藏经》第69册，第753页上。

刹，统摄禅林，此乃政教结合的表现。五山与十刹，从此成为中国官寺制度中最高与次高之寺院。

中国禅宗五山十刹①的确立，根据宋濂（1310—1381）的《护法录》，是在南宋以后，"南渡后，始定江南为五山十刹"②。其五山为：

第一，杭州径山万寿禅寺。位于浙江省杭州西北天目山东南余脉的径山，唐天宝元年（742）创建，山因双溪环绕又名"双径"。该寺由法钦（牛头宗第七世祖）开山，始兴牛头禅法，至大慧宗杲（1089—1163）住持时进入全盛期，宣讲临济宗，一时两浙名僧咸集。蒙庵元聪、无准师范、痴绝道冲、石豀心月、虚堂智遇等先后住持弘法之时，盛传临济杨岐，为日本、朝鲜等海内外佛徒所尊奉。特别是无准师范（1179—1249）的盛名，致使两国僧众纷纷慕名前来径山寺参禅问道，其中来参学的中世日本僧人特别多，著名的有圆尔辨圆、神子荣尊、性才法心、随乘湛慧、妙见道佑、悟空敬念、一翁院豪、觉琳、鹫峰觉心等，都曾入居径山，继承了无准师范的法统。故径山寺被日本禅宗各派奉为祖庭。南宋嘉定年间（1208—1224），评定佛教禅院名刹时，径山万寿禅寺被定为禅宗"五山之首""东南第一禅院"。万寿禅寺还因其佛茶文化闻名海内外。日本佛教临济宗尊该寺为祖庭，并历来以径山茶为其茶道的发源地。

第二，浙江杭州灵隐寺。又名"云林禅寺"，位于浙江杭州西湖灵隐山麓、飞来峰旁。始建于东晋咸和元年（326），有称该寺为中国佛教禅宗"五山第二"。也是宋元以来日本来华求法巡礼禅僧参拜之寺。

第三，浙江杭州净慈寺。位于浙江杭州西湖南屏山中峰慧日峰下，与灵隐寺并称南北两山之最。净慈寺最早叫"慧日永明院"，是五代十国时期后周显德元年（954）吴越王钱镠为永明禅师所建。永明禅师佛学造诣很高，主持杭州灵隐寺、六和塔的修建，并创建净慈寺，成为净慈寺的开山祖师。北宋时改名为寿宁禅院，南宋又名"净慈报恩光孝禅寺"，简称净慈寺或净慈禅寺。

第四，浙江宁波天童禅寺。寺位于浙江省宁波市东30千米的鄞县东乡太白山麓。晋惠帝永康元年（300），义兴禅师在距现寺址约2千米的古天童处搭设草庵，号"天童寺"。宋真宗景德四年（1007），奉敕命改名为"天童山景德寺"。明洪武十五年（1382），朱元璋册封天下名寺，赐

---

① 参见〔日〕木宫泰彦《日中文化交流史》，胡锡年译，商务印书馆1980年版，第339页。
② （明）宋濂：《护法录》。载《艺苑田涉》卷一。又据宋濂《住持净慈寺孤峰德公塔铭》，有"逮乎宋季，史卫王奏立五山十刹，如世之所谓官署"之句，载《宋学士全集》第22册（补遗卷七），中华书局1985年影印《丛书集成》第2131册，第1536页。

天童禅寺为天下禅宗五山之第四山。天童寺不但是临济宗的重要门庭，还是日本佛教主要流派曹洞宗的祖庭，在日本和东南亚久负盛名。

第五，浙江宁波阿育王寺。阿育王寺又名"广利寺"，位于浙江省宁波鄞县东乡太白山麓华顶峰下的育王山。寺始建于西晋太康三年（282），日本平安后期常有贵族施财此山，以结佛缘，因宋朝禅宗而大兴，传言日僧能忍遣弟子来育王寺拜佛照德光禅师。

对宋元"五山禅寺"和以下"十刹"的记载，如《五山十刹图》《扶桑五山记》，得力于日本禅僧。日本传承有南宋时期的《五山十刹图》绘卷，据说是1259年来华求法日僧彻通义介所制作[1]，也有说是永平道元所作。《扶桑五山记》是日本较早记载中国五山十刹的文献。

日本僧人如此记载，其目的显然是为了学习和模仿，日本僧界、学界对中国五山制度的研究也一直未中断过。中国方面由于缺乏相关文献，中国学者有不少对宋元时期是否存在"五山十刹"表示怀疑，本研究认为"五山十刹"制度在宋朝开始出现。其实许多宋僧的事迹，也是因为日本徒弟的记载而传世，如虚庵怀敞之于荣西。

二　南宋十刹禅宗在日本的影响

南宋五山之下的"十刹"，一般认为是中竺、道场、蒋山、万寿、江心、雪峰、双林、虎丘、国清等十个寺院。这里重点介绍离南宋都城不远的几个寺院。

第一，临安府中天竺寺。寺在浙江杭州西湖之西，天竺山和灵隐寺之间，有三座天竺寺。自灵隐寺山门向南直上，在白云峰北者称上天竺寺；在稽留峰北者称中天竺寺；在飞来峰之麓者称下天竺寺。天竺三寺香火皆盛。中天竺初建寺于隋开皇十七年（597），吴越时名崇寿院，北宋赐名为"天宁万寿永祚禅寺"。南宋时，高宗曾赐佛像，增扩殿宇，宁宗皇帝将其列为天下禅宗五山十刹之第一刹。至明代，该寺获赐"中天竺禅寺"号。中天竺寺是中世日本来宋求法僧人巡礼的圣地。

第二，湖州乌程县护圣万寿禅寺。寺在浙江省湖州市城南5千米道场山顶峰处的山岙里，又名真正禅院、妙觉寺，属禅宗五家之一的临济宗。该寺初建于唐中和年间（881—884），北宋元丰三年（1080），湖州知事奏请皇帝御赐金匾称"护圣万寿禅寺"，至南宋，宁宗皇帝将其列为天下禅宗"十刹"之第二刹，先后于元至顺元年（1330）重建，明洪武三年

---

[1] 详细参见王仲尧《南宋佛教制度文化研究》（上册），第312—322页。

(1370）重修。心地觉心等日僧均来此寺参禅。

第三，蒋山寺。即建康上元县太平兴国禅寺，后改名为灵古寺。寺位于江苏省南京市东部钟山东侧，与明孝陵、中山陵毗邻。灵谷寺始建于南朝梁天监十三年（514），是梁武帝为安葬名僧宝访而建。唐朝乾符年间（874—879）改名宝公院。宋朝开宝年间（968—975）更名开善道场。宋太宗于太平兴国四年（979）题寺额为"太平兴国禅寺"。其后又改为十方禅院，名蒋山寺。南宋宁宗皇帝时，列为天下禅宗五山十刹之第三刹。

第四，万寿寺。即平江府（苏州）报恩光孝禅寺。因与日本交流较少，故介绍从略。

第五，明州雪窦资圣禅寺。该寺位于浙江省奉化市溪口镇西15华里的雪窦山上，又称"雪窦寺"。雪窦山寺坐北朝南，四山环抱，东西两洞之水会于寺前"含珠林"，再曲折以至千丈凹处，喷注垂泻，状如飞雪，"雪窦"由此得名。该寺创建于晋，唐咸通八年（867）修复时名"瀑布观音院"。唐景德年间（892—893），南岳第五代常通禅师任雪窦寺住持，修缮殿堂，被后世尊为雪窦禅院开山第一祖。南宋时列为天下禅宗五山十刹第五刹。

第六，江心寺。即瑞安府（浙江温州）永嘉县龙翔禅寺。同上万寿寺略。

第七，雪峰山崇圣寺。寺位于福建省闽侯县雪峰山南麓，始建于唐咸通十一年（870），为禅宗青原系著名高僧义存禅师所创。乾符二年（875）观察使韦岫捐资助建，寺院初具规模，朝廷赐名"应天雪峰禅院"。宋宁宗时（1195—1224）名雪峰崇圣寺，列"十刹"之七，成为禅子参学圣地。

第八，云黄山双林寺。寺位于浙江省义乌市佛堂镇的云黄山（又称松山）山麓，始建于南梁。中国禅宗初祖菩提达摩曾在金华一带停留多年，梁普通元年（520）收义乌傅翕为徒，傅翕因其修行成为四方敬仰的名僧，人称"善慧大士"，并同梁武帝结下佛缘。550年，梁武帝敕建"双林寺"（在今义乌佛堂镇稽亭塘村），来年铸造双林寺铁塔。北宋英宗治平三年赐宝林禅寺额。南宋嘉定年间，宋宁宗品定天下禅宗丛林，遴选禅宗十刹，双林被列为十刹之八（木宫泰彦著《日中文化交流史》称列为第七）。唐、宋以来，日本僧人纷纷慕名而来此求法巡礼，元朝以后则更多。双林僧人也有去日本传教弘法的。

第九，江苏苏州虎丘山云岩寺。该寺位于江苏省苏州西北的虎丘山上，宋以后为禅僧挂锡之处。临济禅宗十二世宋僧绍隆来此主事，一时众僧云集道声大扬，遂形成虎丘派，与宗杲的大慧派并称。虎丘派以绍隆为祖，名传海内外，日本禅僧来华巡礼求法，必到虎丘拜谒。元代以后，虎丘派东传日本，成为日本禅宗各派中颇有影响的一派。

第十，国清寺。即台州（浙江台州）天台县教忠禅寺。因与中世日本交流不多，从略。

宋代的禅院五山十刹，享有免交租税等特权，其住持由官方派任，故寺院建筑雄伟，规模宏大。除了禅宗的五山十刹之外，江南还有教院的五山十刹：临安府的上天竺、下天竺，瑞安府的能仁寺，明州的白莲教寺等，称为教院五山。而临安府的集庆、演福、普福，湖州的慈感，明州的宝陀，绍兴府的湖心，平江府的大善、北寺，松江府（明州鄞县）的延庆，建康府的瓦官[①]，称为教院十刹。

第二节　大宋宗风与日本流派
——以宋日师资相传为视角

一　大宋名师径山无准师范与日本留学僧圆尔辨圆

南宋五山十刹禅宗的兴盛，吸引了大批日僧来华求法巡礼，再次形成日本留学中国的高潮，一时宋日师资相传，传为佳话。其中许多故事，本书只能先就禅宗中日之间传导过程中对中世日本社会产生较大影响的，选择几个个案加以分析。

无准师范（1179—1249）是南宋时期中日佛教交流的代表人物，对中日文化交流有着杰出的贡献和深远影响，被誉为"南宋佛教界泰斗"。无准俗姓雍，四川梓潼（绵州梓潼县治）人，九岁就阴平道钦出家，名师范，号无准，光宗绍熙五年（1194）十月受具足戒。此后云游各地，庆元元年（1196）于成都正法寺坐夏，曾到镇江金山参退庵道奇，年二十投育王山秀岩师瑞门下。当时育王山临济宗大慧宗杲弟子佛照德光居东庵，空叟宗印分坐，法席盛大，"称东南第一"[②]。

无准为广求佛法，随后至杭州灵隐寺，谒临济宗杨岐派松源崇岳，往

[①] 因开山掘地时得古瓦棺而得名。
[②] 〔日〕忽滑谷快天：《中国禅学思想史》，朱谦之译，上海古籍出版社1994年版，第640页。

来南山，栖止六年。因闻临济宗杨岐派破庵祖先（1136—1211）住苏州西华秀峰，又往依破庵法师。不久，至常州（今属江苏）华藏寺，师事宗演，居三年，复还灵隐。

侍郎张磁（约斋）舍宅创建广惠（慧云？）寺，请破庵祖先住持，无准师范亦偕往，执侍三年，散席后又随破庵登径山三年。破庵祖先将寂之时，以其师密庵咸杰（临济宗杨岐派）之法衣顶相付师范，师范不受，唯领圆悟墨迹及密庵法语。

无准师范因其道德引起朝廷重视，南宋理宗绍定五年（1232），奉敕住五山之首径山兴圣万寿禅寺。绍定六年，有旨召请无准入内，殿上说法，让宋理宗深为感动，赐号"佛鉴禅师"，且赐银绢，作为径山寺的修缮之资。淳祐九年（1249）三月十五日，无准书遗表十余种，三天后示寂。有《无准师范禅师语录》五卷、《无准和尚奏对语录》一卷行世①。

无准师范住持径山寺的时候，僧俗信众极多，故特在寺外建造上百间房屋来接待。无准的名声远扬日本、朝鲜等国，普遍受到尊崇和礼拜，日本京都东福寺（临济宗东福寺派大本山京都五山之一）的开山祖师圆尔辨圆，到中国访求名师，最终投其门下。

日僧圆尔辨圆（圣一国师，1202—1280），俗姓平氏，十八岁入圆城寺剃发出家，并于东大寺登坛受戒。后拜荣朝、行勇为师。宋端平二年（日嘉祯元年，1235）四月，在神子荣尊的陪同下，来到常有宋商船靠岸、滞留的平户，从平户出发，到宋朝求法，在明州（今中国宁波）上岸。圆尔辨圆是为禅宗而来中国，来前曾投荣西弟子退耕行勇等门下。圆尔一到宋朝，便像在日本国内一样，多方访求名师。据《本朝高僧传》所载：

> 寓景福院，听月宗主谈律。入天童山，见痴绝冲公。渐抵都下，谒天竺寺柏庭月公，质性具旨，月公优称，授自撰《楞严》《楞伽》《圆觉》《金刚》疏钞，并台宗相承之图。又参笑翁堪于净慈，谒石田熏公于灵隐。岂退耕宁司知宾，指尔见径山无准范和尚，范公一面器许，寻侍巾瓶，亲熏参详，遂了大事。②

以上可见，宋朝诸寺高僧痴绝道冲、退耕德宁（无准弟子）等，都向圆尔辨圆推荐径山万寿寺无准师范，无准师范以"首山竹篦"的公案启发

---

① 具体参见《续传灯录》卷35、《大明高僧传》卷8。
② 〔日〕师蛮：《本朝高僧传》（第一），编入《大日本佛教全书》第102册，第283页。

圆尔，最让圆尔信服。圆尔在无准门下参禅三年，最终在无准门下获印证，成为日本第一个师承径山的高僧。

圆尔辨圆于南宋淳祐元年（1241，日本仁治二年）七月回国。当时南宋处于政治衰败之际，禅师们颇希望禅宗在异国发扬光大，径山无准师范就是这样的一位禅师，所以特地叮嘱圆尔回日本传播禅宗，要善于利用朝廷公卿等政治影响。

圆尔辨圆从南宋带回典籍二千一百余卷，其中佛学经论章疏一千二百余卷。圆尔携回了系统的禅宗典籍，包括各种灯录、《宗镜录》、语录、文集等。

圆尔辨圆于1241年秋天回到日本，在日本太宰府停留期间，曾经到宋朝并参学过无准师范的僧人堪（湛）慧请他在自己开创的横岳山崇福寺内，按照宋朝的禅林规则开堂说法。另一个曾经和圆尔一同到宋朝求法的僧人荣尊，回国后把肥前（佐贺县）的一个教寺改为禅寺，也请圆尔去做开山住持，并将该寺命名为万寿禅寺。最后，圆尔到宋朝移民谢国明1242年创立的承天寺任住持，依然嗣无准师范之法。日本诸多禅宗文献中所谓，筑前一名姓谢的富人梦天神菅原道真请其集一百僧人读经，天神到崇福寺向圆尔辨圆问法，以及在圆尔的指点下到宋朝参拜无准师范得传法衣的系列传说，很可能跟圆尔在九州传法的宣传活动有关，当然更多的可能是徒孙们的附会。

圆尔辨圆在九州岛三个寺院的活动为自己树立了声望，却招致当地天台宗僧徒的嫉恨和抵制，天台宗僧徒们奏请朝廷破毁承天寺，幸好朝廷得知天台僧徒的横暴，不仅予以制止，而且升承天寺、崇福寺二寺为官寺。取得这一成就的主要原因在于，湛慧向朝廷的申诉，以及前摄政九条道家、良实父子对佛教的尊崇。在湛慧的推荐下，九条道家、良实父子后来诏圆尔入京。

1243年圆尔应邀上京，说服了藤原道家，以致道家创建东福寺和普门寺，请圆尔做住持，并请圆尔给自己授禅戒和密灌，可见圆尔所传之禅是"兼修禅"，他在"示藤丞相道家"的法语中也指出了这一点："殿下访我于闲静处，或寻显密性相之原，波腾岳立；或问直指单提之妙，瓶泄云兴。"所以圆尔辨圆传授给道家的禅，仅仅是一个方便。从圆尔"示藤丞相"的两个偈颂看，也明显体现在为道家祈祷这一点上：

  妙在佛祖不传处，高超理致去机关，去机关兮没窠臼，水是水兮山是山。

五叶花开无根树，一阵香风天地宽；天地宽兮春万国，家门盛兮民物安。①

不管怎样，圆尔借此机缘，因势利导，将禅宗（兼修禅）推广到京都地区，影响了公家。东福寺之名取自奈良的东大寺和兴福寺两座名寺中各一字，反映了禅宗的超越意识，该寺是在1239年开始建设的释迦牟尼佛像殿堂的基础上创建的，至建长七年（1255）完工。

在东福寺营造期间，圆尔辨圆还参访了上野长乐寺，拜访本师荣朝。当听说博多承天寺被烧毁，他又西下九州岛，及会晤谢国明，复兴承天寺。

兰溪道隆在镰仓开创建长寺期间，圆尔辨圆又得到幕府执权北条时赖的招请，建长六年（1254），他应北条时赖邀请到镰仓，传授禅戒，并向时赖进讲《大明录》。

建长七年（1255），圆尔又返回京都，庆祝东福寺落成。作为寿福寺的住持，虽然显密兼修，但禅宗的色彩浓厚，故"渡宋天神说话"在南北朝以后普遍流传，也是其门下弟子宣传的功劳。但圆尔以禅宗为中心，推行禅苑规矩②。1269年任东大寺大劝进，更显其在镰仓初期日本佛教界的影响。

圆尔辨圆在日本提倡禅宗，看重临济宗杨岐派。作为东福寺开山祖师，圆尔继荣西之后，促进了临济宗在日本的确立，虽然也是兼修禅，但禅的比重已经比荣西时代要大许多。无住一圆在《沙石集》卷九中称："日本禅门之繁昌，由此而始。"东福寺的第二代住持是东山湛照，也是宣扬兼修禅。此外，圆尔还以携回的《禅苑清规》为蓝本，制定《东福寺清规》。该《清规》与希玄道元制定的《永平清规》一样，是日本较早的佛门规范。

日本禅宗早期二十四派，圆尔一派为其一，门下弟子甚多，著名的东山湛照、无关普门（无关玄悟）、白云慧晓等，称"圣一派"，以东福寺为中心，圣一派在全国拥有众多寺院。到室町时代东福寺被列为京都五山之一，圣一派因此成为五山、十刹等官寺中的主要流派，近代日本临济宗十四派中的东福寺派奉圆尔为开山祖。

---

① 〔日〕虎关师炼编：《圣一国师语录》卷中，收入《大正新修大藏经》第80册，第21页。
② 参见〔日〕荻须纯道《日本中世禅宗史》"图尔辨圆的京都禅"，第49—87页。

二　宋杨岐派名师无门慧开与日本留学僧心地觉心

留学宋朝归国后开创日本禅宗法灯派的心地觉心（1207—1298），"无本""心地"都是他的法号，故亦称无本觉心，是日本临济宗法灯派之祖。觉心俗姓常澄氏，信浓国（今长野县）人，年十五入神宫寺读佛书，十九岁出家，到东大寺礼拜忠觉律师，登坛受具足戒。诸宗兼修的他，曾到高野山学真言密宗，其间曾"谒金刚三昧院行勇禅师"。[1]

心地觉心和圆尔辨圆一样，来宋之前就已经拜从宋朝归来的几位禅僧问禅，先从荣西弟子行勇参禅，1241年行勇圆寂后，又于1243年到京都深草极乐寺参拜道元，从道元受菩萨戒。宝治丁未（1247）春，到上野长乐寺"参释圆朝公"。之后是天祐思顺（曾经到宋朝参谒北磵）和圆尔辨圆。在以上众留学僧的影响下，心地觉心便萌发了到宋朝参学，寻求新禅的志愿。史载：建长元年（1249）秋，心地"入京参胜林天祐顺公。顺者入宋传法之僧，为之箴剞，从此有南询志"。心地觉心赴宋前特地"辞屈东福圣一国师"圆尔，大概是寻求指导，为谨慎起见，圆尔劝他："公参无准，比有所悟。"并为他"修书通谒"[2]。

建长元年二月，已经四十三岁的心地觉心，带上圆尔给无准师范的介绍信，从纪州由良浦出发，到九州岛博多，再从博多乘宋商的木船离开日本，历经艰险，经过普陀山到达宁波上岸，其间碰到日本僧人觉仪和观明等人，和他们一起顶包行脚，径直奔向临安府的径山兴圣万寿禅寺。当时径山寺为宋朝"天下"第一大寺，住寺和尚多时达一千人。

心地觉心到达径山时，圆尔推荐的无准师范已经去世，痴绝道冲（1168—1250）接任住持。道冲于1219年在径山寺升第一座，"平居简淡沉默，若不能言。及坐筹室，勘验衲子，机锋一触，犹雷奔电掣，海立江翻，皆茫然莫知凑泊。誓不轻以词色假人，重误来学"[3]。故语言难通的日僧觉心，虽在径山寺挂单，却与痴绝道冲"机语不契，乃事遍游"。心地觉心于次年秋离开径山，"参荆叟于道场，拜应真于天台、育王之寺、大梅之塔，浙东灵区，足迹皆遍"[4]。

---

[1]〔日〕师蛮撰《本朝高僧传》（第一），《大日本佛教全书》第102册，第287页。
[2]〔日〕师蛮撰《本朝高僧传》（第一），《大日本佛教全书》第102册，第287页。
[3]（南宋）赵若琚：《径山痴绝禅师行状》，载（南宋）释智沂等编《痴绝道冲禅师语录》，《卍新纂续藏经》第70册，第75页下—76页上。
[4]〔日〕虎关师炼撰，黑板胜美编：《元亨释书》，收入《新订增补国史大系》（新装版）第31卷，第101页。不过，觉心在此期间学会了制作豆酱和酱油的技术，并传到了日本。

转眼之间，觉心入宋已五年，几乎踏遍了浙东的灵山秀水，却觉得未遇到契机的名师，正当他感到遗憾而迷茫之时，登上了明州大梅山，参谒唐代高僧法常禅师的骨塔时，邂逅曾经的同学日本国和尚源心，于是他问源心："久参此方，还遇明眼知识也无（你此国参学这么多年，有没有遇到过更高明的师傅）？"源心回答说："无门和尚，一代明师，应往参见。"① 于是二人相约到杭州护国仁王禅寺寻访无门慧开。

无门慧开（1183—1260）是临济宗杨岐派高僧，南宋临安府钱塘县良渚（今属余杭区）人，俗姓梁，字无门，自幼出家，曾在安吉报国寺、灵岩寺、镇江焦山寺、金陵保宁寺、江西隆兴黄龙寺等地为僧。淳祐五年（1245），南宋抗金名将孟珙在钱塘门外扫帚坞（今黄龙洞一带）买地建护国仁王禅寺，请黄龙寺的无门慧开来任杭州护国仁王禅寺的开山住持。次年杭州大旱，理宗召其入宫演法求雨，因十分灵验，皇上大悦，赐号"佛眼禅师"。

1253 年，日本求法僧觉心和源心来到杭州护国仁王禅寺，便直入寺内求见方丈和尚。据说无门和尚一见觉心就问："我这里无门，从何处入？"觉心说："从无门处入。"无门便问："汝名什么？"答曰："觉心。"无门马上念偈道："心即是佛，佛即是心，心佛如如，亘古亘今。"然后无门法师"又徵诘数四"②。

就这样，经过几番对答之后，彼此感觉机机相投，也就是说，无门法师认可了心地觉心的悟境，予以"印可"，而心地觉心因法师而开悟，从此投身无门慧开的门下。

宋理宗宝祐二年（1254）春，觉心来宋不知不觉已经六年，他向护国寺无门慧开告回乡之意，无门法师将《对御录》二册、袈裟一件送给觉心，并把达摩、寒山、拾得共三帧像赞送给他。据说觉心在告别之时请益，无门慧开告诉说："觑就是没有之意。"觉心便闻声顿悟！于是炷香礼拜，感谢恩师。

无门禅师便把《月林和尚语录》和《无门关》送给觉心，并授偈曰：

　　心即是佛佛即心，心佛元同亘古今，觉悟古今心是佛，不须向外别追寻。③

---

① 〔日〕圣熏编集：《圆明国师行实年谱》，收入《续群书类丛》第九辑上（传部），第 351 页。

② 〔日〕虎关师炼撰，黑板胜美编：《元亨释书》，第 102 页。

③ 〔日〕虎关师炼撰，黑板胜美编：《元亨释书》，第 102 页。

日本觉心禅人远来炷香请益求语,迅笔赐之。御前护国禅寺开山选德殿赐对佛眼慧开书。

觉心得偈非常感动,不远万里渡海来到宋国求法问道,前后六年,历遍各地,最终有缘拜见护国寺佛眼禅师,觉悟正法。于今自己回国,先生已七十岁有余,生前难得再次相见,觉心便绘无门的顶相,以便回国礼拜。无门则亲写像赞,算是最后送弟子的法语:

用迷子诀,飞红炉雪;一喝当锋,崖崩石裂。有时方便,以无字为铁扫帚,荡四众疑;有时拍盲似有意,挥麈拳头,结千圣舌。化死蛇作活龙,点黄金为钝铁。去缚解粘,抽钉拔楔。更将佛祖不传机,此界他邦俱漏泄。

日本觉心禅人,绘予陋质,就请着语。宝祐二年,西湖护国禅寺,赐对佛眼老僧慧开书。[1]

心地觉心离开护国寺后,顺道拜访了婺州宝林寺的虚堂智愚,从明州上船回国。同行有徒弟法普、宗恕、国作、理正四居士,建长六年(1254)六月在博多上岸。

心地觉心回日本后,先"隐高野之故居",也许感觉不太如意,不如意的原因大概是没有嗣书,不能让日本人信服。所以,随后几年觉心不断给老师写信,通过商船"通嗣书于无门",寄赠数珠等礼品。无门法师在1260年回赠觉心法衣一顶、东山七叶(禅宗七代祖师)图一本、正传宗派法语及赐对法语二幅、无门《自警关捩子》一幅、先师月林师观禅师《体道铭》一幅等嗣书、信物[2]。之后,觉心在日本的传法空间逐渐拓展。

纪州(今和歌山县)由良庄的地头葛山景伦(出家名愿性)在鹫峰山创建西方寺,请觉心为开山祖。传说其山多鬼魅,觉心一到便"魅事息","栖此四十余岁"。息心安定的觉心,已不慕繁华之地,而此时"禅林太上皇,三驰诏书,令住京之胜林寺"[3]。据载:

---

[1] 原载《法灯国师年谱并缘起》,转引自〔日〕荻须纯道《日本中世禅宗史》,第91页。另见《元亨释书》,第102页。
[2] 〔日〕圣熏编集:《圆明国师行实年谱》,《续群书类丛》第九辑上,第353—354页。
[3] 〔日〕圣熏编集:《圆明国师行实年谱》,《续群书类丛》第九辑上,第358页。

（日本）弘安四年，文应（龟山）上皇诏居城东圣林寺，至化难逃，勤老入都，奏对惬旨，声振辇下。然以帝里繁喧忏于禅宴，不几潜回纪之旧院。永仁三年，诸徒出衣资，建寿塔于都城之西北，扁庵曰岁寒，乞心睐游，心不得已又入天邑。上皇优礼迎请，咨询禅要，心虽老奏对详精，上皇益钦歆。缁素骈阗礼谒，又愿心之终焉此居，心亦潜归纪州。①

此可见心地觉心山林之志，最后终老鹫峰山，于永仁六年（1298）去世，享年九十二岁。龟山上皇赐谥"法灯禅师"，后醍醐天皇又赐"法灯圆明国师"之号。

回日本后的心地觉心，虽然将真言宗的寺院"金宝寺"变成了禅寺"安国寺"，但觉心弘传的也是兼修禅，故日本有许多关于他显灵的传说。因为觉心一边声称"禅门是佛心宗也，最上乘法也"，一边依然拨弄密宗秘术，其理由是：

　　诸法之中，禅门最胜，佛心宗也。诸行之中，坐禅最胜，大安乐之行故也。显密二教，为教内之法；禅门之宗，教外之宗。今已遇此法，幸中之幸，悦中之悦。②

觉心门徒中有孤峰觉明（1271—1361）、高山慈照（1266—1343）、东海等名僧。其中孤峰门下则有拔队、古剑二位禅师，名噪一时。

三　宋松源派虚堂智愚与日本留学僧无象静照③

　　南宋至元，日本禅师来华时携带的推荐信和感谢信，以及其他书信密切了中日禅林的联系与感情。1252年，无象静照打算来中国参究禅宗，当他辞别老师圆尔辨圆时，圆尔辨圆为他写了好几封给中国高僧的推荐信。能够写推荐信，也说明日本禅师的自信，自信自己不被中国禅林所轻视。

开创日本禅宗法海派的无象静照（1234—1307），俗姓平氏，日本镰仓人，和北条时赖本属一族。自幼出家，"挂搭东福"，师事东福寺的圆尔辨圆，"寻就诸师习禀不倦"，建长四年（1252）"慕风入宋"时才十九

---

① 〔日〕虎关师炼撰，黑板胜美编：《元亨释书》，第102页。
② 原载《由良开山法灯国师法语》，本文转引杨曾文《日本佛教史》，浙江人民出版社1995年版，第320页。
③ 〔日〕叶贯磨哉：《中世禅林形成史研究（中世禅林成立史の研究）》，第144—161页。

岁。无象静照是带着老师圆尔的推荐信来宋的，到达中国后，"直上径山，参石溪和尚，俾究赵州放下着话"①。

石溪心月（？—1255），俗姓王，出家后参临济松源派的掩室善开得印可。之后历住建安府报恩禅寺、太平兴国禅寺（蒋山）、临安府景德灵隐禅寺等，成为一时名德，名扬中外。故北条时赖特派使者请石溪去日本传法，无象静照来华后便投其门下。1255年，石溪心月作《示无象》法语赠送给无象静照，并以"赵州一物不将来"公案开示他，鼓励他不必纠结于"得与不得"，努力实现离开二法的开悟境界。终于，有一天无象入室呈见解时，吃石溪一掌，便当下大悟。无象静照在石溪心月门下共"服勤五年"，其间"与大休念、子元元等，聚首酬唱"②，可以说无象和之后东渡日本的大休正念、无学祖元是同门师兄弟。

在获得了石溪心月的印可之后，无象静照决定去宋朝各地游方，行前，石溪心月赠送一首送行偈语，并把写上年月日的法衣送给无象作为传承的凭信。

无象静照辞别石溪心月后，游历了阿育王山、天台山、天童山、灵隐寺、洞庭等圣迹。无象静照在宋朝参学前后十四年，交游广泛，其1262年秋在天台山石桥的诗偈，竟有四十一位名衲相继酬和。无象静照在宋参拜的名僧，除石溪心月外，还有横川如珙、虚舟普度等，最后拜法叔虚堂智愚为师。

虚堂智愚（1185—1269），浙江象山人，十六岁从明州普明寺师蕴出家。作为理宗、度宗二帝之师，虚堂历任南宋名山大寺的住持，来其门下求学的日本弟子众多，除无象静照、南浦绍明、寒岩义尹等名人外，还有寂庵上昭、药翁德俭、樵谷惟仙、藏山顺空等。

宋理宗宝祐六年（1258），虚堂出任育王寺住持时，无象静照随虚堂智愚一同来到育王寺，在虚堂座下任知客。据说三年之间，虚堂智愚从不轻易答应无象静照的请求，为他讲授禅旨，直到1263年在雪窦重显塔，虚堂才向无象静照传授了法语，虚堂告诫静照，不要执着于文字语言，应该运用身心去体悟禅意。我们看虚堂智愚开示无象静照的"示日本国心禅人"③法语，便知虚堂严厉的个性：

---

① 〔日〕师蛮：《本朝高僧传》（第一），《大日本佛教全书》第102册，第305页。
② 〔日〕师蛮：《本朝高僧传》（第一），《大日本佛教全书》第102册，第305页。
③ 此"心禅人"，或为心地觉心，存疑待考。无象或为虚堂《语录》中的"善应酬"的"日本源侍者"。

佛法至要，初无殊方，异域之间，只要当人负不群气概，猛著精彩，直下坐断一切得失是非，信得及把得定，孤巍峭峙，不立生涯。静照无私，灵然自得，切不得向无明窠子里妄行卜度，才存圣量，关感不通，更须转向那边。如青天怒雷，飘风洒雪，自然头头出碍，方与至要之妙，冥相吻合。不患行脚大事不办，不愁生死漏念不脱，逗到无依无欲之地，理事混融，功勋绝待，方可运出自己家珍，赈济孤陋。不孤远泛鲸波，参寻知识，今则欲还故都，月朗风高，指日可到。却将从上所得，启迪大根，使日本国内，悉皆成佛无余，诚不忝也。苟或尚存知见，堕在区宇，更须再过海来，老拳终不妄发。①

南宋景定五年（1264）正月十六日，虚堂智愚迁任临安净慈寺住持，无象静照再次随着师父而迁移到净慈寺。咸淳元年（1265，日本文永二年）秋，留学宋朝14年的无象静照辞别虚堂智愚回国，与同乡僧人圆海同船而归。临行前，无象静照作了一首颂语：

十载从师几垢举，到头一法不曾传。
有无句荡家私尽，万里空归东海船。②

可见他此时真正地"放下""空"无而自在无碍了。

无象静照回日本后，在镰仓开创龙华山真际精舍。同乡并育王寺同门圆海在京都创建佛心寺，招无象静照出任开山住持。其间，丹后州"佐野氏创宝林寺"，也聘无象静照"为开山始祖"。此后，无象静照应招辗转日本各地各寺，大受欢迎。

1272年，无象静照出任相模胡桃谷法源寺住持。不久，天台宗僧众上表朝廷，要求破除禅宗，兰溪道隆因遭到天台僧众的陷害而被幕府流放。于是静照随行作伴，并特"作《兴禅记》，入都上进，于是横议自寝"③。在上奏朝廷的《兴禅记》，他引经据典地阐述天台宗与禅宗一脉相承，强调禅宗"可谓尽善尽美之法要，无比无侔之正宗也"，严厉批评那些"各私师习"，说禅宗"不如吾宗之胜"的人，不仅违背了学佛的本意，也违

---

① （南宋）释法云等：《虚堂智愚语录》卷四《语录》，载《卍新纂续藏经》第70册，第718页下。
② 〔日〕西隐善金：《法海禅师无象和尚行状记》，载《续群书类丛》（第九辑），第367页。
③ 〔日〕师蛮：《本朝高僧传》（第一），《大日本佛教全书》第102册，第306页。

背了自己学佛的根本①。无象本人也因此论而闻名。

不仅是兰溪道隆，语言天才无象静照回国之后，对于东渡日本而语言不通的大休正念、无学祖元等宋僧在日传教、生活等方面都提供很大的帮助。

1277 年，无象静照出任博多圣福寺住持；1279 年出任山崎灵松山大庆寺住持。因这些经历，他在日本禅林的影响越来越大。正安元年（1299），北条贞时邀请他出任净智寺住持，"归崇日炽"，净智寺因无象而后升五山之列。德治元年（1306）五月十五日，无象静照召集诸徒条画丧仪，并书遗偈一首：

　　诸佛来也如是，诸佛去也如是；
　　诸佛来去一般，今我说也如是。②

写完便"端坐而化"，世寿七十三岁，敕谥"法海禅师"。无象静照住持各寺期间，致力于宗风的传承与宣扬，重视参话头，有《无象和尚语录》二卷等流传于世。

四　曹洞宗僧人寒岩义尹等入宋求法的经过

相对于荣西开创的临济宗，日本曹洞宗弟子在道元之后到宋朝求法的不多。最先来宋朝的是寒岩义尹（1217—1300）。义尹和尚，传闻为顺德（后鸟羽帝？）天皇的皇子，自幼便登睿山学天台教义，十六岁受戒。道元从宋回国，住兴圣寺之时，义尹"舍其所业"，前往兴圣拜谒道元禅师，"元以其气宇不凡，抚爱之，苦垂耳提"。后随从道元移住福井永平寺。

建长五年（1253），义尹渡海入宋③，"参见太白长翁和尚，翁一见特加器重"④。第二年义尹回国时，道元已经示寂，义尹便从怀奘受菩萨戒。随后他又师事师兄彻通义介。

日本文永元年（1264，南宋景定五年），四十六岁的寒岩义尹再度入宋，游历育王山等名寺，历访名僧。曾先后参学于曹洞宗无外义远（如净

---

① 〔日〕静照述：《兴禅记》，日本国立国会图书馆藏，室町时代抄本，第 6 页。日本有学者认为无象的《兴禅记》是伪作。
② 〔日〕西隐善金：《法海禅师无象和尚行状记》，《续群书类丛》（第九辑），第 368 页。
③ 据《日域洞上联灯录》所载，义尹来宋时 27 岁，如此则为 1243 年之事，当有误。
④ 〔日〕堪元、自澄撰：《日域洞上诸祖传》（卷之上），收入《大日本佛教全书》，佛书刊行会 1913 年版，第 12 页。

弟子），临济宗的退耕德宁（无准弟子）、虚堂智愚等。因为此时的日本僧界依然流行诸宗兼修，故义尹在宋求道，不分宗派。

据说，寒岩义尹再度入宋的目的之一，是出版道元师的语录《永平广录》（或称《永平集》），特地入宋求序跋。为此，义尹请道元的同门、台州瑞岩寺的无外义远校正，并请他写序跋。寒岩义尹还请灵隐寺的退耕德宁（？—1269）和净慈寺的虚堂智愚写了跋文①。据载，虚堂阅后为此书作跋云：

> 尹上人持日本元法师《永平集》来，观其缔构深远，不堕语言，自谓得天童净法师不传之旨。况此老平时发越，皆铿锵昂，绝出规矩之外。以此见之，元老则有超师之作。览斯录者，从而鲁变。
> 大宋咸淳改元春三月奉敕住持京国净慈虚堂智愚书。②

第二次来宋朝的义尹，于宋咸淳三年（1267，文永四年）搭乘商船回日本，曾参于虚堂的南浦绍明，与义尹同船回国。

回日本的义尹，先"寓居博多圣福寺"，在此传法三年，该寺为荣西所开创。五十三岁时，住肥后（今熊本）如来寺。弘安六年（1283），在源泰明的护持下，于大渡创立大慈寺，寺院结构仿照宋朝禅宗伽蓝样式，这是因为义尹来宋，"南游明州日，爱大慈山之奇葩，不忘于怀"。义尹在此一住十五年，于正安二年（1300）寂，八十四岁。遗偈云："八十四年，动静得禅；末期一句，威音以前。"③

寒岩义尹在肥后热心于公益事业，如募捐造大渡长桥。龟山法皇闻其名声，特赐紫衣，并把大慈寺升为官寺，赐以寺额。世人因此尊称义尹为"法皇长老"。

彻通义介（1219—1309）入宋求法问禅，晚于其弟子寒岩义尹。义介出身于越前藤原氏。十三岁时投越前波着寺的怀鉴出家，他与义尹一样，入曹洞门下之前曾修习日本达磨宗。二十三岁时与怀鉴一起到京都的兴圣寺参道元，并追随道元到越前。

彻通义介作为越前人，对永平寺的开创和发展起了很大作用，在道元

---

① 参见杨曾文、〔日〕源了圆主编《中日文化交流史大系4·典籍卷》，浙江人民出版社1996年版，第247页。
② 〔日〕《永平元禅师语录》。退耕跋云："巨海生风，千波万浪，变态无穷。今观日本元禅师语，亦如是……"
③ 〔日〕堪元、自澄撰：《日域洞上诸祖传》（卷之上），第12页。

死后，担任永平寺的首座之重任。义介入宋是为了永平寺的扩建，故到宋朝后特意考察中国五山的建筑样式，留下了《五山十刹图》，其中记载了阿育王寺的厕所平面图。

彻通义介正元元年（1259）入宋求法，前后四年，历参南宋"五山"禅寺及各地大小伽蓝，于南宋景定三年（1262）回国。回国后主持永平寺的基本建设，从山门、两廊到佛堂、僧堂，规模宏大。除兴建事业之外，义介对永平寺的礼乐制度建设贡献巨大，永平寺因至彻通义介才初步具备，故他当时被称为"永平寺的中兴者"。

后因"永平三代争论"，彻通义介与义演之间为永平寺住持一职而分裂，义介被排挤出永平寺，弟子澄海便邀请他到加贺国，并将大乘寺住持让与老师。大乘寺原为富樫家创立的密教寺院，属真言宗，彻通义介到后改为禅寺，并发展成为日本曹洞宗的重要传法中心之一。彻通义介于延庆二年（1309）逝世。其门下出了寒岩义尹和莹山绍瑾两位高徒。

义介晚年就把大乘寺的住持席位让与莹山绍瑾，莹山绍瑾对曹洞宗的贡献，主要是将其日本化。此将在后文介绍。

第三节　宋日禅宗师徒之间的法印和心印

一　重神器之禅与替代法印衣钵等信物

中国道教重神器，日本神道也重神器，中国化的佛教禅宗自然也因此受到影响。故爱将一些器物作为法印的替代物或者说象征物，或许，达摩传法给慧可的时候，就没有什么衣钵。

何谓"法印"？在道教，法印侧重于物，指刻着具有道教含义特殊文字的印章，或刻着完全符式化的图案、符号，印钮一般是狮子或其他辟邪兽。而在佛教，法印侧重于观念，是用以鉴别佛法真伪的标准，又译法本、本末、忧檀那等。印在梵语中读为"Mudra"，意为印玺、标志。法印者，以国王印玺为喻，喻能印证真伪的佛法之印。凡符合法印的为佛法，不符合的为非佛法。谓佛法真实决定，不容移改，不可能被驳倒、证伪，乃颠扑不破的真理。

佛法印意谓由佛陀盖印确定的佛法正理，被奉为鉴别一切经论是否符合佛法的标准，集中反映了佛法的精髓。《大智度论》卷二二云："得佛法印故，通达无碍，如得王印，则无所留难。"谓得了法印的护照，便可于佛法之域畅通无阻。

作为禅观指导思想与理论依据的真实，主要指诸法的"真如"而言。真如论在大小乘佛学中总摄于"法印"。

作为禅宗的法印，最具代表性的应当是禅师给弟子出具的，证明弟子已经大彻大悟的境界的"印可状"，此状又称"附法状"。

佛教重视师承和年辈，相比之下，一度"单传"的禅宗尤其重视衣钵与师承。对日本禅师来说，在中国留学的经历是其在日本丛林立足发展的资本和骄傲，故日本禅师自中国回日本之时，多携中国导师的顶相（肖像）、法语等"信物"回国，此乃师资"衣钵相传"的证明。此举多少有些密教的仪式，让密教流行的日本僧人感觉郑重。

圆尔辨圆回国时，佛鉴禅师"授亲书宗脉图"①，后圆尔托人从日本带信到宋，向无准师范索要"锦法衣"、顶相赞、"大字"（匾额）等信物，"以表付授不妄"②。无门慧开之于心地觉心、虚堂智愚之于无象静照，皆如此。宋净慈寺断桥和尚付法衣顶相与日僧普门无关③，无学祖元则将"无准（师范）先师法衣一顶"授予高峰显日，"流通法道，接续正宗"④。

心地觉心向无门慧开"通嗣书"、求信物之举最为典型，具体参见前文。下面先重点谈谈宋日禅宗师徒之间的"嗣书"。

道元弟子为了证明日本曹洞宗一门和宋朝的师承关系，道元死后，在宋朝四明太白峰下南谷庵祖堂，安置道元牌位。道元后代弟子宗可，"逾海游唐，不忍见其祖牌已灭，乃发达心，命工刻牌入祖堂位"。故明极和尚称赞此举曰："不惟悯念宗祖之名泯灭于唐，亦且隆祖道之心切切焉。"⑤

二 作为宋日禅僧师资相传的嗣书

佛教重视师承，在禅宗的"嗣书"中得到体现，嗣书是宗门的谱系，是师资"衣钵相传"的世系证明。中国南宋以后，禅宗重视嗣书的授受，特别强调"嗣法面授"。

荣西于宋绍熙二年（1191）辞别虚庵怀敞时，虚庵"付僧伽梨书曰：

---

① 〔日〕虎关师炼撰，黑板胜美编：《元亨释书》，《新订增补国史大系》第31卷，第112页。
② 韩天雍：《中日禅宗墨迹研究——及其相关文化之考察》，中国美术学院出版社2008年版，第38页。
③ 〔日〕海寿：《无关和尚塔铭》，收入《续群书类丛》第九辑上（传部），第329—333页。
④ 〔日〕法颖：《佛光禅师塔铭》，收入《续群书类丛》第九辑上（传部），第344页。
⑤ 〔日〕明极和尚：《洞谷山宗可禅师传》，载《大日本佛教全书》之《游方传丛书第三》，佛书刊行会1917年版，第559页。

日本国千光院大法师，宿有灵骨，洪持此法，不远万里，入我炎宋探赜宗旨……"① 全文参见本书前面的引文，这是宋僧将嗣书面授日本僧人的典型。

此后，来宋朝的道元和尚，在宋求学时拜过许多名师，因此见过不同的"嗣书"②，并在回日本后在自己的著作中有详细的介绍。

日僧心地觉心辞别老师无门慧开回日本的时候，显然没有得到嗣书之类的信物。故在回日本后与老师反复通信，求嗣书、信物。

建长八年（1256），觉心托人给无门慧开送信致谢，并附送水晶念珠一串（金子粧）、金子一块（十二钱重）。信中说：

> 大日本国，建长八年，岁丙辰二月十三日……忆在西湖，屡扣禅关，开发心地，肝肠裂破，胸中坦然，岂不是和尚方便之所致也。粉骨碎身，何足为报？日夜西望落月之邦，焚香驰想遥拜而已。忽遇便风，谨裁小牍，伸布万一。伏乞栋梁此道，以度群生下情，不胜至祷。觉心顿首百拜上覆。③

慧开回书答谢，书信于次年到达日本。次年，觉心又托人"通嗣书于无门"，心有灵犀的无门慧开一看便知觉心送来"通嗣书"的良苦用心，所以立即回送信物。在寄送嗣书、信物给觉心的时候，无门法师准备得非常周到，此可见其开庆元年（1259）八月十五日给弟子觉心的以下回信：

> 来书收讫，备悉其详。今付去：御前升座法衣一顶，法衣行青地黄，有牡丹纹；环，玳瑁，六角，条紫色；无门自笔环之牌面，书"宣赐法衣"之四字，后牌里"佛法僧宝"之四字，左手之搭处书"臣僧惠开授持"之六字，乃祈雨时降香之橛子也，前后一十八字（十四软），无门自笔也。《东山七叶图》一本，乃正传宗派法语。十段锦、赐对法语、无门自警关捩子、先师月林观禅师体道铭。
>
> 住院切忌太惺惺，泪湉些儿住易成，第一先须导佛戒，第二且要合人情。常住丝毫不可犯，己行须教彻底清。善恶二魔未挌扰，此时

---

① 〔日〕虎关师炼撰，黑板胜美编：《元亨释书》，第43页。
② 〔日〕忽滑谷快天：《中国禅学思想史》，朱谦之译，上海古籍出版社1994年版，第627—629页。
③ 〔日〕圣熏编集：《圆明国师行实年谱》，收入《续群书类丛》第九辑上（传部），第352页。

牢把定盘星。

老僧年迈，来日无多，幻身有限，汝宜加其愿力。与黄面瞿昙出一日［口？］气。至祝至祝！

大宋国御前灵洞护国仁王禅寺开山赐对佛眼禅师书复日本国觉心长老收。①

这封信及其赠予日本弟子的信物：亲身的法衣、血脉图等，是老师抬举弟子的做法。无门法师在信中耐心开导日本弟子，切忌太惺惺，耐心持戒守定，认真处理人际关系，然后打开局面，弘扬禅宗，为宗门争气。无门的开导应该说对觉心起到很大的效果，具体参见本书后文的相关介绍。

宋僧虚堂智愚和日本弟子南浦绍明之间也有嗣书相授，本书另有详细介绍。南浦，号绍明，谥号"圆通大应国师"，正元年间来宋朝，参学禅宗共六年。继承径山虚堂禅师法脉的南浦绍明，辞师回日本后，在诸寺传法，名声大震，曾"以嗣法书并入寺语因昙侍者呈上径山，虚堂阅之大喜，谓众曰：'吾道东矣。'"②

曾经到元朝求法的复庵宗己（1280—1358），回日本后，在功成名就之时，为感谢老师中峰明本，派弟子到元朝通嗣法之趣，情形与南浦相当。据载：

贞和二年使神足慧侍者赍书币入元，呈苏州幻住住持玉庭月公，及杭州天目山塔主荣公，以通嗣法之趣。

月公答书略曰："开堂演法不忘所自，特令神足不惮鲸波之险，远赍香信，以通嗣法之由，真所谓吾道东矣。"

荣公答书曰："尝记，延祐［閒］（间），先广慧归隐天目，愚侍巾瓶之侧。公等航海远来参叩，预先师会中龙象，由是获瞻仪范。迨掩光之后，水流云散，不相知者二十余载。公以不忘所自，专神足慧上人，犯鲸波之险而至，伏领丙戌解制日所赐珍翰，恭审荣董大方，瓣香为先师拈出，乃知临济佛法一枝流播远国，信不诬矣。乃有香信念珠之惠，为塔下灯供而设。而先师于大寂定中感格感心而未已也。

---

① ［日］圣熏编集：《圆明国师行实年谱》，《续群书类丛》第九辑上，第353—354页。原文标点错误，本书在有把握的地方加以订正。
② ［日］师蛮：《本朝高僧传》（第一），编入《大日本佛教全书》第102册，第319页。

人还，无可为意，塔下所有先师法衣一顶、真赞顶相一轴寄纳。"①

这种嗣书印证、法衣印证的传道方式，影响了日本的"师资相传"之道。

日本流传了许多中国高僧转世日本的故事，这也是日本"本地垂迹"的一变种。例如一休宗纯（1394—1481），日本传说是虚堂智愚转世，故"虚堂一休同身说"流行日本。皇子出身的一休宗纯，选"一休"为字，是受元代天目山临济宗中峰明本的《即休歌》，"自有漏地回无漏地，一休，雨尽情下，风尽情刮"②的启发。

三　宋日禅僧师徒之间的心印

佛教小乘一般说三法印或四法印，大乘多说一实相印。禅、密等宗，还依据称为佛、祖师代代相传的"心印"建立一宗之禅观。三法印与一实相印，实际上一脉相承，是运用同一缘起法则观察诸法体性的结果。心印，则是实相印在禅观中的具体体证。

禅宗师徒之间讲究心心相印、以心传心。语言不通的宋日禅宗师徒之间，更需要心心相印、以心传心。根据日本的各个僧传记载，许多日本僧来宋朝之后都能和宋朝师僧心心相印，或初对面时无法沟通，在门下参学数年之后都有所证悟，最后终于得到老师的心印。

很快能够与老师心灵相通，并得到老师器许的例子，先看南浦绍明之于虚堂智愚。南浦绍明（1235—1308）本习天台宗，十五岁时到镰仓投兰溪道隆门下修禅，于正元元年（1259）渡海来宋朝，参拜一代高僧虚堂智愚。当时，"虚堂愚和尚主净慈，门庭高峻，非宿学莫敢闯其墙"，明、堂二人相见情形，《本朝高僧传》有如下记载：

明往拜谒。堂便问曰："古帆未挂时如何？"明曰："蟭螟眼里五须弥。"堂曰："挂后如何？"明曰："黄河向北流。"堂曰："未在，更道。"明曰："某甲恁么，和尚又怎么生？"堂曰："黄河向北流。"明曰："和尚莫谩人好。"堂曰："参堂去。"令典宾客，昕夕参决。

咸淳改元之夏，明写堂顶相请赞，堂即书曰："绍既明白，语不

---

① 〔日〕师蛮：《本朝高僧传》（第一），《大日本佛教全书》第102册，第396—397页。
② 参见陈小法等《径山文化与中日交流》，上海辞书出版社2009年版，第180页。

失宗，手头簸弄，金圈栗蓬，大唐国里无人会，又却乘流过海东。"①

这表示，虚堂智愚通过初次对话即认可了南浦绍明，纳入门下。南浦绍明果然没让老师看走眼，"一夕定起大悟，呈偈曰：'忽然心境共忘时，大地山河透脱机；法王法身全体现，时人相对不相知。'堂巡寮报众曰：'明知客参禅大彻矣。'"虚堂和尚"巡寮报众"的广告之举，足见他为南浦绍明的觉悟而高兴，这是为日本学生作宣传。咸淳三年秋，南浦绍明辞别回国时，虚堂赠偈云：

敲磕门庭细揣摩，路头尽处再经过；
明明说与虚堂叟，东海儿孙日转多。
明知客自发明后，欲告归日本，寻照知客、通首座、源长老聚头语龙峰会里家私，袖纸求法语，老僧今年八十三，无力思索，一偈尽行。万里水程以道珍卫。咸淳丁卯。②

此年当日本国文永四年（1267），虚堂此偈表明他相信南浦绍明回日本后将大兴禅宗。实际上他的预见是准确的，回日本后的南浦先后住持兴德寺和崇福寺等名寺，接着伏见上皇召请他到京都，住持万寿寺，并建嘉元禅院让他做开山祖师。幕府政权北条贞时则请他住持建长寺。死后得谥"国师"号，门下高徒辈出，其中通翁镜圆是花园、后醍醐两位天皇之师，获赠"普照大光国师"号；另一高徒宗峰妙超也得到花园天皇的崇敬，赐以"兴禅大灯国师"之尊号。

宋僧断桥伦禅师与日僧普门无关也能"以心传心"，据载：普门"杖锡入宋，抵会稽参荆叟珏禅师，继登净慈，见断桥伦和尚，桥一见器许，参请得彻证。景定二年夏，桥将入寂，以袈裟自赞顶像付门表信仰"③。

也有一时难以沟通的，比如日僧性才法心与佛鉴禅师（无准师范）之间就是，据《本朝高僧传》所载：

释法心，字性才，年过壮齿，厌世出家。不知文字，单要明个事。闻宋地禅宗之盛，即附商舶，抵临安府，直登径山，谒佛鉴禅

---

① 〔日〕师蛮：《本朝高僧传》（第一），《大日本佛教全书》第102册，第318—319页。
② 〔日〕《卍续藏经》（第70册），第824页。另见《圆通大应国师语录》卷下，收入《大正新修大藏经》第82册，第127页。
③ 〔日〕师蛮：《本朝高僧传》（第一），《大日本佛教全书》第102册，第309页。

师，求开示。鉴于圆相中书一"丁"字示之。心留席下，寅夕参究，至寝食忘骨臀烂，志气不挠，四威仪中观丁字现，心复不为真，如是者九年，遂得悟处。鉴印证焉。辞归本国，就奥州松岛，开圆福寺，唱佛鉴禅。①

佛鉴禅师如何印证？语焉不详，可能是佛鉴对性才法心的印证颇为勉强，因为他辛苦九年仅有"悟处"，没有大悟，又因为他信心坚定，足以感人。无准师范以画圆相、识丁字的方便提示法心，很可能是认为日僧法心目不识丁，难以提示，虽禅宗"不立文字"，但也"不离文字"，尤其是面对语言不通的日本僧人。

再如日僧敬念，"宽元年中越漠入宋，参径山佛鉴禅师，久之不契"②。不得不失望回国，后遇曾经来宋留学的禅僧道佑，和东渡日本的兀庵，才有所觉悟。

而日僧友山士偲在元朝虽语言不通，却一住十八年，其题自像时称，"有十八年在唐土，不会唐言；二六时居祖阐，不知祖意之语"③。这一类的僧人想必不在少数，只是很多人坚持不下去，很快返回日本了。

四　宋日禅僧衣钵相传的故事

禅宗的神秘主义表现在对一些法器的重视上，自达摩以来，禅宗一度以衣钵为神器④，到六祖慧能以后，废除了传衣钵的制度。但是对于来华求法的日本徒弟，宋朝禅师却恢复古制，传授衣钵。其实，这与中日文化都看重神器有关，都有拜物教的成分在其中。

中日历史上有许多衣钵相传与神器争夺的故事，都与拜物教的思想有关。日本禅僧回国，中国老师多以衣钵、顶相等相赠，到日本后便成为神物。

宋朝禅僧向日本弟子传授法衣等信物，作为传法的证明，最早应该数虚庵怀敞传荣西法衣的故事。对此《元亨释书》有详细记载：

绍熙二年秋（荣西）辞庵，庵付僧伽梨书曰：
"日本国千光院大法师，宿有灵骨，洪持此法，不远万里，入我

---

① 〔日〕师蛮：《本朝高僧传》（第一），《大日本佛教全书》第102册，第278页。
② 〔日〕师蛮：《本朝高僧传》（第一），《大日本佛教全书》第102册，第294页。
③ 〔日〕善玖：《友山和尚传》，收入《续群书类丛》第九辑下（传部），第607页。
④ 关于这一点，学界曾在疑问，有人认为衣钵相传的故事是后人编造的。

炎宋探绩宗旨。乾道戊子,游天台,见山川胜妙,生大欢喜。至石桥焚香煎茶,礼住世五百大罗汉,寻反本国,梦境恰恰。二十年虽音问不继,而山中耆宿历历记其事。今又再游此方,相从老僧,宿契不浅,志操可贵,不得不示法旨。昔释迦老子将圆寂,以正法眼藏涅槃妙心付属摩诃迦叶,二十八传而至达磨,六传而至曹溪,又六传而至临济,八传而至黄龙,又八传而至予。今以付汝,汝当护持,佩此祖印,归国布化,开示众生,继正法命。又达磨始传衣而来,以为法信,至六祖止不传。汝为外国人,故我授此衣为法信,则乃祖耳。先是在万年日,敞语曰:'菩萨戒,禅门一大事也。'汝航海来,问禅于我,因而付之。"

及应器、坐具、宝瓶、拄杖、白拂。其图,迦文已下二十八祖达磨以来至虚庵。嫡嫡相承,不括横枝,五十三世,系连明核。①

佛国禅师高峰显日"到巨福山建长禅寺礼拜无学和尚,无学亲授圆照师翁伽梨(伽梨上有麻纳二字),顶戴归寺,鸣鼓为众举扬。拈衣云:佛祖不传前抖擞不下,两手分付后,寸丝不挂。因甚如是?(挂衣云)看看"。接着,拈香祝愿,就座说法,酬谢无学祖元的"法乳之恩"②。高峰此举可见,衣钵传授在中世日本是值得张扬的一件事。

月林道皎来元朝,拜保宁寺古林清茂门下,修学八年,最后"举古人公案,作拈颂呈林,林题其后云:此录乃真正道流,深证实悟之能事也"。月林道皎告别回日本时,古林清茂特"以法衣付皎"③,作为月林证悟、嗣法的标志。

日僧复庵宗已与元僧中峰明本之间也有法衣传承的故事,具体经过参见前文引文。

因受拜物教的影响,日本至今仍有大量宋元高僧的遗墨流传。何以如此?原因之一就是,这些墨迹是来宋日僧和来元日僧求法的信物,对于继承这些遗物的日僧来说,是祖师求法巡礼的证物,足以证明本宗本寺本派源远流长,这些遗墨、顶相、图籍便是"衣钵"的替代物,故一代一代相传,视为珍宝,所以在日本能够存留近千年。

---

① 〔日〕虎关师炼撰,黑板胜美编:《元亨释书》,第43页。
② 〔日〕侍者妙环等编:《佛国禅师语录》卷上,收入《大正新修大藏经》第80册,第258页。
③ 〔日〕师蛮:《本朝高僧传》(第一),《大日本佛教全书》第102册,第391页。

第四节　日僧来宋参禅和"自教归禅"的高潮

一　日僧来宋参禅求法高潮兴起的原因

荣西和道元归国后的传法活动，使越来越多的日本人了解并接受了禅宗。等到圆尔辨圆来宋求法归去，宋僧兰溪道隆到日本弘道之后，禅宗便在日本进入"兴盛"之期，其表现之一就是出现了日僧相继到宋朝参禅求法的高潮，有的在宋一住十几年，如日僧天祐思顺，宋理宗绍定五年（1232）投北磵居简（1164—1246）门下，淳祐五年（1245）回国，在宋13年。

首先，到宋朝留学是因为宋朝禅宗的流传让好学的日僧感到了引进的迫切需要；其次，诸宗兼修的学术空气也让困于台教和密宗的日僧越来越感觉去中国留学、求法请益的必要，奈良时代最澄、圆仁、圆珍等那种请益之风再次复兴。何以要到中国访师问道？道元在他的《参禅学道可求正师事》一文中做了详细的说明：

> 行道可依导师之正与邪欤？机如良材，师似工匠。纵虽为良材，不得良工者，奇丽未彰；纵虽曲木，若遇好手者，妙功忽现。随师正邪有悟伪真，以之可晓。

> 但我国（指日本——引者注）从昔正师未在。何以知之然乎？见言而察也，如酌流而讨源。我朝古来诸师篇集书籍，训弟子施人天，其言是青，其语未熟。未到学地之顶，何及证阶之边？只传文言令诵名字，日夜数他宝，自无半钱分，古责在之。或教人求心外之正觉，或教人愿他土之往生，惑乱起于此，邪念职于此。纵虽与良药，不教销方，作病之甚于服毒。

> 我朝（指日本——引者注）从古与良药之人如无，销药毒之师未在，是以生病难除，老死何免，皆是师之咎也，全非机之咎也。所以者何？为人师者，教人舍本逐末之令然也，自解未立以前，偏专己我之心，滥教他人招堕邪境，可哀！为师之者，未知是邪惑，弟子何为觉了是非乎？可悲！边鄙之小邦，佛法未弘通，正师未出世，若欲学无上之佛道，遥可访宋土之知识。[①]

---

① 〔日〕道元：《学道用心集》，收入《大正新修大藏经》第82册，第3页。

由此可见，道元是因为日本乃"边鄙之小邦"，"正师未在"，且诸师误人，故到宋朝拜师的。随后许多到宋朝寻访导师的日本高僧都是出于道元这样的认识。其中圆尔辨圆（1202—1280）的经历最具代表性，据日本《本朝高僧传》卷第二十所收录《京兆慧日山东福寺辨圆传》的记载，他在来宋朝之前就研究修习禅宗，其经历如下：

> 释辨圆，字圆尔，俗姓平氏……方五岁母携付辩师，稍长学台教，早通大义。十五厕止观讲席，至故四谛外别立法性之句，讲师滞涩，尔进前解释，词义涣然，讲师欢称。十八剪发于园城寺，登东大寺戒坛，入洛听外学。又归三井综错教乘，慕禅法，弃往上州从释圆朝公于长乐，问教外之旨。稽叩久矣，得禅门大戒，兼浴瑜伽三部灌顶。①

圆尔的在日修学过程和来宋拜师经历，反映了当时日本佛教界的一大现象，僧人纷纷"脱教入禅"，教即天台宗，禅即禅宗。其"脱教"或在来宋朝之前，或在到宋朝拜师之后。关于圆尔随后来宋求法的原因，据《本朝高僧传》所载，具体如下：

> （圆尔）抵相州寿福寺，谒行勇禅师，其徒大歇心公讲首楞严，尔屡问难，心涩解答。有赖宪僧正，深究教乘，时称三井大镜，鹤冈神祠开八讲会，与尔对论，宪便屈。尔笑曰："久响大镜，是镜非铁，恐瓦乎？"一会作色，宪顾众曰："莫讶！是则妙德鹜子再来，指我痕瑕也。"尔在寿福，阅大藏，四更凉燠，归长乐，辞朝公。嘉祯元年浮海，经十日达明州界，即理宗皇帝端平二年也。②

由此可见，圆尔辨圆在进入禅门之后，在日本各地诸寺游学访师，发现日本没有可以做自己老师的高僧，于是到宋朝寻师问道。

弃教入禅的圆尔辨圆终于在中国找到了称心如意的老师无准师范。而无准师范也对他的日本弟子很满意，或者说充满期待。南宋淳祐二年（1242），自认悟道学成的圆尔准备返回日本传禅，于是向老师无准师范辞

---

① 〔日〕师蛮：《本朝高僧传》（第一），《大日本佛教全书》第102册，第282—283页。
② 〔日〕师蛮：《本朝高僧传》（第一），《大日本佛教全书》第102册，第283页。

别，无准便赠其法衣、顶相等为其印证，并书赠像赞曰：

> 大宋国日本国，天无根地无极。
> 一句定千差，有谁分曲直。
> 警起南山白额虫，浩浩清风生羽翼。
> 日本久能尔长老写予幻质，请赞，嘉熙戊戌中夏，□（住？）大宋径山无准老僧印。①

日僧圆尔等人的来宋，主要是因为在天台学、密教的研究上陷入迷途了，想找新的出路，日僧们的困惑和探索，最终导致了禅宗取代台教在日本兴盛的局面。针对日本"显密体制"何以无法继续吸引日本僧众？道元在《修行佛法欣求出离人员须参禅事》一文中不仅分析了原因，而且针对日本天台教徒的自大、教条，提出了尖锐的批评：

> 神丹②以东诸国，文字教纲布海遍山，虽遍于山无云心，虽布于海枯波心。愚者嗜之，譬如撮鱼目以执珠；迷者玩之，譬如藏燕石以崇玉。多堕魔坑，屡损自身，可哀！边鄙之境，邪风易扇，正法难通。虽然神丹一国，已归佛正法，我朝、高丽等，佛正法未弘通，何为何为？高丽国犹闻正法之名，我朝未尝得闻，前来入唐诸师，皆滞教纲故也。虽传佛书如忘佛法，其益是何？其功终空。是乃所以不知学道之故实也。可哀！徒劳过一生之人身。
> 夫学佛道，初入门时，闻知识教，如教修行。此时有可知事，所谓法转我，我转法也。我能转法之时，我强法弱也；法还转我之时，法强我弱也。佛法从来有此两节，非正嫡者未尝知之，非衲僧者名尚罕闻。若不知此故实者，学道未辨正邪，奚为分别焉。今参禅学道人，自传授此故实，所以不误也。余门无矣。欣求佛道之人，非参禅不可了知真道焉。③

---

① 〔日〕村井章介：《语涉对外关系的肖像画赞的收集（対外関係を語る肖像画賛の収集）》，收入《8—17世纪东亚地域内人物情报的交流（8—17世紀の東アジア地域における人物情報の交流）》，村井章介编，东京大学教材出版2004年版，第450页。
② 此处的"神丹"当为"震旦"之误，特指中国，中世日本的禅宗典籍习惯上称中国为"震旦""南海"等。
③ 〔日〕道元：《学道用心集》，收入《大正新修大藏经》第82册，第4页。

以上议论可知，道元把参禅提高到无可替代的地位。正因为给予参禅崇高的地位，镰仓时代初期，像荣西、道元、圆尔这样弃教入禅的日本僧人很多，其他如普门无关、南浦绍明、通翁镜圆等，莫不如此。

普门无关，史载他"十九岁从长乐寺释圆朝公，禀菩萨大戒，习显密二教，闻圣一国师化京师，特往参谒，机锋契合，依止五载，日入玄奥，旋越之华报寺，寺主本智法师欣然让席，革教为禅"①。

南浦绍明（1235—1308）"十五芟染受戒，盘桓数载，弃去参建长兰溪道隆禅师，正元间，入中华遍问诸刹"②，最后嗣法虚堂智愚。

而死后"特赐普照大光国师"的南禅寺沙门通翁镜圆，史载"初游讲肆，旁搜鲁诰，内外载籍靡不综错，既而叹曰：此非究竟之法，弃去归禅"③。

13世纪中期来宋学禅的日僧，回日本后都有勠力兴禅之举。肥前（今长崎佐贺一带）僧神子荣尊，也是荣西的法孙，大约与圆尔同时来宋朝求法，三年后便回国，驻锡水上山真言寺，后"改教寺为禅刹，慕径山之徽号，名兴圣万寿禅寺"。仁治二年，闻圆尔自宋回国，便请之为坐主席，"尊居版首，行丛林法"④。来自宋朝的移民谢国明在博多创承天寺，也请圆尔住持该寺。果然如无准所预测的，禅宗在日本越来越受欢迎，无准闻之，亲笔书赠承天寺的寺额以及诸堂的大小堂额。

二 旅宋日僧归国后的禅教之辩论

随着赴宋留学僧侣的增加，日本佛教界禅教之争也愈演愈烈，越来越多的僧徒被宋朝新的禅法所吸引。圆尔辨圆回日本后，重点修习禅宗，兼修天台、真言二宗。1245年，藤原兼经请圆尔讲授宋延寿所撰之《宗镜录》，请其他各宗的高僧都来听，并向圆尔质疑、辩论。圆尔辨圆还入宫向后嵯峨天皇进献和宣讲《宗镜录》，名声大振。

> 藤丞相兼经屈尔讲《宗镜录》，多会性相硕师为听徒，圆宪、回心、守真、理圆，皆一时之英豪也，辇下指为未曾有胜聚。⑤

---

① 〔日〕师蛮：《本朝高僧传》（第一），《大日本佛教全书》第102册，第308—309页。
② 〔日〕师蛮：《本朝高僧传》（第一），《大日本佛教全书》第102册，第318页。
③ 〔日〕师蛮：《本朝高僧传》（第一），《大日本佛教全书》第102册，第338页。
④ 〔日〕师蛮：《本朝高僧传》（第一），《大日本佛教全书》第102册，第295页。
⑤ 〔日〕虎关师炼撰，黑板胜美编：《元亨释书》，《新订增补国史大系》第31卷，第111页。

因历史和政治上的原因，天台宗、密宗在当时的日本依然有一定的影响，藤原道家等王公大臣以及诸宗高僧与圆尔辨圆论禅之时，不免提及诸宗教义，比如"近卫藤相国受菩萨戒，堀河（通光）源太师询三教大旨，尔述《三教要略》呈之"①。中国禅宗到宋朝以后，契嵩等特别主张三教一致论。大慧宗杲也提倡"儒佛一致论"，认为"世间法则佛法，佛法则世间法也"②。圆尔在宋朝期间自然受到熏陶，并接受其影响，能够融会贯通，使其更善于辩论。

圆尔辨圆回日本后，天台宗、法相宗、三论宗等各旧宗派的高僧经常寻他辩论，或以讨教为名刁难。比如"延历寺座主大僧正慈源，时时问显密奥秘。睿山静明，闻尔善台教，咨四种三昧，兼探别传之旨"。再如"相宗之尤者良遍，禀尔解铨撰《真心要诀》三卷，就乞跋语。三论之首回心，问二谛义，以尔答为准"③。其他还有戒坛院圆照，受禅戒探心要。这些人最后都心悦诚服于圆尔辨圆。

能言善辩的圆尔一直主张禅宗高于教宗，并且现身说法，《本朝高僧传》赞圆尔："究八宗奥义，而智辩无碍，性相讲者来问禅要，先诘其所蕴，彼早箝口。尔曰：'子未委教乘，岂堪问别传乎？故自教归禅者多。'"其实他本人就是"自教归禅者"④。

受圆尔的影响而改宗的代表人物是东山湛照（1231—1291）。东山湛照开始修习净土宗，是十地上人觉空的弟子，称"慈一上人"，足见在日本佛教界已经有一定的地位了。堀河天皇之皇姐郁芳门院（媞子）施舍遗宫给觉空与湛照，称"六条御堂"。后觉空、湛照师徒俩闻圆尔辨圆之道誉，仰慕其禅风，遂一起改归禅门，投圆尔辨圆会下参学禅奥，并得其印可。两人将六条御堂改为禅苑，名"万寿寺"，万寿寺同尊觉空与湛照为"开山第一祖"。东山湛照视入圆尔门下为"有大幸"，在万寿寺供东福老和尚顶相，东福开山圆尔一周忌日拈香时称："吞却群灵肝腑，坐断佛祖脚跟，我昔被渠禁害，逼得不知惭辱。"⑤

圆尔辨圆不仅和日本其他教宗高僧辩论，使其信服而"自教归禅"，

---

① 〔日〕虎关师炼撰，黑板胜美编：《元亨释书》，第111页。
② （宋）宗杲：《大慧书·答汪内翰第三书》，载（宋）宗杲著，吕有祥、吴隆升校《大慧书》，中州古籍出版社2008年版。
③ 〔日〕虎关师炼撰，黑板胜美编：《元亨释书》，《新订增补国史大系》第31卷，第112页。
④ 〔日〕师蛮：《本朝高僧传》（第一），《大日本佛教全书》第102册，第286页。
⑤ 〔日〕东山湛照语：《宝觉禅师语录》，收入高楠顺次郎编《大正新修大藏经》第80册，大正一切经刊行会1940年版，第23、26页。

而且还与当时日本的儒学者辩论，使其哑口无言。据《元亨释书》记载：

> 菅谏议为长世业伟才，为时儒宗。尝曰，三教之于震旦也，随时陟降，此土儒学，不及释之远矣。是搢绅之耻也。常奋之，闻尔之粹于释门，颇志抗衡。大相国听菅之言，欲见其能为。异日与尔道话庄严藏院。谏议来谒，大相国为地也。寒温已，大相国曰："菅公本朝大儒，常衔释压儒，今两雄相遇，输赢可占耳。"尔曰："承闻。菅公从事儒术，是不？"谏议色庄而曰："然。"尔曰："我法之中，佛佛授手，祖祖相传，不因师授，为虚设焉，以故，某自世尊五十五世，达摩以来二十七叶。强弩之穷矢虽不穿鲁缟，犹以系受称释子。以释例儒，恐亦当然，不知公于孔子几世乎。"谏议箝口而退，谓人曰："我欲与尔师角道义，彼以世系为言也，而我已陷重围中耳。"①

此足见圆尔的机智和手段，足见其对儒学的熟悉，毕竟圆尔辨圆带回日本的典籍中也有很多儒书。1241年，圆尔辨圆告别无准师范返回日本之时，无准曾亲手授予《大明录》。此书为南宋末期的僧人奎堂汇集三教经典而撰成，是一部举程明道等学说融合于禅宗，主张援儒入佛的著作。

此一时期，日本一些寺院"改教寺为禅刹"之举，具有特别意义（例如东福寺），说明从最澄的《守护国界章》到荣西的《兴禅护国论》，日本朝野的注意力从天台宗转移到禅宗。

三　日僧归国传禅：润物细无声

尽管到宋朝留学归国的日本禅僧们极力反对天台宗，但由于天台宗等旧宗派对天台教法的坚持，和对禅宗、净土宗等的抵制，从荣西到圆尔辨圆、心地觉心（1207—1298）、龙山德见，日本佛教界依然处在"兼修禅宗"的时代，禅宗尚不能独秀，或独占鳌头。

1241年秋天，圆尔从宋朝回到日本，在九州岛博多（今福冈）登陆。太宰府僧湛慧是圆尔的同门师兄，曾和圆尔一起到宋朝行脚求法，并嗣法于无准师范。他比圆尔早回日本，于横岳山建一寺庙，闻圆尔回国，"即日来请"，请他开山说法，圆尔便以无准师范所嘱的"崇福寺"为该寺寺号。尽管圆尔辨圆回国不久便在九州岛引起轰动和争议，但他并不是单单宣扬禅宗，还不得不兼修密法。

---

① 〔日〕虎关师炼撰，黑板胜美编：《元亨释书》，第111页。

圆尔辨圆也是较早在日本宣传、提倡"禅净一致"这一主张的人,但从圆尔开始,禅宗的宣讲逐渐处于主导地位。之后,圆尔辨圆住持创建的东福寺,领地宽阔、气势磅礴。他在东福寺传授以禅为中心的天台、真言宗义,形成了日本禅宗"东福寺派",使禅宗在日本教宗内部不断渗透。回国后的圆尔辨圆在建寺、讲禅、植茶、书法等方面都做出了出色的成绩。圆尔带回日本的许多中国碑拓,丰富了日本的书法和佛教史研究。

话说回来,南宋的禅宗是中国化的佛教,融合了中国儒教和道教的思想。宋朝僧人和儒士的交往很密切,常常一起切磋学术思想。圆尔辨圆回国时还带回了儒学经典1000余卷,显然对儒学有所选择和研究,1257年,圆尔辨圆为北条时赖等讲授《大明录》。正因为在宋学、汉文等方面的才智,圆尔辨圆成为继荣西之后的又一位日本传兼修禅的禅宗领袖,死后被天皇赐予"圣一国师"的称号。圆尔辨圆回日本后,尊宋僧无准师范为师,先后创立崇福寺、承天寺、东福寺三座大刹,大力传播径山的临济宗杨岐派宗风,继荣西千光派、道元派之后自成一派,即"圣一派",为日本禅宗的一代宗师。

此时,能与圆尔辨圆相抗衡的还有心地觉心(1207—1298)。

心地觉心是日本临济宗"法灯派"之始祖,十九岁在东大寺出家,受具足戒,之后到高野山学真言宗,就在高野山,觉心从荣西弟子退耕行勇接受禅法。此后,觉心先后师从道元、荣朝,以及荣朝的弟子藏叟朗誉等诸僧参禅。

建长元年(1249)春,心地觉心在圆尔辨圆的建议下,随商船入宋拜师,圆尔为他修书介绍径山无准师范。因无准已经去世,遂历参痴绝道冲、荆叟珏诸僧,最后嗣护国寺无门慧开之法。建长六年返回日本,慧开赠送觉心经书、偈语和顶相为嗣法证据,此后师徒一直保持书信往来。大概因为天台宗的抵制,觉心回日本后,先住持高野山金刚三昧院,似乎并不顺心,只有通过书信向老师无门慧开倾诉,无门写信耐心开导他。

心地觉心后应纪伊人愿性之请,在和歌山创建西方寺(后改称兴国寺)后才逐渐打开局面。弘安四年(1281),奉龟山上皇之敕住京都胜林寺传禅法,并至宫中说法。据说,龟山上皇改皇居为禅刹,请心地觉心居之,觉心固辞不受。弘安八年,应请任北山妙光寺开山祖。

觉心为禅密兼修者,故弘传兼修禅,多以公案接化学人,推动了公案在日本的流行,著作有《法灯国师坐禅仪》《由良开山法灯国师法语》等书。

到13世纪末,兼修禅在日本的影响日益扩大,为纯粹禅在日本的传播做好了准备。

圆尔辨圆的弟子无关普门（1212—1291），其求学和到宋朝的经历和老师圆尔一样，据《元亨释书》载："释普门，号无关，信州人，始游讲席，后至惠日，机语投契，又逾海依附净慈伦断桥。"①回日本后也是致力弘扬禅宗，正应四年（1291）奉龟山法皇的诏命开创南禅寺，圆寂后谥号"大明国师"，可谓圆尔门下大振门风的一支。博多承天寺是圆尔辨圆一派在九州的据点，圆尔的弟子直翁智侃等曾在此弘禅。

圆尔的外甥南浦绍明（1235—1308），是日本临济宗最重要的人物，曾和无象静照一起到宋朝参净慈寺虚堂智愚，并随师上径山习茶礼，得法后归日本②，历任筑州兴德禅寺、大宰府万年崇福禅寺、京师万寿禅寺和嘉元禅刹、建长兴国禅寺等的住持。南浦绍明在诸寺升座拈香时均尊虚堂和尚为师，故成为日本的一代宗师，被其门下尊为"东海第一祖"③，开创了日本禅宗"大应派"，门下弟子著名的有宗峰妙超（1282—1337）、通翁镜园等。南浦所住持的万寿寺本来修净土信仰，后改为禅寺，并和南禅寺一道成为公家禅宗的根据地，南浦绍明住持建长寺时得到后宇多法皇的皈依，称"大应"乃因死后敕谥号为"圆通大应国师"。

南浦绍明、宗峰妙超、关山慧玄（1277—1360）和彻翁义亨三世，及其后世弟子以京都大德寺、妙心寺为中心，并致力于向各地传播临济宗，亲近民众，清贫枯淡，使临济宗在日本社会各阶层扩大了影响，故这一系被称为"应灯关派"。

日本九州岛博多的承天寺与崇福寺都是规模很大的禅宗寺院，这与博多宋商宋侨民会集，施财建寺有关，圆尔回日本后在这两座寺院举扬禅法，一时名声大震，九州岛一带皈依新兴的禅宗者络绎不绝。虽然招致当地智山寺僧徒的嫉妒，以致刻意破坏承天寺。终因圆尔的禅法得王公大臣的尊崇，并因此获得皇室和幕府的保护，得以弘扬禅宗。后嵯峨天皇、龟山天皇、深草天皇先后随圆尔辨圆受戒。但在此时的日本，圆尔仍然兼修天台、真言二宗。

此一时期的许多日僧，都有幼学台教，长慕"教外宗"，最后脱台教入禅的经历，例如南浦绍明，这一现象说明，禅宗对日僧们的影响可谓是"润物细无声"。

---

① 〔日〕虎关师炼撰，黑板胜美编：《元亨释书》，《新订增补国史大系》第31卷，第107页。
② 相关记载有，虚堂赠南浦的《日多之记》和诗集《一帆风》。
③ 〔日〕东岭圆慈：《宗门无尽灯论（宗門無盡燈論）》，收入〔日〕高楠顺次郎编《大正新修大藏经》第81册，大正一切经刊行会1940年版，第583页。

第四章 宋禅僧的东渡与日本禅宗的纯化

随着到宋朝求法日僧的增加，禅宗在日本武士之间的扩散和流行，尽管日本佛门形成了到宋朝求法的高潮，同时大批僧侣"由教入禅"，即由天台宗等教派改崇禅宗，但是"纯粹禅"（或者说宋朝风格的禅宗，亦即木宫泰彦所谓的"中国化"①）在日本的弘扬还得等待宋朝高僧的到来，那些出身天台宗的日本禅僧无法完成此任，因为无法反击自己原来的阵营。

而以镰仓幕府首脑北条氏为中心的日本武士纷纷参禅，并聘请宋朝高僧东渡日本，直接教授他们宋朝风格的禅法，尊崇中国形成风气，进而引入宋朝的五山制度及禅苑的清规戒律，这为宋朝禅僧在日本传授"纯粹禅"创造了前提条件。兰溪道隆、兀庵普宁、大休正念、无学祖元等中国高僧就是在这一背景下先后到日本传播禅宗的。

第一节 幕府聘请大宋高僧东渡：从兰溪开始

一 兰溪道隆东渡日本的经过

兰溪道隆（1213—1278）是第一个应聘赴日弘法的宋僧。早在南宋淳祐六年（1246），兰溪道隆应日本京都泉涌寺来迎院和北条时赖（1227—1263）的邀请，渡海赴日传禅。兰溪道隆何以得到日本方面的邀请呢？

兰溪道隆，1213年自称生于四川涪江郡（即宋代涪州）兰溪邑，俗姓冉，名莒章，出家后法名道隆，因籍贯而号兰溪。1226年，时年十三岁的兰溪前往成都大慈寺出家，师从于住持良范潼关禅师。二十岁左右离开成都，往江浙一带游历，先后参谒了杭州径山临济宗杨岐派虎丘法系的无准师范、南京蒋山痴绝道冲及杭州净慈寺大慧法系的北磵居简等名僧。最

---

① 〔日〕木宫泰彦：《日中文化交流史》，胡锡年译，商务印书馆1980年版，第486页。

后从学于阳山虎丘派松源崇岳的弟子——无明慧性禅师，并得到印可。

道隆因一日闻慧性禅师于室中举"东山牛过窗棂话"，立时得悟，遂嗣慧性禅师之法。后应聘前往明州天童山，协助痴绝道冲禅师接引学人。一直到南宋淳祐六年（1246年，日本宽元四年）应邀赴日弘法为止，他都在天童寺。

兰溪道隆赴日传禅的直接动机，来源于其对日本的兴趣和弘扬禅宗的使命感，"尝听东僧之盛称国光，及禅门之草昧，常志游化"。他到日本后，在遭遇诽谤而被流放时，依然声称"我为法跨海入此国"①，这一表白就是对兰溪赴日动机的充分说明。

兰溪道隆等赴日传禅并非完全被动地接受日本方面的邀请而去，也有其主动请缨的因素。兰溪主动赴日也是因厌倦宋朝禅林内部的竞争乃至斗争。玉村竹二在其《五山文学》中推测："大慧派与有势力的官僚结合，讨好于政治势力，以此作背景压制其他的宗派，对此采取对抗态度的虎丘派人众，因为在对抗上失势，从而失去安住的地盘，所以，当时渡往日本的拓荒僧，几乎都是属于虎丘派。"② 兰溪道隆是虎丘韶隆的五传弟子，此可以作为一种说法，以供参考。

根据日本有关史籍的记载，道隆东渡日本颇为传奇。

> 尝闻人谓此方（日本）教说盛禅宗乏，常志游化。淳祐六年，日本商舶在来远亭，隆往见之于浮桥头。忽有伟人，谓隆曰："师缘在东方。时已至矣。"言讫不见（归宗寺祠山大帝也）。隆乃率义翁龙江等数神足泛海着太宰府。③

这是说道隆在宋时曾梦见祠山大帝，这位居于庐山、主管皈宗的土地神，多次暗示他与日本有缘，使他早有赴日之志。这些传说都是后世的附会之说，有密教的色彩，是兼修禅的僧徒惯用的伎俩。

其实，促成道隆赴日的关键人物是日本律宗僧人月翁智镜（或称明观智镜）。月翁智镜来宋朝求法，因机缘与道隆成为知己至交，于是向道隆介绍了日本佛教，尤其是禅宗的发展状况，并且多次劝导道隆赴日本传

---

① 〔日〕虎关师炼撰，黑板胜美编：《元亨释书》，编入《新订增补国史大系》（新装版）第31卷，第103、104页。
② 转引自〔日〕阿部肇一《中国禅宗史》（原著名称《增订中国禅宗史の研究》），关世谦译，东大图书公司1986年版，第720页。
③ 〔日〕师蛮：《本朝高僧传》（第一），编入《大日本佛教全书》第102册，第279页。

法。智镜的言行深深打动了道隆,坚定了道隆东渡的决心。

兰溪道隆赴日可谓是知难而进,因为《元亨释书》载道隆,"尝闻东僧之盛称国光及禅门之草昧,常志游化"①。道隆自己在日本时常说:"闻人谓此方教说盛禅宗乏",说明道隆到日本之前,对日本禅宗被天台宗压制的状况有一定了解,天台宗被称为"国光",禅宗被其光芒遮蔽,他了解的途径是通过月翁智镜等日本友僧,以及兰溪道隆所从师过的无准师范、痴绝道冲和北磵居简这三位高僧。三位宋朝高僧与镰仓时期的日本禅林关系密切,不仅常有日本僧人前来座下求法,如圆尔辨圆曾拜无准、痴绝二师,一翁院豪曾向无准求法;同时三位高僧门下有众多弟子赴日传法,如兀庵普宁先后师事无准与痴绝,无学祖元曾师事北磵与无准,西磵子昙是痴绝再传弟子。道隆不可避免地会受到三位高僧的影响,最终致使其产生东渡弘法之念。

兰溪道隆出生于禅风浓厚的西蜀,在成都大慈寺得度后游历江浙名僧宝刹,先后得教于无准师范、北磵居简、痴绝道冲等大德,最后至无明慧性门下,虽然年轻,却见多识广,深通禅理,曾出任明州朝阳寺住持,故日本人看重他。道隆东渡时年仅三十三岁,随行渡日的弟子多达十数人,这也足见道隆的影响力,确为南宋禅林之中的才俊。

二 兰溪道隆在镰仓长乐寺开风气之先

南宋淳祐六年(1246年,日本宽元四年)秋,兰溪道隆携弟子义翁绍仁(普觉禅师)、龙江德宣②等,乘日本商船到达日本博多。博多是中世日本镰仓新佛教宣扬禅宗的三大中心之一,这一中心的形成主要原因有二:一是赴日贸易的宋商云集之地,二是中日人员在两国之间往来时出发和登陆的港口,故易受宋朝禅风的浸润。

兰溪道隆到博多后不久,受到太宰府学堂音博士藤原道信一家的皈依,后寓于道信捐赠修建的筑前圆觉寺,在此著《坐禅仪》,教诲日本僧众。

1247年年底,兰溪道隆来到日本京都,一时居无定所,先寄住于从属于律宗的泉涌寺的来迎院,故留有《泉涌寺行事次第》,道隆曾在此教授日本僧众上堂、下座等种种禅林规式。来迎院院主即为月翁智镜,也就是那个曾经到宋朝求法,并与道隆在宋朝时便有旧交的智镜,因此对道隆的

---

① 〔日〕虎关师炼撰,黑板胜美编:《元亨释书》,《新订增补国史大系》第31卷,第103页。

② 也有做一个人的,即"义翁龙江",待考。

一应待遇都十分周到。根据兰溪道隆在常乐寺一次小参时,"去岁岁尽趋洛上,今年年尽在东洲"①的表述可知,道隆这次在京都停留的时间可能不到一年,很可能只是短暂地停留。

日本宝治二年(1248),兰溪道隆在明观智镜等人的建言下,东下镰仓,挂锡于大歇了心住持的镰仓龟谷山寿福寺,在此寺宣传禅宗,该寺的住持大歇了心是退耕行勇的弟子。幕府执权北条时赖得知此消息大喜,立即邀请兰溪移居镰仓的常乐禅寺供养。

北条时赖(1227—1263),镰仓幕府第五代执权,因于康元元年(1256)往最明寺出家,故被尊称"最明寺殿"。时赖在常乐寺供养兰溪道隆,目的是可以便利自己在"军务之暇,命驾问道",随时请教;同时,时赖还准备在巨福山修建大禅寺,以期挽留兰溪禅师。常乐寺本来是一教寺,兰溪道隆一到便被改成禅寺,兰溪于宝治二年(1248)十二月"入院","指三门""据方丈""指法座""祝圣拈香""谢新旧两班""上堂"说法。到次年,即建长元年(1249)按禅院的模式修建了僧堂。兰溪道隆因此成为常乐寺的新住持,开创了日本佛教史上最初的镰仓禅宗道场。

兰溪道隆初次谢新旧两班、上堂说法时便称:"东挂西撑,无新无旧,只要诸人各出双手扶竖正宗,功不朽。功不朽,金毛狮子解翻身,拽转南辰安北斗。"要求中日之僧、新旧之人,同心协力。道隆在随后"上堂"说法时,也告诫听者:"所谓十方丛林,十方人建立。山僧住持此间,只要与诸人同究佛祖无上妙道。报答三有四恩……伏望诸上人,念佛法下衰之际,递相恭敬。令法久住,发明本心,报佛恩德。"②在师徒一脉相承的日本寺院,兰溪要推行"十方住持"制度,可谓是对日本佛教的一大改革,可能也因此招致他人的反感。

在随后"浴佛并开堂,谢檀越上堂"的时候,兰溪道隆在宣讲了"从上诸圣,无法与人;群灵一源,假名为佛","物逐人兴,道在日用"的传法宗旨之后,又宣布了自己住持管理常乐寺的宗旨:

> 今日大力量人,广辟僧堂,令学佛者登此门户……山僧宗门晚进,草芥无能,既至仙乡,荷台斾重法之故,亦不轻人,广开寺宇,重建僧堂,令鄙者领众行道,若非囊有莫大因缘,何以如此。鄙怀亦

---

① 〔日〕兰溪道隆语,侍者圆显等编:《大觉禅师语录》卷中,收入《大正新修大藏经》第80册,第67页。
② 〔日〕兰溪道隆语,侍者圆显等编:《大觉禅师语录》卷上,《大正新修大藏经》第80册,第46页。

不敢生懒惰之心，种件①依唐式行持，但随缘去住而已。伏愿台座寿山高富士之岳，福海等沧溟之深。②

此次说法中道隆反复提及的"本寺大檀那""檀越""大力量人""台衙"当是指北条时赖，显然时赖也在场听法。兰溪道隆"随缘去住"之语表明，自己将来也遵守"十方住持"制度，但只要在常乐寺做住持一天，就要"种种唐式行持"一日，坚持宣扬中国式的纯粹禅，绝不妥协。随后兰溪道隆在"结制上堂"时，使"经律论藏，各有其师"，"常乐寺诸人聚首，九旬内拟欲奚为"，警告堂下众僧"我不敢轻汝等，汝等切莫自欺"③。大概因兰溪以上种种言行，后人评兰溪在常乐禅寺说法为"关东纯粹南宋风禅寺之首"。

此时的兰溪道隆对自己教化日本徒众的手段充满信心，对清除密教对日本僧徒的羁縻充满希望，故在常乐禅寺"结夏"的说法中宣称：

清平世界何须千里乌骓，扫荡妖魔不用三行秘咒。诸方四月十五日，内不放出，外不放入。总是把定死蛇头，更言思而得知，卢[虑]而得解，大似守古冢鬼。山僧这里别有活机，三个月中，九十日内，龟峰顶上驾起粟船，不问凡圣，不论佛祖，凡有来者令登彼岸。登彼岸已，同歌圣化，共乐无为。④

那么，兰溪道隆是否实现了他的目标和理想呢？

三 镰仓建长寺的开创与兰溪道隆纯粹禅的张扬

据说，兰溪道隆在常乐寺，以新鲜活泼的禅风吸引了众多镰仓武士和庶民百姓前往参禅问道，规模较小的常乐寺便显得拥挤起来。为此，日本后深草天皇建长元年（1249），已皈依道隆的北条时赖，发愿创建日本第一所具有南宋风格的纯粹禅宗道场，"请道隆开山说法"⑤。寺址选定在巨

---

① 此处或做"种种"，或做"件件"，抄写时当有笔误。
② 〔日〕兰溪道隆语，侍者圆显等编：《大觉禅师语录》卷上，《大正新修大藏经》第80册，第47—48页。
③ 〔日〕兰溪道隆语，侍者圆显等编：《大觉禅师语录》卷上，《大正新修大藏经》第80册，第48页。
④ 〔日〕兰溪道隆语，侍者圆显等编：《大觉禅师语录》卷上，《大正新修大藏经》第80册，第68页。
⑤ 〔日〕虎关师炼撰，黑板胜美编：《元亨释书》，第103页。

福山地狱谷,寺院开工后,直到建长五年(1253)十一月才完工(或说在四年)①,故该寺命名也是采用年号,称"巨福山建长兴国禅寺"。时赖请道隆做开山住持,兰溪道隆便亲自做成了建长寺钟铭文,自署名曰:"建长禅寺住持宋沙门道隆",日本从此有了禅寺的名称。

兰溪道隆在建长寺上堂说法的时候,听讲的僧徒可能主要是从常乐寺随同而来的一众。针对曾经深陷天台教条的日本僧徒,现改拜禅宗门下的弟子,兰溪道隆指出他们病之所在,所以他在建长寺上堂说法之初就开导众人:

> 参学人日用中,虽履践这一片妙湛灵明田地,然于其中,不识祖翁者多……是汝自障。自障者何?不会却物,只管逐他。所以道,却物为上,逐物为下。且未可说棒喝取证机用全提,须是各各体取色前不物、耳听非声之理,此理洞然。棒喝机用一一皆是自家左旋右转之物。初不从外来,若自外来者,即是无得之人。参禅有四般病:有见处了口不能说,急用不得者;有能言能用而全无见处者;有无见无得无言无用者;有见得用得者,此四害皆于佛法妙道之上,有所存在。若有所存,终为障碍。见得了不能言不能用之人,虽识得旧物了,然不肯放舍,是以方寸中,如有一物为碍相似。能言能用而全无见处之人,此等一味集奇言妙句,以为己有。似则稍似,是则不是,吾宗极为祸害之人。有无见无用者,此人平日不曾于斯道上留心,碌碌随群走上走下,不觉白首真伪不分,此谓之断佛种人。有见得用得者,虽则可以绍隆圣种,若据实而言,犹有见得用得底在。须是影迹不存,然后用而无滞。②

兰溪道隆努力激发日本徒众们的自我创造力,他一直认为"须是自信自修,自悟始得"。

但是,兰溪道隆门下的日本禅师毕竟多是从天台宗、真言宗或法相宗其他宗派改宗换派而来,毕竟受到原来教学的影响,本性难移,兰溪道隆很难在短时间内将他们的思想"纯化",他们的好辩、他们的教条已经根深蒂固。大约在1254年"元宵上堂"时道隆感叹道:

> 月氏国内燃一盏灯,东震旦中灯灯如织,引得扶桑国里无转智

---

① 其完工在四年或五年,待考证。
② 〔日〕兰溪道隆语,侍者圆显等编:《大觉禅师语录》卷上,《大正新修大藏经》第80册,第48—49页。

人，向黑山下昏衢边，东观西观，或出或入，不觉鸣哪。青青黯黯处，见得一点两点，指以为奇。便道早知灯是火，饭熟已多时。咦！镜容鹰爪堪图画，何事僧缁三度疑。①

对于那些自以为是的人，道隆在随后"上堂"时又接着批评道：

  道著一二，有妨三五；背后朗然，面前难觑。不是南山大虫，亦非长沙猛虎，个里会去。哑子吃苦瓜，离此别求；邯郸学唐步，毕竟如何？堪笑水母以虾为目。②

兰溪道隆作为禅宗建长寺"开山初祖"，一居13年，虽传说"东关学徒，奔凑仁听"③，可能多是一知半解，抑或夸大之词。可能开始时感觉新鲜来凑热闹的人不少，最终因难以接受纯粹之禅而离去。另外，从道隆以上言语可见，他可能在言语、方法上得罪了不少人，何况他按照宋朝临济宗的丛林规则管理日本的佛寺，要求日本僧众执行严格的修行和生活制度，甚至对违犯者予以轻重不同的惩罚。要知道，佛法及其戒律传到日本，到镰仓时代已经被日本不同宗派做了避重就轻的改革。其实兰溪道隆也意识到这一问题，当弟子无隐圆范向他请求推荐自己到宋朝，并求赠道号时，道隆在法语"示圆范藏主"中也有反省：

  东西两刹，道聚数年，个事虽不曾露一丝毫，那事已为伊漏泄了也。一日来白曰："某有入唐之意，时暂请违。"继出纸而需道号。
  予谓云："……老僧平生了无隐蔽，所以知得天在头上地在脚下，不管人毁谤，也不爱人赞扬。每逢不省事不达理者，以寸钉子锥其喙，是以俞见相从者少。从〔纵〕教法堂前草深一丈，实无愧于心，苟有一毫之欺，诚为终身之患。故以无隐二字，意在兹乎。"④

---

① 〔日〕兰溪道隆语，侍者圆显等编：《大觉禅师语录》卷上，《大正新修大藏经》第80册，第55页。
② 〔日〕兰溪道隆语，侍者圆显等编：《大觉禅师语录》卷上，《大正新修大藏经》第80册，第55页。
③ 〔日〕虎关师炼撰，黑板胜美编：《元亨释书》，《新订增补国史大系》（新装版）第31卷，第104页。
④ 〔日〕兰溪道隆语，侍者圆显等编：《大觉禅师语录》卷下，《大正新修大藏经》第80册，第83页。

从以上法语可以推测：到兀庵普宁来建长寺时，到法堂来从兰溪道隆听讲的人越来越少了。不管到建长寺来的"相从者"少到什么程度，法堂前草深到什么程度，但兰溪在此的声势已经营造出来。兰溪道隆在此传禅不仅受到幕府的保护，还因幕府这一有力檀那而获得优厚的待遇，建长寺形制上是模仿宋朝径山寺而建成七堂伽蓝，兰溪坚持按照宋朝的清规戒律宣讲禅宗。对于镰仓武士来说，欲建一大伽蓝以压倒公家的夙志也终于得偿，同时激起了朝廷和公家的竞争意识。后深草天皇为笼络兰溪及其门下信徒，还御敕此寺"大建长兴国禅寺"的匾额，这标志着日本禅宗史上首次获得朝廷公认的临济禅寺的产生。

第二节　在挫折之中坚持弘扬纯粹禅的兰溪道隆

一　兰溪道隆离建长寺、赴建仁寺的心境

正当兰溪道隆在镰仓苦心经营的时候，他却不得不离开他熟悉的建长寺了。

正元元年（1259），兰溪道隆应幕府执权的要求，将建长寺住持一职让与新来的兀庵普宁，北条氏为何要道隆让贤？是否因为建长寺中告状的人太多？史书都没有说明。

好在这个时候兰溪道隆得到了藤原赖家的邀请，于是应赖家之召，赴京都建仁寺，任该寺第十一代住持。离开建长寺前，兰溪道隆"辞众上堂"，发表了一通演说，表明自己对这一调动的态度：

> 昔年来主此山，初非计会；今日往兴彼刹，事岂偶然。其中虽有千里之遥，据实本无一毫之隔，既无一毫之隔，东州打鼓，西国上堂。巨福山中合掌，建宁寺内烧香。诸人还肯此语也无？若也肯去，是我同流，苟或不然，更听一颂。
>
> 要津把断十三春，又挂轻帆出海滨；
> 但得钩头香饵在，龙门险处钓金鳞。①

---

① 〔日〕兰溪道隆语，侍者圆显等编：《大觉禅师语录》卷上，《大正新修大藏经》第80册，第63页。

兰溪道隆最后的演说和最后送给建长寺僧徒的这个偈颂，虽然看似洒脱，还是有些不悦的感觉。不知道除苇航道然、无隐圆范等人之外，还有多少建长的徒弟和他"同流"，随同去建仁寺听法，接受他的纯粹禅？从前引兰溪给弟子无隐圆范的法语看，他是很期待的，期待敢跳龙门的鲤鱼，但却不迁就。

1261年，兰溪道隆来到了京都建仁寺，当时名"建宁禅寺"。道隆入寺，一进山门便"指佛殿"道："跛脚汉以己方人，有我不须渠"，言下之意是，不希望这里有密教徒来以本宗教条妨碍自己在这里传扬禅宗。在初次就座索话时，兰溪道隆称：

> 巨福山中越十霜，了无玄妙可常量，业风一鼓难回避，不觉全身在帝乡。机轮无滞，动著则左转右旋，铁帚随身，到处则东摇西扫。法从吾建，物逐人兴，所以在东土，则把定放行，罕逢识者，来西州，则放行把定，多是知音……①

依此番演说看来，道隆来到京都之后，京都修禅的氛围让他感觉很好，依然充满自信，自信"法从吾建，物逐人兴"。此后连连上堂说法，所谓"看不破时，万绪千头，击得开时，三交两胜"，其实也是开导自己。"开山千光和尚（荣西）忌"辰时上堂说法，示偈云：

> 蜀地云高，扶桑水快。前身后身，一彩两赛。
> 昔年今日，死而不亡；今日斯晨，在而不在。
> 诸人还知落处么？（良久）香风吹萎花，更雨新好者。②

此偈语表明，兰溪道隆欲承荣西之志，在逆境和不遇之中盛唱临济禅风的决心，使闻听的"寺众益加畏敬"③。就这样，道隆在京都建仁寺住了三年。

二 兰溪道隆在京都道场建仁寺宣传"新佛法"④

关东镰仓虽在兰溪道隆的推动下，开创了禅宗的专门道场，尽管有圆

---

① 〔日〕兰溪道隆语，侍者圆显等编：《大觉禅师语录》卷上，《大正新修大藏经》第80册，第64页。
② 〔日〕兰溪道隆语，侍者圆显等编：《大觉禅师语录》卷上，《大正新修大藏经》第80册，第65页。
③ 〔日〕师蛮：《本朝高僧传》（第一），《大日本佛教全书》第102册，第280页。
④ 〔日〕兰溪道隆语，侍者圆显等编：《大觉禅师语录》卷中，《大正新修大藏经》第80册，第67页。

尔辨圆在东福寺宣扬禅宗，但禅宗在京都却难以独立。1247年在京都短暂停留的兰溪道隆于是有意进军京都，开拓一片新土地。京都此时是藤原氏等公家的地盘，从公卿家对圆尔辨圆的亲近看，公家有意掌控新兴的禅宗。有心重振权威的朝廷皇室也不例外。

据说，1261年来到京都的兰溪道隆，在京都仅住了三年，又被幕府召回镰仓，为幕府创建禅兴寺，后又出任建长寺住持。文永二年（1265），兰溪道隆又奉敕住京都建仁寺。这样说来，这次在关东停留的时间很短。此种来回往返的原因何在，有待进一步研究，背后可能有朝廷和幕府在斗法。

此后的兰溪道隆似乎一直难以安身并安心传法，辗转甲州（山梨县）东光寺、镰仓寿福寺、奥州元福寺等处，颠沛流离，其原因是遭到众人的怀疑和诽谤，流言说他是元朝的间谍，但道隆传禅的道心不改，并对纯粹禅的诽谤者提出了委婉的批评。一次在建长寺"因事小参"说法时（具体年代不明），兰溪道隆便以达摩、二祖、三祖、五祖黄梅被嫉妒、诽谤为例，也对诽谤他的人说：

> 自释尊举花之后迦叶相传，以来二千余年，其间与物教为仇者，欲破碎而复全，拟扑灭而俞朗，千百计较损之无由。二十八祖达摩大师自西至东，游梁历魏，嫉妒谤辱者虽经数回，比之此朝，纷纭尤甚……予从极西之地，而至于极东之州，缘既偶合，成大丛林。观大檀那立法之意，须弥山而未必为高大，沧溟水而未必为至深，以此极大至深之心，与诸上人，同明此事，使释尊之教不坠，吾祖之宗复兴。苟不能回视本源、返照自己，终日检人之过，譬如含血喷天，天无染而我口先污，彼无害而我已招愆。①

这里，道隆显然以"自西至东"的达摩等人自拟，自己也是自西至东，东渡日本传法的。

道隆在京都建仁寺内创建西来院，讲经说法，努力推动建仁寺的兼修禅向纯粹禅发展期间，引起后嵯峨天皇的关注，以致"钦其道誉，召见宫中"②。道隆应诏入宫中讲禅，及时进呈以下偈颂：

---

① 参见〔日〕兰溪道隆语，侍者圆显等编《大觉禅师语录》卷中，《大正新修大藏经》第80册，第71页。
② 〔日〕虎关师炼撰，黑板胜美编：《元亨释书》，《新订增补国史大系》第31卷，第104页。

凤缘深厚到扶桑，忝主精蓝十五霜；
大国八宗今鼎盛，建禅门废仰贤王。

劝请天皇做禅宗的大檀那，致使"上皇感，护宗志笃"①。

兰溪在建仁寺居三年后，又应幕府北条时宗之召请，回到了镰仓。这次时宗为道隆开创了新的禅兴寺，随后又使之迁居寿福、建长等寺。

三　兰溪道隆在流放期间宣扬禅宗的道场

从1272年到1278年，兰溪道隆两度从镰仓被流放到甲斐等蛮荒之地，在传扬纯粹禅方面却不妥协。

1278年，再次被北条时宗请回建长寺任住持时，兰溪道隆已经老矣。虽然颠沛流离，他处之泰然，正如道隆在建长寺小参时所谓的："行亦禅，坐亦禅，更无余事可相煎，到这里扭捏在我，逆顺安然。"② 关于因流言而有的甲州之行，他评价说："北地之胥吏氓黎，幸隆之窜谪。隆亦曰：我为佛法跨海入此国，只周旋皇畿侯服而已，不遑诱导远陬也，偶罹于逸诬，而狎于羯獠，是我弘道之素也。天龙岂有意于此乎？甲之居犹洛之数。"③ 兰溪道隆上堂说法时，常常引用"平常心是道"一语，推崇此语亦足见其心迹。

北条时宗最后为了表明自己对道隆的信任，和对禅宗的皈依，准备为晚年的道隆另外开山再建一座大寺，并特意邀请道隆一起去选择地址。

一日相偕出于郊外，隆指一处曰："此地宜建梵刹（圆觉故基）。"将镤锄地三下，平帅亦随锄三下，插茎帅而归。④

这次，道隆虽选定了圆觉寺的寺址，但已经等不及开工了，弘安元年（1278）"秋七月初示微疾"。至二十四日，兰溪道隆自知大限已到，便沐浴更衣，书偈曰："用翳睛术，三十余年。打翻筋斗，地转天旋。"辞众而

---

① 〔日〕师蛮：《本朝高僧传》（第一），《大日本佛教全书》第102册，第280页。
② 〔日〕兰溪道隆语，侍者圆显等编：《大觉禅师语录》卷中，《大正新修大藏经》第80册，第68页。
③ 〔日〕虎关师炼撰，黑板胜美编：《元亨释书》，《新订增补国史大系》第31卷，第104页。
④ 〔日〕师蛮：《本朝高僧传》（第一），《大日本佛教全书》第102册，第280页。

寂，享年六十六岁。道隆火化后，有五色舍利出现，遂"藏石骨于本山"。在北条时宗的奏请下，后宇多天皇赐谥"大觉禅师"之号，这是日本有"禅师"谥号的起源①。

兰溪道隆在建长寺宣扬南宋风格的纯粹禅，形成了日本禅宗大觉派。弟子之中著名的有约翁德俭（1245—1320）、苇航道然、桃溪德悟（1263—1329）、无隐圆范，被称为"门下四杰"，其中约翁德俭曾到宋朝参学八年（或说九年），在兰溪道隆圆寂后曾住持东胜、建仁诸寺，文保元年（1317）接替一山一宁主管南禅寺。后宇多太上皇凤慕约翁道行，常召其入别宫，"咨扣玄要"，圆寂后赐"佛灯大光国师"号②。

第三节　兀庵普宁、大休正念等宋高僧的东渡

一　应北条时赖邀请东渡日本的兀庵普宁

继兰溪道隆之后，应北条时赖之邀来日本传法的宋僧是兀庵普宁（宗觉禅师）。

兀庵普宁（1197—1276）法师，乃中国临济宗杨岐派高僧，曾先后参学于痴绝道冲、无准师范，与祖智、妙伦、了惠并称师范门下四哲。

兀庵普宁也是出生于西蜀，兰溪道隆的四川同乡，在兰溪道隆、圆尔辨圆（圣一国师）的劝诱下，应北条时赖的邀请，也于南宋景定元年（1260年，日本文应元年）来到日本，与兰溪的乡谊可能是他东渡的原因之一。

兀庵普宁到日本后，先寓居九州岛博多圣福寺，后入京都，"圣一国师以同门之好，迎到东福，就方丈，请为普说"③。兀庵于是客居京都东福寺，在此期间得到了住持圆尔辨圆的热情接待，"待遇甚渥"。他能够得到圆尔辨圆的如此尊重，自然让日本国内僧众刮目相看，果然"京师缁素奔波瞻仰，副元帅平时赖闻宁道价，迓归相阳，寓止巨福山"④。

当时，镰仓巨福山建长寺的住持兰溪道隆，不仅是兀庵普宁的同乡，也是普宁在蒋山时的旧友，自然"相见喜，慰劳问"。来到镰仓的兀庵普

---

① 〔日〕村上专精：《日本佛教史纲》，杨曾文译，商务印书馆1981年版，第175页。
② （元）本无：《佛灯国师塔铭》，收入《续群书类丛》第九辑上（传部），第390—394页。
③ 〔日〕妙祁撰：《佛国国师行录》，收入《续群书类丛》第九辑上（传部），第376页。
④ 〔日〕虎关师炼撰，黑板胜美编：《元亨释书》，《新订增补国史大系》第31卷，第106页。

宁，由于和执权北条时赖相处日久，致使时赖"信向日煽，渐命正位于函丈"，也就是说，时赖要请兀庵普宁任建长寺的第二代住持。时赖此举对兰溪道隆来说，等于是喧宾夺主，以致道隆只好识趣地离去，赴京都建仁寺任住持。感到难为情的兀庵普宁，于是"进十五偈力辞，副帅益坚，不得已即真"，可见兀庵普宁也意识到，接受建长寺一职可能伤害到兰溪道隆。无奈时赖的坚持，兀庵最后还是出任了建长寺的住持一职。据载，自兀庵普宁掌管建长寺之后，建长寺"禅规整济，号令缜密，东方丛社指为法窟。副帅军务之暇，常入山问道，不几契悟"[1]。何以兀庵一接管便能"禅规整济，号令缜密"，且能够启发众人？一是因为之前僧众们故意抵制、排挤兰溪道隆，自然参禅时心生抵触，新来的兀庵让他们新鲜；二是兀庵主张佛法不离日用、佛性无别众生本性，易于启发镰仓武士觉悟。对于北条时赖的"契悟"，兀庵特赠偈语印证：

老僧初到与三拳，埋恨胸中结此怨；
痛很忽消开正眼，方知吾不妄宣传。[2]

如此看来，兀庵普宁对北条时赖的影响比兰溪道隆要大。当时，兰溪道隆是兼任建长寺的住持，可能精力难以专注建长寺，显然是时赖让兰溪让贤了。与兰溪道隆主动去日本相比，兀庵普宁的赴日要被动一些[3]，主要是北条时赖的强请，时赖邀请兀庵据说是有梦中相见的机缘。

兀庵任建长寺住持后，"圣一差十僧侍庵，为之参随挂塔"[4]，日后名声大震的高峰显日（谥号佛国应供广济国师）乃圣一国师圆尔辨圆差来的十僧之一。几年传法下来，兀庵门下"学徒日盛"。

兀庵普宁的活跃及其做法，据说也引起日本其他宗派的嫉恨，据载"海众之中党法义者，以为境撼之"，不知具体如何"撼"法？想必其中也有建长寺内的僧徒。兀庵普宁是一个"急率不羁"的人，不愿像兰溪道隆一样忍耐多年，不仅决定放弃住持一职，甚至决定离开日本。文永二年（1265）的某一天，兀庵特意"鸣鼓告众"表明心志，最后唱一偈：

无心游此国，有心复宋国，有心无心中，通天路头活。

---

[1] 〔日〕虎关师炼撰，黑板胜美编：《元亨释书》，《新订增补国史大系》第31卷，第106页。
[2] 〔日〕虎关师炼撰，黑板胜美编：《元亨释书》，《新订增补国史大系》第31卷，第106页。
[3] 参见〔日〕阿部肇一《中国禅宗史》，关世谦译，第735页。
[4] 〔日〕妙祁撰：《佛国国师行录》，收入《续群书类丛》第九辑上（传部），第377页。

（拄杖云）：拄杖头边挑日月。①

于是拂袖而起！此处不留爷，自有留爷处，亦即他所谓"通天路头活"是也。

兀庵此时遭遇到的排挤，显然与当年兰溪道隆遭遇的一样。日本天台宗党同伐异，由教入禅的僧徒依然难以领会并接受纯粹禅，于是"虚语僻语，惑乱此国"②，而兀庵又不愿意变通，在禅宗和天台宗、密宗之间折中，此时的兀庵已经抱定"道不同不相为谋"的宗旨，并非"维桑之思""困陑忆家乡"，实乃"遇六群之猖獗"③。

其次，兀庵决意回宋朝可能与1263年时赖的死有关，时赖在世时，估计没有人敢如此张狂，公然要排挤他。或说是因为新执权北条时宗的年少不更事，与兀庵不相契合。兀庵普宁不仅失去了知己的檀越，估计也得不到同乡和同学兰溪道隆的支持，毕竟兀庵的到来促使时赖让道隆退让一手筹建的建长寺，纵然道隆没有产生嫉恨④，多少有些不愉快。日本学者有传言，兀庵普宁和兰溪虽在宋朝时曾同参径山无准师范，彼此的宗旨未必契合。

兀庵普宁退出建长寺，决意回国之时，据说日本"合国劝留"，其中显然也包括新任执权北条时宗，即使将军出面挽留，兀庵也"坚执不允"，从鸟羽登上了西向镇西的船，文永二年（1265年，宋度宗咸淳元年）归宋。

兀庵归宋，一说景定四年。返回南宋后，兀庵住于婺州双林寺。晚年移住温州江心龙翔寺。端宗景炎元年示寂，年寿八十，谥号"宗觉禅师"。遗有语录三卷行世⑤。

兀庵普宁虽然身离扶桑，佛法却始终留在日本，东岩慧安等得其真传，慧安在京都今出川开创了正传护国禅寺，弘扬兀庵的纯粹禅，和比睿山的僧众斗争。在日本古代禅宗二十四派中，兀庵法系亦能占其一，称兀庵派，或称宗觉门徒（"宗觉派"）。

据《东岩安禅师行实》所载，东岩慧安（1225—1277），播州人，

---

① 〔日〕虎关师炼撰，黑板胜美编：《元亨释书》，《新订增补国史大系》第31卷，第106页。
② 原载《东岩安禅师行实》，本文转引自杨曾文《日本佛教史》，浙江人民出版社1995年版，第343页。
③ 〔日〕虎关师炼撰，黑板胜美编：《元亨释书》，《新订增补国史大系》第31卷，第106页。
④ 参见〔日〕阿部肇一《中国禅宗史》，关世谦译，第740页注释9。
⑤ 其具体事迹可参加《元亨释书》卷六、《延宝传灯录》卷二、《东岩安禅师行实》等。

因从悟空敬念处得知兀庵普宁之名，即往建长礼拜兀庵，两人"相见如故"，"其后机语相契"。兀庵普宁回宋时，路过京都时曾与慧安相会，将法衣、自赞顶相等付嘱予慧安。普宁像赞中自称："生缘于西蜀，非独游日本。十方国土中，当头俱坐断。"兀庵回宋后，慧安问候的书信不断，曾"付便船而上书兀庵曰：'吾得和尚证明，而今丛林疑信龃龉，请得一语，以解疑滞，令法派流传无穷。'"兀庵和尚即答书证明，"单传直付东岩"①。

兀庵普宁的顶相据说是北条时赖在1262年至1263年命镰仓的画师法印长嘉所画，绢本着色，最佳之作，现存日本京都正传寺。兀庵普宁虽然在日本仅停留五年，但影响却很大，最大的影响是感化了当时镰仓幕府事实上的统治者——掌握军政实权的执权北条时赖，使时赖达到大彻大悟的境界，将中国禅宗和镰仓武士道结合起来。

蒙古入侵日本带来的不安和恐惧，是日本幕府聘请宋僧兀庵普宁和兰溪道隆等赴日弘法的重要原因。具有强烈危机感的日本人，在蒙古入侵之时，禅僧慧安多次发愿或上书，极力主张对抗，显然与宋僧的影响有关。

二　应北条时宗邀请东渡日本的大休正念

大休正念（1215—1289），南宋临济宗高僧，石溪心月（或写作石谿心月）之法嗣，嗣临济宗杨岐派松源系禅法。

大休正念1215年生于浙江永嘉郡（今温州），自幼遁入空门，研习佛教诸宗大要，自号大休。先参杭州灵隐寺三十八代住持东谷妙光（？—1253），学曹洞禅法，后师事径山兴圣万寿禅寺三十六代住持石溪心月（？—1255），因说达摩公案，言下大悟。

根据日本《本朝高僧传》，大休正念是在南宋咸淳五年（1269年，日本文永六年）夏，搭乘商船东渡日本的。《元亨释书》说他于南宋咸淳六年（1270）夏，"乘商船入此土，文永六年也"②，显然有误，日本龟山天皇文永六年即南宋度宗皇帝咸淳五年。

当时有"平将军时赖之请简"邀请石溪心月师徒赴日传法，大休正念也许是代替老师石溪心月出行的，从《石溪心月禅师语录》中的记载可知，以下是石溪心月回复日本之偈语：

---

① 〔日〕《续群书类丛》第九辑上（传部），第309、313、317页。
② 〔日〕虎关师炼撰，黑板胜美编：《元亨释书》，《新订增补国史大系》第31卷，第125页。

寄日本国相模平将军
径山收得江西信，藏在山中五百年；
转送相模贤太守，不烦点破任天然。①

　　诗偈中所称之"日本国相模平将军"，据《法海禅师无象和尚行状记》所载为北条时赖，请柬到达时间为 1254 年；而《元亨释书》《本朝高僧传》等书说是北条时宗（1251—1284），时宗继任不久就遣使到中国问道，的确难得。可能邀请信是北条时赖发出的，但大休应邀到达日本时，已经是北条时宗任执权的时代了。

　　大概是日本将军遣使者赴宋，向石溪心月"问道"的热情，感动了大休正念，故代替老师接受了邀请。也有说大休是逃难至日本的，此说存疑。

　　大休正念乘商船到日本，不久到了日本幕府所在地镰仓，受到建长寺住持兰溪道隆的热情接待，毕竟同属于松源系。大休正念富于诗人气质，又重视公案禅。既然"副元帅平时宗乡道望，命主禅兴精蓝，烧香证石溪之法乳"②，从大休受"无字"公案，大休的传法活动自然要顺利许多。四五年后，大休先后在建长、寿福、圆觉等禅刹传法。

　　大休正念最初住持的禅兴寺，由北条时赖修禅之最明寺改建而成，也是以兰溪道隆为开山祖。大休到此，时宗命兰溪道隆退让住持一职，命大休正念"主禅兴精蓝"。兰溪再次被幕府冷落，不过，大休入主该寺后，仿南宋禅院的样式创建了方丈、法堂、山门、僧堂、厨库等，使伽蓝更具规模，此结果也足以安慰兰溪道隆。

　　1272 年，大休正念继兀庵普宁之后，成为日本建长寺第三代住持，为天皇和北条氏祈祷。弘安元年（1278），大休正念再次应命入住荣西开山的寿福寺。寿福寺两度遭遇火灾，损毁严重，后虽由荣西法孙藏叟朗誉组织重建，但规模较小。大休正念入住寿福寺后，请北条时宗拨资再兴土木，该寺才真正具备禅刹规模。

　　弘安五年（1282）八月，北条宗政（1253—1281）的夫人为安置宗政牌位，请兀庵普宁的法嗣南州宏海禅师在镰仓金锋山创建净智寺，两年后，工程完工。大休正念应邀举办供养，并被奉为净智寺开山。

　　也就在弘安五年，圆觉寺建成，北条时宗请无学祖元做开山住持，宣扬纯粹禅，弘安七年（1284），时宗由祖元剃发出家。就在这一年，祖

---

① （宋）释正彬等编：《石溪心月禅师语录》，收入《卍新纂续藏经》第 71 册，第 64 页下。
② 〔日〕虎关师炼撰，黑板胜美编：《元亨释书》，《新订增补国史大系》第 31 卷，第 125 页。

元要求辞去住持之职，专董建长寺。于是，年事已高的大休正念不得不奉诏执掌圆觉寺，成为圆觉寺第二代住持。圆觉寺最著名的建筑是其中的舍利殿，是由大休正念任住持后修建的，这是日本目前唯一保存完好的中世禅宗样建筑。而该殿最早是为安置源赖朝在建保五年（1217）从南宋能仁寺请来的佛舍利。

正应二年（1289）十一月，年逾古稀的大休正念因重病缠身移住正观寺。自知大限的大休于当月二十九日，集众入室。"晦执笔书偈曰：拈起须弥槌，击碎虚空鼓，藏身没影迹，日轮正当午。放笔而化"[①]。享年七十五岁，谥号为"佛源禅师"[②]。

大休在日本传教二十二年，遗作有《大休和尚语录》六卷。第八、第九两代幕府首脑皈依，门下俊才辈出，著名的高僧有铁庵道生、大川道通、秋涧道泉、东峰通川，以及北条时宗的弟弟宗政等武士，再传弟子中的无涯仁浩、杰翁是英等人也是颇负盛名的五山高僧。后人将正念与其门人形成的禅宗流派称作"佛源派"，也叫"大休派"，为日本"禅宗二十四流"之一。

元朝入侵的威胁，和之后日本抗元战役的胜利，是促使日本禅宗兴盛的重要原因之一。也许是幕府领导者们相信兴禅护国的缘故，故不断聘请宋朝禅师到日本。西涧子昙也是其中之一，子昙乃宋朝台州仙居郡人，俗姓黄，嗣法于临济宗松源法系的天童山石帆惟衍。1271 年，子昙应北条时宗的邀请到日本传禅。1278 年回国，1299 年随一山一宁再次去日本。下面的无学祖元也是。宋元之际的中国高僧，还有许多虽然没有去日本，但他们的佛法却东传日本了，或因日本佛徒来留学，或因日本武士来求法语。

第四节　遗宋高僧应聘东渡
——无学祖元的经历

一　北条时宗聘请无学祖元

1278 年，兰溪道隆禅师圆寂，北条时宗迫切希望再有一位宋朝高僧住

[①] 〔日〕虎关师炼撰，黑板胜美编：《元亨释书》，《新订增补国史大系》第 31 卷，第 125—126 页。

[②] 〔日〕虎关师炼撰，黑板胜美编：《元亨释书》，《新订增补国史大系》第 31 卷，第 126 页。

持建长寺，领导日本丛林，并为武家提供心理辅导。于是，当年十二月二十三日，时宗便亲自撰写邀请信①，派兰溪道隆的两位弟子无及德诠、杰翁宗英到宋朝去寻访高僧。

宋祥兴二年（1279年，日本弘安二年），德诠、宗英二人携带未指名的邀请信来到当初兰溪道隆出发赴日的浙江四明天童寺，此时天童寺的住持是环溪惟一和尚，传言时宗有意邀请他赴日，但惟一和尚却以老龄为辞，而向德诠、宗英推荐了临济宗高僧无学祖元。

无学祖元（1226②—1286），别号子元，宋朝庆元府鄞县（今浙江宁波鄞县）人。十三岁丧父出家受戒，初拜杭州净慈寺北涧居简禅师，次年依于径山无准师范，参究赵州"狗子无佛性"话，看"五"字参禅，最终成为无准门下的翘楚。无准寂后，祖元历参诸方，访杭州灵隐寺的石溪心月、虚堂智愚，拜宁波育王山广利寺的偃溪广闻，名声日益高涨。

祖元闻名禅林之时，南宋朝廷则到了强弩之末，日薄西山，到1279年灭亡了。蒙古大军不断南下，宋一片乱世败象，祖元因此颠沛流离。其间，先住持东湖的白云庵七年，再住持台州真如寺、温州能仁寺，再参四明环溪惟一。某日，手持大刀的元兵闯入祖元驻锡的雁山能仁寺，众人逃窜，只有祖元在堂内端坐不去，当元兵将刀架在他颈脖上时，他泰然自若地唱了一偈：

乾坤无地卓孤筇，喜得人空法亦空。
珍重大元三尺剑，电光影里斩春风。③

蒙古士兵慑于祖元的道力，悄悄撤走了。次年，祖元再次返回明州，访天童寺的法兄环溪惟一，惟一让他坐首座，为大众说法。祖元因此遇到赴日的机缘，北条时宗想聘请环溪惟一赴日。

天童寺住持环溪惟一（1202—1281）何以向德诠、宗英推荐祖元？在于祖元冒险的勇气和弘法的抱负。无学祖元东渡，还与元朝东征日本、灭南宋的时代背景有关，也因西涧子昙等的劝说。

日本弘安二年（1279）六月，无学祖元到达日本九州岛太宰府④，八月到相阳，镰仓幕府副元帅北条时宗"执弟子礼，邀入巨福，待遇日

---

① 对是否为"亲笔"，学界有争议。
② 或记为1225年？
③ 〔日〕虎关师炼撰，黑板胜美编：《元亨释书》，《新订增补国史大系》第31卷，第122页。
④ 同年五月自宋出发。相阳即关东镰仓。

涩"①。祖元住巨福建长寺,和大休正念两相对应,宣扬宋朝风格的禅宗。弘安五年(1282)冬,镰仓圆觉寺建成后,北条时宗又让祖元兼任开山第一祖,"一据讲席,群鹿咸集,因号其山,曰瑞鹿之山"。1284年,无学将圆觉寺住持一职辞让给大休正念,专住建长寺。

由于祖元经常针对日本禅林的情况,结合自己的体验亲切地传禅,故其破庵派的禅法逐渐成为日本禅林的主流。祖元面对镰仓武士的疑问,耐心诱导,他的"老婆禅"受到日本参禅者的赞赏和喜爱。弘安九年(1286),祖元圆寂,年六十一岁,日本朝廷因其给予日本人精神(具体参见本书第八章)和信仰上的激励,赐谥"佛光国师"。后来,后光严天皇又追谥他为"圆满常照国师"。

祖元有弟子建长寺高峰显日(1241—1316)、一翁院豪、规庵祖圆(1261—1313)等三百余人,其法系在古代日本禅宗二十四派中称"佛光派"。两度到宋朝求法问道的一瓮院豪也曾在七十岁高龄之时投无学祖元的门下,并得到无学的印可,作为其证悟的证明。

祖元文学素养很高,善书偈颂、口诀,有《佛光圆满常照国师语录》遗世。《元亨释书》称祖元,"偈句俊伟,有作者之风;其锁口诀,句法步骤,似宝镜三昧,近世诸老,此作鲜矣"②。祖元对日本五山文学的贡献很大。他常常在普说之时,论及如何"学下语"和"做颂之法",比如:

> 做颂之法,亦无定式,且理到权实照用。诸人固是理会,未得仿仿佛佛底,只有一个两个不免,向言语中,说与诸人。二十八字,须是字字要着实,句句要妥贴,首尾要平满,血脉要连接,体中要空圆。不将古人言语斗凑,须是向自己胸襟中摸索……几番诸公把颂子来改,我亦不欲减当诸人威光,诸公既是再三再四,真实相扣,只得与诸人拈出钝斧,东割西割,或移前做后,或将重就轻,或窒碍不通理者,吾与汝去其沙土,令其流畅……③

可见祖元经常修改门下的偈颂等文字,强调自我认知、觉悟。祖元的这类诗偈创作理论,及其留下的经典诗偈、赞语等在日本影响很大,广受模仿。

---

① 〔日〕虎关师炼撰,黑板胜美编:《元亨释书》,《新订增补国史大系》第31卷,第122页。
② 〔日〕虎关师炼撰,黑板胜美编:《元亨释书》,《新订增补国史大系》第31卷,第123页。
③ 〔日〕子元祖元语,侍者一真等编:《佛光国师语录》(卷第五),收入《大正新修大藏经》第80册,第182页。

二　无学祖元受聘东渡的主要原因

无学祖元东渡日本，主要原因①不是逃避战乱，其实到无学祖元东渡之时，战争基本上平息下来，南宋皇族都接受了亡国的现实，何况空门的僧徒。《元亨释书》载，祖元曾向徒弟们解释："我初不欲来此土，而有些子因缘，故至焉。"此在《佛光国师语录》卷九有详细介绍，颇为神奇。《佛光国师语录》卷九《拾遗杂录·跋》"高僧无学祖元赴日传说"一文具体如下：

师（无学祖元）一日谓徒云："吾本不欲至此国，而有些子因缘。所以至于此也，何也？吾在大宋日，于禅定中，尝见神人，峨冠袴褶，手执圭简，奇伟非常。至于老僧前告言：'愿和尚深愍众生，降临我邦。'如是数回。然吾不以为事。每此神人至时，先有金龙一头，来入袖中。亦有鸽子一群，或有青者，或有白者，或飞或啄，或上膝上，犹是不测其由。然后未几，有此国人来言：日本平将军请吾。吾以此之故而来此国。虽然亦未了其源由，偶一日，有人告吾言：'当境有神，名曰八幡大菩萨，和尚既至此间，可诣烧香一遭。'所以因而参诣于宫前。徘徊处仰观栋梁上，有木造鸽子两三对，因而问：'其鸽子是何侍人？'答云：'此乃是此神之使者也。'于是始悟，此神预来宋朝相邀老僧。老僧寻常不欲容易言之，汝等知之乎？汝等欲造老僧顶相，可以于老僧膝前袈裟上，令画工画鸽子一对、金龙一头，以表往年之谶耳。"今塔头顶相，袈裟上鸽子、袖上金龙见存焉。

师又曰："吾在大宋时得一梦，梦在先师无准和尚座下听法，忽然座前西北隅，蜡烛火爆在拜席东南隅，焱然光焰照于四维，乃就梦中偶成一颂云：'百丈当年捲起时，今朝焱地自腾辉。火星迸出新罗外，不在东风著意吹。'觉来尚无所测，但记录而已。后到此国，初入院时，故太守忽一日送一幅达磨画像于老僧。老僧因观其赞，后一句云：'不在东风著意吹'，云云。乃是先师无准赞也，方始符于宿梦。此是第二因缘也。"②

---

① 参见〔日〕阿部肇一《中国禅宗史》，关世谦译，第739页，第745页注释30 "无学祖元也是消极地来到日本……"。
② 〔日〕子元祖元语，侍者一真等编：《佛光国师语录》，收入《大正新修大藏经》第80册，第235页。重新标点。

祖元在日本的此番解释，一是他相信有神通感应，二是强调神佛习合，或者说调和神佛。当时的日本，神社和禅寺往往处在同一座山中，这一时期日本虽然有神佛习合的趋势，但神道对佛教（包括禅宗）仍有排斥的诉求。显然，祖元也遭遇日本佛教内部天台僧和其他诸宗的排斥，排斥的理由大多玄虚，如同之前攻击荣西，当时排斥兰溪道隆等一样，祖元此语乃以其人之道回击其人（包括神道）。祖元普请说法，拈香祈祷的时候，一般也不忘记供养"熊野权现""春日权现"等"日本国内一切大权现"。

无学祖元弘安之役后曾打算回宋朝，并有诗言志。原因大概是弘安七年北条时宗之死，失去了可以信赖的护法和檀越。当然祖元最终还是接受了日本，故他在祈祷的时候说："唯愿大宝王，佑助我日本国，令我地坚固犹如妙高山，令我君勇健犹如那罗延……"①

无学祖元是日本禅宗史上最有影响的人物之一，近代以后的日本临济宗的十四派中，圆觉寺派奉无学祖元为开山祖师。无学祖元影响深远的原因在于，他不仅在日本培养了众多的弟子，著名的规庵祖圆、高峰显日、一翁院豪等13人，而且这些弟子也能弘传他的禅法。其中高峰显日是后嵯峨天皇的皇子，曾参学于圣一国师、普宁禅师，最后在佛光这里得到印证。高峰显日和南浦绍明被称为"天下的二甘露门"或"东西二甘露门"②而受到尊崇。高峰圆寂后获谥"佛国应供广济国师"之号，门徒中著名的有梦窗疎石等人。到室町时代，他这一派在梦窗疎石出世之后，势力庞大，占据五山禅僧的大半。

与无学祖元同时东渡日本的高僧还有不少，特别是无准门下的"四哲"兀庵普宁、别山祖智、断桥妙伦、西岩了惠。兀庵普宁东渡传禅，前文已经介绍，后三者也都为日本禅学的繁荣做出了各自的贡献。

另外，还有随祖元一起到日本的镜堂觉圆，觉圆乃祖元师兄法兄环溪惟一的弟子，因得到北条贞时的皈依，担任圆觉寺第三任住持，之后任建长寺住持，1300年任京都建仁寺住持，德治元年（1306）九月圆寂，时年六十三岁，敕赐"大圆禅师"之号。

由于无准师范弟子的积极活动，无准法系在整个日本禅系中最为繁荣、影响也最大。

---

① 〔日〕子元祖元语，侍者一真等编：《佛光国师语录》卷第九，《大正新修大藏经》第80册，第174页。
② 〔日〕村上专精：《日本佛教史纲》，杨曾文译，商务印书馆1981年版，第177页。

第五节　东渡宋朝禅僧的西归及其原因的分析

一　乘兴而来败兴而归的宋朝高僧

宋末及宋元鼎革、战乱之际，中国高僧大批东渡日本，其中到日本后不久又西归的也有不少，如兀庵普宁、西涧子昙（1249—1306）、古涧泉等，皆因不同的原因返回中国。兰溪道隆来日本之后不久，也曾萌生过回宋朝的想法，此见于他给挚友日本僧人若讷宏辩的信：

> 自宋初至博多时，小精蓝中，蒙兄道聚，迨今未忘。彼年秋后相别，到皇城，次年往东国游山，意欲便归唐土。不知夙有何因，仰蒙守殿坚意相留，非但造寺安僧，彼御怀，朝夕于此一大事上，念兹在兹，诚所谓在家菩萨也。予且随缘，与百余众行道，内外安和。兄乃有道念之人，世间事可抛舍，来此复道聚，是予所望也。其他，一纸不能尽申侯，恐恐谨言。

正月廿日　建长禅寺住持宋比丘　道隆
常忍御房几前①

信中的"小精蓝"即圆觉寺，常忍御房即若讷宏辩。从此信来看，兰溪道隆本打算在博多、京都、镰仓各地游览一遍之后便回国，并没有长住日本的打算。结果，道隆终老日本，即使曾经被怀疑为间谍，遭遇排挤、打击。道隆留在日本，与北条时赖、若讷宏辩、无象静照等的真情和信任有关。

当兰溪道隆遭比睿山天台宗僧侣诽谤，被幕府流放到甲斐陆奥松岛时，无象静照为了抗议天台宗利用幕府对禅宗的打击，"随之做伴"，并作《兴禅记》上奏朝廷，批评日本佛教学者"各私师习，而党其所学"。引经据典，说明天台宗与禅宗一脉相承，并非对立。并认为禅宗是"尽善尽

---

① 转引自〔日〕玉村竹二《日本禅宗史论集》（卷上），京都思文阁出版1976年版，第626页。

美之法要，无比无俦之正宗"，"群生以佛为极，诸佛以禅为极"①。虽然兰溪道隆三年后才被释放回镰仓住持寿福寺，却说明幕府、朝廷对于禅宗的一种认可态度。

兀庵普宁回国的原因之一，据川添昭二的分析是因为，北条时赖之外的一些日本大名对禅宗肤浅的理解令他非常不满和失望。因"语言不通"，兀庵不能用日语说法，和时赖的交流主要也是靠汉字笔谈，通过文字来"接化"，依然是文字禅②。

西涧子昙1271年赴日，留日本八年之后回中国，原因不明，据说是应北条时宗的要求，回宋朝招聘高僧环溪惟一法师等赴日。西涧子昙完成了时宗特使聘师的使命，却没有随无学祖元一同赴日，直到二十九年后，"正安元年（1299）己亥。副元帅平公贞时遣使聘师，待以师礼。不获已，两次逾漠"。西涧子昙才应北条贞时之邀请，不得已再次赴日。这次他是陪同一山一宁去的，很可能是被元朝逼迫东渡的。这次西涧子昙留在日本，所受待遇与之前大不相同，"平师〔帅〕问禅，待遇倍前。建治上皇，听师道誉，亲降纶綍，咨问心要"③。1306年，西涧子昙在建长寺圆寂，敕谥"大通禅师"。

这些旅日宋僧冒险而来日本，需要何等的决心，何以后来又要回国了？主要是这些旅日宋禅僧，在弘扬禅宗之时遭到日本台密僧徒的排挤，如前面提及的兀庵普宁便是。

无学祖元赴日，只有在日本传法三年的打算，他在一次普请的时候回忆说："老僧临趣日本之招，多有衲子，牵衣垂泣。我向诸人道：我两三年便回，不用烦恼。"④ 这表明祖元出发来日本之时就有回宋的计划。但他一踏上日本国土，突然就有了不归的不祥预感，并表现出后悔之意，事见《佛光国师语录》卷九《拾遗杂录·跋》中以下记载：

> 师一日云："吾初入此国时，杳然望此之际，有大白气贯乎天地，处处略有黑气横亘之，若隐若显。"弟子中惟有唐僧梵光、一镜同师睹之。

---

① 〔日〕静照述：《兴禅记》，室町时代写本，日本国立国会图书馆藏，第3、6、14页。另参见〔日〕玉村竹二编《五山文学新集》第6卷，东京大学出版会1972年版，第626页。
② 〔日〕川添昭二：《对外关系的历史展开（対外関係の史的展開）》，东京文献出版1996年版，第131页。
③ 〔日〕仁木夏实：《关于来日僧西涧子昙——〈鸠岭集〉所收两首偈的创作背景》，载王勇主编《书籍之路与文化交流》，上海辞书出版社2009年版，第154—155页。
④ 〔日〕子元祖元语，侍者一真等编：《佛光国师语录》卷第四，收入《大正新修大藏经》第80册，第173页。

师因渭然叹云:"吾只谓来此三年而返,所以赴此。而今不得反矣。"

一镜告曰:"和尚何以知之?"

师云:"汝等见此白气贯乎天地,更有黑气亘于其中否?"

镜曰:"见。"

师云:"知此中事否?"

镜曰:"不知,请师解之。"

师因谓之曰:"此白气者,此邦虽有敬信佛法者,皆是归向小乘,爱虚弃实,信邪者多,信正者少,于我法中竞生魔扰者,比比然而已。但有有力檀那,于吾法中不为大事。虽然老僧只在此六年,有失所依,七年后吾亦逝矣。"①

其实,无学祖元曾多次想回国,并向幕府提出申请,有他的诗偈"辞檀那求归唐"可以佐证:"故园望断碧天长,那更衰龄近夕阳;补报大朝心已毕,送归太白了残生。"②他希望回宋朝的原因就是在日本传法过程中产生的失落感。何以如此说?因为无学祖元在"接庄田文字普说"的时候,曾对不守清规戒律的门人抱怨说:

诸兄三条椽下,七尺单前,内不放出,外不放入,做教透去。若一向如前不肯坐禅,不肯讽经,不肯赴堂,吃粥饭寮舍权眠倒卧,赤身露体不搭袈裟,不展钵盂,懒堕狼藉,年头直到年尾,有何补报檀施?诸兄不可不回头!若有几人参请眼目开,契得老僧意者,亦可销我思乡之念,慰我为法求人之心。千万勉力!③

这番抱怨足见祖元纯粹禅的弘传遭遇了日本僧徒消极的抵制,以致准备放弃回宋国。但是祖元最终未能回宋,因为"有力檀那"幕府北条氏的挽留,并大量施舍庄田钱粮。

北条一族笃信禅宗,不仅向寺院大量布施庄田房屋,而且有不少族

---

① 〔日〕子元祖元语,侍者一真等编:《佛光国师语录》卷第九,《大正新修大藏经》第80册,第236页。

② 〔日〕子元祖元语,侍者一真等编:《佛光国师语录》卷第九,《大正新修大藏经》第80册,第224页。

③ 〔日〕子元祖元语,侍者一真等编:《佛光国师语录》卷第九,《大正新修大藏经》第80册,第174页。

人出家为僧。从祖元的语录记载看，布施庄田等举措，的确让无学祖元等宋僧非常感动。北条氏一族有不少人和旅宋日僧有密切交往，例如无象静照（1234—1306）便是代表人物，无象俗姓平，人称"平氏赖公近族也"，赖公即北条时赖。无象1252年来宋留学，1265年回日本。

二 以佛法超越国界的禅僧：兰溪道隆

13世纪的宋元和元日战争，一方面促进了中日禅宗的交流，另一方面也为交流设置了一定的障碍。特别是一些出身天台宗的日本禅僧，抵制、诽谤东渡的宋朝高僧，诬陷他们是元朝的间谍，要求朝廷和幕府驱逐宋僧。这是"莫须有"的借口，是出于对纯粹禅的抵制，那些人固守日本天台宗的教条，企求密教、法术，以抵制新鲜的纯粹禅。

在被抵制、陷害的中国禅僧之中，兰溪道隆的遭遇最惨，满怀信心地来日本弘扬纯粹禅，正当轰轰烈烈之时，热情的他却突然遭遇流放之灾。

幕府执权北条氏等何以听信谣言，正值宋元鼎革，元朝胁迫日本朝贡之际，日本处于"风声鹤唳、草木皆兵"的紧张状态之下，兰溪道隆在日本的境遇也就因此严峻起来。

1272年，比睿山僧人为阻止禅宗流传，上书诽谤兰溪道隆，道隆因此被流放甲斐（今山梨县）陆奥松岛。中伤理由无非说他是元朝的间谍，因为文永十一年（1274）元朝派蒙古大军侵略日本，致使惊魂未定的日本人草木皆兵。三年后，流罪被赦，时宗将道隆迎回镰仓，并执弟子礼，请他出任寿福寺住持。

据说兰溪初到镰仓时，曾一度产生过在日本传法一个时期后就回国的念头，后由于北条时赖的极力挽留而打消，但时赖去世后，由于其子时宗尚年幼，幕府的政治不稳，这又加重了道隆弘禅的困难，结果两度遭谗言中伤被流放甲州。在流放期间，流放地的反对势力干扰相对薄弱，加上道隆又得到当地官民的欢迎，"甲之官民幸其左迁，拜礼归仰若睹佛日"，因此，道隆也就安然处之，安心继续传教。他告诫自己："我为弘法来于日国，仅得周旋皇畿，未遑遐陬。今罹谗至此，龙天岂有意于斯乎？"[1] 他在此大力弘布禅法，于甲州、信州及松奥等地先后创建20余寺，为临济禅的地方发展做出了相当的贡献。

兰溪道隆因闻日本禅宗"草昧"，而立志东渡，弘布南宋风格的"纯粹

---

[1] 〔日〕师蛮：《本朝高僧传》（第一），《大日本佛教全书》第102册，第280页。

禅",尽管遭受陷害,依然留在日本。兰溪道隆何以能最终留在日本?

道隆是拜托关系密切的到宋朝求法的日本僧人月翁智镜(明观智镜),主动来日本的,而不是日本招请来的。有日本学者因此认为,他可能是"不容于中国禅林",或是因为"禅宗内部各派之间的对立",故对日本抱有希望,来日本后极力学习日语,学习日文,至今遗留下来的书信可见,道隆的书信越来越日本化。兰溪道隆努力表现出向日本"归化"(亦即同化)的姿态,尽管如此,他还是被怀疑为间谍,不断被流放。此也足见当时日本形势之恶劣,日本人对外国人的排斥心理[①]。

在日本传道并受到日本推崇的兰溪道隆,在宋朝同人看来还有"不及处",并特别给他指出,"务要正脉流通无用尽时,切忌望林止渴"[②]之语。此事发生的缘由是,兰溪的日本弟子直翁智侃,曾携老师语录到宋朝求印证,因智侃"谒于大川济禅师求校正",并在回日本后"以校正录呈示兰溪,溪见而不喜"[③],可见此举致使兰溪、智侃师徒不和,后直翁智侃不得不改投圆尔辨圆门下。这也许是日本人说兰溪道隆"不容于中国禅林"的理由吧。兰溪道隆"不喜"的原因,可能是虚堂智愚在语录中的跋语中有"切忌望林止渴"[④]之语,以及门下得意弟子南浦绍明改宗虚堂的缘故吧。

三 宋日禅僧交流:语言的障碍与文字的手段

影响中世中日禅宗交流的除了政治竞争和战争伤害之外,还有语言上的障碍。虽然中日僧侣在文字交流上没有太多的问题,中世日本的僧人一般都有很强的文字功底,可以与中国僧众就行笔谈,但是比不上语言交流的便捷,有时候语言能力的高低,自然成为宋朝高僧接纳日本徒弟的条件之一。

比如日僧荣尊,在圆尔辨圆的劝说下,"嘉祯中入宋,见径山无准和尚,时年四十余,以语言不通无所契。圣一复在侍者寮,就而研究,多所发明,因谓圣一:吾先归国,建立精蓝,令师开堂。在宋三载而归"[⑤]。荣

---

① 参见〔日〕玉村竹二《日本禅宗史论集》(卷上),第632、837页。
② 〔日〕兰溪道隆语,侍者圆显等编:《大觉禅师语录》,收入《大正新修大藏经》第80册,第93页。
③ 〔日〕海寿:《直翁和尚塔铭》,收入《续群书类丛》第九辑上(传部),第395页。
④ 〔日〕兰溪道隆语,侍者圆显等编:《大觉禅师语录》,收入《大正新修大藏经》第80册,第93页。
⑤ 〔日〕师蛮:《本朝高僧传》(第一),《大日本佛教全书》第102册,第295页。

尊有此举，显然是觉得语言交流对于参禅问道很重要，故准备回国后再向语言能力强，和宋僧交流无障碍的圆尔辨圆参习。

奈良末、平安初期的空海，汉语书写会话能力强，则佛学造诣很深。梦窗疎石能够成为一山一宁的入门弟子，并且有很深的佛学造诣，就在于梦窗的汉语阅读和书写能力，但是，他和一山一宁会话依然困难，最后转投高峰显日门下。

一翁院豪立志修禅，渡海来宋，投无准师范门下，但是因为"不习语言，拙于提唱"，极其烦恼，绝望归国。后来，兰溪道隆、兀庵普宁、无学祖元等先后到日本，他才完成修禅、被印可的愿望。一翁院豪在求无学祖元修改偈颂时也说："某兹者特来礼拜，仰荷宽慈，不以卑弃，特蒙于□私心万感，但语言不通，不能细述委曲，今讬笔舌，略申大概……"祖元回复信中也提及："长乐一翁和尚……且云：我不习语言，拙于提唱。乞野人证是非，野人因举香岩悟道偈探之，翁乃大狮子吼……"① 据语录记载，一翁院豪与无学祖元经常有文字往来，借此悟道。

中国禅僧到日本后，也因意识到语言的障碍不利于传禅，而努力学习日语，这方面突出的是兀庵普宁。无学祖元到日本后，在一次普请、普说中也曾论及语言障碍的问题：

> 进云："学人与么问，和尚与么答。心心相知，句句相知，只如日本国人不会语言，教他如何见得此珠？"
> 师云："我有个方便。"
> 进云："和尚有何方便？"
> 师连喝两喝。
> 进云："与么则斩开三要三玄纲，日向摩醯顶上明。"
> 师云："天人群生类皆承此恩力。"②

祖元显然认为语言不是唯一的交流方式。禅宗因其特殊的传道方式，比如棒喝、吼叫，强调非语言的"以心传心"，反而使中日师徒之间言语不通的问题不再成为问题。这种交流方式对日本文化、风俗产生了很大的影响，比如圆相——茶道的圆相。

---

① 〔日〕子元祖元语，侍者一真等编：《佛光国师语录》卷第九，《大正新修大藏经》第80册，第231—232页。
② 〔日〕子元祖元语，侍者一真等编：《佛光国师语录》卷第九，《大正新修大藏经》第80册，第179页。

禅宗相传是不主张语言文字的,中日禅僧交流,语言是障碍,文字成为主要的手段,而中日文体也存在着差异,但是这一切并不影响禅宗的东传。而在唐朝,这是不可能的。

日僧来华之前纵然向商人等学习过汉语,言语之间依然障碍重重,自信语言天才的觉阿与慧远之间也只能手谈。

进入宋元时期,中日语言交流的障碍已不再是障碍了,文字手段更加成熟,突出表现为禅宗高僧语录的印刷流传。室町中后期有日本禅僧收集了禅语中的中国成语、谚语、诗句、俗语,特别是俗语,编写了《句双纸》,以便僧徒理解高僧的说法,并阅读高僧语录。从祖元给日本人修改偈颂来看,祖元在日本传法,让日本禅人有所领悟,似乎主要还是靠文字。祖元也期待自己修改的文字有所作用。故他在普说时感叹道:

我入院来,与诸人改颂子五六轴,恐有三四伯个,恐诸人肚皮里,尚未知香臭。自道我了得,不要毁我所改旧稿本。无事,风前月下,将尔自做底,将老僧改底,翻覆细看,不可不思。尔如今一时未晓得在,三年五年后,十年二十年后,方知老僧。尔若不理会老僧,也无奈何。佛法无人,全奈汝等勉力。

饶君下语一百转,未契老怀终不休。

四海禅流休造次,黄金不可换真鍮。①

作者 2013 年在日本镰仓圆觉寺参道

---

① 〔日〕子元祖元语,侍者一真等编:《佛光国师语录》卷第五,第 183 页。

日僧与赴日宋僧的交流方式，以笔谈代替口语问答。至今日本依然保存有当时笔谈问答的墨迹（断简），此见于《禅林墨迹》等书籍的图版。这方面的研究成果也很多，这里不一一列举。从日本至今留下的许多墨迹可见，有些是当时的随口交流，随手笔录，不意却被当作珍宝流传千年。

第五章 元僧东渡日本与中国禅林清规的提倡

1271年大蒙古国建国号为"大元",并于1279年灭南宋王朝。在此前后,元朝先后于1274年(日龟山天皇文永十一年)、1281年(日后宇多天皇弘安四年)两次"征讨"日本。在两次东征之前,元世祖忽必烈都曾三番五次遣使日本,要求海东之国日本朝廷来大元觐见、朝贡、遵奉元朝正朔。元朝给日本的国书,文字看似礼遇,即要求朝贡之仪确定两国关系,实则绵里藏针,要求日本臣服元朝,字里行间充满威胁。无奈当时掌握日本实权的幕府执权北条时宗(1268—1284年在任),和镰仓武士们同样非常自信和自大,幕府对内跋扈于天皇朝廷,对外自然表现出狂妄,断然拒绝了元朝入贡的要求,致使两国兵戎相见,战后,日本朝廷和幕府听任海盗(即"倭寇")不断来骚扰朝鲜半岛甚至中国沿海。

元世祖忽必烈败后则要准备第三次征伐日本,两国关系持续紧张。虽然中日两国间紧张的政治关系影响了彼此的文化交流和人员、贸易往来,日本禅僧来华求法之人因此减少,但由于两国经济、文化互补的潜在需要,中日民间文化交流和贸易往来并未因政治交恶和战争伤害而中断。

第一节 从招降使节变身弘法大师的一山一宁

一 一山一宁出使日本的背景和经过

元世祖忽必烈在两次征伐日本失败后,虽然还要准备第三次征伐,但他依然没有放弃招降日本的努力,故继续允许日本商船来元朝贸易,此举一是出于大国的自信;二是昭示怀柔,鼓励日本来朝贡。为了避免刺激日本,再次遣使日本,元朝廷特意不再派遣官员,考虑到日本人信仰佛教,特别是禅宗,南宋以来幕府首脑经常遣使到宋朝聘请高僧为师,因此决定开展文化外交,改派禅宗高僧为正式使节去劝化日本遣使来元朝贡献。

在第二次东征前,赵良弼出使日本之时,曾在大宰府与当时住持大宰府崇福寺的日僧南浦绍明有诗歌唱和。

> 和蒙古国信使赵宣抚韵(有东林远之语二首)
> 远公不出虎溪意,非是渊明谁赏音,欲话个中消息子,蒲轮何日到云林。
> 外国高人来日本,相逢谈笑露真机。殊方异域无羌路,目击道存更有谁。①

至元二十年(1283年,日弘安六年),朝廷派遣普陀山僧愚溪如智及提举王君治诏谕日本,如智等中途遭遇暴风雨,未达日本中途返回。次年再派愚溪如智与参政王积翁等诏谕日本,于当年七月到达对马,因船员害怕不想冒险去日本,于是杀害了王积翁,只有如智一人返回。至元二十九年(1292年,日正应五年)再次送诏谕文牒到达日本。

忽必烈死后,元成宗即位,元朝对日本的政策改征伐为怀柔,此所谓两国相争,攻城为次,攻心为上,对来元的日本商船管理也颇为宽松。元大德三年(1299),恰好有日本商船来元朝明州贸易,元朝给予其正常的接待,并准备再派愚溪随归船出使日本。因为愚溪老病无法出任,朝廷于是"遴选俊髦,台评凑师"一山一宁,"即敕宣慰使阿答剌相公,遣一省郎,及庆元府判官,僧录司知书,昌国州知州,僧正司知事等,五十余人入寺,出宣慰使手书,及僧录司官书",授以衣帖,并"软语慰劳",请一山一宁出使日本,"通二国之好"②。根据宣慰使手书《中书左丞行浙东道宣慰使记事》所载可知:"宁一山授妙慈弘济大师、江浙释教总统,又赐锦襕袈裟、钞一百定,随行伴当五名。"③

朝廷选择一山一宁出使日本,首先是因为一山在中国名气很大。一山出生于宋朝浙江台州临海,俗姓胡,其俗叔出家后,为浮山弘福寺主藏月灵江,一山因此年少出家,后历参诸师,道行精深,故普陀山智愚溪请其

---

① 〔日〕南浦绍明语,侍者祖照等编:《圆通大应国师语录》卷下,《大正新修大藏经》第80册,第125—126页。
② 〔日〕一山一宁语,侍者了真等编:《一山国师妙慈弘济大师语录》,《大正新修大藏经》第80册,第331页。
③ 〔日〕一山一宁语,侍者了真等编:《一山国师妙慈弘济大师语录》,《大正新修大藏经》第80册,第333页。

继任住持①。

其次，因为一山所住持的普陀山不仅是日本商船过往的要道，一山与日本人交往密切，而且普陀山作为佛教圣地在日本很受僧人们崇拜，普陀山开山祖师恰恰又是日本僧人惠萼。惠萼唐末来华，大中十二年（858）从中国五台山请得观音菩萨像准备携回日本，船经过普陀山突然走不动，等搬出佛像，船又可以走了。惠萼猜想，观音菩萨可能是不愿意离开，于是在此地结庐奉像，后"渐成宝坊，号补陀落山寺"，此后发展成"为禅刹之名蓝，以萼为开山祖云"②。

一山一宁并不想担当此任，但是无法脱身，朝廷派来的那五名侍卫实际上是监视并防备一山逃逸的，虽然出使日本如上刀山、下火海，一山抱着"我不入地狱谁入地狱"的心态接受了使命。

二 从阶下囚到座上宾的一山一宁

元大德三年（1299），在三艘兵船的护送之下，普陀山僧一山一宁登上了返航的日本商船，作为元朝出使日本的大使，携去了元成宗皇帝致"日本国王"的劝降诏书：

> 爰自朕临御以来，绥怀诸国，薄海内外，靡有遗，日本之好，宜复通问。今如智已老，补陀宁一山道行素高，可令往喻，附商舶以行，庶可必达。朕特从其请，盖欲成先帝遗意耳，至于惇好息民之事，王其审图之。③

一山一行五月下旬自普陀山出发，六月十三日到达日本九州岛大宰府，谁知他一到日本就沦为阶下囚，被日本幕府执权北条贞时发遣至伊豆穷岛。同行的西涧子昙则得到了贞时的厚遇，先后出任圆觉寺、建长寺住持。

再说当时的日本幕府实权人物北条贞时（1284—1301），时任幕府执权，禅宗典籍中爱模拟中国的称呼称其为"副元帅"，又因其远祖姓平氏，故爱称为"平贞时"。北条贞时对元朝一直采取的是强硬政策，何况两次

---

① 〔日〕虎关师炼：《一山国师妙慈弘济大师行记》，收入《续群书类丛》第九辑上（传部），第387—390页。
② 〔日〕虎关师炼撰，黑板胜美编：《元亨释书》（卷第八），收入《新订增补国史大系》（新装版）第31卷，第235页。
③ （明）宋濂等：《元史》（本纪第二十），中华书局1976年版，第427页。

战争的胜利更加强了他的自尊意识，坚定了他必胜的信念。北条贞时因为一山带来招降的国书，又怀疑他是来刺探日本军情的，故当时就想杀了一山一宁。这时有不少人劝贞时，或言有损僧仪；或言："有道之士无心于万物也"，"且夫沙门者福田也，在元国元之福也，在我邦我之福也"。于是，总是屠杀元朝使节的日本幕府执权这次没有杀一山一宁，而把他编置在伊豆的修善寺。

却说一山一宁，早已置生死于度外，即使被软禁之后，依然自在逍遥，"昼夜禅颂，悠然乐道"①。因为一山在来日本之前在中日两国就已经很有名气，因此有许多日本知名人士慕名来拜访他，一山以他的睿智和洒脱征服了许多武士和高僧，其代表人物便是虎关师炼。虎关师炼曾这样回忆拜访一山当时的情况：

> 伏念堂上和尚（一宁）往己亥岁，自大元国来我和域，象驾侨寓于京师，京之士庶，奔波瞻礼，腾杳系途，惟恐其后。公卿大臣未必悉倾于禅学，逮闻师之西来，皆曰："大元名衲过于都下，我辈盍一偷眼其德貌乎！"花轩玉骢，嘶骛驰，尽出于城郊，见者如堵，京洛一时之壮观也。某时怀一香随众伍而展拜。当时人甚多矣，如今事已久矣，料想师之不必记焉。②

这段文字是德治二年（1307）六月师炼呈给一宁的，即使如木宫泰彦所说的"难免有些夸张"，但从中也可以看出，一山不仅因为是中国高僧而受到重视，而且因为钦慕他的高风硕德有以致之。当时许多拜访一山的日本高僧都得到了一山的法语，如《一山国师妙慈弘济大师语录》中所载《示云州禅门慧遍》《示良真首座》等。

显然北条贞时在流放一山之后不断听到有关一山的消息，而且都说他是有道的僧人，于是把一山一宁迎入镰仓，并于当年十二月请他住持建长寺，贞时自己也皈依一山法杖之下，行弟子礼。当时禅宗已经在日本普遍流传，武士之间流行修禅，禅宗成为武家社会的重要意识形态，幕府希望一山成为武士们的精神导师。北条贞时自己也亲自聆听了一山的教导，一山在给他的法语《示相州太守》中说：

---

① 〔日〕师蛮：《本朝高僧传》（第一），编入《大日本佛教全书》第102册，第331页。
② 〔日〕木宫泰彦：《日华文化交流史》，富山房，第434—435页。

即心即佛一转语，真是浑钢铸就。如今欲明此旨，但存正信，心具决定。志于应酬事物，折旋俯仰，行住坐卧，饮食起居，一切处、一切时，常常提撕，反复究观。常令身心虚豁，正念现前，久久之间，必然心体廓然，如云开日朗，尘尽镜明，直下可无疑滞矣……①

日本自奈良时代以来，政教难分，京都朝廷出于复辟政治的需要，看上了可以"镇护国家"的禅宗，希望拉拢禅僧群体，自然也希望利用一山这样有号召力的得道高僧。当京都朝廷知道一山这位很有影响力的中国高僧被日本幕府奉为导师后，喜欢习禅的龟山法皇也想拉拢他，特使登门向一山一宁法师询问禅法。龟山法皇圆寂之后，正和二年（1313）一山又被后宇多法皇请到京都，因为南禅寺住持虚位，"后羽多上敕平元帅，促宁住持"。

一山住持京都南禅寺之后，京都成为日本禅宗新的中心，后宇多法皇不断亲自上门问禅，一山不仅殷切作答，而且接受了法皇和随从公卿们的皈依。一山离席的时候，上皇极力挽留，并以"洞中隐叟"之名义"亲书特告南禅长老一山禅师"：

朕闻师之道价久矣，所以下诏关东，以官差请来也。一得会晤，宛如获司南之车也。慕德钦风，三阅青黄，而闻有心退席，而数数理行装也。去年亲诣宝刹为勾之也，近者亦听打拼行李，书以慰谕。公乃屈蒲轮，来诺许朕意。不料暗里出城，远涉山川矣。若得回来再相见，必许随自便养病庵中。追于怀琏之古风也，何须更归东关矣。直饶燕居南禅东堂，使小师等如元安著，有何不可。宁又有魔贼之扰乎？大都公长化此方，广结四众之缘，则朕所愿者也。宜快归来也，千万却要面话。不备。②

文保元年（1317）十月，一山患病，后宇多上皇一再临幸寺中亲自问病，或致信问候。十月二十五日，以"一山国师门徒等"的名义致信一山：

---

① 〔日〕一山一宁语，侍者了真等编：《一山国师妙慈弘济大师语录》，《大正新修大藏经》第80册，第324页。
② 〔日〕一山一宁语，侍者了真等编：《一山国师妙慈弘济大师语录》，《大正新修大藏经》第80册，第333页。

第五章　元僧东渡日本与中国禅林清规的提倡　147

朕会闻师道风，思欲一观德仪。顷年下诏请来，补先皇圣亦南禅，遂获酬夙志，神交道契，顿增法味，有得于中矣。师告以衰暮，屡乞归休。朕叹祖道微运，固留止焉。五载于今。兹法体违和，疾至弥留，临期告别，唱寂于本山。末后全提，灵明天真，所谓无心道人，大法主盟者也。称以国师，欲报老师直示之旨，旌鹫岭付属之金言。云而。①

一山一宁圆寂后，后宇多上皇赐以"国师"的封号，令前权大纳言源有房撰文致祭，并敕令在龟山庙侧建塔，特赐"法雨"的匾额，到元应元年（1319）还为一山一宁法师御制像赞。上皇在赞文落款中自称"芝山老叟书"，尤其是末后一句"宋地万人杰，本朝一国师"②，可见评价之高，虽然忽必烈的武力没有征服日本，迫使日本来朝贡；但元朝派遣的文化使节一山一宁等的法力却征服了日本人的灵魂，以致法皇、将军纷纷执弟子之礼。

一山一宁使中国的禅林制度进一步移植日本，促使日本的"五山十刹"制度完备起来，并促使禅宗在日本的普及，由武士之禅而扩散于平民之中。一山被幕府请求住持建长寺时，一进山门就宣明要"建法幢""立宗旨"，并称：

首山和尚发扬灵山付嘱，固是光明，要且只是一期方便，争如今日，有大力量人，亲承记别，向二千年后，于日本国内，续此一灯，直得辉今耀古。诸人还见么？若也不见，山僧更为点出：

灵山佛法付王臣，今日扶桑话又新；

一道恩光遍尘刹，东溟天晓涌金轮。③

此后，一山一宁"主福山大道场，丛规肃如，万衲赞仰，府主耳其提唱"。当时的日本禅林，"往往漫下雌黄者多，江湖患之，及师至，理阙疑"④。足见一山对日本禅林的影响。

---

① 〔日〕一山一宁语，侍者了真等编：《一山国师妙慈弘济大师语录》，《大正新修大藏经》第80册，第332—333页。
② 〔日〕一山一宁语，侍者了真等编：《一山国师妙慈弘济大师语录》，《大正新修大藏经》第80册，第332—333页。
③ 〔日〕一山一宁语，侍者了真等编：《一山国师妙慈弘济大师语录》，《大正新修大藏经》第80册，第314页。
④ 〔日〕一山一宁语，侍者了真等编：《一山国师妙慈弘济大师语录》，《大正新修大藏经》第80册，第332页。

三 一山一宁与日本禅宗"一山派"

元朝廷派遣一山一宁出使日本可谓种瓜得豆,虽未劝得日本来元朝贡,《元史》所载"而日本人竟不至"就是指不来朝贡元朝,行觐见之礼,但一山赴日及其刻苦努力,却促进了中日禅林的交流和大陆文化在日本的传播。一山一宁对日本的"征服",可谓朝野通吃。

日本自平安中期以来,有部分日僧自视甚高,以为日本佛学已经凌驾于宋朝之上,一山一宁的道学使这些人大为折服,自负的虎关师炼便是其一,最后拜一山一宁为师。

据日本《本朝高僧传》所载:虎关师炼曾批评其他入宋日僧说:"今时此方庸流,奔波入宋,是偏遣国之耻也,我其南游,令彼知国有人!"正安元年(1299年,元成宗大德三年)"将浮海,母氏强止之"①,于是留在日本,该僧苦心研究中国文化,除佛教之外,"自幼旁涉儒典"。听说元僧一山一宁到日本后,自认博学的虎关师炼连忙赶到建长寺去拜见,见面之后"杂儒释古今书,细绎审询",以显示日本僧人的才能,沉稳的一山和尚因此问他日本高僧的事迹,结果"炼不记者多"。于是一山告诫他说:"公之博辩,涉异域事,章章可悦,而至本邦事,颇涩于酬对,何哉?"于是"炼惭服其言矣"。好高骛远的虎关师炼从此追随一山,"遍考国史并杂记等,著《元亨释书》三十卷"②,等等。

后虎关师炼虽然离开一山一宁,依然通过书信的方式从一山一宁那里问道获教,内容涉及"程杨之易说""至于筮策""余论忽及书画"等③。

由于一山"性慈和,无涯岸",不同于当时日本一般禅僧,所谓的"执道柄者",那些人往往"严庄威重,以为法助,且把鞭也"。而一山法师则不同,"孤坐一榻,不须通喝,新到远来,出入无间,人便于参请"④。故来一山处请问的人很多,一山门下的日本弟子亦众,著名的有雪村友梅、南禅寺的无惑良钦、月山友桂、无相良信、东林友丘、无著良缘、无相良真等人。至于像虎关师炼、梦窗疎石、龙山得见那样到一山门下参

---

① 〔日〕师蛮:《本朝高僧传》(第一),《大日本佛教全书》第 102 册,第 374 页。
② 〔日〕师蛮:《本朝高僧传》(第一),《大日本佛教全书》第 102 册,第 376 页。
③ 〔日〕令淬编纂:《海藏和尚纪年录》,收入《续群书类丛》第九辑下(传部),第 463—465 页。
④ 〔日〕一山一宁语,侍者了真等编:《一山国师妙慈弘济大师语录》,《大正新修大藏经》第 80 册,第 332 页。

问、挂搭的僧人更多。

一山的弟子中，雪村、月山、东林、无著等先后来到元朝，一山促进了中日两国人员的往来。此时日本禅宗正日益兴盛，到元朝游历和"朝拜"江南禅宗名山大刹的禅僧大有超过前代之势，史籍上留名的就超过220人，甚至出现了在一个寺院内参禅的日本僧侣达32人的盛况。当时只有僧人才能在战后的两国关系紧张之际相对自由往来，并成为两国外交的桥梁，尤其日本僧人逐渐成熟为出色的外交专家，到了明朝，日本与中国的外交事务竟然离不开五山僧人。从1267年到1368年明朝建立，可以说是日本"渡来僧的世纪"。日本是一个宗教信仰很浓厚的民族，像一山一宁在当时中国禅林成名的大腕人物，日本视为国宝、福田，一山一宁虽然没能如苏武般回元朝来，但许多日本僧人在他的感化下，此后不断来中国大陆，甚至有时几十个人偕同而来。虽然其中潜来的不乏半商半贼凶恶如狼的倭寇，而来元朝求法的亦僧亦儒和尚却似谦谦君子，如钴仲刚等日僧与元朝文士诗歌酬唱，情深意长，部分修复了中国人心目中被倭寇破坏的日本人形象。

随一山到日本的中国僧人有石梁仁恭等，也产生了一定的影响。

总之，元朝禅师继续东渡，进一步促成日本禅宗的纯粹化，禅林清规的推广是其特征。

第二节　纯粹禅的推广与元朝丛林清规的倡导

一　清拙正澄等东渡对日本禅林清规整顿的影响

促成日本禅宗纯粹化的一个重要因素是中国禅宗清规在日本禅林的提倡，它促成了日本禅宗丛林制度和禅僧团体管理上的完善。

抗元战争结束之后，1316年继任幕府执权的北条高时（1303—1333）等，也更加积极地聘请元朝高僧赴日。临济宗僧人灵山道隐（1255—1325），最先于元应初年（1319）应执权北条高时之邀到日本，住持建长寺，中正二年（1325）圆寂，敕赐"佛慧禅师"之号。梦窗疎石亦曾来道隐门下参禅。之后，清拙正澄、竺仙梵仙、明极楚俊、东明惠日等应邀先后东渡日本。

元僧们到日本后宣扬纯粹禅，贵族、武士参禅的越来越多，"致使荣西、圆尔等门下兼修禅的诸派受到影响，先后摆脱天台宗的束缚，转化为纯粹的禅宗"①。从而开启日本禅宗史上一个新的时代。特别是禅林清规的倡导方面，清拙正澄的贡献很大。

清拙正澄（1274—1339），福州连江人，俗姓刘氏。十五岁时，父母将其舍送州之南报恩寺出家，十六岁受戒于福州开元寺，十七岁时依福州鼓山寺平楚耸禅师。二十三岁到浙江杭州净慈寺从愚极慧禅师参学佛法。

清拙正澄曾游方各地，"见灵隐虎岩寺、育王东岩、蒋山月庭寺，皆前席之当时上流，如茂古林、海东屿、心竺田、恩断江、义空远、咸泽山，皆其友也，不以位拘"②，足见其交游之广。应王公之邀住鸡足山，"居未半年，新建僧堂以安众，外道服化，坐禅持戒，有充副寺职者，道俗钦慕"。"赴松江真净之请，至则建层楼，铸洪钟，金饰佛像。"足见其劝进（募捐）、管理能力之强。

清拙正澄去日本，是应邀而往，据载"大元泰定丙寅六月，间游耽罗高丽新罗等国"，同年八月，随来元日僧无隐元晦等到日本博多，时年五十二岁。元泰定三年（1326），日本幕府执政北条高时出家，高时两次派遣使者来到松江真净院，礼聘高僧清拙正澄禅师赴日弘法，"师欲流通佛心之道，忻然受请，登舟而东"。清拙正澄接受邀请，显然是因为此前日僧频繁来参访，让他看好日本。他一到博多，幕府便遣使来迎，居建长寺。据载：

> 三月十二日入寺，檀信禀以大国禅林所宜行事，悉举行之。师开堂告香普说，新造众寮规制如灵隐者，国中始有了，起十僧阁，各立扁以居大耆旧化。檀信施贺积保庄二千石，衲子归心进道。③

清拙正澄可谓纯粹禅的大力推行者，所到之处，大力倡导中国禅林的清规。这是因为当时的日本不讲清规，不守戒律，礼仪方面，也是"日本样古来至今错相传习"④，清拙正澄决意校正其错误，成果卓然。故后人赞曰：

---

① 〔日〕中村元他监修·编集：《亚洲佛教史·日本编Ⅳ 镰仓佛教2——武士与念佛与禅——（アジア仏教史·日本編Ⅳ 鎌倉仏教2——武士と念仏と禅——）》，东京佼成出版社1972年版，第206页。
② 〔日〕禅兴：《大鉴禅师塔铭》，《续群书类丛》第九辑下，第421页。
③ 〔日〕禅兴：《大鉴禅师塔铭》，《续群书类丛》第九辑下，第422页。
④ 〔日〕侍者某等编：《大鉴禅师小清规》，《大正新修大藏经》第81册，第619页。

> 支那丛规……至赫昭代，则千光国师倡之于先，大觉道元和之于后。继是兴其废者，大鉴莹山规律丕振。百丈、千光、道元、大觉、莹山之定规，锲刻可观焉。凡禅规以禅堂为最，百度由兹始焉。今睹日本禅林，于洞上则间讲规戒，济家但节序课诵也已。明清规典，虽微行于此，率从事华饰，只图衣食，益学益远矣。伏告此土禅林诸老，平生非梵，放肆荤酒，饮啖自若，不知禅规何日之行，可痛矣！护法百檀绅，亦请著眼。清拙老祖，入朝已还，承命莅建长，发挥禅规，沾化华裔，又应信州刺史贞宗小笠原公之请，创开善寺，矩护鼎新。今日诸宗葬仪，遡其余波，谓之小笠原家礼，想禅规为俗所掩焉。然言拙老者百丈再世，宜神朝文明于缁衣足验焉。①

清拙正澄退任建长寺住持之后，"复主净智""又迁圆觉"。不论在何处，清拙"鞭策愈力"，日本禅林的风气因他的转任而改观，以致"诸礼讲行，坐禅不鸣"②。不久天皇遣使诏命清拙正澄任京都建仁寺住持。元弘三年（1333），清拙正澄奉后醍醐天皇之敕入内，天皇"面谕南禅之命"。清拙正澄婉拒，而天皇"请益坚"，不得已承命担任南禅寺住持。

当时亲近清拙正澄的武士很多，信浓国（今长野县）的守护小笠原贞宗，"领男并老幼"，皆从清拙正澄"禀戒受衣"，且施信州伊贺良庄创建开善寺，请他为开山祖。清拙正澄在此终老，注重清规的清拙，在开善寺凡事依《百丈清规》执行，严厉批评那些坚执"日本古例""日本样"的维那、僧众。

1338年年底，清拙正澄预知死期将至，遂击鼓升座，告别大众，"携主杖出门，径往东山禅居"，坦然无所挂碍。历应二年（1339）正月十日晚，清拙示疾，然应酬学者不断，至十七日，沐浴更衣，端坐话别，最后哈哈大笑云："今日乃百丈祖忌之辰，吾将行矣。"请首座诸僧为证明，索笔作偈云："昆岚卷空海水立，三十三天星斗湿；地神怒把铁牛鞭，石火电光追不及。"③掷笔泊然而逝，世寿六十六岁。清拙正澄圆寂后敕谥"大鉴禅师"，其法系在日本称"大鉴派"，徒众清交等二十五人曾同时到元朝参学。

清拙正澄在日本制作的《大鉴清规》《同略清规》，内容涉及僧众行住

---

① 〔日〕清拙正澄：《大鉴禅师小清规》序，《大正新修大藏经》第81册，第619页。
② 〔日〕禅兴：《大鉴禅师塔铭》，《续群书类丛》第九辑下，第422页。
③ 〔日〕禅兴：《大鉴禅师塔铭》，《续群书类丛》第九辑下，第423页。

坐卧的行为规范、职事和礼仪的规范与管理、寺院的经营制度、违规处罚措施等各个方面，以此整顿日本禅林规矩。清拙以其道行不仅规范了禅林风气，而且教化了许多武士。小笠原贞宗跟随清拙正澄研习禅林规矩，并借此修订武家诸礼法，开创了"小笠原流诸礼法"[①]。

清拙正澄另有《清拙和尚语录》两卷、诗文集《禅居集》及《杂著》等传世，对日本五山文学亦有很大影响。

二 竺仙梵仙等其他东渡日本的元朝高僧

元朝到日本的高僧除了一山、清拙之外，尚有应邀东渡的东明慧日、东陵永屿、竺仙梵仙与明极楚俊、灵山道隐等人，下面介绍的竺仙梵仙乃一代表人物。

竺仙梵仙（1292—1348），明州象山县人，俗姓徐氏，少年拜师出家，十八岁时"依杭之灵山瑞云隐公"，次"依天童云外"、天目中峰明本等名师。在天目山时，竺仙闻古林清茂（1262—1329）说法精妙，于是连夜赶去参谒，皈依古林清茂禅师，随禅师金陵保宁寺、径山寺参学。

当时古林清茂禅师门下常常有日本禅僧来求学问道，故古林被称为"日本国师"，其日本弟子中著名的有古先印元、石室善玖、月林道皎、龙山德见、中岩圆月等人。石室善玖、月林道皎为古林嗣法弟子，其门下在日本被尊称为"金刚幢下"。竺仙来到古林门下时，正遇到日本遣使者聘请明极楚俊去日本，明极接受了邀请，并要求竺仙陪同。

临济宗松源法系的明极楚俊（1262—1336），庆元府昌国县人，俗姓黄，历双林、径山、灵隐、天童、净慈等大寺，故声誉"雷行飙起，孩孺所怀慕，皂隶所推仰矣"，以致"日本国具书币，以国师之礼迎"[②]。1329年，明极楚俊以六十九岁的高龄，应日本幕府的聘请，携弟子懒牛希融、不昧兴志等滔海东渡，赴日本弘法。后醍醐天皇元德元年（1329）五月到达博多，次年到达京都，获后醍醐天皇的召见，因问答称意，深得天皇的尊重，遂特建禅寺，令明极为第一代住持。明极楚俊到关东后，幕府也不甘落后，北条高时则请其住持建长寺。后醍醐天皇复辟成功，1333年建武新政府成立后，天皇谋定南禅寺为五山之首，请明极住持京都南禅寺。1336年圆寂后，谥号"佛日焰慧禅师"。

---

① 〔日〕儿玉幸多：《镰仓时代》，编入《图说日本文化史大系》第6卷，小学馆1966年版，第38页。
② 〔日〕昙噩：《佛日焰惠禅师明极俊大和尚塔铭》，收入《续群书类丛》第九辑下，第416页。

竺仙梵仙因明极和尚的强求，遂与明极一道东渡日本，并于 1330 年一同赴镰仓，被"馆于建长寺"。据说"相模太守平氏高时，一见如平生欢。明极住建长，师为第一座"①。当时元朝禅林认为，赴日的竺仙梵仙与留在国内的南堂欲公是古林门下的"二甘露门"②。

此时的镰仓，正处在皇室复辟、镰仓室町幕府鼎革之际，皇室、平氏、大江氏等各家武士竞相争取竺仙梵仙和尚。竺仙拒绝了南禅寺、万寿寺的邀请，但最后在源氏（足利尊氏兄弟）的强烈要求之下，"壬申（1332）岁二月初三日，于建长兴国禅寺受净妙禅寺请"，出任净妙寺住持③。镰仓幕府灭亡后，大江氏、足利氏（尊氏、直义兄弟）和皇室继续竞相争取竺仙梵仙，创建禅寺请其担任住持。大江氏请他住持万寿寺，足利氏则"固留"，于是朝廷"论起师"，并于建武元年（1334）十月降旨，竺仙十一月奉旨入住金宝山净智禅寺。"入寺赐官币三万，地三千亩。乙亥赐天柱峰下故址为寿塔。"足见政局动荡、人心不定的时代，各方对高僧的争取、拉拢。1338 年，大江氏又"以关东三浦无量寿禅寺命师开山"④。

1339 年，竺仙梵仙退居净智寺，"称疾居东堂"。由于室町幕府的开创，"历应四年（1341）辛巳三月二十日，自关东净智寺楞伽院受请，左武卫将军奉诏迎至京师，四月初六日以太上天皇所降院宣，选十三日入寺"。竺仙梵仙因此到南禅寺任住持，"以四月十三日开堂演法，中使缮录以进，升本寺于五山之上"⑤。竺仙梵仙作为一个敌国（元朝）的禅师，住持南禅寺不久，朝廷和幕府便达成一致，将南禅寺升格为准五山第一，后升为五山之上。

竺仙梵仙在激烈的政治斗争中能够急流勇退，1346 年春退居真如禅寺，同年冬住持建长寺，最后于 1348 年在净智寺楞伽房圆寂。竺仙梵仙在日本各寺传禅，诲人不倦，据《竺仙和尚天柱集》所载：

> 辛巳岁三月二十日，师居相阳净智楞伽庵，俄诏下有南禅之命，且喻之以结制宜即日起程。于是远近曾识未识者，竞乞法句，窻纸未明，扣门而入，挨拶堂上，虽日入而不去者日八九。师以先后入门，

---

① 〔日〕侍者裔尧等编：《竺仙和尚语录》卷中，《大正新修大藏经》第 80 册，第 408 页。
② 〔日〕侍者裔尧等编：《竺仙和尚语录》卷上，《大正新修大藏经》第 80 册，第 334 页。
③ 〔日〕侍者裔尧等编：《竺仙和尚语录》卷上，《大正新修大藏经》第 80 册，第 334 页。
④ 〔日〕侍者裔尧等编：《竺仙和尚语录》卷中，《大正新修大藏经》第 80 册，第 408 页。
⑤ 〔日〕侍者裔尧等编：《竺仙和尚语录》卷上，《大正新修大藏经》第 80 册，第 354 页。

次第攒近座侧者,次第走笔应之。①

足见当时中日之间禅的传播,主要还是借助文字。

竺仙梵仙门下弟子,著名的有春屋妙葩,竺仙在净智寺的时候,春屋妙葩曾做竺仙梵仙的书状侍者,久而久之春屋也学会了汉语,据载一次"开堂日,问禅缺人,师(春屋)离位操元音一问话,一众惊叹"②。竺仙住持天龙寺的时候,则请春屋任首座。

第三节　冒波涛战乱之险到元朝的日本求法巡礼僧

一　元僧中峰明本等对日本临济宗僧众的魅力

元朝两次"征讨"日本,一度影响了中日文化和贸易往来,日本禅僧来华求法的人因此减少。一山一宁的东渡激起了日本禅林第二次渡海来华求法巡礼的高潮,日本丛林称赴元求法巡礼为"南游"或"南询"。

特别是北条高时文保元年(1317)任幕府执权之后,对日本僧众"入元"求法起到了推波助澜的作用,这也是纯粹禅在日本流行的标志。

来元朝明朝求法的僧人之中,著名的有雪村友梅、东洲至道、龙山德见、孤峰觉明(国济国师)、愚中周及等。其中,无我省吾终生留在中国③,龙山德见在元朝求道47年才归日本,雪村友梅、古镜明千、古源邵元等在元二十余年。来元朝日本僧人最希望参谒的,且拜访得最多的是,湖州弁山南麓的幻住普宁禅寺的住持中峰明本,其次当数古林清茂。

中峰明本(1263—1323)④,高峰原妙之法嗣,号中峰,法号智觉,西天目山住持。中峰俗姓孙,浙江钱塘(今杭州)人。中峰九岁丧母,十五岁出家。至元二十四年(1287),二十五岁时从天目山高峰原妙法师剃染,次年受具戒。大约在至元二十七年(1290)时到湖州创幻住寺,锋锐机

---

① 〔日〕侍者裔尧等编:《竺仙和尚语录》卷下,《大正新修大藏经》第80册,第436页。
② 〔日〕侍者周佐等编:《智觉普明国师语录》卷第八,《大正新修大藏经》第80册,第718页。
③ 详细参见〔日〕师蛮《本朝高僧传》(第一),《大日本佛教全书》第102册,第463—465页。
④ 参见〔日〕忽滑谷快天《中国禅学思想史》,朱谦之译,上海古籍出版社1994年版,第678—685页。

敏，时称大辩。

中峰明本成名之后，不愿住持大寺庙，各处云游，结庵隐居山林，名曰"幻住"，因著有《幻住庵记》。元成宗大德元年（1297），登安徽皖山、游江西庐山，大概是为礼拜禅宗祖庭，后至金陵。晚年在天目山停留时间相对较长。中峰明本在其《幻住庵清规》中发扬四祖"农禅"精神，强调作务与坐禅一体，动静结合，不失偏颇。

中峰明本禅师深得皇帝、大臣景仰，却不亲近权贵。仁宗帝曾于延祐三年（1316）谕宣政院使，召请明本禅师，明本闻讯隐遁，只得赠尊明本"佛慈圆照广慧禅师"号，赐金襕袈裟。"元英宗至治二年（1322），宣政院请补径山，不就。"① 虽不亲近朝廷，却被朝廷看重。随后，元英宗依然赐他金襕僧伽黎衣。中峰明本禅师至治三年（1323）圆寂后，明宗追谥他"智觉禅师"号，塔号"法云"；到了元顺帝元统二年，又追封中峰明本禅师为"普应国师"。

中峰明本禅师在世之时，提倡"看话禅"，与其善诗歌有关，影响遍及海外，朝鲜、日本、越南等国的众多僧人均前来参学。朝鲜国王、元帝驸马王璋亲自归拜于明本禅师门下。中峰明本在幻住庵期间，书法大师赵孟頫与中峰明本交往甚密，经常向其叩问佛法心要，赵孟頫有《游幻住寺》诗记此事。

明本禅师的思想在于儒释之调和、教禅之一致、禅净之融合，禅法对足利时代的日本禅宗有着相当的影响。明本是当时收留日本弟子最多的中国禅师，从1310—1323年十多年之内，经他教授的日僧有12人之多。其中著名的弟子有远溪祖雄、中岩圆月、复庵宗己、业海本净、古先印元、明叟齐哲、孤峰觉明（三光国济国师）、别源圆旨等，先后入元参谒中峰，求学多年。

特别是复庵宗己（1280—1358），中峰明本对其"深加器重"，特别教诲。复庵1310年结伴来元朝，侍中峰九寒暑，并在中峰死后为其守塔三年，居中国十二年后回日本。复庵回国后仿效中峰的禅风，遁迹山林，不应后光严天皇和幕府将军的征召。在常陆创法云寺，弘扬中峰宗旨，声名远播。故当时日本江湖僧人论复庵宗己说，"不到其轮下，不以为偏参僧"，僧俗称为"活佛"②。

---

① 〔日〕忽滑谷快天：《中国禅学思想史》，朱谦之译，上海古籍出版社1994年版，第678、679页。
② 〔日〕师蛮：《本朝高僧传》（第一），《大日本佛教全书》第102册，第396页。

再如无隐元晦（？—1358），1318年来元朝，嗣法中峰，中峰赠其法号"无隐"，并赐以自赞顶相。1326年随赴日的清拙正澄回日本，后成为筑前圣福寺第二十一任住持，贞和四年（1348）升为建仁寺第三十二代住持，五年（1349）任南禅寺第二十一代住持，影响深远。康正二年（1456），后花园天皇赐无隐"法云普济禅师"谥号。

因中峰明本的声望，日本僧众很多以得其文字为莫大的荣幸。1320年，一山一宁的弟子西庭柏（雪村友梅的师弟）专程渡海来湖州求见中峰，请大师为《一山国师语录》题跋。又有日僧杰山了伟专程来幻住寺参谒中峰，为其亡师求赞。

至于那些投中峰门下，并得中峰教授的日僧，回国后大量刊印中峰明本的语录、著作，如《明本禅师杂录》《中峰和尚广录》《中峰和尚杂录》等，故中峰和尚的名声当时在日本广为流传，几乎家喻户晓，老少皆知。中峰因此被日本佛教界尊为"江南古佛"，因中峰晚年自称"幻庵""幻住道人"，其流传到日本的自赞顶相称"幻住道者明本"①。嗣其法的日本禅僧回日本后形成相互对立的禅宗流派，统称"幻住派"。

日僧大量来元朝求法，也是因为他们认为元朝的佛学高于日本，于是到元朝访师问道，最终证悟成就。比如性海灵见，十一岁于建长寺剃发出家，先后拜清拙正澄、虎关师炼为师，却"常叹曰：我遍虽参知识，心犹有不慊也，缅闻吾宗盛支那，当入彼地质所悟。愤然便于海舶，入元国"②。到元朝后游历江南江北名迹，历参陵虚谷、印月江、了即休、源笁远等诸大老，据说失望而归。而同样出自建长寺的古先印元，到元朝后大有斩获，据载古先印元：

> 八岁（"考"：案古先行状，六岁云云。）偕父往相州，归圆觉桃溪悟公，执童子役。十三剃发，（"考"：案古先行状，十二岁桃溪示寂云云）登具足戒，徧参诸师，杳无所证。文保二年奋然入元，年二十四。谒无见觏公于华顶峰，直问心要，见爱其俊发，谓元曰："中峰本公唱道于天目山，炉鞴正赤，学者咸受其煅炼，子当急行。"元往侍左右，屡呈见解。峰呵之曰："根尘不断，如缠缚何！"元涕泪悲泣，至于饮食皆废。峰怜其诚志，乃与法语委曲示诲。元阅之，通身

---

① 〔日〕瑞溪周凤记，惟高妙安抄录：《卧云日件录拔尤（臥雲日件錄拔尤）》，收入东京大学史料编纂所编纂《大日本史料》，第131页。
② 〔日〕佚名：《性海和尚行实》，《续群书类丛》第九辑下（传部），第667页。

汗下，晨昏参励，未尝暂抛。一朝得悟，现前境界一白无际，急趋丈室。启峰曰："印元撞入银山铁壁去也。"峰曰："既入银山铁壁，来此何为？"元珍重而出，峰再三嘱之曰："善护持。"当是时，虚谷陵、古林茂、月江印、东屿海、了庵欲，各据一方。元咸问津，皆观其悟证亲切，机锋颖利，以严林狮子儿称之。元复游西浙诸大刹，灵石芝、笑隐䜣、断江恩、别源宗、无言宣，各有饯别之偈。①

以上可见，古先印元"奋然入元"，既是"奋发"，也是"愤发"，因为日本诸师不能让他有所启发，而元朝诸师能够让他"悟证"，以致"机锋颖利"。经历类似古先印元的来元朝求法的日僧，纵观日本僧传，举不胜举。

来元朝求法的日本诸僧中，回日本后最能坚守丛林清规，不亲近国王大臣而亲近大众，誓言"不可入帝乡"，也不住大寺院，在播州安田北山、丹州神池等处结庵隐居传法，与"山童樵夫自然相狎"，与"胥吏氓黎远近往来"的是愚中周及②。

二 雪村友梅在元朝求法巡礼行纪

这一时期到元朝巡礼求法的日僧之中，日本临济宗一山派高僧雪村友梅（1290—1346）在华滞留二十余年，最为著名。雪村友梅乃日本越后（新潟县）人，俗姓源氏。雪村乃其道号，又号"幻空"。

雪村少年时代参礼一山一宁，入其"三童室"（取义松、竹、梅三友），一山赐名"友梅"，在镰仓建长寺、圆觉寺随侍一山多年，受具足戒。1307年十八岁时，雪村追随日本禅林当时赴中国"参知识，决大事"的风习，携一山一宁的推荐信到元朝访师寻友，巡礼了嵩山、少林等名山大寺，拜访的名师有元叟端、虚谷陵、东屿海、晦机熙、叔平隆诸老，以及文人画家赵子昂等。

诸老之中特别是叔平隆公，见法兄一山推荐的手书，对雪村十分器重，先荐其云游各处名山大寺，增长见闻，两年后回来，任命他为万寿寺藏经楼藏主。

此时，元朝和日本正是敌国关系，元朝廷正在追查1307年倭寇在明州城焚掠事件，凡在此期间从明州上岸的日本人都被怀疑是间谍，雪村也

---

① 〔日〕师蛮：《本朝高僧传》（第一），《大日本佛教全书》第102册，第442页。
② 〔日〕愚中周及语，侍者某甲编：《大通禅师语录》卷第六，收入《大正新修大藏经》第81册，第97、99页。

被列入搜捕名单，因而当藏主没有多久，就被元朝官府逮捕，关进湖州路大牢。叔平隆公为了救这位日本弟子，向官府申诉，谎称雪村是中国人。谁知有人告密，以致功败垂成而身陷囹圄，结果叔平隆公病死在牢里。

雪村也因此告密被元朝处以斩首之刑，临刑时他朗诵了佛光国师无学祖元当年的"临剑讼"：

乾坤无地卓孤筇，且喜人空法亦空；
珍重大元三尺剑，电光影里斩春风。①

据说，雪村是用汉语朗诵祖元的偈颂的。也许雪村的坦然赴死感动了刑吏，又或因他是用汉语朗诵之故，围观者皆呼："他是汉人，他是汉人。"刑吏只好将他押回大牢候刑，躲过一劫。不久，逢元武帝海山即位，大赦天下，雪村幸免死罪，改判终身囚禁。元延祐元年（1314），朝议又改判为流刑，时年雪村二十四岁。先流放到长安，三年后改流西蜀，在岷山、峨眉山两山之间隐居十年，故后来将其文集命名为《岷峨集》。直到泰定帝登基，雪村遇到大赦才被召回长安，因留恋长安，他在此住了三年。②

就在雪村思念母亲，突然想回日本的时候，元天历元年（1328），元朝文宗皇帝即位，闻雪村友梅经历，深为感动，因其为一山一宁弟子，特赐"宝觉真空禅师"尊号，并请往长安翠微寺任住持。其间，拈香供一山一宁以示不忘本，拜叔平隆公灵塔并绘肖像以示感恩。

元明宗天历二年（1329）夏，年已四十的雪村搭乘商船返回日本。在自博多赴关东相模的途中，雪村巧遇母亲，于是与母亲同居，"竭诚奉养"。日元德二年（1330）春，雪村"抵镰仓，寓福山玉云庵"。恰逢此时信浓慈云寺住持虚席，在郡守金刺一了居士和清拙、竺仙两禅师的邀请下，任该寺住持，一入寺便"人境并合，湖山改观"③。

元弘元年（1331）秋，雪村出任德云寺开山住持。之后历任京都西禅寺、大分万寿寺住持。播磨守圆心居士（赤松氏）创建金华山法云寺，聘请雪村为开山住持。天皇为其敕书寺额。因雪村的道誉，足利尊氏兄弟也极力拉拢，请雪村兼任京都万寿寺住持，雪村坚辞，但足利尊氏还是强迫他到寺中住了一年。1345年春，朝廷命雪村任建仁寺住持。此足见雪村在

---

① 〔日〕师蛮：《本朝高僧传》（第一），《大日本佛教全书》第102册，第377—378页。
② 〔日〕师蛮：《本朝高僧传》（第一），《大日本佛教全书》第102册，第377—382页。
③ 〔日〕师蛮：《本朝高僧传》（第一），《大日本佛教全书》第102册，第378页。

日本的影响，其中也有他在中国有影响的因素在内。据说"声飞朝野，名动江浙"。元朝天童寺云外云岫禅师赞他有"绝痴翁之禅，顽极父之德"。

雪村友梅诗书皆精，尤善书法。其书法得益于一山一宁和叔平二师，以及元朝书法大师赵孟頫的指教。据日本《雪村大和尚行道记》载，雪村友梅云游少林、大都等地回湖州后，因慕赵孟頫之名，径直登门拜访。赵孟頫对这位远道而来的日本青年会讲汉语已感新奇，有意试试他的文笔。不料雪村毫无惧色，当场以中唐李邕的书法挥毫作诗，行笔流畅，一气呵成，令赵孟頫大为惊叹，取出珍藏多年的麝煤香墨赠之，以表赞赏。

三　孤高而孤独的中岩圆月

中岩圆月（1300—1375），俗姓平氏，出身于一个下级武士家庭，日本相模镰仓人，临济宗大慧派高僧，道号中严，之外还有"中正子""海沤子"和"东海一沤子"。

中岩八岁入寿福寺作僧童，十三岁时就宽通禅师读禅录。正和三年（1314）冬，十五岁时随侍圆觉寺的元朝高僧曹洞宗宏智派东明慧日，并拜其为师，东明因此将其法名改为圆月。

文保二年（1318）离开镰仓去九州博多，准备渡海到元朝游学，因未得到官府的允许未能成行。之后便辗转到各处寻师问道，历京都万寿寺，参越前永平寺义云、妙净寺的玉山德璇，最后还是于元应元年（1319）回到镰仓，在建长寺东明惠日门下挂搭、参学。东明退院后又从来日的元朝僧人灵山道隐参学。元亨元年（1321）再访京都南禅寺，因拜谒荣西的法孙阐提正具不果，而顺便拜访了济北庵的虎关师炼，虎关虽因撰写《元亨释书》而闭门谢绝一切客人，却接待了他，并给他看了书稿，故中岩尊虎关为老师。

正中元年（1324），中岩圆月再次从所在的镰仓建长寺出发到博多，等待渡海到元朝的时机，幸遇大友贞宗，得到大友贞宗的外护，这次终于得到官府（纲司）的允许，于次年（日本正中元年，元朝泰定二年，1325年）到达元朝，泰定三年赴金陵，参保宁寺虎丘派高僧古林清茂，后参百丈山东阳德辉诸师，在其会下掌书记。

中岩圆月在游历中国江南名山大刹，参访名师期间，与日本僧龙山德见、雪村友梅面识，并结识后来东渡日本的东陵永玙。中岩圆月在元参学七年，至顺三年（1332）归国，他的汉语水平较高，和清拙正澄、竺仙梵仙等到日本的禅僧可以用汉语交流，故深受他们喜爱。

建武元年（1334），中岩圆月回到镰仓圆觉寺，继续撰文为建武新政献言献策。1335年，东明慧日从圆觉移住建长寺，他亦随东明迁建长，并被任命为后堂首座。此后大友氏泰请中岩住持藤谷的崇福寺，继住上野吉祥寺。在上堂的时候，恃才放旷的中岩圆月竟然自称嗣法东阳德辉，这等于是和东明慧日决裂（或说是被日本曹洞宗排挤），皈依于临济大慧派，因为东阳德辉是大慧宗杲五传弟子。据说日本曹洞宗的一些僧侣认为中岩背叛师门，甚至准备杀害他①，故康永元年（1342）准备再次渡海到中国，逃避是非，但被禁止出海。

中岩圆月于是历住下总、丰前、京都各地的万寿寺，康安二年（1362）四月，应诏成为建仁寺住持。晚年为光严天皇、光明法皇讲大慧宗杲的《语录》，著作有《东海一沤集》，包括《中正子》及汉文自撰的年谱《自历谱》等。

与中岩圆月同时代的来元朝求法巡礼日僧还有：

月林道皎（1293—1351），日本"山城州人"（今京都），据说是村上天皇十一世孙。道皎自幼丧父，"随母往越前入太平泉寺，为童役"。十六岁时剃发，师从建长寺的高峰显日，高峰圆寂后往谒大灯国师。元亨初年，二十九岁时，道皎表示要到中国去求法，花园上皇"延皎受衣钵，翌日赐宸翰，以送其行"。道皎"明年春入元，径往金陵，参保宁古林和尚，研精入室"②。后曾谒见志心诚公于大仰，司典藏。因为得到元高僧古林清茂的赞赏，名声大震，元朝文宗皇帝赐号"佛慧知鉴大师"。元朝天历二年（1329）冬，得古林和尚法衣，于次年春回日本。

龙山德见（1284—1358），俗姓平氏，据说是"桓武天皇之裔"③。龙山自幼聪慧，根据他的行状记载，曾经到瑞鹿山圆觉寺参谒一山一宁和尚。可能在一山的影响下，龙山德见有心到元朝求法。元大德九年（1305年，日后二条天皇嘉元三年），搭乘日本商船渡海至庆元（宁波），因元朝怒日本不肯臣服，特地提高商船抽分的额度，且不准船上人员上岸。龙山于是设法偷渡上岸，后在元朝人的帮助下登上了天童，拜见了住持东岩和尚。龙山德见长期在中国江南地区活动，前后约45年，遍历天童、灵岩等名寺，参访东岩、古林清茂等名师，其间还被元朝廷任命为兜率寺住持，这是外国僧人在元朝被任命为国家大寺住持的唯一特例。元文宗天历二年，因大友氏请龙山还乡，"欲令住丰万寿"。龙山便于日本光明天皇贞和五年（1349）返回

---

① 参见〔日〕市川白玄等校注《中世禅家の思想》，收入《日本思想大系》16，东京岩波书店1972年版，第506页。
② 〔日〕师蛮：《本朝高僧传》（第一），《大日本佛教全书》第102册，第391页。
③ 〔日〕师蛮：《本朝高僧传》（第一），《大日本佛教全书》第102册，第398页。

日本。元人林净因随龙山到日本，后成为日本馒头屋的祖先。龙山回日本后，因道誉极隆，足利直义、足利尊氏兄弟竞相请其担任大寺住持，曾先后任京都五山中的三山，即建仁寺（35世）、南禅寺（24世）、天龙寺（6世）住持。朝廷因龙山身价，"特赐真源大照禅师之号"①。

性海灵见（13??—1396），信浓人，十一岁到镰仓建长寺剃发出家，十九岁上京都，投建仁寺清拙正澄门下。清拙正澄死后随侍虎关师炼，深受宠爱，于是在虎关的影响下，有了入元求法的志向。康永元年（1342）渡海到元朝，先后参学于月江正印，和即休契了（1269—1351）、竺源远等元朝高僧。日观应二年（1351年，元至正十一年）回日本。归国后，得到了将军足利义满的皈依。

以上是几位具有代表性的来元求法巡礼日僧。

第四节　日本曹洞宗的分裂与莹山绍瑾的复兴活动

一　道元死后曹洞宗的分裂与枯淡禅的衰落

临济宗在圆尔辨圆来宋之后，兴起了来宋求法的高潮，一时来华僧众源源不断。相比之下，道元门下，曹洞宗一派到宋朝求法巡礼的不太多。道元禅师示寂的建长五年（1253年，南宋宝祐元年），门人寒岩义尹来宋，到天童山，只住了一年多的时间便回国了。根据《建撕记》的记载，受怀奘的派遣，义介也于正元元年（1259年，正嘉三年）渡海到宋朝，携回天童如净顶相、天童山伽蓝图等，其他在宋朝的情况不明。但难得的是寒岩义尹弘长三年（1263）携《道元禅师语录》再次到宋朝。根据《寒岩尹和尚本传》所载：

> 龟山院弘长三年癸亥、携道元师语录，再入宋国，而历参诸明德。（景定五年甲子，无外义远序并跋。咸淳改元，灵隐退耕德宁跋。同年，净慈虚堂智愚跋。）经五载，文永四年而归，时着船于筑州博多津，留住圣福寺三年。②

---

① 〔日〕师蛮：《本朝高僧传》（第一），《大日本佛教全书》第102册，第399页。
② 转引自〔日〕广濑良弘《禅与地域社会（禅と地域社会）》，东京吉川弘文馆2009年版，第99页。

寒岩义尹是顺德天皇的第三子，母亲是左大臣范季之女。回国后自成一派，称寒岩派，这一派和临济宗的交流较多。

道元从宋回到日本后，主要住持永平寺，在坚持如净"只管打坐，身心脱落"这一禅法的基础上，对于中国曹洞宗的正偏"五位"说[①]甚至禅宗的顿悟说都多有批判和改造。

道元死后，义准等离开了永平寺，弟子中孤云怀奘（1198—1280）弘其心法，贡献最大；怀奘下有彻通义介（1219—1309）、义演、寂圆等，相比之下义介和义演算得上是嫡系，而寂圆算是旁系；义介门下以义尹和绍瑾最为杰出。

孤云怀奘在道元死后领导永平寺僧团，各派系之间平稳地过了15年，文永四年（1267），因身体原因，怀奘将住持一职让给了彻通义介（1219—1309），退居东堂。

五年后，彻通义介为了隐修，又放弃了住持，已经七十五岁的怀奘不得不再次挑起重担。直到1280年死前再次把寺务托付给义介。义介是一个个性很强的人，恃才自傲，自尊自用，道元知道他因此会疏远人，故告诫他，说他缺乏"老婆心"（亲切感）。从宋朝带回伽蓝图的义介，准备按照宋朝禅寺的规模建设寺院，却被义演一派从永平寺驱逐出去。义演成为永平寺的第四代住持。

日本曹洞宗就在这个时候出现了分裂，即通常所谓的"三代相论"[②]，实质上，是义介一派和义演一门围绕"本山"永平寺控制权而产生的争夺。第四代住持义演在1314年死后，到1317年，义演和义介的弟子之间就谁应该是本寺第三代而出现争论，一时没有结果，而且住持一直空缺。最后宝庆寺寂圆的弟子义云（1253—1333）出任永平寺住持，义云则推寂圆为永平第三世。寂圆也算得上是"渔翁得利"了。

寂圆（1207—1299），宋朝人，与道元同是天童如净的弟子。如净去世后，1228年寂圆到日本寻访道元，在道元修建的承阳庵里当塔主守护，道元当时奉如净为永平寺初祖。寂圆在道元去世后，曾嗣法怀鉴，1261年离开了永平寺隐居大野郡的山中，可能是因为派系之争，之后在越州刺史藤原知俊的护持下在永平寺的南方山中开创了宝庆寺，奉如净为初祖，坚持枯淡的禅风，门下弟子有义云等。

[①] 曹山本寂（840—901）所谓的"正中偏、偏中正、正中来、偏中至、兼中到"。

[②] 〔日〕镜岛元隆、玉城康四郎编：《道元禅的历史（道元禅の歴史）》（讲座道元第2卷），东京春秋社1980年版，第19页。

1267—1317 年的曹洞宗"永平三代相论",赶上蒙古两次侵入日本的变局,曹洞宗的各寺院也曾受命为"降伏敌国"而祈祷。两派的对立与两派的传教主张分歧有关,彻通义介想现实一点,有意改革道元峻严、枯淡的只管打坐的纯粹禅,吸纳一点密教的行持,顺应一下时代和世俗的要求,同时顺应朝廷和幕府,为国家祈祷,降伏入侵的蒙古之敌而做改变。但义介的改变遭到了义演的反对;另外,义介传教过程中对门下缺乏"老婆心"也是他被排斥的一大原因。

义介被驱逐后进入加贺的大乘寺,在加贺守藤原家尚等的庇护下,永仁元年(1293)将真言宗的大乘寺改为禅寺,之后形成独立于永平寺的大乘寺僧团。这样,道元门下便不再貌合神离,彻底分裂成各立山头的两大派系。在义介和义演两派之外,道元的其他弟子如寒严义尹(1217—1300)、诠慧等,在日本各地宣传道元禅,在各地形成一定的社会影响。

而义介走后,永平寺一时衰落,寺院被烧毁,1314 年竟然出现无住持的局面。但义演和寂圆宣传的枯淡禅,在当时影响很有限[1],永平的复兴得另觅其人。

宝庆寺的二世,寂圆的弟子义云禅师(1253—1333)因此被看中。有怀疑义云是宋朝人,正安元年(1299)寂圆灭后继住越州荐福山宝庆禅寺,"知见高一时,道声轰千古"。在义演寂后,在檀那云州太守藤通贞的请求下,以及檀越波多野氏的帮助下,义云于正和三年(1314)到永平寺任住持,逐渐复兴了永平荒废的伽蓝,所谓"大兴颓废,润色鸿业","当时四方推称洞上中兴"[2]。有《义云和尚语录》二卷传世。

二 现实主义的莹山绍瑾与日本曹洞宗的复兴

在义云中兴永平寺的同时,莹山绍瑾则着手复兴曹洞宗。日本有学者认为,是临济宗的兴隆刺激了绍瑾,努力复兴曹洞宗[3]。

莹山绍瑾(1268—1325),出生于越前国,名绍瑾,莹山是其道号,十三岁随孤云怀奘出家,孤云圆寂后跟随彻通义介。莹山大约在义介隐居永平山麓养母堂期间,投入义介门下,1289 年随义介到大乘寺。因一

---

[1] 〔日〕户顷重基:《镰仓佛教》,东京中央公论社 1967 年版,第 157 页。
[2] 〔日〕义云语,侍者圆宗等编:《义云和尚语录》,《大正新修大藏经》第 82 册,第 460、478 页。
[3] 参见〔日〕玉村竹二《日本禅宗史论集》(卷上),京都思文阁出版 1976 年版,第 784—785 页。

次听义介上堂举赵州平常心是道话而悟道，证悟后的 1294 年莹山从义介受法衣。

悟道后的莹山绍瑾于永仁三年（1295）开创了阿波城满寺，教化道俗，继道元曹洞宗第四代法脉。永仁五年（1297），莹山绍瑾还拜访了在肥后大慈寺传教的寒严义尹。此外，莹山还曾参学于寂圆、东山湛照、白云慧晓、无本觉心等禅师。

面对镰仓初期各种新佛教竞争的局面，现实派的莹山绍瑾追寻彻通义介的路线，和镰仓旧佛教妥协，采用密教行事，同时将道元禅法适当民主化，并推向日本民间。正安四年（1302），受义介的委托，莹山绍瑾继义介之后任大乘寺的第二代住持。

应长元年（1311），莹山绍瑾将大乘寺让给明峰素哲，移锡加贺国的净住寺。后在能登（今石川县）创建光孝寺，绍瑾相继成立了"江湖会""腊八摄心会"等集体，宣讲禅法，接收女弟子，使日本曹洞宗教团得以中兴和发展。元亨元年（1321）七月，绍瑾移锡新开辟的能登国诸岳山总持寺，任住持，并将此寺定为曹洞宗本山。

后醍醐天皇为了推进倒幕运动，希望得到宗教势力的支持，闻听绍瑾的德风，曾提出"十种敕问"向他请教，绍瑾"奏对详明"，令天皇大悦，于是下赐紫衣法服，并将总持寺升格为官寺。元亨二年（1322）下旨，定该寺为日本曹洞宗"赐紫出世道场"[①]。此后，总持寺正式称曹洞宗。总持寺原为真言宗律院，绍瑾到后改为禅寺，后发展成日本曹洞宗重要的传法中心，足见其影响之大。

莹山绍瑾因强调无字、无舌，认为"文章笔砚掷下不用，是道者之胜躅也，是调心之至要也"[②]，故仅有侍者编辑的假名《传光录》，以及《坐禅用心记》《莹山和尚清规》等不多的文字传世，但因其道誉天下而在圆寂后被朝廷谥为"弘德圆明国师"，并被曹洞宗门人尊为"太祖"。日本曹洞宗奉因此有两祖、两大本山，其"两祖"是指高祖道元和太祖绍瑾，两大本山即道元开创的福井永平寺和绍瑾开创的鹤见总持寺。日本曹洞宗就有奉高祖为父，太祖为母的想法，发展"两祖一体，不二两山"的理念，使日本曹洞宗成为佛教中仅次于临济宗的一大宗派。

莹山绍瑾的弟子中，明峰素哲和峨山绍硕二人最有名，门下弟子众

---

① 〔日〕莹山绍瑾语，侍者编：《传光录》，收入《大正新修大藏经》第 82 册，第 343 页；另见〔日〕镜岛元隆、玉城康四郎编《道元禅的历史》（讲座道元第 2 卷），第 31—32 页。

② 〔日〕莹山绍瑾：《坐禅用心记》，《大正新修大藏经》第 82 册，第 412 页。

多。另有孤峰觉明，在遍参元朝、日本名僧大德之后，投莹山绍瑾门下见证①，此足见绍瑾的影响。

莹山绍瑾推崇禅宗三祖僧璨大师，其《坐禅用心记》《信心铭拈提》皆发扬三祖宗旨，模仿其头陀行，依止于深山幽谷，"绿水青山，是经行之处；溪边树下，是澄心之处"，以"行脚"②的方式接近群众，使禅宗越来越民众化。在绍瑾现实主义传教方式的影响下，日本曹洞宗吸纳了密教的仪礼，以除灾招福的加持仪式与祈福活动吸引广大民众，具体可见其《莹山和尚清规》。因此，曹洞宗成为日本寺院总数最多的宗派之一，与真宗角逐首位，在地方上拥有强大势力，曹洞宗寺院的增加主要是在室町时代中后期③。

第五节 东渡日本的中国曹洞宗高僧及其影响

一 东明慧日东渡对日本曹洞宗发展的影响

在日本传播曹洞宗的，不仅有来宋朝求法的道元等人，还有由中国去日本弘道的宋元僧人，道元不过是"曹洞禅的第一传"。道元之后，还有东明派东明慧日、东陵派东陵永屿的南传曹洞宗，以及寿昌派心越兴俦的北传曹洞宗，可惜这三派都未能在日本形成流传长久的教团，下面作一个简单的介绍。

日本禅宗史进入五山时代，曹洞宗和临济宗两派的交流开始密切起来，一些僧侣先后拜两派高僧为师，或者在两派寺院之间辗转挂锡。

这种相互交流与赴日传法的中国僧侣促进有关。

东明慧日（1272—1340）。宋朝明州定海县人，俗姓沈，号东明。九岁入奉化大同寺做侍童，十三岁剃发，十七岁受具足戒，嗣法天宁寺直翁德举④禅师，属宏智派正觉法系，自洞山至东明"为一十有三世也"⑤。一

---

① 〔日〕师蛮：《本朝高僧传》（第一），《大日本佛教全书》第102册，第406—407页。
② 被称为"旅僧"，类似中国的"游方僧"，因主要是曹洞宗僧人，故被称为"行脚的曹洞宗"。
③ 参见〔日〕冈田章雄、丰田武、和歌森太郎等编《群雄相争（群雄の争い）》，收入读卖新闻社编《日本历史（日本の歴史）》第6卷，读卖新闻社1959年版，第162页。
④ 或做"直翁一举"，见〔日〕荻须纯道《日本中世禅宗史》，第153页。待考。
⑤ 〔日〕竺仙梵仙语，侍者裔尧等编：《竺仙和尚语录》卷下之下，《大正新修大藏经》第80册，第446页。

日，东明参话头，遭德举和尚棒打、蒲团砸而觉悟，之后参游诸方，历经天童、灵隐、万寿、蒋山，均受到各寺长老的器重。

元至大元年（1308），因北条贞时希望日本曹洞宗也能和临济宗一般兴旺，派人送聘书来元朝，邀请东明慧日赴日传法，他欣然接受了。

日本花园天皇延庆二年（1309），东明慧日东渡日本，北条贞时将他迎请到禅兴寺，从其受戒，亲执弟子之礼，"崇信日腆"①。翌年又请他住持镰仓圆觉寺，于是"就陇西构庵，为休藏之所，榜曰白云"②，一住七八年。此后历住建长、万寿、东胜、寿福、净妙诸寺，飘忽不定，其中"于建长五登焉"，于圆觉寺则所住时间最长。

东明慧日在日本弘扬奉持"五位"说的曹洞宗，颇有影响，"声达于丹墀，建武二年秋，后醍醐帝下敕为朝廷上堂，日乃升座"③。

历应三年（1340），东明慧日应幕府之命再往建长，六月在建长寺患病，于是退居庵（白云庵）中，依然昼夜接待来访者，"弟子求真赞法语者，无不应之"，直到十月圆寂，"葬全身于本庵大明之塔"④。故东明慧日深受日本弟子的爱戴，这也是中岩圆月背叛他而遭到弟子痛恨的原因，以致中岩圆月不敢住持建仁寺，在近江和京都之间辗转往来，度其余生⑤。

东明在日期间，和一山一宁、明极楚俊、清拙正澄、竺仙梵仙等东渡的中国僧人交往密切，竺仙梵仙为其撰写塔铭。与梦窗疎石等也有文字交流。

东明门徒中著名的有别源圆旨、不闻契闻和月逢圆见等人。东明慧日被称为"曹洞禅的第二传"，日本禅宗公认的二十四派之中，曹洞宗仅有三派，东明慧日门下的"东明派"为其一。另两派为道元派，以及东陵永屿门下的"东陵派"。

二 东陵永屿东渡对日本曹洞宗发展的影响

东陵永屿（1285—1365）是东明慧日的法侄。元朝明州人，俗姓不

---

① 〔日〕师蛮：《本朝高僧传》（第一），《大日本佛教全书》第 102 册，第 364 页。
② 〔日〕秀如：《日本洞上联灯录》，《大日本佛教全书》第 110 册，第 42 页。
③ 〔日〕师蛮：《本朝高僧传》（第一），《大日本佛教全书》第 102 册，第 364 页。
④ 〔日〕竺仙梵仙语，侍者裔尧等编：《竺仙和尚语录》卷下之下，《大正新修大藏经》第 80 册，第 446 页。
⑤ 参见〔日〕市川白玄等校注《中世禅家的思想（中世禅家の思想）》，《日本思想大系》16，第 506 页。

详，嗣法于直翁的弟子天童山云外云智①，"既而出世本州岛天宁，大唱洞上宗旨"②。

据载，东陵永屿早就"有志东游"日本，"闻昆山客说大仓县有往日本舶，师欣然束装浮洋，历二旬着筑之博多"，其时间是在日本"观应二年（1351）"③。也有说，东陵永屿应足利直义的邀请于1351年赴日的。

东陵永屿到日本后，常常往京都天龙寺参谒梦窗疎石，并应梦窗疎石的邀请在西芳居住。刚好在中国参学七年的愚中周及于1350年回日本，此时也在梦窗身边挂搭（挂单），梦窗便让愚中周及担任通事（翻译），东陵因此与梦窗疎石"日夕往来"④。后"偶会无极玄谢天龙事"，东陵便补任为天龙寺第三代住持，为大众上堂说法称："未离南土，白日青天；既到扶桑，山长水远。应缘而住，似镜临形，幸无彼此之分，那有去来之间。"⑤

后应足利幕府的邀请，"奉诏迁南禅"，继任该寺住持。据载，东陵永屿还住持过镰仓建长寺、圆觉寺。贞治四年（1365）圆寂，朝廷敕赠"妙应光国慧海慈济禅师"之谥号。⑥

东陵永屿的到来，"给日本禅宗注入清新之风"⑦，因此东陵永屿被称为"曹洞禅的第三传"。东明慧日、东陵永屿两人都和京都、镰仓的临济宗僧人有交往，一反道元倡导的独善其身的作风和化风。永屿作为宏智派的禅僧在日本五山文学史上留下了许多优秀的作品。

东陵与东明、道元形成日本禅宗二十四派中的曹洞宗三派。

此外自中国来日本的曹洞宗僧人还有义云、雪轩道成（1352—1432）。

雪轩字鹫峰，河北保定赵氏子，继承北传曹洞宗，是山东灵岩寺秋江洁禅师入室弟子。明洪武十五年（1382）应选统领释教。三十年（1397）奉诏出使日本，永乐二年（1404）归国。永乐六年（1408）奉旨于钟山主持"普度大斋"，登坛开示，听者数万。宣德七年（1432）圆寂。著有《道成语录》《雪轩集》。

---

① 或做"云外云岫"，见〔日〕荻须纯道《日本中世禅宗史》，第154页，待考。
② 〔日〕秀如：《日本洞上联灯录》，《大日本佛教全书》第110册，第43页。
③ 〔日〕秀如：《日本洞上联灯录》，《大日本佛教全书》第110册，第43页。
④ 〔日〕愚中周及语，侍者某甲编：《大通禅师语录》卷第六，《大正新修大藏经》第81册，第96页。
⑤ 〔日〕秀如：《日本洞上联灯录》，《大日本佛教全书》第110册，第44页。
⑥ 〔日〕秀如：《日本洞上联灯录》，《大日本佛教全书》第110册，第44—45页。
⑦ 〔日〕荻须纯道：《日本中世禅宗史》，第154页。

义云（1253—1333），前文有介绍，其身份存在争议，或称其为河南洛阳俞氏子，随父入日籍后，投义尹门下为僧。后复奉师命来华求法，嗣法于福裕禅师，列为曹洞宗第十七世，回日本后住持吉祥山永平寺。

这时，来元朝求法巡礼的日本曹洞宗僧众也不少。

祗陀大智（1290—1366），出生于肥后的宇土，七岁从寒岩义尹在大慈寺出家，年长行脚。先"谒南浦和尚于建长，机语不契"，后到贺州，参莹山绍瑾，"提撕七年"，一朝"忽然了悟"，得到莹山绍瑾的印可，并成为"洞上之宗种"①。延庆二年（1309），祗陀往圆觉寺拜谒东明慧日等。1314年乘船到元朝参学，先后拜谒了古林清茂、云外云岫、中峰明本、无见先睹等名师。十年后回国，嗣法明峰素哲，并开辟祗陀寺、圣护寺、广福寺。著有《大智禅师偈颂》。

日僧宗可，义云的弟子。元朝泰定元年到元朝，先后参学灵石如芝、独孤淳朋、明极楚俊等禅师。元朝泰定四年（1327）回日本。宗可来元朝主要做了两件事：一是从中国禅僧那里得到对义云是永平寺再兴者的承认；二是修复天童山如净塔所南谷庵。

总之，整个元代，中日之间由于两场战争，在政治外交上是隔绝的、不和谐的，而文化上的交流上承南宋，基本上是连贯不断的。在这一时期担任两国文化使节的主要是那些像一山一宁那样出家的僧人、敢于冒风险的商人（尤其是日本商人），此外就是宋末元初一些不愿做亡国奴而"移民"日本的宋朝难民。他们将中国书籍、技术、文化艺术向日本传播，最为突出的是中国雕版印刷技术对于日本印刷技术发展的影响，在生活方面是"唐式茶会"的输入日本，中国茶文化是一种复合的文化和艺术，它包括建筑艺术、装饰艺术、陶瓷工艺、烹饪技艺、手工制作、园艺等多方面，它的影响延及现代日本社会。

日本禅林的清规也因中日禅僧的往来而一新。自南宋至元明，日本禅林越来越推崇中国，例如愚中周及，年谱载其年轻时"为知丛林规矩"，挂锡于建仁寺，"一日长老上堂，师有所疑，乃上问讯，所疑不决。退思曰：'今天下列刹此寺为古丛林，居住持者，非万人之杰，则千人之英也，而浅易如此，我又谁依？不如寻知识于大唐。'由此切南游之志。今之上

---

① 〔日〕师蛮：《本朝高僧传》（第一），《大日本佛教全书》第102册，第472页。

皇创天龙寺，遣商舶求经藏于元国，于是喜而讬之。秋发博多，冬到明州"①。

日本僧人大量到元朝求法巡礼，为其后明代中日文化交流创造了有利条件。

作者在镰仓建长寺门前

---

① 〔日〕佚名（侍者）编：《大通国师语录》卷第六，《大正新修大藏经》第81册，第94页。

第六章 禅宗作为"国教"而鼎盛并影响中世日本政体

日本中世的历史从镰仓过渡到室町时代的过程中，作为新佛教的禅宗在日本意识形态中的地位也在不断提高，对中世社会的影响也逐步展开，不断创建的禅宗寺院从博多、镰仓和京都扩散到日本各地，随着禅宗寺院的规模化，一些寺院陆续上升为"定额寺"，也就是平安时代所谓的"官寺"或"国寺"，于是，如何对禅宗寺院进行系统的综合的管理也提上京都、镰仓各级政府的议事日程。也就是说，朝廷、幕府都想将寺院群体纳入自己的行政系统之下，纳入社会管理体系之内，这是因为寺院在经济贸易、社会信仰、群体心理乃至军事等方面具有很大的影响力。

第一节 日本禅宗五山十刹制度的确立

一 日本模仿宋元设立的禅宗"五山十刹"

自平安时代以来，官家身份（官寺）、政治特权和国家封号象征的荣誉，成为寺院抬高寺院身价，和朝廷吸引寺院效忠权势机构的工具。花园天皇因新登大宝，于延庆元年（1308）十二月二十二日下达了关东"可谓定额寺事"之敕令[①]，将建长寺、圆觉寺纳入日本旧有的官寺之列，于是，禅院独自的"官寺制度"开始被幕府和朝廷加以研究。

大约从13世纪中期到末期开始，南禅寺的开创和"五山制度"的确立可以作为日本禅宗"国教"地位确立的标志。

显然，中国五山制度的管理思维对日本产生了很大的影响，随着中日

---

① 原载《相州文书》（编入《镰仓市史》史料编二），本文转引自〔日〕玉村竹二《日本禅宗史论集》（卷上），第256页注二。

禅宗交流的加深，随着日本对中国禅院五山、十刹认知的深入，日本朝廷开始引进这一新体制。

日本五山制度的形成与禅宗的扩散有关，而禅宗从镰仓向各地扩散，南浦绍明（1235—1308）和高峰显日的贡献不可忽略。虽然南浦绍明在筑前兴德寺，高峰显日在那须云严寺宣传禅宗，但和镰仓一直保持联系和交往，并短期到镰仓出任各大寺的住持。

日本五山制度的具体创设时间不详，大体是镰仓末期，北条贞时任执权之时。最早可见的史料是《无象静照行状记》，其中有记载说，正安元年（1299），贞时把无象静照所住的镰仓净妙寺升于五山之列，这是目前可见最早的记载。

根据木宫泰彦的研究，日本五山制度的引入过程具体如下：

> 在设置的当初，只把镰仓的禅刹排定五山的位次。后来镰仓的禅学逐渐流传到京都，特别在北条氏灭亡、政治中心转到京都后，禅宗的中心也有转到京都的趋势。到了建武元年（1334），遂把京都、镰仓的禅寺合起来定出五山，后来屡经变迁，待足利义满创建相国寺后，元中三年（1386），又在镰仓、京都分别规定五山，而以南禅寺为五山之上，以建长、圆觉、寿福、净智、净妙为镰仓的五山，以天龙、相国、建仁、东福、万寿为京都的五山。①

镰仓净智寺曾获得"准五山"格，这一寺格的升降、地域的分配等，与日本不同政治集团的斗争纠缠在一起。日本禅宗寺格次于"五山"的"十刹"，木宫泰彦介绍如下：

> 至于十刹，历代也有变动，最初在兴国三年（1342），以净智（在相模）、禅兴（在相模）、圣福（在筑前）、万寿（在山城）、东胜（在相模）、万寿（在相模）、长乐（在上野）、真如（在山城）、安国（在山城）、万寿（在丰后）为十刹，到了北朝康历（1379—1380）年间，改为等持（在山城）、临川（在山城）、圣福（在筑前）、真如（在山城）、安国（在山城）、万寿（在丰后）、清见（在骏河）、定林（在美浓）、宝幢（在山城）、崇福（在出羽）等寺，另以瑞泉、禅

---

① 〔日〕木宫泰彦：《日中文化交流史》，胡锡年译，商务印书馆1980年版，第487页。

兴、东胜、万寿、长乐、国清、大庆、圆福、善福等寺为关东十刹。①

佚名者撰写的《扶桑五山记》② 一书，是日本较早系统介绍日本五山制度的著作，该书第一卷为《大宋国诸寺位次》，第二卷为《大日本国禅院诸山位次》，从编排来看，日本五山十刹制度受到中国的影响。木宫泰彦认为，日本的五山十刹制度与中国不同：

> 日本的五山十刹，因时代而有变迁，和宋元的固定不变有所不同，但这些寺院，尤其是五山，都是由朝廷和幕府来经营管理的公家事业，那里的住持都是根据朝旨、府令来决定，这些是模仿宋元制度的。③

可以肯定，日本的五山制度一开始是完全模拟中国的，以下后村上天皇正平九年（1354）建长寺住持某所撰的《建长兴国禅寺碑文》中的记载足以说明：

> 遍择灵地，至建长辛亥，得之于山内，曰巨福礼乡。十一月初八日开基草创为始，作大伽蓝，拟中国之天下径山，为五岳之首。④

于是，镰仓时代的日本禅宗寺院大体分为五山、十刹、诸山三个等级，禅苑的官寺制度也因此确立⑤，评定大权掌握在幕府手中。"五山"并非南宋朝那样由"五个寺院组成的一种制度体系"，"十刹"到后来数量远不止十座寺刹，据《荫凉轩日录》"延德四年（1489）六月二日"条及京都等持寺藏《诸州十刹位次簿》载，"当时日本列入十刹的寺刹数达46座"⑥。所谓的"五山""十刹""诸山"仅表示寺格与等级，关乎寺院管理体制，随着历史的发展，寺院及其背后势力之间的竞争，日本人将南宋专制体制下的五山制度做一些适合日本封建体制这一国情的改变。日本五

---

① 〔日〕木宫泰彦：《日中文化交流史》，胡锡年译，第487页。
② 中国学者王仲尧在其著《南宋佛教制度文化研究》（上册）对该书的文献价值作了分析，详细参见《南宋佛教制度文化研究》（上册），商务印书馆2012年版，第322—323页。
③ 〔日〕木宫泰彦：《日中文化交流史》，胡锡年译，第487页。
④ 转引自〔日〕木宫泰彦：《日中文化交流史》，胡锡年译，第486—487页。
⑤ 详细参见〔日〕玉村竹二《日本禅宗史论集》（卷上），第253—254页。
⑥ 王仲尧：《南宋佛教制度文化研究》（上册），第322页。

山制度的形成，与禅宗分门别派的社会现实也有关系，从镰仓到室町，日本创建了一系列的禅寺，禅宗出现二十四派（或称四十六派）。

与禅寺寺格评级相关的还有，日本五山丛林的"十方住持制度"，即住持的任命制度。该制度规定，原则上被评定为五山十刹的禅寺，其住持须由十方寺院推荐、遴选贤能，然后由幕府任命，否则放弃"五山""十刹"的荣誉。"十方"在这里是诸方的意思，意指所有的禅宗寺院。因诸寺属于不同派别，其矛盾的协调，也要推行十方住持制度来平衡，这一住持遴选制度也是模仿中国。五山十刹的住持任命，在室町时代由诸山长老推荐候选人，并由幕府将军敲定、指名，亦即"批名"，也就是将军从推荐名单中将选中的人物，"以爪批名字上，谓之点出"；再由将军"批日"①，即选定住持入寺就任的吉日。

二 日本禅宗五山十刹评定过程中的斗争

中世日本的政争与政局的风云变幻，以及政治中心从镰仓到京都（室町）的转移，影响了日本禅宗的发展，具体表现在禅宗文化中心的变化上，表现在禅宗五山的次序变化上，表现在禅寺住持的任命方法上。

受宋学君臣父子名分思想的影响，1334年，出身于"大觉寺派"不甘心作傀儡一心"倒幕"的后醍醐天皇（1288—1339），终于打败北条氏控制的镰仓幕府，解除京都六波罗探题的武装，推行"新政"，其变革目标是要否定摄政、关白、院政、幕府，建立以天皇为中心的专制主义政权，史称"建武中兴"。镰仓幕府虽然瓦解，但为此贡献的足利尊氏却尾大不掉，且武士们也不愿自己的利益因天皇的复辟而受损，以致足利氏与皇室之间积怨日深，于1335年决裂。

1336年，足利尊氏与弟弟足利直义攻入京都，并扶持"持明院派"的光严上皇与后醍醐天皇对抗②，打败了楠木正成等，重建了代表武家利益的新幕府，扶持光严上皇的弟弟为天皇，称光明天皇（1321—1380），并将武家权力的核心从关东镰仓转移到京都室町，足利尊氏为室町幕府的第一代将军。后醍醐天皇被迫退位并逃亡吉野，建武新政如同昙花一现，日本皇室因此出现了南朝、北朝两个朝廷对立的局面，足利支持的傀儡朝

---

① 〔日〕景徐周麟：《等持寺日件》，载辻善之助编《鹿苑日录》第一卷，东京太洋社1937年版，第2页下。
② 此举是挑起两系统皇位之争，利用两系统更替的天皇继承体制造矛盾，以便室町幕府在政治斗争中取得有利地位。两系统更替继承天皇体制形成的具体内容，参见本章第四节。

廷为北朝。政治斗争与宗教斗争交织在一起，日本禅宗的发展也相应地受到影响。

在禅宗五山寺院资格的评定过程中，天皇的朝廷和足利氏的室町幕府之间也开始发生冲突，争论的焦点是诸山住持任命的方法。公家系的寺院坚持"一流相承主义"，即由同门师徒相承住持一职；而镰仓以来的武家势力热心培养新的教团，主张在选拔、任命住持的时候，采用中国理想的"十方住持制度"。这一争论体现了政治势力在宗教控制权上的争夺，突出体现在大德寺的五山资格和次序问题上，宗教一统的背后有政治一统的诉求。

大德寺自宗峰妙超（大灯国师）开山以来，和朝廷、公家的关系密切，因此，住持的任命方法，自然受公家系的思想支配，成为一派相承（或称"一流相承"，即子孙传承制）的"徒弟院"，又称"甲乙徒弟制、度弟院"。根据《大德寺文书》第一号文书，元弘三年（1333）八月二十四日，后醍醐天皇亲笔御置文如下：

> 大德禅寺者，宜为本朝无双之禅苑，安栖千众，令祝万年。门叶相承，不许他住，不是偏狭之情，为重法流也。殊染宸翰，贻言于龙华耳。
> 元弘三年八月廿四日
> 宗峰国师禅室①

建武四年（1337）八月二十六日后醍醐天皇（花园上皇）的御置文再次强调此意（略）：大德寺由宗峰一派一流相承，不接受其他门派的住持，此成为寺法（寺规）。

在"建武中兴"之际，后醍醐天皇志在必得，由朝廷一统政教，于元弘三年（1333）十月一日，通过式部宣旨命："大德禅寺，可为五山之其一。"紧接着于元弘四年（1334）正月二十八日再次宣旨，进一步命令："大德禅寺者，圣运廓开之嘉域，南宗单传之净地也……宜相并南禅第一之上刹，奉祈祷圣躬亿兆之宝位。"② 这样一来，代表天皇朝廷的大德寺就和代表武士的第一禅寺南禅寺并列，被晋升为五山之首了。

但是，室町幕府的足利将军在确立统治地位后，根据自己的信条，以

---

① 〔日〕辻善之助编：《鹿苑日录》（第一卷），第225—226页。
② 〔日〕辻善之助编：《鹿苑日录》（第一卷），第226页。

大德寺非十方刹的理由，坚持要将大德寺从五山中除名。到历应四年（1341）八月二十三日评定五山、十刹位次的时候，大德寺之名不再留在五山之内了①。这一年评定次年审定的日本五山次序是：

五山次第
第一建长寺　南禅寺（两寺均等之，子细见状左，但依都鄙改坐位）
第二圆觉寺　天龙寺
第三寿福寺
第四建仁寺
第五东福寺（住持家并本所承诺治定毕②）
十刹次第
第一净妙寺（镰仓）　第二禅兴寺（相阳）
第三圣福寺（筑前）　第四万寿寺（京都）
第五东胜寺（镰仓）　第六万寿寺（镰仓）
第七长乐寺（野州）　第八真如寺（京师）
第九安国寺（京师）　第十万寿寺（丰后州　下略）③

可见足利幕府建立后，极力争夺五山十刹等禅宗诸山诸寺的评定权，从而控制日本佛教，影响意识形态。和天皇的朝廷抬举大德寺相对，室町幕府极力抬举天龙寺和相国寺，结果南禅寺和建长寺并列为五山第一，天龙寺和圆觉寺并列五山第二。

幕府势力，特别是1336年开创的室町幕府，借助融合三教的禅宗④政治理念，利用佛教的仪式，树立幕府的政治威望，消磨朝廷公卿的抵抗意志，同时培养武士的牺牲、勇武之气和忠诚、恭敬之心。初代将军足利尊氏与朝廷在教权的争夺上尚能妥协，顾及天皇在神佛两教中的权威，也许是南北朝分裂的缘故吧，到第三代将军足利义满时，随着南北朝的政权统一，将军权威的确立，义满对朝廷的态度越发强硬起来。

---

① 〔日〕玉村竹二：《日本禅宗史论集》（卷上），第259页。
② 因为东福寺为藤原氏的坟寺，为"圣一派"独占住持一职，故有要求从五山之中除名，最后贬为五山之末席。
③ 原载《大德寺文书》第一号文书，编入《大日本古文书》，本文转引自〔日〕玉村竹二著《日本禅宗史论集》（卷上），第262页。
④ 具体参见本书第六章。

1368年任"征夷大将军"的足利义满，应永六年（1399）在相国寺举行大塔供养时，比照朝廷的御斋会，以像法皇那样的行装来到供养的现场，义满要步出北山邸中门的时候，亲王、关白以下所有的廷臣全部跪在地上，他步行穿过其间的情形好比是月亮拨开浮云而出。于是，在供养的场合跟宽平太上法皇（宇多）、后白河太上法皇一样登上了证诚（议论判断者）之座，此见于《相国寺塔供养记》。义满此举对僧俗各界影响很大。应永十四年（1407），在营建相国寺的山门时，有关人员在《新开山门阁疏》里，就把已经接受明朝册封的足利义满称为"大檀那（施主），日本国王"（《后鉴》）①。

功利主义的禅僧们很快就承认大施主足利氏是日本的"天子"，中严圆月在《奉左武卫大将军》中把足利尊氏的开幕说成是"大将军的革命"，称尊氏为"建武天子"（《上建武天子表》）；中芳圆伊则直接把幕府称为"朝廷"（《懒室漫稿》）；大同周斋称尊氏为"皇祖仁山将军"（《义满一周忌升座》）；景徐周麟称足利义诠为"皇考宝篋相公"②。应永九年，明朝皇帝所赠送的国书称足利义满为"日本国王源道义"，翌年义满给明朝皇帝的回信里自称"日本国王"，都是在这一语境之下。

禅寺竞争五山地位的同时，还有"五山"和"林下"分流的竞争。由于室町幕府的历代将军尊崇临济宗，故曹洞宗在寺格竞争中处于劣势。在中世日本，五山派（或五山流）寺院之外的寺院都称为林下，可以归属于"私寺"③，他们基本上反对五山的官僚化、贵族化，主张隐遁山林，永平寺、能登寺系统的寺院，曹洞宗莹山绍瑾门下的寺院、临济宗的幻住派，还有大应派的一些寺院都属于"林下一流"，林下诸派，"为了得到民众的信仰，努力使教养单纯化、平民化"④。

斗争不局限于禅宗寺院内部，禅宗系统和其他宗派的竞争依然存在。被朝廷提升为日本禅林第一的南禅寺，第三十三代住持定山祖禅，因无法忍受以比睿山为中心的权门势力的压制，于贞治六年（1367）九月著《续正法论》，代表新佛教的立场，批评乃至咒骂天台宗，殃及整个南都六宗

---

① 参考〔日〕石田一良《日本文化——历史的展开与特征》，上海外语教育出版社1989年版，第134页。
② 参考〔日〕石田一良《日本文化——历史的展开与特征》，上海外语教育出版社1989年版，第134页。
③ 〔日〕道崎直道：《道元思想与日本佛教（道元思想と日本仏教）》（道崎直道著作集第九卷），东京春秋社2010年版，第345页。
④ 〔日〕佐佐木银弥：《室町幕府》，编入《日本历史（日本の歴史）》第13卷，小学馆1975年版，第314—316页。

第六章　禅宗作为"国教"而鼎盛并影响中世日本政体　177

及真言宗等"本朝八宗"旧佛教，结果引起他们的强烈反对。1369年，南禅寺新建山门，延历寺以其侵犯本寺领地，要求幕府下令撤毁山门，管领细川赖之不答应，于是，应安二年（1369）七八月，睿山僧人抬着日吉神舆拆毁了山门。定山祖禅也因延历之徒的强诉被管领细川赖之流放，这是禅宗遭受的一次打击。为可以抗议幕府的裁决，"南禅一众拂衣散去"，春屋妙葩"潜居胜光庵，自称西河潜子"①。不过，"南禅寺山门事件这也是权门势力排斥禅宗的最后一次运动"②，禅师春屋妙葩被尊崇是禅宗强势的标志。1371年，幕府决定恢复南禅寺旧规，命细川赖之带公帖请春屋妙葩出山，遭到春屋的拒绝。直到1379年，朝廷下圣旨春屋妙葩才答应入住南禅寺，此足见禅僧的自尊和自信。

三　足利义满以后的日本五山制度和五山文化

　　足利幕府历代将军中，被称为"专制将军"的足利义满，对于禅宗的兴盛、对于禅宗五山制度和五山文学等文化艺术③的发展影响极大。

　　梦窗疎石门下的两位高足春屋妙葩、义堂周信，深得足利义满的信任，成为足利义满禅修的精神导师。足利义满曾经先后两次和义堂周信等商议日本的五山十刹制度④，1381年，足利义满与春屋妙葩、义堂周信议定五山十刹之制。日本禅寺被分为五山、十刹、诸山三个等级，纳入室町幕府的管理之下，形式上必须得到天皇朝廷敕命的认可。对应于"镰仓五山"，足利义满等商定的"京都五山"（或"皇都五山"）次序如下：

　　　　日本皇都五山者：一灵龟山天龙资圣寺（五山第一），开山梦窗疎石（嗣高峰），号正觉心宗普济玄猷佛统大圆国师；二万年山相国承天寺，劝请梦窗为开山，春屋妙葩（嗣梦窗）为第二世，号智觉普明国师；三东山建仁寺，开山明庵荣西（嗣虚庵），号千光祖师；四慧日山东福寺，开山圆尔辨圆（嗣无准），号圣一国师。五京师（又名九重山）万寿寺……

　　　　瑞龙山太平兴国南禅寺（五山之上），开山无关普门（嗣圣一），

---

① 〔日〕春屋妙葩语，侍者周佐等编：《智觉普明国师语录》卷第八，《大正新修大藏经》第80册，第720页。
② 〔日〕竹贯元圣：《新日本禅宗史——当时的权臣与禅僧们（新日本禅宗史——時の権力者と禅僧たち）》，第103页。
③ 本书侧重在五山制度等社会方面的分析，文学艺术审美等将另撰专著论述。
④ 王勇主编：《人物往来与东亚交流》，光明日报出版社2010年版，第287页。

号大明国师，此山为五山之冠矣。盖准中华天界大龙翔集庆寺冠于五山也。①

至德三年（1386）六月一日，足利义满为了将相国寺纳入五山之列，特地和义堂周信商量，拟将万寿寺剔出五山之外代之以相国寺，或"以相国为准五山"，或创设"禅宗六山"。义堂在协调各寺各派势力基础上，遵守中国五山之制，排除了义满创设"禅宗六山"等想法，而采取了"五山之上"是其变通之举，于是"升南禅位为五山之上，补入以相国"②。至德三年（1386）七月十三日，正值义堂周信住持南禅寺，朝廷敕命南禅寺为五山之上。左丞相书赠八字"天下第一，五山之上"③。

足利义满确定五山法时，比较能够听取禅师们的意见，绝海中津和空谷明应都参与谋划，绝海中津曾任五山第一的相国承天寺住持。

禅寺被列入五山十刹是非常荣耀的事，因为宝幢寺是足利义满请春屋妙葩开山创建的，足利义满曾极力把它列入十刹，当时幕府的御教书是如此规定的：

宝幢寺可令为十刹（座位等持寺下、普门寺上）也、将亦未来住持职事，以鹿王院（开山塔头）吹举，可有补任候也。恐惶敬白。
（至德二，1385）十月廿三日　足利义满（花押）
普明国师禅室（春屋妙葩）④

该御教书中规定，住持一职根据开山塔头鹿王院塔主举荐来任命，虽未明文规定废除十方住持，却也表明室町幕府意图改变坚持"十方住持制度"的态度，放弃了这一理想的管理制度，接受一流相承的度弟院制。

足利义满对日本五山制度和五山文化影响的一个重要原因，是确立了五山机构，设置了统领机构"鹿苑僧录"、副僧录等僧官、僧职。根据《禅林象器笺》第七类"职位门"记载，僧录语出中国唐朝，"《僧史略》

---

① 〔日〕无著道忠禅师编辑：《禅林象器笺》，高峰禅师注，日本中文出版1909年版，第4页。
② 〔日〕义堂周信：《空华老师日用工夫略集》，收入近藤瓶城编《续史籍集览·第3册》，东京近藤出版部1930年版，第273—274页。
③ 〔日〕义堂周信：《义堂和尚语录》，《大正新修大藏经》第八十卷，第517页。
④ 原载《大德寺文书》第一号文书，编入《大日本古文书》，本文转引自〔日〕玉村竹二《日本禅宗史论集》（卷上），第261页。

云,唐文宗开成中,始立左右街僧录"①。

日本僧录:第一百主后圆融帝,康历二年庚申正月,春屋妙葩,赐国师号,任僧录司,此为始也。自义满公、义持公时,住鹿苑院者,任僧录司,以荫凉轩为其副矣,掌五山十刹,出世举荐,武家赐公帖。②

五山禅寺等住持的聘任等事务在鹿苑进行评议③,禅师在鹿苑院的聘请下出任五山十刹的住持。1615年,鹿苑僧录被废止,同时被废止的还有荫凉轩一职,这标志着日本禅宗进入新的历史阶段。

第二节 国师梦窗疎石与日本京都禅宗的极盛

一 梦窗疎石的尊禅运动使南禅寺成为"五山之上"

室町幕府讨论禅宗"五山十刹"制度,在五山之上再确立一禅寺,其实就是从宗教信仰上一统五山,并以此在政治上一统天下,后醍醐天皇早在"建武中兴"之前就有此谋划了,梦窗疎石因此也卷入政治斗争之中。

室町时期,日本宗教界发生的一件引人注目的大事,就是幕府将军足利尊氏计划在日本全国开设禅寺,将禅宗信仰推广到全国,在京都开设天龙寺。足利氏"力排朝野的非难,特别是突破旧佛教的猛烈攻击,将此事业一以贯之"④,其目的是借禅宗的一统,统一日本政治和思想。梦窗疎石是这一运动的重要推动者。

梦窗疎石(1275—1351),传说是宇多天皇的九世孙,出生于伊势(今三重县)源氏,父姓佐佐木,母平氏。梦窗自幼丧母,三岁移居甲斐(今山梨县),九岁出家,投平盐山寺空阿法师之室,学内外典籍。十八岁时剃发受戒,师从奈良东大寺戒坛院示观律师,后周游各地,修学天台、真言显密二教,因悟"佛法非义学机智之所能诣",乃决定改换门庭,到

---

① 〔日〕无著道忠禅师编辑:《禅林象器笺》,第211—212页。
② 〔日〕无著道忠禅师编辑:《禅林象器笺》,第211—212页。
③ 〔日〕辻善之助编:《鹿苑日录》(第一卷),太洋社1937年版,第67页。
④ 〔日〕三浦周行:《日本史研究(日本史の研究)》第〔1〕辑,东京岩波书店1930年版,第661页。

镰仓诸寺参禅。也有传说，密教出身的梦窗，十九岁时，因一次梦游中国禅宗名刹疏山、石头，获赠达摩半身之像，"由是知缘契禅宗"①，因此仰慕禅宗。二十岁时动身去京都建仁寺，随无隐园范禅师学禅，于是，依照梦境改名"疎石"，号"梦窗"，立志坐禅。从此，梦窗"改衣（依？）归禅"②，游方参学，历建长、圆觉诸寺。

1299 年，元僧一山一宁到日本京都时，二十五岁的梦窗疎石仰慕一山之名，去旅馆拜访一山，"山一见而甚喜"，后梦窗"出洛阳，入东关"追随一山，以善作偈颂而在一山巨福席下"登上科"。"一山兼管圆觉"，梦窗"随侍而迁，其志在朝夕参诣尔"③。1303 年，"以气自负"的梦窗疎石因求一山开示时，一山总是以"我宗无语句"，"也无方便，也无慈悲"答复他，加之"言语不通，不能仔细详问"等原因，离开了一山一宁。

梦窗疎石离开圆觉寺后，到镰仓乾明山万寿寺拜访无学祖元的第一高足高峰显日（1241—?），言语之下虽有所觉悟，"然机辩犹有所滞"④，于是在白鸟乡独自精修。1305 年以后又在镰仓净智、万寿寺参问佛国禅师，最终得到高峰显日的印可。

佛国禅师高峰显日与南浦绍明并称当时日本禅林双壁。高峰显日出身高贵，本是后嵯峨天皇的皇子，圆尔辨圆的高弟。先后或随侍或拜访过兀庵普宁、无学祖元、一山一宁等宋朝高僧，并得到无学祖元的印可，受无学祖元的法衣和法语。其法衣是无学祖元从无准师范那里继承来的。梦窗疎石在得到高峰显日的印可后，再往各地云游，此即禅宗所主张的行脚、参方，他先后到甲斐、美浓、土佐、相模等处游历。梦窗疎石因此道誉传播日本，得到了后醍醐天皇、北条高时、足利尊氏的召请，成为各派势力争夺的风云人物。

1325 年，后醍醐天皇召见了梦窗疎石，请他住持南禅寺。梦窗拒绝接受，天皇便以"欲朝夕问道"挽留⑤，不得不暂留时日才去。1331 年后醍醐天皇谋划复辟之时，欲以兴禅收买人心，再次诏见在各处游方的梦窗，主持临川禅院，并赐以国师号。建武元年（1334），后醍醐天皇下令以京

---

① 〔日〕梦窗疎石语，侍者本元等编：《梦窗国师语录》卷下之二，《大正新修大藏经》第 80 册，第 483 页。
② 〔日〕竹贯元圣：《新日本禅宗史——当时的当权者与禅僧们（新日本禅宗史——時の権力者と禅僧たち）》，第 66 页。
③ 〔日〕春屋妙葩：《梦窗国师年谱》，《续群书类丛》第九辑下（传部），第 499—500 页。
④ 〔日〕春屋妙葩：《梦窗国师年谱》，《续群书类丛》第九辑下（传部），第 500—502 页。
⑤ 〔日〕梦窗疎石语，侍者本元等编：《梦窗国师语录》卷下之二，《大正新修大藏经》第 80 册，第 499 页。

都南禅寺为天下第一山，凸显出统一日本佛教的企图，天皇强请梦窗疎石"再住南禅，举扬宗乘"，梦窗固辞此任，但因僧俗"平氏（北条）已灭，惟禅宗谁复为护乎？"的忧虑，才"不得已应诏再任"[1]。

瑞龙山南禅寺，是龟山法皇诏请无关玄悟禅师（世称"普门无关"），于正应四年（1291）开山的。无关玄悟（1212—1291），字无关，信浓人，曾到宋朝留学，历参灵隐荆叟、净慈断桥诸师，12年后回日本。龟山上皇在山中建造离宫，因屡出怪事，敕令西大寺兴正菩萨睿尊，率领二十名僧人"居于宫中，以镇妖怪"，睿尊念经作法，毫无结果。因南都北岭的显密诸师都无法术能镇住妖邪，于是龟山上皇便请来禅僧无关和尚，和尚在此坐禅九旬，妖邪怪物全部隐匿不见，从而得到上皇的尊重，"上皇因兹，倾心禅宗"，最后"舍此宫以为禅苑"。无关圆寂后被尊为"大明国师"[2]。1307年，后宇多法皇将南禅寺列入准五山，并得到了镰仓幕府的认可和接受。

1334年，梦窗疎石再次出任南禅寺住持，给了日本禅僧复兴禅宗的信心。因为关东镰仓幕府灭亡之时，许多人都担心"禅苑其不兴也"，当时有公卿"劝帝废禅宗"，一时争论不休，后醍醐天皇征召梦窗时亦称："佛法隆替系乎其人，若师固辞，朕亦无如之何而止。"故后醍醐天皇的请求与梦窗的接受，致使"禅徒欢呼之声溢乎山林而彻街衢"，梦窗因此"心倍勇健，以救法为自责也"[3]。但因朝廷、武家的争斗不定等因素，左右为难的梦窗和尚最终还是离开了南禅寺。历应二年（1339）"摄州守某革西方教寺为禅"，请梦窗任住持，称"非师无以压众望"，梦窗于是"振锡而往举扬达摩氏之道，听者改容"[4]。

梦窗疎石尊崇禅宗之举影响了朝野僧俗。足利氏建立室町幕府后也想收服人心，诚请梦窗住持天龙资圣禅寺。在北条、天皇、足利等诸多势力的争夺中，梦窗疎石最终为足利氏所用，但不忘调和朝廷、幕府关系、复兴禅宗。因南禅寺与朝廷也有渊源，梦窗疎石的弟子义堂周信因足利义满将军信任他而奏请以南禅寺置于五山之上，也是一种调和之举。

义堂周信（1325—1388），日本临济宗高僧，号空华道人。出身于土

---

[1] 〔日〕梦窗疎石语，侍者本元等编：《梦窗国师语录》卷下之二，《大正新修大藏经》第80册，第489页。
[2] 〔日〕海寿：《无关和尚塔铭》，收入《续群书类丛》第九辑上（传部），第329—333页。
[3] 〔日〕梦窗疎石语，侍者本元等编：《梦窗国师语录》卷下之二，《大正新修大藏经》第80册，第489页。
[4] 〔日〕梦窗疎石语，侍者本元等编：《梦窗国师语录》卷下之二，《大正新修大藏经》第80册，第499页。

佐（高知县），因仰慕梦窗之名，投其门下参禅，成为梦窗的高足。后居于关东圆觉寺及其他各寺，二十年间教化四方，声名鹊起。后应足利义满之请，先后居于京都建仁寺、南禅寺，备受顾问，其间很注意调和幕府与朝廷的关系。

足利义满接受义堂周信的建议，因京都是政治中心，希望其同时成为禅宗的中心，超越镰仓的影响；又因龟山天皇说过"本寺繁荣系皇室之繁荣"，表请南禅寺列为五山之上，表示足利幕府奉戴皇室，以此行为笼络人心。而且幕府也可以乘机夹带私货，将相国寺列入五山之中，所谓的"相国"是指义满，抬举该寺也是对义满的尊崇。

将相国寺列入五山，则是梦窗的弟子春屋妙葩向足利义满建议的，春屋按照1383年创建时和义满之间的约定，追奉梦窗为开山祖师，也是夹带私货。此外天龙寺列入五山也是。至德三年（1386）评定的五山次序是：

　　　五山之上　南禅寺
　　　五山第一　天龙寺　建长寺
　　　第二　相国寺　圆觉寺
　　　第三　建仁寺　寿福寺
　　　第四　东福寺　净智寺
　　　第五　万寿寺　净妙寺[①]

以上可见，日本有京都、镰仓双"五山"，并非实数"五"，而是一个象征数字，列入这一"五"的禅寺，表示在日本全国禅寺中地位最高。

和南禅寺、相国寺一样，后来居上的另一个禅寺是天龙寺，天龙寺的开山正是梦窗疎石。从义堂周信的日记看，京都禅宗大寺在当时禅僧心目中的地位较高[②]，因为京都是室町时代的政治中心。

二　梦窗疎石的"怨亲平等"观念促成天龙寺的开创

日本著名的佛教学者村上专精认为，"京都的禅宗由圣一、大应二位国师的力量得以盛行起来，然而使它达到极盛时期的却是天龙寺的第一代

[①] 杨曾文：《日本佛教史》，浙江人民出版社1995年版，第491页。
[②] 参见〔日〕义堂周信《空华老师日用工夫略集》，收入近藤瓶城编《续史籍集览·第3册》，东京近藤出版部1930年版，第155—157页。

祖梦窗国师"①。当京都的五山禅寺和京都"公卿禅"②兴盛之时，可以说日本禅宗也进入它的极盛时期。

树大招风的梦窗疏石，一生摆脱不了政治家的纠缠，故与政治的联系紧密，处于战乱之时代，他能在各派势力中左右逢源，但也常常左右为难，这也正好说明，禅宗对于当时日本政治家的魅力，梦窗身上残留的密教气味可能也有影响。

因为与敌对的不同势力交往，他显然想调和政治冲突，从宗教的层面，梦窗疏石形成了"怨亲平等的思想"，因此他坚持平等的行化③，这是梦窗宗教的魅力。

正中二年（1325），梦窗疏石五十一岁时，应后醍醐天皇的召请，进入皇宫，宣讲佛心宗，天皇敕命住南禅寺数年，其间还在伊势开创了善应寺。五十三岁时，他又应镰仓幕府北条高时的邀请前往相模，住净智寺，开创瑞泉寺。

这期间日本政治最为动荡，争战激烈，梦窗疏石不得不在各寺之间辗转，很少在一寺常住。面对朝廷内部大觉寺统和持明院统两系、足利氏两兄弟，亦即京都朝廷和镰仓幕府、南朝和北朝这一复杂的对立形势，虽然身不由己，但梦窗能冷静观察，对各种政治势力采取不偏不倚的态度，或者说采取一种骑墙的态度。1333年，后醍醐天皇遣敕使到镰仓，命足利尊氏和足利直义兄弟，迎梦窗入京都，舍龟山离宫创建临川寺，命梦窗做开山第一祖，并特赐国师称号。建武元年（1334）梦窗再次经管京都南禅寺。

梦窗不在一寺常住，对于朝廷和幕府的邀请，有接受也有推辞，给天皇朝廷和镰仓幕府不偏不倚的印象，以致被各方争取。元弘之役后，北条氏镰仓幕府灭亡，建武复辟之时，梦窗利用和后醍醐天皇问答禅宗大旨的影响，在京都大扬禅风。由于抱怨朝廷分赃不均，足利氏倒戈，"建武中兴"才三年便夭折，延元元年（1336），后醍醐天皇被迫行幸延历寺之时，梦窗疏石果断离开南禅寺，到京都临川寺静修。

1338年，足利尊氏从北朝光明天皇处获得"征夷大将军"之职，开创室町幕府后，日本也陷入南北朝对立的状态之中。梦窗疏石又受到足利尊氏及其弟足利直义的崇仰，足利氏特为他创建天龙寺，请梦窗为开山第

---

① 〔日〕村上专精：《日本佛教史纲》，杨曾文译，商务印书馆1981年版，第193页。
② 〔日〕破魔禅：《禅与活动（禅と活動）》，东京东亚堂书房1907年版，第85页。
③ 〔日〕荻须纯道：《禅与日本文化之诸问题（禅と日本文化の諸問題）》，平乐寺书店1969年版，第25页。

一世，并尊梦窗疎石为总持院、真如寺等的始祖，彼此之间建立了稳固的"师檀关系"，梦窗借此机会，以慈悲、正直等理念感化尊氏兄弟，尊氏入道之后道号为"仁山"，直义入道之后道号为"古山"，这为梦窗一派此后参与谋划幕政、掌握权势，在五山派中的壮大都奠定了基础。

延元四年（1339），后醍醐天皇死于吉野行宫。梦窗疎石目睹战争之后的一片荒凉景象，加之同情后醍醐天皇，为追悼天皇并超度因战乱死去的人，他利用自己与足利尊氏、直义兄弟良好的师檀关系，借自己的梦境和后醍醐天皇的冤魂说事，宣传冤亲平等的思想，促使足利兄弟为反省战争、忏悔战争而修建寺院，化解敌我二元对立的政治状态。于是，足利尊氏上奏朝廷，改龟山殿为寺庙，寺名"历应资圣禅寺"，因足利直义梦见大堰川中涌现金龙，于是又改名"天龙资圣禅寺"。

关于创建天龙寺的目的，梦窗语录中对此有记载。可见梦窗对于战后抚慰朝野、安定人心的作用。受足利尊氏之尊信，梦窗协力建造安国寺利生塔。梦窗疎石为向元朝募捐，敦促幕府于1342年派遣"天龙寺船"至中国贸易，居功厥伟。

这期间，摄津太守藤原亲秀、阿波太守细川赖春、高师直等地方势力也纷纷创建寺院，请梦窗疎石去做住持。北朝朝廷更加拉拢他了，贞和元年（1345），天龙寺落成庆典的时候，上皇率百官来贺。之后又请梦窗入宫，加赐"正觉"之号。

贞和二年（1346），梦窗疎石让弟子无极志玄继天龙寺法席，退隐云居庵。观应二年（1351）九月二十九日，梦窗示寂，世寿七十七。据说天皇闻之震悼，为之停止朝政。因自后醍醐天皇以后，他受过七个朝代的赐号，故被称为"七朝国师"（详细参见本章后文）。

三　禅宗梦窗派的形成及其政治影响

中世日本著名的禅师大多有到中国留学的经历，但梦窗疎石没有。不过，宋元之际东渡日本的中国高僧很多，即使梦窗不用西游也能接受宋学，特别是他随侍一山一宁，从京都追随到镰仓，获益很多。梦窗的另一个导师是高峰显日，显日曾得无学祖元的法衣和法语，可谓无学祖元的嫡传。

14世纪的日本禅宗，数梦窗疎石一门最为强大，这一派对政治的影响力也最大。梦窗门派世袭相国寺、临川寺、等持寺的住持，形成了所谓的"徒弟院"，使幕府的十方制度形同虚设。室町幕府设置的管理禅宗寺僧的"禅律方"也逐渐被梦窗一派把持。这一派加速了中世日本禅师的贵族化、官僚化。

第六章 禅宗作为"国教"而鼎盛并影响中世日本政体

当时到梦窗门下参学、问道者极多,嗣法弟子五十二人,其中以无极志玄(天龙二世)、春屋妙葩、义堂周信、绝海中津、铁舟德济、龙湫周泽、古剑妙快、观中中谛等人最为著名,其法系形成梦窗派,一称嵯峨门派,其门下弟子据说达到一万三千四十五人①,这不仅是他一门达到"极盛时期"②,同样也是整个日本禅宗极盛的标志。

梦窗弟子中最著名的是春屋妙葩。春屋妙葩(1311—1388),字妙葩,号春屋,甲州(今山梨县)人。俗姓平氏,母源氏,七岁出家,学《妙法莲华经》。九岁时,因梦窗疎石"居三浦泊船庵",便"往而从焉"。虽然随后又奉侍过元元翁,参学于竺仙梵仙、清拙正澄等元朝赴日高僧,但主要是追随梦窗疎石左右,甚至"见许同住一房",春屋因此可以"朝参暮请,每有谆谆提耳之训"③。春屋先后在净智寺、等持寺、天龙寺、南禅寺等处任典藏、首座等职。贞和元年(1345),因在天龙寺开堂庆赞法会中透露机锋,梦窗让春屋"主云居庵"。因此春屋妙葩声名远播中国、朝鲜,且和元朝、朝鲜高僧之间书信往来密切。据载,"乙丑岁,大元国育王雪恖光公,本觉了庵欲公,作师道号颂寄焉。南堂又为芥室歌,琦楚石、金西白之辈,元朝名师咸以诗文相通甚伙矣"④。北朝后光严天皇延文二年(1357),足利幕府聘请春屋出任京都等持寺住持。贞治二年(1363),幕府在山中老宿的请求下聘请春屋出任天龙寺住持。

1364年,春屋妙葩应细川源公的邀请到大光明寺,隐居的光严法皇因此和春屋"对语终日",以致将所有资财舍予天龙寺,"永代用充专好坐禅者粥饭",天龙寺因此"别置常牧寮,安十六员僧",法皇此举大概是针对日本禅宗过于看重祈祷仪式,禅修不够,因此提倡坐禅。春屋的积极响应很令法皇欢喜,据载,"上皇喜其勋续有旨,永使师门派主焉"⑤。此可见春屋妙葩善于应对朝廷,对梦窗一门发展的贡献之大。

1383年,足利义满创建相国寺,寺因春屋妙葩、义堂周信根据宋东京大相国寺而命名"承天相国",义满强求春屋妙葩做该寺的开山祖师,春屋答应担任住持后,"相公(义满)自般[搬?]土筑基,诸州太守以下

---

① 〔日〕水上勉、关牧翁:《古寺巡礼:京都4 天竜寺》,京都淡交社1976年版,第89页。
② 〔日〕村上专精:《日本佛教史纲》,杨曾文译,第193页。
③ 〔日〕侍者周佐等编:《智觉普明国师语录》卷第八,《大正新修大藏经》第80册,第718、720页。
④ 〔日〕佚名:《普明国师行业实录》,《续群书类丛》第九辑下(传部),第646页。
⑤ 〔日〕侍者周佐等编:《智觉普明国师语录》卷第八,《大正新修大藏经》第80册,第720页。

咸莫不服役焉"。到至德元年（1384）便建成，"山名万年，寺名相国承天"①。春屋还任天下僧录司，此中足见其对政治、宗教的影响力。

而梦窗的再传弟子中，要数天龙寺无极志玄门下的空谷明应影响最大，空谷曾历住南禅寺、相国寺、天龙寺等大刹。崇光上皇敕赐以"佛日常光国师"的尊号，将军屡屡入寺问道。而空谷明应门下又有义堂周信，深得足利义满器重。

不过，由于梦窗一派势力的壮大，加之与足利将军家深厚的师檀关系，致使日本五山制度体系下的十方住持制度难以维持，以致出现了两种情况，一是诸寺渐渐陷入"一流相承"的选拔方法，二是梦窗派向各寺院的扩展，夺取各寺住持之职。

第三节　日本的佛法与王法：以禅宗修法镇护日本国家

一　宋元禅宗祝圣护国观念对日本的影响

自荣西等鼓吹"兴禅护国"以来，禅宗在日本逐渐上升成为"国教"，成为国家意识形态的支柱。禅宗的"护国"表现在很多方面，成为日本政治主要的祈祷工具是其标志之一，这也是因为日本人的宗教信仰极其重视祈祷的功能，故日本的宗教文化是奉行神秘主义的。

宋朝开国皇帝由于信仰佛、道等宗教，并复兴宗教、利用宗教，佛教因此在中国复兴。宋朝皇帝将自己的生日定为"圣节"，举行盛大的庆典仪式，朝廷也会在节日期间发放度牒。据说这一传统从宋太祖开始。

> 建隆元年，群臣请以二月十六日为长春节。正月十七日，于大相国寺建道场以祝寿，至日，上寿退，百僚诣寺行香。②

宋朝历代皇帝"圣节"的名称不一，太宗为"乾明节"，自太平兴国三年（978）以来，北宋每年乾明节都要摆设大宴，"宴外国使为常"③。雍熙元年（984）十月七日为宋太宗的生日，即"乾明节"，日本求法巡

---

① 〔日〕侍者周佐等编：《智觉普明国师语录》卷第八，《大正新修大藏经》第80册，第721页。
② （元）脱脱等编：《宋史》，中华书局标点本1977年版，第2671页。
③ （元）脱脱等编：《宋史》，中华书局标点本1977年版，第2803页。

第六章　禅宗作为"国教"而鼎盛并影响中世日本政体

礼僧奝然，六月从洛阳求法巡礼归来之后，正在宋京城汴梁停留，或观摩寺院，或寻访天竺高僧问法，因此被作为外宾宴请赴会。机灵的奝然乘机收了祈乾、祈明二弟子，分别为他们受具足戒，正式为僧，二人的法名即来自乾明节，奝然以祈祷宋朝皇帝圣寿的方式来报答皇恩，不仅冠冕堂皇，而且得到皇帝的优待和赏赐。

成寻来宋时也见识圣节，看到宋朝寺院念经祝圣的情景。如成寻《参天台五台山记》延久五年（1073年，宋熙宁六年）六月卅日条中有如下记载：

> 御药来参向，数克谈话……西天惠远、惠寂二人归西天，圣旨文字送枢密院，判成了。大［西？］天国二人同天节新经之次，可令朝见，申大卿由奏文字与判了。同天节者，皇帝生日四月十日，诸僧参内，读新经，祈圣寿云云。大卿、少卿、三藏、梵义、笔受二人，合六人参内云云。①

中国宋元时期的禅宗有着浓厚的祝圣护国观念②，而且一开始就体现在各种清规的文字之中。如《禅苑清规》："初三、十三、二十三念：皇风永扇，帝道遐昌；佛日增辉，法轮常转。伽蓝土地，护法安人；十方施主，增福增慧。"③

再如《丛林校定清规总要》："朔望乃祝圣上堂，须用严备铺设法座，禅客问话，有无不拘……回向云：念诵鸿因，恭为祝延今上皇帝，圣寿无疆。"④

再见《入众须知》："朔望上堂……住持拈香祝圣，祝圣讫，侍者接香"，"圣节佛殿念诵：切以，皇风永扇，帝道遐昌……诵诸佛之洪名，祝一人之睿算。念清净，上来念诵洪因，祝延今上皇帝圣寿无疆，金刚无量寿佛诸尊"。

新任住持拈香为皇帝祝寿，为地方官祝福，向师父报恩，将此纳入寺

---

① 〔日〕平林文雄：《〈参天台五台山记〉校本及其研究（〈参天台五臺山記〉校本并に研究）》（上），东京风间书房1978年版，第257页。
② 王大伟《宋元禅宗清规祝圣护国现象研究》（收入《禅学研究》第九辑，江苏人民出版社2011年版，第106—115页）对此问题有详细论述，可供参考。
③ （宋）宗赜：《禅苑清规》，中州古籍出版社2001年版，第19页。
④ （宋）惟勉编次：《丛林校定清规总要》卷二，《卍新纂大日本续藏经》第63册，第606页中。

院开堂仪式，作为重要的程序之一，起源于宋代禅宗。黄龙慧南（1002—1069）的《黄龙慧南禅师语录》中有这一仪式的记载，而且临济宗黄龙派对这一仪式很重视。

元代清规中祝圣护国的记载更多，并且与宋代僧人还相对松散的祝圣相比，祝圣护国已经成为元代僧人必需的功课之一，在寺院中也形成了相应制度。

为皇帝生日所办的道场，几乎就是寺院一年中最大的活动，"圣节，必先启建金刚无量寿道场，一月日僧行不给假示敬也"。在整个圣节期间，所有祈福法会的功德都必须回向给皇帝，回文内容大体如下：

> 某月某日钦遇天寿圣节，某寺欲于某月某日，启建金刚无量寿道场。一月日逐日轮僧上殿，披阅金文。金辰开启，住持臣僧某，升于此座举扬圣谛第一义，所集洪因端为祝延圣寿万安者。①

这可以视为神化皇帝、制造个人崇拜的一种宣传方式，这种方式很快被重视祈祷、重视仪式的日本皇室乃至贵族看中。无学祖元主张"事母尽孝，事君尽忠"。

正因为兴禅护国思想，室町时代，在遭遇灾荒饥馑的时候，例如宽正二年（1461），幕府将军足利义政常命令建仁寺、相国寺、等持寺、东福寺、万寿寺等禅寺开"施食会"以救济灾民，开"水陆会"以抚慰灾民②。

二 禅师成国师，以国师的身份弘扬禅宗

宗教的发展离不开政治的支持，禅宗在日本的兴盛一样必须得到国家政权的支持。在教派竞争激烈的日本，禅僧要善于利用朝廷公卿、幕府武士等政治影响突出重围。因为朝廷天皇、公卿都想利用禅宗护国，树立自己统治的信心，故纷纷参禅问道，向禅宗高僧求解答释疑，比如足利义政问瑞溪周凤"佛菩萨名号短长有优劣否"这样的问题③。这样禅师们反过来利用公卿、武士们的信仰兴禅，促成了13世纪中期开始的"日本禅宗

---

① 相关回文格式参见《敕修百丈清规》卷第一。
② 〔日〕太极：《碧山日录》，收入近藤瓶城编《续史籍集览·第3册》，东京近藤出版部1930年版，第540—542页。
③ 〔日〕瑞溪周凤记，惟高妙安抄录：《卧云日件录拔尤（臥雲日件錄拔尤）》，收入东京大学史料编纂所编纂《大日本史料》，第127页。

第六章　禅宗作为"国教"而鼎盛并影响中世日本政体

的展开"①。

日本最早赠僧人"国师"号是在延庆二年（1309），并且是最先赐给禅僧的。据《释门事始考》记载："本国（日本）延庆二年，后宇多上皇敕谥绍明（南浦——原注），赐圆通大应国师，是为国师号之始。"②

从荣西首次宣传禅宗开始，不少禅师就注意借用政治力量（参见第二章）。为此，荣西生前曾向朝廷请求封"大师"号，但是遭到拒绝，不过，荣西请求朝廷赐"僧正"一职获批准。荣西显然是想借此途径获得空海、最澄、圆仁等先辈同样的地位，从而提高禅宗的地位。

荣西在 12 世纪初得不到的，到荣西的法孙圆尔辨圆的时代则不同了，此时禅师在日本的社会地位提高了。圆尔辨圆是在死后获赐"国师"号，似乎比"大师"更高级，圆尔生前因其在禅林的威望，九条摄政大臣藤原道家曾模仿唐代宗赐径山开山祖师法钦禅师"国师"之号，亲书"圣一和尚"四字赠给圆尔。正和元年（1312），才从朝廷获"赐谥国师，国师之号始于尔矣"③。圆尔也因此成为日本佛教史上的第一位"国师"，但他是死后追谥的，晚南浦绍明三年。

从荣西到圆尔，禅师生前很难获赐法号，一般是死后谥号"××禅师"，第一个获赐禅师号的是兰溪道隆。但是日本第一个获得谥号的是前面提及的南浦绍明（1235—1308），获赐"圆通大应国师"号，尽管他是继圆尔之后的高僧。

南浦绍明自幼出家，十五岁受具足戒，"往依建长兰溪隆公，正元间航海至宋，遍参知识，虚堂愚公主净慈，门庭高峻，学者望崖而却，师（南浦）往礼谒"。终于在虚堂门下成大器，于"咸淳三年秋师辞归日本"。回日本后在太宰府崇福寺、京都万寿禅寺、巨福山建长寺等处传法，使"虚堂之道光禅丛"，同时得到幕府、朝廷的器重。据说南浦绍明死时，"事闻，皇上哀慕不已，敕谥圆通大应国师。仍敕建寺西京，额曰龙翔"④。

南浦绍明的高徒宗峰妙超（1282—1337），因给获原法皇、后醍醐天皇等讲禅，在京都城北紫野建立大德寺，被花园上皇赐以"兴禅大灯高照

---

① 〔日〕竹贯元胜：《新日本禅宗史——当时的权力者与禅僧们（新日本禅宗史——時の権力者と禅僧たち）》，第 5 页。
② 〔日〕近藤瓶城校：《释门事始考》，载近藤瓶城编《续史籍集览·第 3 册》，东京近藤出版部 1930 年版，第 685 页。
③ 〔日〕虎关师炼撰，黑板胜美编：《元亨释书》，收入《新订增补国史大系》第 31 卷，第 114 页。
④ 〔日〕南浦绍明语，侍者祖照等编《圆通大应国师语录》卷下，《大正新修大藏经》第 80 册，第 127 页。

正灯国师"之号，可谓长号。

再如禅僧心地觉心，获赐"法灯圆明国师"号，而约翁德俭则在生前便获赐"佛灯国师"号。日本僧人中获得国师号的很多，不一一列举。

随着禅宗的流传，到日本镰仓时代中后期，镰仓幕府上自执权北条氏下至一般武士人等普遍接受禅宗，纷纷拜禅师为师，聘请禅师作为修道的顾问；而朝廷天皇、摄关家也是如此。朝廷、幕府争先恐后，赠禅宗高僧"国师""禅师"等名号。

宋人得到国师号最早的是无学祖元，被封"佛光国师"（参见下文）。获得"国师"号的日本禅师中，梦窗疎石最为有名，作为"一国之师，三朝所敬"①的他，是镰仓时代末期至室町时代初期日本临济宗最著名的僧人。九岁其父送他到平盐教院出家，"勤学释典，乃至孔孟老庄之教，及世间伎艺才能，皆力学习以究其奥"。十九岁时赴京都"依建仁无隐范公"②，开始修习禅宗，参学诸师，成就大德。梦窗疎石生前敕赐"梦窗""正觉""心宗"等国师号，圆寂后又先后被追赠"普济""玄猷""佛统""大圆"等国师号，亦称"七朝国帝师"，又号称"七朝帝师"。

作为国师的梦窗，的确为国家的安宁作出了巨大的贡献。建武五年（1338），为了抚慰战争对国民心灵上的创伤，梦窗疎石建议足利尊氏下令在全日本六十六国（当时称"国"）二岛（壹岐、对马），分别营建一寺一塔，名安国寺和利生塔，用以吊慰自元弘（1331—1334）以来"敌我双方"战死者的灵魂，并祈祷天下太平，同时也是为了扩大足利幕府对地方的影响。新寺的建设尽量利用旧寺、旧址，就像天龙寺的创建一样。据研究，室町幕府曾在 61 个国设置过安国寺，在 27 个国建有利生塔③。

禅宗其大众化的倾向也吸引了中下级武士参禅学道，即春屋妙葩所谓的"吾禅宗大唐依武大兴，本朝亦依武盛行"④。

三 以国家的名义弘扬禅宗

当初圆尔辨圆结束留宋回国之时，他的大宋老师无准师范就叮嘱圆尔辨圆，回日本要先征服王公大臣，以国家的名义弘扬禅宗，并亲书"敕

---

① 〔日〕梦窗疎石：《梦窗国师语录》卷下之一，《大正新修大藏经》第 80 册，第 482 页。
② 〔日〕梦窗疎石：《梦窗国师语录》卷下之一，《大正新修大藏经》第 80 册，第 483、496 页。
③ 〔日〕水上勉、关牧翁：《古寺巡礼：京都 4 天竜寺》；另可参考杨曾文《日本佛教史》，浙江人民出版社 1995 年版。
④ 〔日〕春屋妙葩语，侍者周佐等编：《智觉普明国师语录》卷第八，收入《大正新修大藏经》第 80 册，第 666 页。

赐"大字送给他。圆尔也是这样做的：

> 太宰府湛慧，就横岳山刱营精蓝，即日迎请，尔乃名"崇福"，开堂说法，肥前水上山荣尊，革教寺为禅刹，请尔为开山祖。壬寅秋，宋人谢国明建承天寺于博多，延尔而主。有智山徒众嫉尔禅化，欲毁承天寺。执事闻于朝，宽元癸卯敕升承天、崇福二寺为官寺，熄众僧之滥叨。尔便揭无准所书"敕赐"大字，丕振宗乘，四方学宾，骈田来萃。①

以上可见，只有从私寺上升为国寺，才有利于寺院的安定和禅宗的传播。在日本，很多寺庙先是私寺，后才得到幕府将军或朝廷天皇的敕命上升为国寺。例如圆觉寺，本为北条家族的私寺，因北条时宗（1251—1284）的申请，弘安六年七月升格为将军家的祈祷所，具有了幕府官寺的性质。上升为官寺，则可以得到官府政治和经济两方面的支持。当北条时宗把"关东下知状"通知祖元时，住持祖元非常感激，特回函表示感谢。

> 祖元端肃，皇悚申覆。兹承钧竿缄至，圆觉供僧田产、将军公文、及钧座备申文状共三纸，一一烧香览讫。山怀甚为法门为贺，诚是国家及大将军、太守千年植福之基、万劫作佛之本。老怀预此钵饭，沾惠多矣。佛天照临，诚非小事，谨此申谢。来日参诣府墀面既。不宣。祖元端肃，皇皇申覆。七月十八日②

的确，禅宗在日本的立足、发展、兴盛，与镰仓幕府的支持有着重要的关系，我们可以看到许多日本禅师不断往来于京都、镰仓之间，如此奔波，其实是因为朝廷和幕府都在争取这些成名的禅师，而禅师们为了本宗和本寺的发展，不得不两边应付。

室町幕府的将军足利义持，一次在等持寺举行"八讲"，结束后闲谈，论及天台宗僧人华王所穿袈裟之时，面对在座的日本佛教诸宗高僧，曾称禅宗为"我宗"，说"我宗无如是衣"，华王追问义持："所谓我宗何宗耶？"胜定相公（义持的尊号）直言回答道："禅宗也。"于是华王不满地

---

① 〔日〕师蛮：《本朝高僧传》（第一），《大日本佛教全书》第 102 册，第 283 页。
② 参见〔日〕子元祖元语，侍者一真等编《佛光国师语录》卷九《谢太守书》，《大正新修大藏经》第 80 册，第 230 页。

抗议："宜以诸宗为我宗，而可一①拥护之，何偏限禅宗耶？"义持再次强调自己的态度："诸宗无如禅宗也。"②此种判教言论，是足利幕府将禅宗定位为国教的有力证据。

禅师们为了传法，既期待政权的褒奖，也大力赞美幕府、朝廷的实权人物。

作为日本禅宗五山第一的南禅寺与天台宗圆城寺对立的南禅寺门楼事件，涉及禅宗在国家意识形态中的地位之定位。南禅寺为建门楼而设关所（关卡）征收关钱，足见其对禅宗"国教"地位的自信；而圆城寺的幼童过关不付钱，亦足见其他旧宗派佛寺的对抗心理。南禅寺杀了不付关钱的圆城寺幼童，而圆城寺僧众则捣毁南禅寺的关所，杀死禅僧二人。于是，应安元年（1368），南禅寺住持定山祖禅著《续正法论》，以禅宗为正法，以天台宗以下八宗为邪法，并嘲弄延历寺的法师是其社的猕猴，似人而非人，骂圆城寺的"恶党"是三井的蛤蟆。此事激化了宗派矛盾，由于天台宗树大根深，幕府的管领细川赖之次年（1369）不得不下令南禅寺撤毁楼门，甚至挖出了石基③。虽然禅宗在这次斗争中失败，禅僧努力将禅宗上升为国教的意图非常明显。足利义持重视禅宗、深信禅宗出自天性，文正元年（1466）的一次"八讲"中，他认为"诸宗无如禅宗"，足见禅宗被幕府尊崇。

四　旅日宋元僧也获赠国师之号

在镰仓、室町时代，僧人能获得"国师""禅师"称号的不仅是日本禅师，来自中国的禅师也有此殊荣。最早来日本弘法的兰溪道隆，虽然历经磨难，最终还是在弘安元年（1278）得到了"大觉禅师"的谥号，这是日本的首创，也是日本"禅师"谥号之始④，此禅师号的性质不同于之前朝廷授予僧人的禅师号。道隆的禅师称号有准国师的性质，这是否是对外来的高僧另眼相看？另当别论。

随着禅宗在政治家心目中地位的提高，一些禅僧的谥号也由"禅师"

---

① 原文有如此符号"一"，旁注"不见"二字。
② 〔日〕瑞溪周凤记，惟高妙安抄录：《卧云日件录拔尤》，收入东京大学史料编纂所编纂《大日本史料》，第172—173页。
③ 参见〔日〕佐藤和彦《日本的历史（日本の歴史）》（第11卷　南北朝内乱），第329—330页。
④ 〔日〕近藤瓶城校：《释门事始考》，载近藤瓶城编《续史籍集览·第3册》，东京近藤出版部1930年版，第687页。

升级到"国师"。一些禅师甚至在生前便获赠"国师"号。

旅日宋僧无学祖元是第一个获得国师号"佛光国师"的高僧。

此外，旅日中国禅僧在日本获得"国师"号的还有一山一宁等。一山一宁圆寂后，上皇赐以"国师"的封号，并令前权大纳言源有房撰文致祭：

> 维大日本国，文保改元十月二十七日，敕特进前御史大夫源有房，昭告于一山国师大和尚之尊灵曰：
>
> 摩腾来汉，显宗致钦；初祖入梁，武帝纡襟。增崇至道，稽古乃今。先皇梵刹，拣托保任。灵山附属，眷命弗僭。克明克哲，问法问心。麟凤而德，金玉而音，光辉祖域，荣敷缁林。千载逈期，功与化参，攸矣归真。不留幻质，陨兹伟人。若亡良弼，思慕罔罄，死生如一。赐谥国师，以名副实。圣衷孔昭，青天白日，传令奠香，灵飨可必。尚享。①

同时，上皇还敕令在龟山庙侧建塔，特赐"法雨"的匾额。到元应元年（1319）初冬二十五日，上皇还为一山一宁法师御制像赞：

> 内充而为道机，外发而为德仪。竹篦横挥兮威风动沙界，金襕斜搭兮慈云覆坤维。拓开人天区域，培破佛祖藩篱。宋地万人杰，本朝一国师。②

西涧子昙在日本圆寂后敕谥"大通禅师"号。

1329年赴日的元僧明极楚俊，1336年在日本圆寂后，获谥"佛日焰慧禅师"号。

赴日的曹洞宗高僧几乎未得到国师号，主要是他们不够亲近国王、大臣，其中东陵永屿获"妙应光国慧海慈济禅师"之谥号。

五　无学祖元禅师与时宗修法祈祷的成功

因宋朝禅宗祝圣护国、祈祷消灾等观念的影响，荣西禅师回日本后，

---

① 〔日〕一山一宁语，侍者了真等编：《一山国师妙慈弘济大师语录》，《大正新修大藏经》第80册，第333页。

② 〔日〕一山一宁语，侍者了真等编：《一山国师妙慈弘济大师语录》，《大正新修大藏经》第80册，第333页。

为劝导幕府当轴者兴禅，撰《兴禅护国论》加以宣传。基于重视祭祀和祈祷的日本宗教信仰传统和文化，镰仓幕府执权北条时宗请宋僧无学祖元（1226—1286）渡日传禅，先后住建长寺、圆觉寺，为幕府修禅作法，祈祷国家安宁。

根据日本禅宗的史料记载，禅僧为日本天皇朝廷和将军幕府祈祷修法成功应验的事例很多，特别是在"弘安之役"前后，祖元为日本求佛祈祷的法事，极大地激发了当时日本民族抗击元兵的勇气且取得胜利，其应验不仅让日本人树立起"日本神国"的自信，也为禅宗在日本的传播开了方便之门。

弘安四年（1281）七月，元军入侵日本，北条时宗血书《金刚经》与《圆觉经》，请求无学祖元上堂说法供养，一同祈祷日本军获得胜利。此时，无学祖元则代替他发愿：

> 太守血书诸经，保扶国土，请升座。若论此事，只贵当头。若论战也妙在转处，如金刚宝剑，拟之则横尸万里；如帝释幢，一切邪风不能倾动；如轮王珠，一切恶毒悉皆远离，如狮子王，一吼则百兽脑裂；如大日轮，一照则阴魔绝迹。高而无上，大而无双。横亘十方。竖穷三际。护法护民，要见全锋敌胜，摧邪显正，扫开虎穴魔宫。佛力与天力共运，圣力与凡力齐新。正怎么时，奏凯一句作磨生道。万人齐仰处。一箭定天山。
>
> 结座菩萨发大心，不可思议力。剥皮与析骨，书写佛功德。拔济苦众生，皆获胜妙乐。我此日本国主帅平朝臣，深心学般若，为保亿兆民。外魔四来侵，举国生怖畏。朝臣发勇猛，出血书大经，金刚与圆觉。及于诸般若精诚所感处，滴血化沧海，沧海渺无际，皆是佛功德。重重香水海照见，浮幢刹诸佛，坐宝莲，常说如是经。一句与一偈，一字与一画，悉化为神兵。犹如天帝释与彼修罗战。念此般若力，皆获于胜捷。今此日本国亦愿佛加被，诸圣神武威。彼魔悉降伏，生灵皆得安。皆佛神力故。世世学般若。报佛威猛力。[①]

最后，元军遭遇风暴，全军覆灭，日本人称此风为"神风"，承认是祈祷的原因，于是，时宗为了感谢祖元祈祷之功，要将建长寺升格为护国

[①] 〔日〕子元祖元语，侍者一真等编：《佛光国师语录》，《大正新修大藏经》第80册，第151—152页。

第六章 禅宗作为"国教"而鼎盛并影响中世日本政体

寺,在"建长"之后加"兴国"二字,改名为"巨福山建长兴国禅寺"。

> 太守请挂"兴国"山额。正可格邪,小能敌大。皇天无私功归有德。日本千年社稷,远邦万里孤征。风雷一扫成空,佛天震怒难遏。不发一箭而烟尘息,不血一刃而天地清。伟哉雄猛之尊,再造乾坤之运。鸟兽鱼鳖咸若,渔樵耕牧如新。揭此兴国之名,昭示太平之业。良久云:万古千秋出云雨,十州三岛起清风。①

元军入侵日本之时,日本举国修法之事,佛教和神道都在祈祷,日本史家都有记载,例如坂本太郎的《日本史概说》记载:

> 在空前的国难当头之际,幕府虽制订了殊死的防御计划;但那时神佛的力量,还强烈地支配着人们的心理,因而很自然地祈求神佛保佑。时宗也用血写下经文,祈祷打败敌国。自古以来就注重祈祷的朝廷,更是倾注全力,祈求神佛保佑;龟山上皇在伊势神宫祈祷,愿以身殉国难。②

而日本《律苑僧宝传》一书卷十二记载说,神风是这样刮起来的,日本西大寺兴正和尚受朝廷修"爱染明王法",预期修七日。

> 当期满日,山岳摇振,殿扉自开八字,殿中声曰:"上人为降外贼,勤修大法,吾当佑佐。"言才讫,一箭自殿中出,放光西去,其响如雷。寻,素幡三首亦自殿出,一有"妙法莲华经"五字,一有"大般涅盘经"五字,一有"唯识三十颂"五字,字字咸放金光,亦指西而去。俄而猛风大起,电碎雷奔,大雨倾河,于是在会缁素争叹未曾有。当是时,西海浪腾二十余丈,兵船数万一时湮没。③

其实是朝廷和幕府争夺修法祈祷的功劳。幕府或日本朝廷主持的祈祷真有如此功德?神佛是否真是因此垂爱日本,还是事有凑巧,但许多日本人却不认为这是自然现象,更不认为是偶然,便把它归于自己的祈祷、

---

① 〔日〕子元祖元语,侍者一真等编:《佛光国师语录》,《大正新修大藏经》第80册,第152页。
② 〔日〕坂本太郎:《日本史概说》,商务印书馆1992年版,第180页。
③ 〔日〕《戒律传来记(外十一部)》,收入《大日本佛教全书》第105册,第260页。

神佛的灵验，视为"神风""八幡宫镝矢西风""天野明神出阵"等，因此视日本国为神佛所看护的国家。

元日战争的结果对以后的日本产生了极大的影响，尤其是在日本人中间滋长了"神国"思想和自大情绪。关于神国思想，出家为僧的北畠亲房在其《神皇正统记》一书中，就因此战争的结局而断定说："大日本乃神国也。"因为神答应了日本人的祈求，以突如其来的台风的形式挽救了日本人。第二次世界大战时期的日本"神风连"就是因此而得名的。

第四节　日本幕府与朝廷竞相笼络禅僧

一　朝廷、公家、幕府竞相拉拢禅师的原因

禅宗成为国教，禅师因而成为"国师"。禅宗及禅僧受到中世日本各派政治势力（朝廷或幕府）的关注，应该说是互动的结果，与日本当时残酷的政治斗争密切相关，佛法应国王、大臣而兴盛，政治势力也有借助宗教精神力量的需要。日本自进入幕府时代以来，朝廷与幕府之间，公卿与皇室贵族之间，以及皇室两院之间一直存在着不可调和的矛盾。

历史进入镰仓时代，日本几乎分裂成以将军为首的"东国"（幕府）和以天皇为首的"西国"（朝廷）分庭抗礼的局面[①]，经过承久（1219—1222）之乱，两个政权由武斗转为文斗。这一转变，以1232年北条泰时制定"关东御成败式目"五十一条，并请求王朝理解为标志。

政治斗争的根本原因在于，奈良、平安以来的律令制度逐渐瓦解，日本皇室的势力日益衰弱，由于1072年驾崩的后嵯峨法皇，留下一纸暧昧的"遗敕"，导致他的两个儿子及其后代出现两系皇位之争。日本历史进入幕府时代以后，镰仓幕府则正好利用这两系，即皇室后来被称为"大觉寺系"和"持明院系"的鹬蚌之争，取得仲裁人的地位，从而获得了渔翁之利，将幕府的权力驾于朝廷皇室之上。两派为争夺皇位的继承权明争暗斗，为了获得有力支持，有时不得不讨好幕府，致使朝廷受制于幕府。

文永十一年（1274）一月，龟山天皇让位八岁的皇太子世仁亲王，亲王即位称后宇多天皇（第91代），自己则建立了总领天皇家的院政，企图

---

① 参见〔日〕冈野善彦《日本社会的历史》，刘军、饶雪梅译，第186页。

第六章　禅宗作为"国教"而鼎盛并影响中世日本政体　197

从此垄断天皇的继承权。此举引起了他的哥哥曾为第89代天皇的后深草上皇的不满，尽管当时日本面临元朝的第一次军事进攻，内忧却比外患更让后深草上皇不安。于是，后深草上皇以出家相威胁，使得幕府执权北条时宗出面调解，1275年协议决定让他的儿子熙仁亲王立为后宇多天皇的皇太子，确定了两家交替继承天皇的制度，此举使皇室关系复杂化，为以后的矛盾埋下伏笔。

1287年，幕府执权因为听到龟山上皇将对幕府图谋不轨的流言，于是突然强制干预，迫使后宇多天皇让位给熙仁皇太子，熙仁于是成为日本历史上的第92代伏见天皇，后深草上皇因此施行院政。后深草上皇极力迎合幕府的旨意，不久让另一皇子出任幕府将军一职。1289年又立伏见天皇的皇子胤仁为皇太子，后深草院这一系因此处于继承皇位的优势地位。

形势逆转，这下轮到龟山上皇忧虑了。恰恰在1290年又突发了一伙"强盗"闯入皇宫行刺伏见天皇未遂事件，人们自然怀疑到龟山上皇的头上。忧愤之下，龟山上皇真的出家做了法皇，幕府也未挽留。

1298年伏见天皇让位于胤仁皇太子，为第93代后伏见天皇，永仁六年（1298）七月即位，伏见上皇推行院政。伏见上皇以京都持明院为御所，世称持明院殿，因其子孙后代多住持明院，故称"持明院系统"。幕府显然担心持明院一系的力量过于强大，为了保持平衡，同时为显示幕府的仲裁权，当年八月便示意立后宇多上皇的邦治皇子为太子，确立了两系统更替的继承体制。

幕府的举措影响了政治风向，龟山院这一边逐渐恢复势力。正安三年（1301）正月，邦治皇太子即位为后二条天皇（第94代），后宇多上皇取得本系统"总领"地位，之后再兴京都嵯峨的大觉寺，以后，其子孙与大觉寺关系深厚，该系统称为"大觉寺系统"。

为了团结一切可以利用的力量，中世各派政治势力自然不能忽视具有实力的佛教各宗僧团，包括新兴的或有意促其兴盛的禅宗。当初镰仓幕府执权北条时赖、后嵯峨上皇对于在民众中极有威望的永平寺禅僧西玄道元的拉拢，前面已经介绍。从《圆通大应国师塔铭》所载如下文字看，朝廷和幕府都曾拉拢南浦绍明。

　　嘉元甲辰（1304）奉诏入京师，太上皇召对宫掖。问答称旨。特差住持辇下万寿禅寺。贵游问道者车马日骈集。又以东山故趾，兴造嘉元禅刹，延师为第一祖。

　　德治丁未（1307）奉旨赴关东，留正观寺。而相州太守平崇演，请师即署所演法。复敷奏请主巨福山建长兴国禅寺。明年春,太上皇降手诏存问,恩礼优至。①

综合起来,各方拉拢名僧的方法主要有四种:一是前面提到的赠送"大师""国师"等荣誉称号,这方面朝廷皇室有优势。前文对此有详细介绍,此不赘述。

二是出资修建寺院延请有名的禅僧为住持,或以京都五山和镰仓五山等名山大寺来招引名僧,从而同时掌控名山与高僧,下面对春屋妙葩的争夺便是一例。

1380年,天皇遣使赠春屋妙葩"智觉普明国师"之号,并迎法师于内殿,"受付衣之仪,而执弟子之礼"。室町将军足利义满则命春屋妙葩"任天下僧录",日本僧录之职,始于春屋妙葩。镰仓公方也极力争取春屋妙葩。

> 永德元年(1381)辛酉,镰仓都元帅以建长请师(春屋),公府既赐钧帖,师行有日。于是,大丞相谓师曰:"先正觉国师(梦窗疎石)三十三日远忌在近,宜辞建长而主天龙。"师不果行。壬戌(1382)二月,师复往住天龙。②

与春屋妙葩齐名的义堂周信,在镰仓期间,同时受镰仓公方足利基氏父子和关东管领上杉氏一门的器重,两家竞相亲近义堂周信,不时入寺问道,出资修建寺院,请义堂担任住持。最后义堂周信被足利义满、春屋妙葩请到京都。

三是将禅宗住持的寺院上升为官寺、国寺,"五山制度"的确立便是其标志,寺格的上升有利于该寺在丛林之中的发展。室町将军足利义政甚至有意压制天台宗比睿山延历寺而壮大禅宗相国寺,以致比睿山僧徒为报复"相国以夺叡山之食地",而杀害了"自贺州之庄,赴京路",途中过比睿山坡下的相国寺僧人贺都文③。

四是法皇、上皇、天皇和幕府将军、执权纷纷亲临禅宗寺院,参禅问

---

① 〔日〕南浦绍明语,侍者祖照等编:《圆通大应国师语录》卷下,《大正新修大藏经》第80册,第127页。
② 〔日〕侍者周佐等编:《智觉普明国师语录》卷第八,《大正新修大藏经》第80册,第721页。
③ 〔日〕太極:《碧山日録》,收入近藤瓶城编《续史籍集览·第3册》,第547页。

道，以示对禅僧的尊崇，故禅师的传记语录中多有类似《竺仙和尚语录》中"太上天皇临幸，对圣升座，拈香"这样的记载①。

室町幕府将政治中心转移到京都、室町之后，为了在文化上和公家对抗，极力拉拢梦窗疎石、春屋妙葩等禅僧，故对梦窗等的建议认真采纳。而梦窗疎石等中世日本禅僧，面对将军幕府、镰仓公方、天皇朝廷和公卿家的拉拢，基本上是采取折中的态度。

二　在朝廷、公家、幕府间左右逢源的禅师：以圆尔辨圆为例

中世日本，朝廷和幕府竞相争取佛教的支持，竞争着控制寺院，对禅寺和禅僧极尽拉拢之能事，禅僧又是如何应对的呢？怎样的应对才是成功的呢？下面以圆尔辨圆应对各方拉拢的表现为例作一分析，而且他的经历最具特色。

当年圆尔辨圆向老师径山无准师范告辞回国的时候，无准师范特地叮嘱圆尔回日本传播禅宗，要善于利用朝廷公卿等政治影响。《本朝高僧传·京兆慧日山东福寺辨圆传》详细记载了无准师范叮嘱的具体内容：

> 一日范公告尔曰："你学海浩渺，于我竹篦下一时干枯，他日归国，须于无涓滴处横起波澜，竖无胜幢，发挥吾道，踵从上乃祖遗芳，永利未来际。"淳祐元年三月朔夜，范公召尔烧香，谓曰："尔化道时至，早归日本，提唱祖道。"便授亲书宗派图，上画拈花像，左右西天四七、东土二三，南岳以下迄无准，的的相承，其尾署曰：久野尔禅师。并付密庵祖师法衣，及自赞顶相。复书"敕赐万年崇福禅寺"八字。嘱曰："最初住持当揭此额。"尔曰："敕赐二字如何？"范公曰："你必为王公所崇，只将去。"尔拜受而出。②

圆尔辨圆自宋归国后，开始是在九州岛太宰府崇福寺、万寿禅寺以及宋朝移民谢国明创立的承天寺等处，举扬禅法，宣传禅宗，结果遭到当地智山寺天台宗僧徒围攻。此事在得到朝廷摄关家的关注之后才得到解决，朝廷得知这一消息，是因为圆尔辨圆的好友湛慧因有事入京，借机向摄关家投诉的缘故。具体经过是这样的，藤原道家、藤原良实父子尊崇佛教，早知湛慧大名，听说湛慧在京城，延见问法，湛慧一说法便滔滔不绝，藤

---

① 〔日〕侍者裔尧等编：《竺仙和尚语录》，收入《大正新修大藏经》第80册，第367页。
② 〔日〕师蛮：《本朝高僧传》（第一），《大日本佛教全书》第102册，第283页。

原道家称赞不已，于是问他："上人随谁得此智辩？"湛慧于是便向他推荐圆尔："我师圆尔入宋得径山无准正印，现今住崇福、承天，盛唱禅宗，我谫识非其仿佛。"① 一直在寻访高僧的藤原道家马上发使赴九州，招请圆尔入京。对此《元亨释书》有详细记载：

> 藤相欢慧来，咨询宗教，酬酢详明，宗门显密，出入泛滥。藤相大喜白大相国。大相国延见，果如藤相言，大相国问曰："上人师谁得此智辩。"对曰："我师圆尔，顷者入宋得径山佛鉴禅师佛心宗正印，见今住崇福、承天两刹，唱直指之道，相国犹称我，况我师乎！"大相国乃使使招尔。二月入京师，大相国于光明峰别墅，延尔问道，恨相知之晚也。就而受禅门大戒兼秘密灌顶。②

藤原道家从圆尔辨圆"受禅门大戒兼秘密灌顶"表明，圆尔是在传兼修禅。圆尔遵从无准的教导，禅宗"必为王公所崇"，立即接受藤原摄关家的邀请，1243年应邀上京，借机向公家宣传禅宗。圆尔很快说服了九条（关白）藤原道家，使道家"恨相知之晚"，立即出面保护其在九州的禅寺，并于宽元元年（1243）正月下敕"西都法窟"匾额，宽元二年"敕赐升承天、崇福二寺为官寺"，于是"尔乃高悬佛鉴所书敕赐大字，又协鉴之远识也"③。

当时九条道家已经舍其京都别墅东山月轮，准备建一大伽蓝，道家要求新寺的规模要等同于奈良的东大、兴福二寺，并基于"我亚洪基亚东大，取盛业于兴福"的意愿，将新寺命名为"东福寺"④，以该寺为"八宗的僧园"⑤，领导日本旧有八宗，此举显然有很强的竞争意识，道家有意掌控新佛教，有心控制思想。见到圆尔辨圆之后，藤原道家便决定，该寺模仿宋朝的径山寺格局建立禅寺，请圆尔做开山住持，并请圆尔给自己授禅戒和密灌。

---

① 〔日〕虎关师炼撰，黑板胜美编：《元亨释书》，《新订增补国史大系》第31卷，第111页。
② 〔日〕虎关师炼撰，黑板胜美编：《元亨释书》，《新订增补国史大系》第31卷，第111页。
③ 〔日〕虎关师炼撰，黑板胜美编：《元亨释书》，《新订增补国史大系》第31卷，第113页。
④ 〔日〕虎关师炼撰，黑板胜美编：《元亨释书》，《新订增补国史大系》第31卷，第113页。
⑤ 〔日〕村上专精：《日本佛教史纲》，杨曾文译，第190页。

因大东福寺一时难以营造完成，道家又于宽元四年（1246）建普门寺，让圆尔暂时居住。圆尔模仿宋朝的径山寺，以禅宗样式建寺，足见其对禅的态度。

感觉相见恨晚的太政大臣藤原道家，不仅将圆尔辨圆馆于别墅，终日问道，并从圆尔受禅门大戒，藤原道家还让关白良实等三个儿子都"执弟子礼"，师事圆尔。他的女婿藤原兼经、西圆寺实氏对圆尔皆执弟子礼。为了拉拢圆尔，道家还要任命圆尔辨圆为僧正，这是仅次于大僧正的最高僧位。圆尔坚辞不受，复补赠"日本国总讲师"，圆尔又辞。最后藤原道家只好亲书"圣一和尚"四字送给圆尔，拟唐代宗赐径山法钦和尚"国一"的典故。

圆尔辨圆在京都的活跃，显然引起镰仓幕府的关注，建长六年（1254），幕府执权北条时赖招请圆尔到镰仓传授"禅门菩萨戒"，圆尔应邀而至，并向时赖进讲《大明录》。1255年，因东福寺落成，圆尔又回到京都。

摄关家和武家对圆尔的竞相拉拢，自然也引起皇室对他的关注。因圆尔的声誉和影响力很大，自然得到后嵯峨上皇、花园天皇的重视和尊崇，圆尔回到京都后，后嵯峨上皇便召请他到龟山的离宫，从他受菩萨戒。圆尔向后嵯峨上皇进讲《宗镜录》，并进献此书，上皇在《宗镜录》末尾书："朕得此录于圆师，见性已了。"[1] 虎关师炼亦特书此事：

> 正嘉元年（1257），宽元上皇（后嵯峨）于龟山宫受禅门菩萨戒，留宫七日，敷宣法要。上皇自持黄金扇与尔，帝者之手授古来寡俦也。[2]

武家、公家和皇室纷纷关注禅宗，并竞相拉拢禅僧，自然有利于禅宗的发展。拉拢的方式除了建造寺院，成为护法檀越之外，还有授予僧官、赠号这一美誉的方式。据虎关师炼的记载：

> 正嘉元年（1257），平副帅（时赖）再招尔入相，白皇子征夷大将军领洛之建仁。二年权之，建仁火后诸堂索然，尔复佛殿、云堂、函丈旧观。文永八年（1271），总州别驾源氏，建实相寺参州，延尔

---

[1] 收入《圣一国师年谱》，转引自〔日〕荻须纯道《日本中世禅宗史》，第58页。
[2] 〔日〕虎关师炼撰，黑板胜美编：《元亨释书》，《新订增补国史大系》第31卷，第111页。

为第一祖。初，大相国迎尔问法，崇礼优异，亲书"圣一和尚"四字授之，于时（曰？）"国政自吾出，故与此号"。盖拟唐代宗赐径山"法钦国一"之例也。①

而在给予荣誉方面，皇室更有优势。弘安三年（1280）秋圆尔辨圆在常乐寺圆寂，花园天皇赠"圣一国师"的谥号，成为日本佛教史上的第一位"国师"。《元亨释书》载，朝廷于"正和（1312—1316）始，赐谥国师，国师之号始于尔矣"②。前无古人，这一盖棺定论的方式无疑是最高的荣誉。

再如圆尔的弟子南浦绍明，自宋朝回日本后，随着名声的传扬，朝廷幕府先后邀请他到自己控制下的寺院任住持说法。"嘉元三年秋（考：大应塔铭作嘉元甲辰），奉召入京师，伏见太上皇召对宫掖，问答称旨，敕主万寿寺。（中略）帝又以东山故址兴造嘉元禅刹，延明为第一祖。德治二年，副元帅平时贞聘赴相州，留正观寺，请就署所演法。复敷奏董建长兴国禅寺。"③

元朝曹洞宗高僧东明惠日，1309 年东渡日本，北条贞时将他迎请到禅兴寺，亲执弟子之礼。建武二年（1335），后醍醐天皇敕诏他上京都，专门为朝廷开堂说法。

此外，中岩圆月、义堂周信等同时与朝廷、幕府的交往，以及他们对政治人物宣传儒佛道义的意义，都值得关注。

总之，幕府和皇室在意识形态领域的竞争，有利于禅宗的展开，龟山法皇推动下的南禅寺的开山可以说是其结果之一。

三 在日本政治内争中超然独立的禅僧：以一山一宁为例

对于朝廷、幕府等各方势力的拉拢，禅宗高僧能保持独立的不多，早期有曹洞宗的开创者道元，下面看看一山一宁是怎样应对的。

元朝派遣一山一宁出使日本之时，日本正处于内忧外患之中，在面临元朝入侵这一强大外患的同时，朝廷和幕府之间，以及朝廷内部的政治内争也愈演愈烈。

---

① 〔日〕虎关师炼撰，黑板胜美编：《元亨释书》，《新订增补国史大系》第 31 卷，第 113 页。
② 〔日〕虎关师炼撰，黑板胜美编：《元亨释书》，《新订增补国史大系》第 31 卷，第 113 页。
③ 〔日〕师蛮：《本朝高僧传》（第一），《大日本佛教全书》第 102 册，第 320 页。

第六章　禅宗作为"国教"而鼎盛并影响中世日本政体　203

　　1304年、1305年，后深草上皇和龟山法皇先后死去，朝廷内部皇室两系天皇大位的斗争更加激烈。到1308年，后二条天皇患病死去，"大觉寺系统"一时没有强力的皇位继承人，后宇多上皇因悲观而出家，佛法成为他内心的寄托。

　　皇位于是转入"持明院系统"，十二岁的富仁皇子登基称帝，成为第95代花园天皇。伏见上皇因此施行院政，直到1317年五十三岁时死去。一山恰也于这一年圆寂。

　　日本朝廷的这些政治纷争，一山法师纵然不能一目了然，显然在讲法时，从龟山法皇和后宇多上皇的口中也得知一二，也知道法皇和上皇不能真正超脱于世俗，不能放下权力之心。一山因此几次逃离后宇多上皇，既是为了摆脱他的控制，也是为了规避嫌疑。为了规劝法皇，他特赠法语予龟山法皇：

上龟山法皇：
　　佛祖大事，明白径截，离相离名。唯贵大智愿、大力量人，于纤尘未动已前，猛著精彩，一提提得，便见辉赫古今，照耀天地。大而梯杭九有、津济四生，小而语默动静、俯仰折旋，靡不左右逢源、远近中的。所谓大人具大见、大智得大用是也。若也智愿微、力量小，循情尘、缠世纲，不能勇自决裂，与夫务探集、衒见知，逞词辩、弄精魂，不能顿自休歇，皆当面蹉过者也。故达磨大师，对梁皇只道个"不识"，无业唯云"莫妄想"。后来，或擎叉打地、竖指竖拂、行棒行喝，种种垂慈，无非觌面提持，要人直下便领，岂肯落二落三耶？仰惟陛下，受祀灵山，统御海宇，累劫熏习，笃信宗乘。兹蒙赐问，诚愧菲薄。谩以管见概陈如右：
　　天纵之圣，悟不由师，正眼豁开，全机独脱，则一切处一切时，至于导养圣子，光宅天下，日应万机，开物成务，莫非本有光明之妙用，佛祖向上一著也。外此别求，则非所谓道矣。①

　　一山一宁感到奉命出使日本，已经使自己卷入了世俗纷争，如今已经置身于日本，不能再次将错就错陷入残酷的政治斗争之中，所以，在老病乞退不允的情况下，1313年从南禅寺潜回越州山林。他不仅没有因近水楼

---

① 〔日〕一山一宁语，侍者了真等编：《一山国师妙慈弘济大师语录》，《大正新修大藏经》第80册，第324页。

台而参与政治之中,还极力帮助日本统治者从残酷的夺权斗争中解脱出来。

一山一宁以其超然的态度得到了朝廷和幕府的尊崇,之后的梦窗疎石、愚中周及也是如此,都表现出一定的自主性。不同的是,梦窗疎石半推半就,最终能掌控政治,可见,善于表现出超然的态度,待价而沽的,不仅有来自中国的高僧,更有日本高僧,其他的不一一介绍了。

第七章　中日禅宗交流与中世日本社会经济的转型

本章介绍1170年以后的中日贸易与两国禅宗交流、禅僧往来相互影响的互动关系，以及中世日本庄园经济、手工业、城市等的发展和转型。侧重于分析中世日本的禅僧和禅寺如何参与中日贸易，推动幕府与中国建交并开展"朝贡贸易"，实现中日贸易从民间贸易到朝贡贸易的转型，以及这种贸易关系发展对日本中世社会转型的影响，包括中世日本的社会分工（商人、手工业者两大群体从农业中的分离）、货币经济和商品经济的形成、社会生活和生产力的变化，以及对庄园制解体的间接影响等各个方面。

禅宗对中世日本对外贸易观念的转变、社会经济和生产生活方式的变革等的影响多是间接的，但却是不能忽视的。在禅宗被确立为日本国家意识形态的核心观念的背景下，日本航海贸易发生了质变，相应地中世日本庄园经济、货币经济、社会生产力等均发生了变革，构成了中世日本社会转型的重要内容。

第一节　宋元时期的中日航海贸易与文化交流

一　平清盛执政促进了宋日贸易

中国禅宗在两宋之际传入日本，与当时中日贸易日趋繁荣的社会环境、日本封建领主庄园制的发展有关。从中国历史角度看，进入南宋以后，由于宋朝长期与北方处于交战状态，致使国家财政经济越来越依赖海外贸易，宋朝廷也希望通过朝贡贸易体制加强航海贸易的管理，一方面招徕贸易，另一方面监管在外国的商人。宋朝这一开放性的贸易政策，不仅使宋朝客商到日本贸易的进一步增多，日本商人来南宋交易的也越来越多，特别是在"源平争霸"之际，日本平氏政权为了积累政治资本，积极促进宋日贸易，有意将中日间的民间贸易升格为直接的官方贸易，即朝贡贸易，平清盛等的这一努力促进了中日两国之间人员的密切往来。

自平安末期起，日本的庄园势力越来越强大，一些庄园和大陆宋商的走私贸易日益膨胀。为了保证自己统治区域的经济繁荣，平安末期崛起的庄园武士集团中，势力最大的平氏和源氏对与南宋的贸易都非常感兴趣，尤其是控制西日本的平清盛（1118—1181），自1156年任大宰大贰以来，彻底抛弃了宫廷贵族们自延喜（901—923）以来所一贯采取的退化、消极、保守的对外态度，解除了以前不准日本商船出海的禁令。

日本二条天皇平治元年（1159）十二月，平清盛因为平定源义朝等人叛乱之功，由正三位的参谋，先后升任为纳言、内大臣和太政大臣。随着政治舞台从九州岛转移到京都，他也把对宋朝的贸易港口扩大到都城甚至全国，为了使宋人的商船能直达其福原别墅所在的摄津（今大阪），平清盛在今兵库县修建大轮田泊港口，同时开拓濑户内海的水上航道。在此之前，宋朝商人的商船严禁到达京都附近。长州本《平家物语》载："清盛尝遣船于宋国，宋国寄书称清盛曰'日本轮田亲王'。"[①] 可见，宋朝商人此时经常光顾他的别墅。称"轮田"是指平清盛别墅所在之地（在兵库附近），称他亲王是因为平清盛乃桓武天皇的曾孙高望王系统的子孙，当时传说他是白和天皇的儿子，虽然抬高了他，但也不算过分。

1170年，太政大臣平清盛在自己的福原别庄内招待宋朝商人，特意邀请后白河法皇（1127—1192）出席，并与后白河法皇一起召见了宋人，在上皇参拜日本的圣地之一严岛时，使用宋船作为上皇的御船。尽管此举乃日本自"延喜（901—923）以来未曾有的事"，并被一些贵族斥为"天魔之所为"[②]，但平清盛不为所动，他甚至决心更进一步，恢复与南宋王朝之间的国书往来。平清盛开创武家政治的基础在于他的经济，在庄园制度的基础上确立政治组织[③]，而平氏庄园的成长就在于开拓与宋朝的走私贸易。

受到平清盛优待的宋商回国后，很可能把日本国王和太政大臣有意扩大宋日贸易的想法通报了地方官，明州刺史可能也奏请了南宋朝廷，为了不失时机，1172年南宋通过明州长五刺史向日本朝廷送去了牒状和礼物。根据日本史书记载：

---

① 〔日〕林忠、林恕共撰：《本朝通鉴》，东京国书刊行会1919年版，第2264页。
② 〔日〕藤原兼实：《玉叶（玉葉）》（图书寮丛刊），东京宫内厅书陵部1995年版，第197页。
③ 参见〔日〕辻善之助《日本文化史》（第三卷、镰仓时代），第46页。

宋明州刺史寄使舶，称天子之使。赠法皇之物，则书曰："赐日本国王（物色）。"云云。又特寄入道相国平净海，曰："送日本国太政大臣。"云云。①

于是，就回复问题，日本朝廷内部产生争执，一些贵族认为宋朝的牒文无礼，"赐"字有损日本国家的体面，主张立即退还，不予受理。还有人认为，这是地方官矫托天子之使者。最后，平清盛力排众公卿之议，于日承安三年（1173）三月，以后白河法皇的名义给宋朝回信并回赠礼品。据载：

乙巳，法皇赐赠物于宋国使者，莳绘厨子一、纳色革三十枚，手箱一、纳砂金百两。诏平净海遣返牒，式部（礼部、外交部）大辅藤永范作之，前参议藤教长净书之（教长保元乱后遭赦，既遁世，然以有能书名，故应此撰乎——原注）。净海私赠剑并兵器。此事自去岁议有报牒否，至是至此。然依来书失礼，唯记两国赠酬之例答之（返牒文不传——原注）。②

而根据《玉叶》所载，日本的"返牒状"并非一般的"赠酬之例"，尽管后白河法皇已经出家为僧，牒文称"太上天皇"。③ 根据《宋史·日本传》"乾道九年（1173），始附明州纲首以方物入贡"这一记载看，日本的回牒和礼品作为贡品被宋朝接纳，显然牒文的规格基本上是被认可的。不过宋商在返回之前发生一件不愉快的事，由于平清盛深信佛法，宋商返回时到福原庄向他辞行，他正在修护摩法，因一连几日"不合眼"，没有亲自来接见宋商（尽管实际上是使节身份），而是派了一个亲信来接待，于是宋人"大怒归去"④。但是宋日贸易并未因此受影响，当年秋天就有数通宋牒返回日本。

整个平氏一门都非常重视和宋朝的贸易往来，以及与宋朝宗教文化交流。传言，日本治承（1177—1180）初年，平清盛的儿子平重盛曾派遣筑

---

① 〔日〕林忠、林恕共撰：《本朝通鉴》，第2318页。
② 〔日〕林忠、林恕共撰：《本朝通鉴》，第2321页。注：平净海，即平清盛；式部相对于中国古代的礼部，现在的外交部；藤教长乃日本当时最著名的书法家。
③ 〔日〕藤原兼实：《玉叶》（图书寮丛刊），第215页。
④ 〔日〕藤原兼实：《玉叶》（图书寮丛刊），第219页。

前国宗象家之子许斐忠太妙典入道,前往宋朝明州育王山佛照禅师处布施黄金三千两。据《太宰府考》所引《宗象记》,关于妙典有如下记载:

> 宗肩氏国的世子许斐忠太妙典入道曾入宋七次,至天竺二次,著有航海指南书,名《海云记》。还著有《斐氏军略》,谈水师训练事。凡宗肩氏赴宋的公事船和商船等,都是由忠太筹划的。①

可见,妙典在平氏的支持下曾大力从事日宋贸易,频繁来往于中日之间。《宋史·日本传》所载日本商船淳熙三年(1176)、淳熙十年(1183)、庆元六年(1200)、嘉泰二年(1202)漂流到中国沿海的记载,足以证明当时中日贸易的繁荣。可惜1185年,平氏家族就在源氏集团的打击下灭亡了,否则宋日往来将更加密切。中日朝贡贸易体制的确立就不必等到室町幕府的将军足利义满来实现了。

二 宋日贸易促使日商集团的形成和"倭寇"的猖狂

虽然平氏政权在争霸战争中覆灭,而接替平氏的镰仓幕府,无论源氏三代将军,还是随后的北条氏执权,依然重视宋日贸易,更不用说足利义满的室町幕府,中世末期新崛起的织田信长、丰臣秀吉也重视对外关系。天皇在朝廷名义上代表国家专制外交,而在具体对外贸易和文化交流方面,中世将军的幕府具有相当的自由。

根据《玉叶》一书记载,建久二年(1191)六月十二日,大宰府呈请朝廷,根据宋国的要求处罚宋朝商人杨荣和陈七太,因为这二人在宋朝行为不端。二人之中杨荣因出生于日本,可以在日本处罚,而陈七太出生于宋朝,则不可随意处罚②。这首先说明,日本朝廷在外交上具有决定权,其次说明日本中央和地方政府都很重视宋朝官方的态度。

根据中世日本公武二重政治构造,京都朝廷与镰仓幕府往往各自为政,按照各自的需要继续支持和管理日宋贸易,此见诸记载,《吾妻镜》建长六年(1254)四月二十八日条载:幕府有裁定"唐船事",批示"定其员数,即今日被施行之"。二十九日条载有牒文:"唐船者,五艘之外不可置之,速可令破却。"③此处的"唐船",或指宋朝去日本的商船,抑或

---

① 转引自〔日〕木宫泰彦《日中文化交流史》,胡锡年译,第294—295页。
② 〔日〕川添昭二:《对外关系的历史展开(对外関係の史的展開)》,第53—54页。
③ 〔日〕国书刊行会编:《吾妻镜》(吉川本下卷),东京国书刊行会1915年版,第193页。

指"唐式船"（待考），当时还有"渡宋船"的名称，见于《漂到流球国记》①。建长六年的这一命令可能是规定：凡驶往宋船的日本商船以五艘为限，此限额之外不得建造，多建造者应速令毁弃。据此可知，镰仓幕府在派遣商船方面具有很大的自主权，建长六年规定驶宋的船只为五艘，在此以前当为数更多。幕府、寺院为了筹措寺院、佛像营造的费用，也频繁派遣"寺社造营料唐船"到中国。

宋朝去日本的船少了，相应地日本来中国的船就多了。尽管宋朝市舶务对日本商人贩来的硫黄、板木有抽博，其所携带之沙金（常称为"倭金"）又有官吏"虐取牙侩之"，依然不断有"倭人冒鲸波之险，舳舻相衔，以其物来售"，故庆元军府事吴潜因同情日本商人"流离于海上者，多阻饥"，在宝祐年间（1253—1258）上奏朝廷"请弛其禁"②，得到朝廷的批准。由此可见，许多日本商船驶往宋朝明州贸易的盛况，亦见日本人追逐商业利润之风气日盛，深谙走私、贿赂等伎俩，故携带沙金，"深藏密匿，求售于人"。

与此同时，日本幕府限制宋朝去日本船只的数量和规模，其做法是否有意在支持日本商人和中国商人争利，值得进一步研究。

从南宋初到南宋末，中日双方对贸易的控制都越来越严格，幕府对赴日船只的限制，和宋朝对市舶司、务的裁减都是证明。这种严格的控制迫使一部分日本商人铤而走险，走上了武装走私的道路，特别是元朝进攻日本，中日处于敌对状态之下，日本武装商人集团（亦即后来的"倭寇"）更加猖獗了。

由于日僧不断来朝参禅问道，和宋朝的寺院高僧、地方官员建立了很好的关系。另外，到日本贸易的中国商人在日本港口定居，出资修建寺院，招纳日本高僧做住持。这样一来，随着中日贸易的发展，促使博多圣福寺、承天寺、妙乐寺等禅宗寺院活跃起来，并利用其有利条件参与贸易，和商人争利。

元朝和日本的战争，使九州岛的庄园势力遭到很大的打击，中央的势力渗透到这里，利益的争夺更加激烈。到了元朝末期、明代，幕府直接管辖的五山寺院则垄断了中日贸易，《看闻日记》《教言卿记》《满济准后日记》等均有记载，室町将军常常前往兵库津，目送中日商船，即

---

① 〔日〕对外关系史综合年表编集委员会编：《对外关系史综合年表》，东京吉川弘文馆2000年版，第184页。
② （宋）梅应发等撰：《开庆四明续志》卷八，收入"中国"地志研究会编《宋元地方志丛书》第8册，台北"中国"地志研究会1978年版，第5442页。

"唐船""归唐之船""渡唐船"出海①。参与中日朝贡贸易的日本商人常常在明朝"强买货物",与明朝商人发生纠纷,乃至杀伤明朝商人。另外,也有明朝商人(如王直等)因为明朝的海禁,以日本为根据地武装走私。

由于室町幕府积极与明朝开展"堪合贸易",促进了中日贸易的发展,中国铜钱在日本的流通,日本商品的进出港口拓展了,大阪南部的堺成为和博多并列的港口城市。

三 宋日贸易便利了来宋求法巡礼的日僧

中日贸易的繁荣和商船往来的频繁,便利了宋日人员的往来,特别是日本求法巡礼禅师在中日之间的往来,为僧众走出平安佛教的困境提供充分的条件。

信奉佛教,自称"入道"的平清盛也积极促进中日佛教交流。实际上,整个平氏一门都非常重视与宋朝宗教文化的往来,自然和宗教界人士有密切交往。

平清盛的兄弟"门下侍郎平赖盛",与禅僧荣西交往深厚,荣西来宋朝时,他任太宰大贰,"闻西之西游,常遏行装,以故未遑发。文治之元,平氏凋殒,侍郎寻亦卒"②。文治之元即文治元年(1185),如果不是平氏此时灭亡,平赖盛显然会来宋朝,中日贸易往来会更加密切,邦交也会恢复。这也证明之后镰仓幕府第三代将军源实朝计划来宋朝非偶然事件。

日本治承(1177—1180)初年,平清盛的儿子平重盛因对现时的深刻烦恼和对来世的期望,在当时颇为流行的净土信仰的影响之下,曾派遣筑前国宗象家之子许斐忠太妙典入道前往宋朝明州育王山等寺院布施大量金沙,有三千两。

旅居日本的众多宋朝商人之中,不能不提及的是张国安、谢国明、陈和卿等。日本最早的禅宗寺院是荣西作为开山的博多圣福寺,该寺就是博多的纲首张国安支持下创建的,故被称为"扶桑最初禅窟"③。

大宰府的筥崎宫,自创建以来扮演着对外贸易的重要角色。"进入镰

---

① 〔日〕神户市编:《神户市史·资料一》,神户市1938年版,第1—3、7、9—10、13—14页。
② 〔日〕虎关师炼撰,黑板胜美编:《元亨释书》卷二,收入《新订增补国史大系》(新装版)第31卷,第42页。
③ 〔日〕伊藤幸司:《中世日本的外交与禅宗(中世日本の外交と禅宗)》,第271页。

仓时代以后，筥崎宫既有已经落入中国贸易商人即博多纲首的支配之下。"① 谢国明就是博多的纲首之一。

张国安、谢国明这一类旅居日本的中国商人资助了不少日僧到宋朝求法参禅。陈和卿因资助东大寺的重修，在重源的奏请下，获得了播磨国大部庄的管领权。

圆尔辨圆来宋之前是在谢国明家中等船时，得到谢国明的皈依，并接受了他的保护，从宋朝求法回到日本后，又在谢国明的帮助下在博多开创承天寺②。

到元朝和明朝，这些纲首又承担着中日贸易的联系角色。最能说明博多商人对于日本政治、经济和文化影响力的，是肥富说服足利幕府向明朝朝贡，从而开通"朝贡贸易"，促进中日官方关系的建立。

因为中日之间的海上往来更加安全、便利了，故当时想搭乘宋商船只来华巡礼求法的日本僧人很多，有人竟然来回大陆日本两三次，甚至更多。从宋朝归国者的言谈又刺激了其他人去宋朝游历的欲望，包括日本幕府将军源实朝。例如，高僧明慧上人，元久二年（1205）想渡海到中国，并从中国到印度去，因病未成行。

宋朝客商频繁来到日本，并在日本广泛活动，日本佛教界由此得知宋朝禅宗的兴盛。

清初屈大均《广东新语》卷九载有"宋人之海外避难"：

> 东莞李竹隐先生（李用），当宋末，使其婿熊飞起兵勤王，而身浮海至日本，以诗书教授，日本人多被其化，称曰夫子。比死，以鼓吹一部，送丧返里。至今［东］莞人送丧，皆用日本鼓吹，号过洋乐，乐人皆倭衣倭帽以象之。③

此足见中世中日来往之密切，其带来的文化交流，涉及习俗等诸多方面。

---

① 〔日〕川添昭二：《镰仓时代的对外关系与博多（鎌倉時代の対外関係と博多）》，载大隅和雄编《镰仓时代文化传播的研究（鎌倉時代文化伝播の研究）》，东京吉川弘文馆1993年版，第306页。
② 〔日〕大隅和雄编：《镰仓时代文化传播的研究（鎌倉時代文化伝播の研究）》，第317页。
③ 〔日〕桑原隲藏：《蒲寿庚考》，陈裕菁译订，中华书局2009年版，第152页。

四 书籍逐渐成为中世中日贸易的主要商品

中世中日之间贸易的商品，与 1170 年之前没有多大变化，本人相关著作中已经颇为详细地讨论了这一问题①，这里不准备占用太多的篇幅讨论贸易品类及其繁盛之情形，仅选取中世日本公卿收集、求购、阅读和讨论中国典籍的情况作一例证。

为了输入大陆帝国的文化典章制度，自古以来日本就有到中国求书、购书的传统。进入镰仓、室町时代，书籍成为中日贸易的主要商品，而且中国书籍的引进、收藏和阅读成为日本禅僧之间，以及禅僧和公卿之间最为关心的事和最爱讨论的重要话题，此类记载在平安、镰仓、室町时代日本公卿、僧侣的日记中随处可见。

圆尔辨圆、俊芿等禅僧和律僧从中国求回佛书及儒学的经过，前文已经提及。

1195 年，东大寺复兴之际，为供养东大寺，日本在摹写宋朝秘本素纸墨字大小乘经律论集 6067 卷的同时，谋划从宋朝购入"唐本一切经"，重源来宋目的之一也在此。来宋日僧庆政，号胜月（又号证月），宋宁宗嘉定十年（1217）自泉州归国，将福州版《大藏经》之《大方广佛华严经》和其他书籍带回日本②。尤其是室町时代，日本将军和诸大名纷纷建立寺院，为奉纳《大藏经》（或称《一切经》），特地通过商人到朝鲜、中国求购，比如天龙寺。日光明天皇历应四年（1341），愚中周及来元朝求法，就是因为天龙寺遣船来华求藏经，其年谱载，愚中周及因在建仁寺"有所疑不决"，愤慨日本禅师"浅易如此"，心想"不如寻知识于大唐"，于是决定到中国求法，正好当时日本"上皇创天龙寺，遣商船求经藏于元国，于是喜而讬之。秋发博多，冬到明州"③。

宋元时代中国活字印刷技术逐步推广，大大促进了书籍的印刷和流通，商业出版开始兴起。日本镰仓公卿藤原师继，在其《妙槐记》中记载有讨论从宋朝商船求购书籍及其价格之事，比如在文应元年（1260）四月二十二日条中载有，"宋客持来《太平御览》一部千卷（复百帖），以直

---

① 参见郝祥满《中日关系史（894—1170）》相关章节。另，关于中日书籍贸易和交流，读者亦可以参考王勇、大庭修主编《中日文化交流史大系》第 9 册《典籍卷》的第一章"中国典籍在日本的传播与影响"一文，及王勇教授等"书籍之路"相关研究。
② 其事迹见《大日本佛教全书》之《游方传丛书第三》"庆政上人传考"。
③ 〔日〕愚中周及语，侍者某甲编：《大通禅师语录》卷第六，《大正新修大藏经》第 81 册，第 94 页。

钱三十贯价（买?）取之"的记事①。从记事可见，当时《太平御览》在日本的价格为 30 贯钱，自平清盛自宋商初获此书，到此时，宋船赴日带去《太平御览》的数量已经达数十部等。

在室町时代公卿和禅僧的日记中，较多地见到书籍名称者，当推该时代中期临济宗圣一派僧人季弘大叔的日记《庶轩日录》。由于他住在位于和泉堺的海会寺，所以在其日记中可以见到遣明船进港等日中关系史的资料。②

作为室町时代日本禅僧中的著名人物——京都相国寺的瑞溪周凤，以著《善邻国宝记》而知名，他的日记《卧云日件录》也同样著名，其中可以见到中日书籍交流之事，以及许多中国文献典籍的书名。可惜《卧云日件录》原书已经散佚，今仅留存有惟高妙安抄录的《卧云日件录拔尤》。例如《卧云日件录拔尤》抄录的文安五年（1448）五月五日的记事中涉及日本朝廷对进口的中国典籍的审查情况。此日，瑞溪周凤与大外记清原业忠的问答闲谈，谈到了二条良基与义堂周信的汉和联句，在诗歌唱和时论及用韵问题，恰好当时《洪武韵府》刚刚传入日本，良基、义堂二人便用此书来唱和。瑞溪因此记录了清原业忠的如下评论："吾朝用汉土书，必有施行朝廷之命，如《孟子》，则未施行之书也。"③ 也就是说："日本人引用中国书籍，必得朝廷之准许，如《孟子》，则未获允准之书。"再如康正元年（1455）三月十一日条载，瑞溪周凤在鹿苑寺与建仁寺西堂清启检阅了天与清启"自大明持来"的"《元史》全部四十册"，足见中国典籍输入日本之迅速。明朝商船赴日，往往载有书籍，同日在鹿苑寺，东岳和尚告诉瑞溪，"前度大明船来时，得《南北演禽本》"④，并出示瑞溪。

宽正五年（1464）七月，室町幕府准备遣使者到明朝求书，因"不知日本未渡书"，"纵虽先来，最希有者何书？可录呈耶"，即命瑞溪周凤开列书目，周凤认真思考后"便记十五部送"⑤，此足见日本官方对中国书籍的引进是有调查、有计划的。

---

① 〔日〕笹川种郎等编：《勘仲记第 3；妙槐记》，收入《史料大成 第 28》，东京内外书籍 1936 年版，第 292 页。
② 详细参考王勇、大庭修主编《中日文化交流史大系 [9]·典籍卷》，浙江人民出版社 1996 年版，第 76 页。
③ 〔日〕瑞溪周凤记，惟高妙安抄录：《卧云日件录拔尤（卧雲日件録拔尤）》，收入东京大学史料编纂所编纂《大日本史料》，东京岩波书店 1961 年版，第 27 页。
④ 〔日〕瑞溪周凤记，惟高妙安抄录：《卧云日件录拔尤》，近藤瓶城编《续史籍集览·第 3 册》，第 90 页。
⑤ 〔日〕瑞溪周凤记，惟高妙安抄录：《卧云日件录拔尤》，近藤瓶城编《续史籍集览·第 3 册》，第 472—473 页。

镰仓时代，日本禅僧等来华，向中国高僧求书、求赞、求法语，自然关注有关语录、文集，从中国的角度看，都是民间的、私人的行为。随着日本从求中国高僧赐法语扩展到求中国朝廷赐书，寻求典籍的范围不断扩大。到室町时代，由于朝贡贸易兴起，日本方面开始通过幕府正式向明朝廷请求赐书籍，而且这成为使臣与中国方面商讨的重要内容之一。

1402年明使一庵一如东渡日本之际，日僧岐阳方秀曾向他请求《华严清凉国师大疏》《晋水源师节录注经者》《演义钞》《科文》《圭峰行愿品记》《原人发微录》《禅源诠都序》等书籍。1408年日本遣明使节回国时，曾请求明廷赐予仁孝皇后撰写的《劝善》《内训》两书各一百本。

1468年，足利义政在派遣使节时，竟令瑞溪周凤在国书的附件上记录了求书目录18种，详细参见本书第九章相关叙述并引文。1477年，足利义政通过遣明使竺芳妙茂，再次求明朝赐《佛祖统纪》《教乘法数》《三宝感录》《法苑珠林》等12部典籍。

晚明时期，商业出版因此空前繁荣①，尤其是在江南地区，故明版图书开始大规模地进入商品流通领域。当时传入日本的书籍还有《翰墨全书》《大明一统志》《大明官制》《武经七书》等日用类、制度类书籍。等持寺首座瑞䜣笑云来明朝时竟以一扇换得《翰墨全书》一部。

随着中国书籍输入的增加，相应地图书馆（当时称"文库"）也在日本许多地方建立起来了。北条实时（1224—1276）在武藏国金泽村的"别业"（别庄，将军用以度假静修之所）所建立的文库，是当时很重要的一个藏书处。1267年，北条实时以其别业为基础，扩展建成称名寺，并招请妙性房宪海为寺主，使其成为真言律宗的寺院。

室町时代文库更多，著名的足利学校是在室町时代初期，由足利氏设立的。这所设立于下野国足利庄的汉学研修机构，以关东管领上杉宪实从镰仓招请的快元和尚为庠主。

第二节　明日朝贡贸易的恢复促成日本禅寺经济的繁荣

一　中日贸易从民间贸易升格为政府间贸易

中世日本禅宗（禅僧及禅寺）经济实力的增长，与其政治地位的提升

---

① 日本与明朝贸易往来频繁的堺市，其出版业也很繁荣。

是密切关联的。故有必要分析中世日本对外贸易与禅宗的关系，禅寺参与朝贡贸易的态度和目的，以及航海贸易对中世日本外交、社会转型的影响。

中世日本禅宗寺院的田产、地租等，一因资料限制，二因其为日本国内经济，暂不作探讨，本书主要谈论日本佛教寺院海外贸易的收入，以及参与海外贸易的社会意义和社会影响。

自平安时代末期以来，商人和僧侣的关系越来越密切，特别是那些参与海外贸易的商人和寺院。商人和僧侣是推动中世日本保持对外联系的重要力量，中日两国商人都希望两国之间建立朝贡贸易体制，保证他们航海贸易的安全。

通过贸易输入日本的大陆商品很多成为进献、供奉寺院的物品。平安以来，唐物成为最好的、最受欢迎的寺社供奉、献纳物品。对唐物的崇拜和对神的崇拜联系在一起。

日本社会对唐物的需求使中日贸易一直延续，即使是在两国朝廷之间对立的时候，以及元朝与日本爆发战争的年代，元朝和日本的战争结束之后，北条氏掌管下的镰仓幕府积极参与唐物贸易，寺社贸易船的派遣必须得到幕府的批准[1]。到室町时代，随着朝贡贸易的进行，设有专门的"唐船奉行"管理中日贸易。

文化的交流、商品（唐物）的流通逐渐培养了日本新贵族（例如足利义满等）对大陆文化和货物的憧憬，也培养了日本的海盗集团，并将祸害从濑户内海扩散到中国、朝鲜沿海地区。文化交流和商品流通使日本沿海的博多、堺等贸易港口成为日本接纳大陆新文化的桥头堡，促使日本经济向商品经济转型，对宋明铜钱的需求便是其标志。

"幕府的财政越是穷困，越可能把眼光转向海外贸易"[2]，特别是财政紧张的足利义满时代，因为"本朝（明朝——引者注）立法，许其（日本——引者注）贡而禁其为市。夫贡必持货与市兼行，盖非所以绝之"[3]，故日本足利幕府要借"朝贡"之名打开中日贸易，增加财政收入，同时也极力拓展日本与朝鲜的贸易。从1401年派遣第一次遣明船开始，在约一

---

[1] 详细介绍可参见〔日〕川添昭二《对外关系的历史展开》"四、蒙古袭来"，东京文献出版1996年版，第68—80页。

[2] 〔日〕松本新八郎：《中世的社会与思想（中世の社会と思想）》（上），校仓书房1983年版，第78页。

[3] （明）唐枢：《复胡默林论处王直》，载《皇明经世文编》卷二百七十。

个半世纪之间,室町幕府派遣了 19 次遣明船①,可以说是"朝贡贸易"的再次复兴。这样一来,幕府的财政越来越依赖五山禅寺参与的外国贸易②。

随着中国宋元文化的输入日本,各种文物汇集、保存到寺社和大名的府邸,禅院文化越来越掌握将军、守护们的生活。自禅宗输入日本并在日本传播以来,日本自满和保守的文化心态被改造,从兼修禅发展到纯粹禅,从新佛教禅宗到新儒学(宋明理学)的传入,对大陆文化思想的接纳,为日本社会接纳"朝贡贸易"做了很好的思想准备。

由于民族自尊意识的强化,从古代(平安末期,以 894 年为标志)到中世,日本公卿贵族对唐物的欲望不可遏制,又不得不自我遏制,于是限制而又维持着中日民间贸易。

平安中后期,亦即中国北宋时期,宋朝皇帝出于政治、军事等各方面的考虑,热衷于朝贡贸易的开展,故力图建立中日邦交,结果被自尊的日本朝廷拒绝。是平清盛初步打破日本公卿在外交方面的自尊,拓展中日贸易的空间。

进入武家时代,室町幕府将军足利义满,进一步打破了日本古代、中世以来形成的外交传统和理念,把日本贵族极力维护的名誉和自尊抛到一边,通过禅师的联系,尊明朝为"上国",并努力满足明朝提出的剿灭"倭寇"的要求,以换取明朝允许的朝贡贸易,输入中国的物质和文化。从某种意义上说,倭寇成为日本将军、大名恐吓明朝接受朝贡贸易的手段。

只有实用主义的武家才没有太多颜面的顾忌,先是平清盛,接着是源实朝,到足利义满终于突破对外交流中的保守。义满才不管什么"大义名分",他知道中国封贡体制的原则是"厚往薄来",只要向明朝称臣进贡,接受明朝"日本国王"的册封,就可以开展"朝贡贸易"(日本学界多采用"勘合贸易"这一暧昧的说法③,有意回避"朝贡"这一概念),就可以一本万利。此外,中日公对公的贸易,日本可以讨价还价,并让明朝统购,不愁滞销问题。就这样,中日之间纯粹的民间贸易至此告一段落。

于是,日本寺社、守护大名等各派势力努力从幕府争取从明朝获取的"勘合",踊跃参加朝贡贸易,拼凑进贡品,以期获得明朝回赐物品,以致出现了规模巨大的第 11 次遣明船。1451 年,日本派遣的第 11 次遣明使

---

① 〔日〕田中健夫:《对外关系与文化交流(対外関係と文化交流)》"遣明船贸易的展开(遣明船貿易の展開)",京都思文阁出版 1982 年版,第 18—25 页。
② 〔日〕松本新八郎:《中世的社会与思想》(上),校仓书房 1983 年版,第 80 页。
③ 〔日〕田中健夫:《对外关系与文化交流》,京都思文阁出版 1982 年版,第 103 页。

团，由东洋允澎担任大使，一时天龙寺、伊势法乐舍、九州岛探题、大友氏、大内氏、大和多武峰纷纷参与派遣遣明船，最后共有9艘船，人员达到1200人，其中有350人到达北京。这次，热衷于海外贸易的岛津氏未能派遣，如果加上岛津氏的船，将难以想象。这对明朝接待和安保来说是极大的负担，以致明朝廷不得不考虑限制日本朝贡使团及其附属商船队的规模，规定此后10年一贡，船数3、人员300①。

日本中世后期，相当于中国的明代。"朝贡贸易"的出现或者说"复活"，也算是中日关系发生转型，同时也是日本对外政策、外交思想的转型。同时也说明，中日之间的民间贸易、走私贸易也因此繁荣起来，以致不得不借"勘合"以管理之。

唐末以来，朝贡贸易逐渐被一些日本公卿视为"辱国的交流形式"②，平清盛一度积极拓展宋日贸易，策动朝廷接受宋朝的国书，策动法皇接见宋朝使者（商人兼任）。1172年，宋朝孝宗皇帝诏令明州刺史，"赐日本国王物色"，通过宋朝商人将国书及赏赐品送达后白河法皇，同时还有"送太政大臣物色"的国书及赏赐品送给平清盛③。

而室町幕府的将军足利义满积极加入朝贡体系，通过九州岛探提掌控博多等对外交流的港口要地，发展"堪合"贸易，建立邦交关系，其规格远远超过了平清盛。足利幕府重视海外贸易，说明贸易的收入在其政府财政收入中所占的比重越来越大，外贸收入越来越被重视，庄园地租收入的比重逐渐降低。为此，幕府极力扩大中日贸易规模，而对应的明朝不得不反复强调，限制日本遣明船的年限、人数、船队规模，以及具体商品等。而明朝与日本开通朝贡贸易，把日本纳入册封体制之下，又与消除沿海倭患的目标有关，中世的中日贸易和"倭寇"有着"剪不断理还乱"的关系。

二 关注五山寺院财力的日本幕府

日本的寺院，自古代（平安中后期）以来，不仅具有雄厚的经济实力，拥有大量的庄园和田产，而且一直积极参与中日朝贡贸易和走私贸易，一些寺院还建立了自己与中国交流的渠道，到中世具有了割据一方的实力，即日语通常所谓的"寺社势力""寺家势力"，以致一些庄园主将

---

① 〔日〕田中健夫：《对外关系与文化交流》，第20页。
② 参见〔日〕芳贺幸四郎《中世文化及其基础（中世文化とその基盤）》（芳贺幸四郎历史论集Ⅳ），京都思文阁出版1981年版，第105页。
③ 参见〔日〕田中健夫《对外关系与文化交流》"足利义满的外交"，第51—67页。

庄园"寄进"寺院。将军、大名死后往往将自己的庄园舍入禅寺，关于禅院领有的庄园及其经营，日本有专门的研究成果①。

将军、大名往往将私宅或田产舍入禅寺，壮大了禅宗的力量。例如，长享元年（1487）九月，"典厩公以私宅为寺，付以田产，与朝喝食以此事言于府君（足利义尚），府君签押，以为万世不易之券"②。禅寺寺院因此可以因"寺领"庄园而获得收入（直接纳钱居多），虽然由东班众③负责经营，住持也常常因纳税交租之事，"勘定"时与庄主争执。如等持寺，领有"加贺国栗津、保两庄""江州新井春近庄"，以及日羽庄、户伏庄等④。

以中世的曹洞宗为例，一些寺院在传道时，"将祈祷吸纳入教义中，在民众中传道，故具有组织性且具大规模"，无底禅师贞和四年（1348）开创的正法寺，"得到黑石庄领主黑石为首的近邻的豪族、民众的皈依"⑤，1350 年从崇光天皇那里得到奥羽二州僧录、日本曹洞宗第三本山的资格，影响日本东北地方。也就是说，寺院势力的拓展并与地方豪族的结合，促成了中世日本封建割据、封建体制的成长。

进入镰仓时代，新兴的禅宗寺院虽因皇室、公家、武家和旅居日本的中国商人的施舍而建立（具体参见前文），到镰仓末期，一些寺院逐步扩张，实力已经非常强大了。

到室町时代，财政相对紧张的足利幕府关注五山禅寺，一个重要的原因，就是觊觎禅寺日益丰厚的财产。根据《荫凉轩日录》长禄三年（1459）十月二十六日的记录，"关于上御所迁徙的御用脚，其御用脚需二千贯文，命诸五山知事中，有必要御借用"。由于御料所（庄园）的年贡收入有限，足利幕府经常这样向五山禅院"借钱"，名义上说是借钱，其实这些钱都是有借无还的⑥，等于是向寺院收税。实际上当时许

---

① 代表作者有藤冈大拙、竹田和夫、田中浩司、贝英幸、山家浩树等。
② 〔日〕景徐周麟：《等持寺日件》，载辻善之助编《鹿苑日录》第一卷，东京太洋社 1937 年版，第 9 页下。
③ 东班众与西班众合称东西两班，正式法会时分站东西两侧，西班多负责修行，而东班多负责经济事务。
④ 参见〔日〕景徐周麟《等持寺日件》，载辻善之助编《鹿苑日录》第一卷，第 10 页下、37 页下。
⑤ 〔日〕丰田武：《日本的封建制（日本の封建制）》（丰田武著作集第八卷），东京吉川弘文馆 1983 年版，第 439 页。
⑥ 〔日〕竹贯元胜：《新日本禅宗史——当时的权力者与禅僧们（時の権力者と禅僧たち）》，京都禅文化研究所 1999 年版，第 290—291 页。

多寺院都在放高利贷（参见本章后文），寺院的地位因为债权的关系也不断提升。

室町时期，官寺住持（特别是五山十刹）的任命，必须由将军"批点"发出委任状，此委任状在当时的日本称"公帖"，一般委托鹿苑僧录（鹿苑院主）发放。寺院领取公帖的时候，必须支付"官钱"（或称"公文钱""公文礼""献礼钱"），其数目一般为一缗，多乃至十缗[①]，此相当于现代的手续费或印花税，当然有时还要纳一些贿赂物品。公帖甚至可以出卖，《卧云日件录拔尤》载，"丰后大内领中万寿寺僧，以百十七贯文，买南禅公帖"[②]。可以说"出卖公文"是室町幕府敛财的一个重要方式，正如禅僧义堂周信与净智长老春谷"话及两班官钱"时所批评的："今时佛法属吾宗门，宗门之弊在名，名之弊在暖洞，暖洞之弊至官钱者，弊于是乎极矣，古之与卖爵者无以异也。"[③] 室町幕府和明朝之间的朝贡贸易，其具体规划也必须由禅宗五山寺院来执行，这也许是幕府对禅宗寺院缴纳官钱的回报。

1368年，南禅寺为建门楼而设关所（关卡）征收关钱，此种做法到15世纪更是流行。东福寺僧太极（1421—?）的日记《碧山日录》长禄三年（1459）九月七日条中有此记载：

> 近岁诸州路，国俗之强豪者，置关以征之，往来悉难焉。相公命诸吏而破之，因为改造伊势大庙，于安城之七路（自诸州入京之路，其数七也），前月二十一日各置一关征之而已。往来咸喜此也，俗子真信来语之。[④]

可见设关征税，成为室町幕府与寺家、地方势力敛钱的手段。这一设关割据的封建经济之形成，显然禅宗寺院有一定的责任。

中世末期（即室町幕府时期）的日本，因政治、经济利益等的关系，禅宗寺院不仅仅有"五山"和"林下"之分，而且在一宗之内还分化为许多派系。造成寺院之间派系分化的因素之一是，围绕对外关系和对外贸易

---

① 参见〔日〕辻善之助编《鹿苑日录》（第一卷），第75、76、84、85、88、91、208、219页。
② 〔日〕瑞溪周凤记，惟高妙安抄录：《卧云日件录拔尤》，岩波书店1961年版，第149页。
③ 〔日〕义堂周信：《空华老师日用工夫略集》，收入近藤瓶城编《续史籍集览·第3册》，第78页。
④ 〔日〕太极：《碧山日录》，收入近藤瓶城编《续史籍集览·第25册》，第174页。

的参与权的争夺。

日本禅僧对利益的追逐，特别围绕遣明船的派遣，临济宗幻住派、临济宗梦窗派和圣一派、以南浦绍明为祖师的大应派之间的争夺最为激烈。争夺的内容包括，对博多、堺等港町寺院的控制，影响幕府遣明船和遣明使节的任命等，这使得各派禅僧和朝廷官员、地方大名、港口商人的往来日益密切。

临济宗幻住派[①]，是指在镰仓末年到元朝求法，拜中国杭州天目山幻住庵中峰明本为师，嗣法回日本的一派禅僧，主要有远溪祖雄、复庵宗己、古先印元、无隐元晦、业海本净、明叟齐哲、大拙祖能等，他们都作为派祖形成了分派，其中无隐元晦门下最为突出。

无隐元晦因离开中峰明本回日本时，与清拙正澄同船，因此与其关系很密切。在同样到元朝求法的禅僧中，他与雪村友梅、中严圆月等也交情甚笃，政治人物中则与大友氏泰交情深厚，故历住五山官寺，并成为壹岐国海印寺、丰前国宝觉寺等的开山，最后住建仁寺和南禅寺，在京都和九州岛北部地区都很活跃，故门下也很强大。

与足利幕府关注寺院的财力对应的是，地方大名如大内氏、细川氏等也关注寺院，看中禅宗寺院在对外交流和贸易方面的能动力，实际上也是看中了潜在的经济利益。比如大内氏和幻住派无隐元晦门下的接触，将自己的庄园"寄进"宝觉寺，通过成为寺院的大檀那，既可以从朝廷获得相应地方的守护职位，又可以谋取参与朝贡贸易的机会。由于明朝推行海禁政策，只有禅僧便于建立与明朝的联系。有关外交文书的撰写也必须依赖禅僧。

日本战国时代，大内氏兴盛起来，其最盛时期控制了周防、长门等海外交通的要点，从而获得对外交流的机会（主要是明朝，其次是朝鲜和琉球），一度运营遣明船。大内氏将博多承天寺与圣福寺这两个禅宗寺院并称为"御料所两寺"，积极向这两个寺院渗透。圣福寺僧湖心硕鼎属于临济宗幻住派，1539 年，大内义隆派遣圣福寺和尚湖心硕鼎为遣明正使、京都天龙寺塔头妙智院第三世策彦周良为副使，赴明朝朝贡贸易。出使的具体经过，副使策彦周良在其《初渡集》中有详细记载。策彦周良之后也成为室町幕府的遣明正使。

中日之间的朝贡贸易不仅加剧了日本各寺院之间、禅宗各派之间的竞争，更促使日本地方大名之间以及大名和幕府之间的竞争更加激烈。最后

[①] 参见〔日〕伊藤幸司《中世日本的外交与禅宗》（第三部分）"第二章 中世后期的临济宗幻住派与对外交流（中世後期の臨済宗幻住派と対外交流）"，第 269—315 页。

致使幕府丧失统治的权威和贸易的利益，幕府只是形式上的参与，因为遣明船是朝贡船，必须有作为外交使节的官员参与，明朝才可能接待，幕府的作用最后只是以"日本国王"的名义派遣外交使节而已。

三　禅宗与中世日本的寺社贸易

由于幕府经常通过献物、献钱、借钱的方式，从禅宗寺院获得大量资金，自然支持"五山"寺院拓展内外贸易。幕府奉佛教禅宗为日本"国教"的原因也在此，政治献金是禅寺获取政治保护的条件。寺院要维持其规模和发展的势头，对于经济贸易的依赖很大，这从《镰仓遗文》等文献资料中保存的大量寺院庄园经营的相关史料可以得到印证。

镰仓幕府的灭亡，主要原因就是与元朝战争的战费开支使财政崩溃，又无土地庄园授予有功武士，激化了北条氏与御家人之间的矛盾，从而给皇室、给后醍醐天皇复辟的机会。

兴建寺院，往往需要航海贸易所得的财力支持。如天龙寺由于文安四年（1447）的大火致使全山烧毁，为了重建禅院，必须募集资金，于是参加朝贡贸易，向明朝派遣船只（即"劝进船"[①]）。这类船只或称"寺社造营料唐船"。文明八年（1476）末从堺出发的三艘船，其一为幕府船，其二为相国寺胜鬘院船，其三所属不明。

京都的建仁寺，为获得建筑费，良璞首座曾运动幕府将军足利义政派遣遣明船。《荫凉轩日录》文明十七年（1485）七月二十八日条有载："良璞首座来面之，谈遣唐船事，盖为建仁修造，有其望。"[②] 随后义政又于文明十九年，计划为相国寺派遣遣明船。

因为贸易获利最丰厚，而且所得主要成为寺院的收入。据日本学者的研究，著名的韩国新安海滩沉船，与博多承天寺的钓寂庵关系密切，是该寺派遣的"东福寺造营料唐船"[③]，船中铜钱有代替压仓石头，保持海船平衡的作用[④]。再如日本宝德期的遣明船，四号船便是博多圣福寺造营船（九州岛探题船），有许多黄龙派禅僧搭乘。

[①] 日语"劝进"意即化缘。
[②] 〔日〕佛书刊行会编：《荫凉轩日录　第2》，编入《大日本佛教全书·134》，佛书刊行会1922年版，第742页下。
[③] 〔日〕伊藤幸司：《中世日本的外交与禅宗》，第169页。
[④] 参见〔日〕小早川裕悟《中世后期日本货币史的再建构——地方史与亚洲史的观点（中世後期日本貨幣史の再構築－地方史とアジア史の観点から－）》，博士学位论文，日本金泽大学，2015年3月23日，第13页。

另外，禅宗寺院开山建寺之所以需要借助海外贸易，是因为封建时代的日本不能再像律令制时代那样，集中全国国力、财力，兴建大工程。

明代的中日贸易，在日本方面，主要被五山禅僧垄断，因为在"倭寇"猖獗的年代，明朝港口官员和民众也只有对日本禅僧才敢接待。日本派往明朝贸易的船只，主要是寺社船和大名船。而寺社船主要是禅宗寺院派遣的商船，神社派遣的并不多。

镰仓、京都的许多禅宗寺院在博多建有末寺（亦即"分寺"），如东福寺在博多的末寺为承天寺，在堺市的称海会寺。再如大德寺，为了寺门的经营和繁荣，努力加深和京都、堺的町众、豪商的联系，寻求其财力的支持，后者则为了提升自己的地方权威，努力加深与前者的"道交"[①]。

在对外贸易中最活跃的禅宗寺院有博多承天寺，由宋朝商人谢国明开基于圆尔辨圆回国之时。宋元以来的中国商人，特别是住居在博多、堺等港町的商人，为了经营海外贸易成为禅寺的檀越。因此，日本禅宗根据其背后的不同支持者又区分为，中国商人支持的博多禅、得到公家外护的京都禅和得到武家外护的镰仓禅[②]。

1401年，筑紫客商肥富被足利幕府委任为副使，派往明朝，打开勘合贸易，就是博多商人运动的结果。此后，许多博多商人以土官的身份参与遣明船，例如宗金、宗性春、藤安吉、藤原贞成等。

中世日本的商人活动能力非常强，他们通过禅寺运动幕府和大名，竞相承包遣明使船，垄断朝贡贸易。1483年，由幕府和内里共同派遣的三艘船，由汤川宣阿等堺的商人出资承包经营，其中一艘内里船的承包，堺商人是通过公卿甘露寺亲长身为禅僧的弟弟来联系承包事宜的。明应八年（1499）遣明使船的派遣和承包，时任相国寺鹿苑院主的景徐周麟在其日记中，对相关竞争有详细记载，以下是其"八月四日"所记内容：

> 泉界富儿出千百贯文，以窃取大明勘合云。遣唐船可有三艘者皆领之。一船则公府之船，一船则细川所赐，一船则相国寺之船也。然而相国诸老言于荫凉，荫凉达于公府，而无赐之之公言，诸老督之。则曰：公府未有其报。而亦窃令富儿与勘合云云。吁！船者相国，而相国不知焉，何言哉？

[①] 〔日〕市川白弦：《一休：生在乱世的禅者（一休：乱世に生きた禅者）》，日本放送出版协会1970年版，第76页。
[②] 参见〔日〕伊藤幸司《中世日本的外交与禅宗》，第317—318页。

又闻，太秦寺求船曰：可先出三百贯而争钱。或谓：以公船付之乎？将又变相国船以付之乎？不可知焉。呼！天下为市，道岂可久哉！取千百贯者，荫凉、安富、势州、京兆、公府，出入势州者猿乐与四郎也，此者已受百贯云。①

日记中所言"泉界"，即指和泉的堺市，今在大阪南部。文中所言的"富儿"即指商人，"荫凉"即相国寺阴凉轩主；"势州""京兆"皆幕府重臣，此处称职位以避讳；"公府"即指幕府将军，也是避讳；安富乃相国寺的秉拂藏主。"京兆陪臣，安富之子也"②，猿乐与四郎乃居间联络者，收取中介费百贯。

由于一些地方大名也想参与朝贡贸易，分幕府的一杯羹，导致了1523年（日大永三年）的大内氏、细川氏"宁波争贡事件"，洗劫了绍兴城，打击了中日朝贡贸易，明朝不得不实行海禁。到1567年，明朝虽然解除海禁，但对日本的贸易依然严格控制。1592—1598年，丰臣秀吉侵略明朝属国朝鲜时，将博多变成前沿兵站基地，汇集兵粮的港口。堺、大阪、兵库的商人都被卷入战争，为丰臣秀吉供给军需物资。中日在朝鲜的决战，使明朝彻底终止了中日朝贡贸易。1603年，德川家康"锁国"，标志着日本武家也放弃与中国的官方接触，中日贸易再次转入民间形式。

第三节　中世日本的商品经济与港町城市的发展

一　中国中古的"钱荒"与日本中世的"钱病"

中世日本与中国的贸易对日本社会转型的影响，包括从自然经济到商品经济的转型，日本国内市场的发育与发达、庄园制的解体与新型城市的形成、拜金主义的形成等方面。

国内商品交换的需要以及与中国贸易的需要，促使日本手工业工艺的提高，日本的商品经济和海外贸易的发展，从而促使日本经济转型和社会转型。

---

① 〔日〕辻善之助编：《鹿苑日录》（第一卷），第91页上。各方争夺派遣船只的相关内容，还可参见同书第107、123、126—128、140页。
② 〔日〕辻善之助编：《鹿苑日录》（第一卷），第197页上。

商品经济的流通离不开货币,日本商品经济的发展则离不开中国输入的货币——铜钱。自宋朝到明朝,即整个日本中世,中国铜钱是输入日本的大宗商品。因为中世日本不铸造铜钱,且在交易中非常信用中国铜钱。

日本历史上铸造过所谓的"皇朝十二钱",需朝廷强制民间流通,自平安中期起,日本完全停止了"皇朝"货币的流通,"土地卖券及其他文书记录中未出现货币"①。日本"在保安四年(1024)前后还处于物物交换的阶段"。据《宋史》记载,日本"交易用铜钱,文曰'乾文大宝'"。这里的"乾文大宝"乃"乾元大宝"之误。该钱于日本天德二年(958)铸造,为日本"皇朝十二钱"之一,实际上由于日本货币经济并不发达,物物交换的流行使这些钱的使用并不广泛。当货币经济在日本形成的时候,马上有中国铜钱来承担支付功能,这也是日本钱币难以流通的原因。

到平安末期,宋朝铜钱开始在日本广泛流通,于是日本国内开始议论"模仿宋制在本国内铸造钱币的必要性"②。宋日交通和贸易使日本的"商业和金融业发生了质的变化"③,标志着日本货币经济的确立,标志着共有地的庄园化、手工业的分化和发达、地域产业的成熟和分工、国内市场和商品经济的逐步成熟。

根据《建炎以来系年要录》,中国沿海地方出现铜钱荒,朝廷严禁铜钱外流,显然是因为对日本、高丽贸易扩大的结果。宋朝铜钱因此从海道上"透漏"去日本等国的情况,到南宋晚期特别严重,包恢(1182—1268)有过一段描述:

> 盖倭船自离其国,渡海而来,或到庆元(即明州)之前,预先过温台之境,摊(库本作"摆")泊海涯。富豪之民公然与之交易。倭所酷好者铜钱,而止海上;民户所贪嗜者,倭船多有奇珍,凡值一百贯文者,止可十贯文得之;凡值一千贯文者,止可百贯文得之。似此之类,奸民安得不乐与之为市?及倭船离四明之后,又或未即归其本国,博易尚有余货,又复回旋于温台之境,低价贱卖,交易如故。所以今年之春,台城一日之间,忽绝无一文小钱在市行用。乃知本郡奸民奸弊至此之极,不知前后辗转漏泄几多不可以数计矣!④

---

① 〔日〕森克己:《新订日宋贸易研究(新訂日宋貿易の研究)》,第474页。
② 〔日〕森克己:《新订日宋贸易研究》,第470页。
③ 〔日〕冈野善彦:《日本社会的历史》,刘军、饶雪梅译,第204页。
④ (元)包恢:《敝帚稿略》卷一"禁铜钱申省状"。

包恢的记载反映了中日商人联合走私铜钱的活动,"倭船多有奇珍"之记载说明,日本走私商人已经非常自信本国商品的工艺,知道中国人趋之若鹜。搞铜钱走私活动的,正是当时所谓的"富豪之民""奸民"。而"奸"且"豪"的民也就是当地的土豪恶霸。① 这样的人中日两国都有,且互相勾结,这也是倭寇猖獗,难以消灭的原因之一。

因为中国铜钱在日本颇有信用,从 14 世纪中期到 16 世纪末期,日本断断续续出现了民间模仿中国铜钱、私铸铜钱的现象。现在京都、镰仓、堺、博多等中世城市,均发现被称为"枝钱"的钱范出土,这种伪钱日本文献史料学、考古学上称为"日本新铸料足"②。

1526 年,博多商人神谷寿祯发现了石见银山,于是采用从朝鲜传入的白银精炼技术冶炼白银,致使日本白银产量激增,其大量输出中国,购买铜钱。其银钱交易,丰富了中日两国的金融关系,也提升了日本在东亚贸易圈中的经济地位。

所谓中世日本的"钱病",就是铜钱追逐带来的日本社会堕落,拜金主义导致的道德沦丧。根据伏见宫贞成亲王的《看闻御记》等当时的日记所记载的内容可知,拜金思想、重商主义也是导致中世日本成为一个"下克上"社会的重要原因。

中世日本所谓的"有德人",并非指有道德人格高尚的人,而是指富裕的人,京都、奈良等地富裕的商人、有钱人(有铜钱的人),所以"有德人"和"有得人"(富裕的人)交混着使用,成为流行语③。努力致富成为所谓的"长者",成为中世普通日本人,包括农民一生的梦想和追求。拜金主义的泛滥,见利忘义,致使中世日本盗窃蜂起,蔓延到海外便是中国、朝鲜、东南亚沿岸猖獗的倭寇。正因如此,才有日本学者出来呼吁町人道、农民道、武士道,提倡自律和修养,并且向幕府呼吁"德政"④。

铜钱的流通,货币经济的发展,也使典当业、高利贷活动在中世日本流行起来。典当在中国本起于僧寺,五代时已经流行。《老学庵笔记》云:"今僧寺辄作库质钱取利,谓之长生库,极为鄙恶。"中世日本的放高利贷

---

① 漆侠:《宋代经济史》(下册),上海人民出版社 1988 年版,第 1047—1048 页。
② 参见〔日〕小早川裕悟《中世后期日本货币史的再建构——地方史与亚洲史的观点》,博士学位论文,日本金泽大学,2015 年 3 月 23 日,第 3、15 页。
③ 参见〔日〕佐佐木银弥《室町幕府》,编入《日本历史(日本の歴史)》第 13 卷,第 128 页。
④ 中世日本幕府颁布了许多"德政令",与这一不断出现"下克上""一揆"(暴动)的社会形势、经济形势有关,而且许多与借贷纠纷有关。

者被称为"山僧""借上",主要也是由寺院经营,由于寺院拥有强大的经济实力。中世日本,借钱需要交抵押品、担保物,于是"土仓""土藏"在各寺院纷纷登场。根据《大德寺文书》等资料可知,受到幕府保护的禅宗寺院,由于建寺的历史较短,庄园和领地相对较少,更是积极参与这种放高利贷、典当的土仓业务,一般在禅寺里设置有"祠堂钱贷付"这样的机构,贷出"祠堂钱",这里的"祠堂"即祭祀死者的堂屋[1],大德寺和堺商人之间的关系就是这样建立起来的。

因此,被追捧的唐物、铜钱有时也引起一些日本人对它的恐怖,根据日本编年体史书《百练抄》一书六月条的记载,宋钱的大量流入终于在治承三年(1179)导致日本物价的异常高涨,以京城为中心,有人风传当时流行的奇怪的疫病是因为"钱病",朝廷基于这一认识,反复审议停止使用中国钱的问题,"接着于1187年(文治三年)在三河国命令禁止'今钱'即'近代渡唐钱'的通用,接着在同五年九月,派出检非违使向七条市下达宣命,停止使用钱货"[2]。对于这样的命令,有的地方遵守,有的地方公开反对。其实,这一事件背后纠缠着政治斗争,是对大量输入宋钱的平清盛等平氏一族对抗的谋略,企图从经济上削弱平氏的专制力量,反映出对平氏一门的反抗逐渐由暗中发展到公开,"钱病"显然是恶意散布的谣言。1192年12月,朝廷有旨"停止钱货",命令禁止一切舶载铜钱[3]。1193年宣旨下达各地,停止宋钱的流通。于是,许多铜钱从各地化缘筹集起来,熔化之后铸造成镰仓新大佛。

尽管从民族感情上,从生活习惯上,一些日本人感到一时难以接受宋钱,认为它是一种腐蚀精神、道德的东西,但随着宋日贸易的繁荣,之前禁止使用中国铜钱的禁令逐渐失效。进入镰仓时代(1192—1334)以后,宋钱不仅被日本人当作国内主要货币广泛流通起来,甚至还被日本人用来代替实物纳税、借贷。足利幕府还通过与明朝的朝贡贸易获得的铜钱解决货币不足问题,并以此掌控日本的通货发行权[4]。"进入13世纪后半期,对钱币和财富的渴望受到煽动,人们甚至把钱当作神佛崇敬。"[5] 也可以说

---

[1] 〔日〕佐佐木银弥:《室町幕府》,编入《日本历史》第13卷,第132—133页。
[2] 〔日〕儿玉幸多:《镰仓时代》,编入《图说日本文化史大系》第6卷,第127页。
[3] 〔日〕国书刊行会编:《吾妻镜》(吉川本上卷,国书刊行会刊行书),东京国书刊行会1915年版,第407页。
[4] 参见〔日〕家永三郎主编《岩波讲座:日本历史7》(中世3),东京岩波书店1967年版,第45—46页。
[5] 〔日〕冈野善彦:《日本社会的历史》,刘军、饶雪梅译,第204页。

"中国钱"在宋朝时就成了世界上最早的"国际货币"了,其强大的经济实力使得东亚的许多国家不得不加入"铜钱圈",但这致使宋朝发生"钱荒",宋朝廷不得不多次下令禁止商船私装铜钱出海。

商品经济、拜金主义对中世日本社会潜移默化的影响,正如某日本学者所说的:

> 在这长期处于自给自足的自然经济、物物交换的社会里,从中国大量输入的铜钱,不免产生这样的影响或作用,使我国(日本)的社会经济的存在形式,经济环境的机构系统,或经济思想、伦理观都产生了很大的变化。①

总而言之,中世日本的"钱病"乃是与钱相关的社会病,它腐蚀了社会,腐蚀了禅院的大众(修行僧),特别是那些经营高利贷的寺院,使一些禅僧堕落起来,这一堕落在五山文学中也有所反映。比如"女犯酒肉""男色""职位买卖"的记载。一些寺院中流行起男色,一些美少年进入寺院,或为"喝食"②,或为雏僧,涂脂抹粉极力邀僧人之宠③。

二 禅寺的活动促进中世日本贸易港的发展

平安末期以来,日本经济转型的一个标志就是,庄园经济在 10 世纪前后开始成长并壮大起来,到 11 世纪最终形成庄园体制,包括寺社庄园。

这些庄园是平安朝廷显贵们的私产,由于获得了"不输""不入"的特权,使得他们可以不缴纳地租田税,也可以拒绝国家派遣的检田使进入庄园,排除国家行政机关对庄园事务的干涉。又因摄关政治之下,摄关家的权力大于天皇,一些国司及其代理人,乘机将一些庄园转化为私有地,致使"国衙领地的庄园化",致使中央集权的国有土地制彻底瓦解。

庄园成为日本 11、12 世纪最强大的经济体,还在于庄园利用其特权参与了对外的走私贸易,获得了巨大的利益。特别是在院政时代(1086—1192),由于政出多门,削弱了朝廷的集权和统治力量,比如朝廷对九州岛太宰府等海港的有效控制就被削弱。特权庄园通过走私贸易侵占了朝廷专卖的专利,特别是在沿海的庄园。

---

① 〔日〕佐佐木银弥:《室町幕府》,《日本历史》第 13 卷,第 142 页。
② 僧职之一,或称"喝食行者",一般指为正式受戒的青年僧人。
③ 参见〔日〕市川白弦《一休:生在乱世的禅者(一休:乱世に生きた禅者)》,日本放送出版协会 1970 年版,第 77—78 页。

班田制度的瓦解和走私贸易的发展，使日本各地的庄园在经济上逐步独立、崛起，越来越成为一个强大的经济实体乃至政治实体。西国的庄园主，一般利用其占据的良好海岸线，建设港口仓库，推行"走私贸易"，和中央政府在大宰府主导的"公的贸易"进行竞争。

庄园体制的完备，其实也是为日本酝酿之中的新的封建土地制做准备，"从11世纪后半期到12世纪前半期，这一时期是日本庄园制的最盛期"①。庄园的经济实力及其势力必然引起日本各派政治势力的关注和角逐，其角逐者包括朝廷、幕府、寺社，乃至地方豪强、民间有力者（如海盗、恶党等），特别是港口城市周边的庄园。

比如，平安时代兴起的日本海盗，其目标就是参与并分享中日贸易的红利，其跋扈的范围开始基本上限于濑户内海，到中世后期则扩大到中国、朝鲜沿海及东南亚广大海域。《宇治拾遗物语》《土佐日记》等日本古典中都有平安末期濑户海盗的记载。出于对海盗的恐惧，平安朝廷设置了讨伐海盗的机构，平忠盛、平清盛就是因讨伐海盗之功而引起朝廷重视的。

海外贸易是平安末期日本庄园、寺社集体资本积累的捷径，而宋日之间的走私贸易是其重心，宋日贸易最大的影响是促使占地利之便的西部日本地方势力强大起来，平氏就是借助走私贸易和剿灭海盗使自己在经济和军事两方面壮大起来的。

中日贸易（特别是宋日贸易）的发展，促使日本形成自己的商人群体，并且他们的活动范围不断扩大，从日本内海扩展到朝鲜海峡，再至朝鲜半岛沿岸，最后拓展到中国东南沿海。就这样，日本人在中日贸易中的态度，从被动接受转变为主动出击。

中世逐渐形成的日本商人群体背后是有力的寺院和大名，新崛起的禅宗寺院很长时间在各派势力角逐中处于优势，因为贸易的对象是中国，而禅宗寺院和中国有密切的联系。

由博多纲首张国安支持创建的日本最早的禅宗寺院，亦即荣西开山的博多圣福寺，"自作为'扶桑最初禅窟'开创以来，一直作为（日本）在博多对外交流中心禅院而存在"②。据荣西的《未来记》记载，张国安和宋朝杭州等地的禅僧交往也很密切。日本禅宗寺院很重视对港口城市的控

---

① 〔日〕家永三郎主编：《岩波讲座：日本历史7》（中世3），东京岩波书店1967年版，第121页。
② 〔日〕伊藤幸司：《中世日本的外交与禅宗（中世日本の外交と禅宗）》，第271页。

制，故博多有很多禅宗寺院。日本佛教各宗都力争在博多、堺等港口城市设立末寺（分寺），这益发使港口城市繁荣起来。

博多圣福寺本来是开山祖师荣西门下黄龙派控制的寺院，后来临济宗幻住派渗透该寺。承天寺则由圣一派禅僧控制，该寺开山为圆尔辨圆，后来也"幻住派"化。特别是战国时期，博多成为诸多势力争夺之地，故圣福寺等因此也蒙受兵乱之害。

博多是日本传统的贸易港町，更是日本古代以来对外交通的要港，"博多商人""博多纲首"也成为一个传闻广泛的专有名词。博多成为联系日本和大陆文化的门户，日本遣明使船出发的港口，因此也成为日本文化的发祥地之一。

堺作为商业港口的成长和发展，与梦窗派禅僧的运作有关，因为梦窗派的势力在九州岛博多比较弱，于是发展堺，与博多竞争、对抗。堺也因此一时成为"泉南佛国"[1]，东福寺圣一派于观应二年（1351）在堺开山的宿松山海会寺，应永年间升格为五山官寺机构的诸山、十刹。大安寺也是圣一派在堺的末寺。

中世日本禅宗内部各教派之争，包含商业利益争夺，也影响了明朝与日本的外交和贸易，主要是东福寺圣一派和梦窗派之间对于派遣遣明船的竞争。

禅宗东福寺圣一派和堺市的商人交往密切，主要是旅居明朝的商人，如后来在堺市大安寺出家的仙圃长寿，于是有东福寺圣一派的遣明船活动。当时的许多商人都成为寺院的大檀那、大施主，或者干脆成为僧人。因为出家动机在于方便参与堪合贸易，所以出现了一些非常活跃的半僧半俗的商人，如颇为著名的博多牙侩宗金、石城僧宗金（博多商人宗金）[2]，根据日本学者伊藤幸司、田中健夫等的研究，室町时期名叫宗金的人很多，而且多参与了港口城市的贸易，其中"园福寺宗金"和"石城僧宗金"是两个人还是同一个人，日本学者之间存在争议。这些和禅寺关系密切的商人很活跃，有不少参与贸易的记载，而关于他们身世的史料留下来的很少，这也可能是与他们亦商亦僧的暧昧身份有关。

地方大名参与贸易的争夺，改变了室町幕府的政治结构。为了保证寺院贸易的利益，各派禅寺都注意和地方大名联合。而各地大名为了控制港

---

[1] 〔日〕伊藤幸司：《中世日本的外交与禅宗（中世日本の外交と禅宗）》，第24页。
[2] 参见〔日〕伊藤幸司《中世日本的外交与禅宗》"第三章　临济宗大应派的动向与室町幕府的外交姿态——围绕京都的宗金与博多的宗金（臨済宗大応派の動向と室町幕府の外交姿勢——京都の宗金と博多の宗金をめぐって）"，第105—136页。

口、朝贡贸易，也积极与禅寺建立联系。大内氏基于对于堺市的重视，故特别重视与堺港有影响力的禅宗寺院保持联系。得中日贸易的实惠，博多、箱崎等地的一些地方贵族、有力者逐步商人化。

寺院如此，商人亦如此，积极与贵族、大名、禅宗寺院建立联系，例如堺商人和细川氏之间建立的密切联系，博多商人和大内氏之间建立的密切联系。寺院派遣的"勘合船"多由堺商人承包。

战国时代，博多、堺、兵库（神户）、平户、坊津等成为各大名争夺的港口，因为港口连接水路和陆上的行商路①。各港的商人之间也存在着激烈的竞争，堺的商人以细川氏为后盾，博多商人以大内氏为后盾，为与明朝的勘合贸易而钩心斗角。

到中世末期（室町时代以后），明日朝贡贸易的发展，堺作为贸易港口的兴起，成为东亚贸易圈中的一大据点，并带来了大阪等都市的繁荣，这都与禅宗以此为遣明船的派出据点，和禅寺推动明日贸易的发展密切相关。与堺不远的还有兵库，也曾成为遣明船的出发港。"列岛沿岸地区到处可见以津泊为中心不断形成城市的景象。"这些海岸城市的萌芽与宋日贸易显然有重要的联系。贸易的繁荣、利益的诱惑，使海盗、妓女这两个群体也在日本发展起来。因为"这些津泊中都有操船出入的游女"②，足见为客商服务的旅店（宿）、造船、船只修理等配套行业也在日本兴起了，故"关"和"宿驿"之"宿"③ 在中世非常发达。

宋日贸易还对日本税收制度、经济模式产生了根本性的影响，日本征收的"关税"④ 原先采取的是宋商贡献的方式，最后发展为在各港口征收登陆税⑤，乃至陆地设"关"收税。城镇的发展⑥，乡村的独立，商人、农民的自治诉求，各派势力的利益争夺，成为中世末期（室町末期）日本庄园制解体的重要因素。

---

① 即日语所谓的"某某街道"，行走着肩扛背驮的行商，以及赶马拉车的商队，以及类似中国马帮的马队。中世的禅僧是这些商道上的主要旅行者，他们留下了大量的行走笔记和日记，如京都五山著名禅僧横川景三的《小补东游集》。
② 〔日〕冈野善彦：《日本社会的历史》，刘军、饶雪梅译，第192页。
③ 中世的寺院都提供"宿""接待所"方便往来的僧侣，尤其是禅宗寺院。
④ 在那个时代还不能称为"关税"，这里不是严格意义上的关税，不过是借用现代的经济概念。
⑤ 〔日〕森克己：《新订日宋贸易研究（新訂日宋貿易の研究）》，第457页。
⑥ 相关研究成果还有五味文彦、菊池大树编的《中世的寺院和都市、权力（中世の寺院と都市・権力）》，山川出版社2007年版。

三 国际化城市"唐人街"的形成与日本贸易国际化

中世日本禅僧（特别是圣一派）的活动与禅宗的推广，也推动了日本濑户内海沿岸港口和整个内海航线的繁荣，而且，日本和朝鲜、琉球的贸易也随之繁荣起来。

繁荣的原因之一是来日本定居的外国人的增加。北宋乃至南宋时期，有中国商人滞留日本不归，或者说不得不侨居日本，以致在日本博多形成了宋人聚居的大唐街（唐人街）。

博多之外，"肥前的今津、萨摩的坊津、有明海沿岸的肥前国神崎庄以及日本海的越前国敦贺等地的津泊也有宋人渡海而来，聚居当地"[①]。宋商甚至还可以在日本获得土地，《宗像神社文书》一"建长五年（1253）五月三日六波罗书下"中所记载的，宋商纲首谢国明的遗族（后家尼和儿子）与宗像神社大宫司宗像六郎氏夜、三原左卫门蔚种延三方围绕小吕岛所有权的争端是最好的证明[②]。

在博多地区居留的宋人1151年前后就有1600余家。据《石清水文书》五"宫事、缘事抄筥崎造营事"所载，"仁平元年（1151）九月，大宰府目代宗赖、大监种平、季实等，率领五百余骑的军兵掠夺筥崎博多之时，运走宋人王升的后家[③]以下千六百余家的资财"[④]。这一事实也显示在日宋商之多及其商业的繁荣。

元灭宋之际，宋人多有往海外避难。

明代的著名中日混血商人楠叶西忍，在明朝和日本的贸易中获利巨大。而明朝商人王直更是在日本称王称霸。

日本武士、庄园主们如此交通中国商人，下层老百姓则更无顾忌了。随着航海经验的积累，对日本沿海交通路线的熟悉，宋商的活动范围也越来越大。热衷海上贸易的南宋商船载着大量陶瓷器及其他货物和钱币，不仅频繁前往九州岛沿岸港口，甚至向南到达冲绳诸岛，北至北陆的若狭一带。一时，筑前高田牧、筥崎八幡宫领、宗像神社领、大山寺领、安乐寺领、越前敦贺津、肥前神崎庄等处[⑤]，都有宋朝商船上岸，以致平安朝廷

[①] 〔日〕冈野善彦：《日本社会的历史》，刘军、饶雪梅译，第195页。
[②] 参见〔日〕森克己《续日宋贸易研究（続日宋貿易の研究）》，第252—253页。
[③] 后家，即妻子。
[④] 〔日〕森克己：《续日宋贸易研究》，第238页。
[⑤] 〔日〕山内晋次：《奈良平安时期的日本与亚洲（奈良平安期の日本とアジア）》，东京吉川弘文馆2003年版，第130—140页。

公卿们担忧,"抑近代异客来着诸国,交开成市,填城溢廓云云"①。

有关研究发现,到12世纪后半期,琉球群岛(现冲绳)也传入了中国大陆的青瓷和白瓷,以"城"为据点被称为按司的首长通过与九州岛南部的交流,逐渐活跃起来②。"从山阴和北陆到东北的日本海沿岸诸国,自古以来便通过海上交通紧密地连接在一起。特别是若狭和越前可谓北陆的窗口,经常有南宋船只前往。"③ 日本的港口限制被打破了。

尽管宋商登陆口岸和贸易所及的范围越来越广,但宋商活动的重点还是在九州岛,一个原因是日本朝廷允许的活动范围。除了九州岛北部自隋唐以来传统的口岸外,九州岛南部的坊津和九州岛西北部的有明海等地也出现了大量宋船。另一个原因是九州岛地区相对贫瘠,故沿海的领主(特别是拥有特权的庄园主)对"唐物"特别渴望,因而积极与宋商开展"走私"贸易,他们利用其在地方上的影响力,控制着被称为"海夫"的渔民,例如肥前松浦地区被称为"松浦党"的领主。沿海的领主中也有人与宋人结成了姻戚关系。

宇佐八幡和筥崎八幡也与日宋贸易密切相关,宋人之中也有人成了筥崎八幡神人。

总之,中世日本社会动荡,反而促进了对外贸易的振兴和都市的成长。对外贸易、水运促成了中世日本手工业的繁荣,手工业者和商人的集中营业,则推动了中世日本城镇、都市(或者说"中心地")的形成。同时,中世日本尤其是室町时代流行的寺社参拜活动,也促成了街市的形成,此即日语所谓的"门前市""门前町",以及"宿场町",当然这些都是小型都市,但它形成了一个以寺院为中心的社区。

第四节 中世日本手工业和生产力、生活方式的变革

一 日本禅寺大兴土木带来中世日本社会的技术革命

中世日本的社会转型,表现在经济领域,较为突出的是技术革命和生产力、生产方式的变革,手工业的繁荣,庄园经济地位的下降。而中世日

---

① 〔日〕黑板胜美编辑:《朝野群载》卷五《阵定定文》,第131页。
② 参见〔日〕冈野善彦《日本社会的历史》,刘军、饶雪梅译,第162页。
③ 参见〔日〕冈野善彦《日本社会的历史》,刘军、饶雪梅译,第162—163页。

第七章　中日禅宗交流与中世日本社会经济的转型　233

本经济史中,寺院经济占有重要的地位,中世兴起的禅宗寺院产生广泛的社会影响则在情理之中。

中世日本技术革命的动力是1170年以后中日贸易的发展,它促进了中日之间生产技术、工艺等的传导,使日本获得新的技术和工艺。以1181年东大寺重建为标志的中世日本佛教的复兴、禅宗寺院的大兴土木,是日本技术革命的重要动因。

建筑技术方面,由于宋朝工匠陈和卿的参与,1181年开始重建的东大寺就参考了宋朝的建筑风格,这一新式样被当时的日本人称为"天竺样"[1]。此后,在引进宋朝禅宗七宝伽蓝的过程中,形成了日本化的"禅宗样"书院建筑。禅宗样或称"天竺样",作为新式建筑引起了日本人的兴趣。其中,泉涌寺俊芿的贡献较大。

道元禅师来宋问禅求法时,据说画过天童寺建筑图样,记录了南宋"大刹丛林现规"。据说江户时代的无著道忠撰《校写大宋名蓝图》附有《纪写道元和尚将来名蓝图事》一文,因亲见"道元和尚在唐写来"的"名蓝堂宇图"(南宋五山图[2])。道元曾带木工玄之盛繁随同来宋,学习中国建筑术,故永平寺由玄之盛繁督造[3]。

在宋朝禅宗影响下的日本代表建筑物是,播磨净土寺的净土堂、醍醐寺的京藏、镰仓圆觉寺的舍利殿等,还有大德寺的玄关。

与佛寺设计建筑技术相关的是,佛寺的装饰技术、佛像铸造传播的铸造技术、石塔石像雕刻技术等,可以说是一个系统工程。例如彩绘技术、漆工艺等。日本在1170年前就已经成熟的装饰工艺有螺钿工艺、折扇工艺等[4],其中折扇工艺,中国在明朝的时候还在模仿日本的基础上有所创新,将日本的单面贴纸改为双面贴纸,大幅度增加扇骨的数量,传到日本之后,被称作"唐扇","备受禅僧的青睐,并迅速普及到民间"[5],于是,日本工匠又在此基础上加以改进,研究出"插骨"工艺,即在双面纸中插入扇骨。总之,中世大陆新的工艺层出不穷,有待日本继续引进和学习。东大寺重建时,其彩绘就采用宋朝的彩绘技术,甚至

---

[1] 〔日〕石井进:《镰仓幕府》(《日本の历史》第7册),东京中央公论社1965年版,第244页。
[2] 王仲尧:《南宋佛教制度文化研究》(上册),商务印书馆2012年版,第316—317页。
[3] 〔日〕孤峰智璨:《日本禅宗史要》,京都贝叶书院(貝葉書院)1908年版,第72页。
[4] 参见郝祥满《中日关系史(894—1170)》,湖北人民出版社2016年版。
[5] 王勇、〔日〕上原昭一主编:《中日文化交流史大系7·艺术卷》,浙江人民出版社1996年版,第224页。

颜料都从宋朝采购。

中世输入日本的中国工艺是漆工艺中的漆雕工艺,此工艺中国到宋朝时才发展至鼎盛,元朝时张成、杨茂二家擅长朱漆雕镂(又称剔红)的工艺,其工艺传到日本后被称为"堆朱",日本"室町时代有名长充者独传自法,取张成、杨茂各一字,自称杨成,成为日本堆朱工艺的始祖"①。

中世日本寺院石雕刻技术依然在学习和吸收阶段,东大寺石狮子的雕刻,聘请的是宋朝石工,而且从中国明州(宁波)购运石材。陈和卿团队中有石匠伊行末"归化"日本,大和国大野寺弥勒佛石像是宋朝石工次郎等建造。

进入室町时代,规模庞大的寺院营造是天龙寺的修建,以及"一国一寺一塔"政策推行。1339 年,足利尊氏兄弟上奏天皇后,天龙寺的兴建,1344 年再向朝廷奏请全日本六十六国(亦即"州")分别建一寺一塔,"寺名安国,塔名利生",即"安国寺利生塔",此寺塔的普及,形成了室町时代营造的高潮。此外便是金阁寺、银阁寺的营造。此外还有各位将军的御所邸宅。

相比之下,对中世日本社会冲击最大的是寺院与庭院结合的综合建筑。

首当其冲的是足利义满在京都的将军御所——花园御所"室町第"的修建,从殿堂到花木,大大骚扰了公家和诸大名。1396 年,义满又修建了象征庄严净土的北山山庄(或称"北山第"),该山庄在义满出家后改称"鹿苑寺",其标志性建筑是三层楼的舍利殿(俗称金阁),据说是义满坐禅的场所。富丽堂皇的金阁寺亦可作为其世俗将军权威的象征,花费了庞大的财力和人力,进而激化了室町时代的社会矛盾。

另一个激化中世日本社会的建筑是风流将军足利义政的东山山庄,1458年义政模仿祖父义满造的花园御所,而当时日本正处于大饥馑之中,工程于 1464 年开始着手,中间又遇"应仁之乱"和文明战乱,其主建筑观音殿(通称"银阁")花了七年的时间于 1489 年建成,一层是住宅用的书院造(空心殿),二层是禅宗样与和样折中的佛堂(潮音阁)。1490 年义政死去,遗命将山庄改名慈照寺,成为一个禅寺,故其建筑多为禅宗风格。

北山山庄和东山山庄这种禅宗寺院和将军住宅的折中建筑,特别是东

---

① 王勇、〔日〕上原昭一主编:《中日文化交流史大系 7·艺术卷》,浙江人民出版社 1996 年版,第 153 页。

山山庄建筑表现的书院造样式，"成为日本近代和风建筑的源流"①，其对中世日本社会的影响是，成为中世新贵族，即守护大名和国人领主、地方有力武士、公家邸宅模仿的范本，成为中世日本的一大社会方式，带来日本居住史上从寝殿造到书院造的划时代变革。

日本佛教复兴、禅宗的兴起和寺院的兴建，促进了这一时期中日贸易和技术的交流，让日本得以接触中国的新工艺，引进中国新工艺，促进了日本木工技艺的提高，比如金阁寺的园林艺术。中世因此被一些日本行政称为"职人的世纪"②。

来自中国市场的需求和好评，也使日本一些制造和装饰工艺的品牌地位确立，其突出者为日本刀、日本"和纸"、日本折扇、日本螺钿等代表性的制造工艺。

二 从锻冶业看中世日本制造业繁荣的社会影响

以 1181 年东大寺的重建、大佛的铸造为开端，建仁禅寺、建长禅寺等一系列禅宗寺院的兴建，佛像、钟鼎等法器的铸造，以及生产工具和生活器具的铸造，使锻冶业成为中世日本突出发展的手工业，"铸物师"成为中世日本重要的职业。

以铸物师为代表的日本工匠成长起来之后，越来越不愿意服从中国工匠的领导，乃至因嫉妒驱逐中国工匠，1206 年驱逐陈和卿及其部下中国工匠事件上闻朝廷③。应该说，中国技术和中日贸易从两个层面影响了日本锻冶业的发展，背后有中日禅宗交往的促进因素。

从贸易的角度看，朝贡贸易的开通促使中日贸易规模扩大，日本遣明使（基本上由禅宗僧人担任使节）船所载的日本刀，是日本"朝贡贸易"中出口的大宗，中国市场的需求促进了日本这一产业工艺的进步。自梅尧臣的《钱君倚学士日本刀》和欧阳修的《日本刀歌》传世以来，宋元明三代中国赞美日本刀的诗歌数不胜数。足见其在中国市场深受欢迎，日本刀已经成为日本与宋元明贸易的主要商品，而且是最为贵重的商品，只有犀角才可以和它并列。

因为能够大量获利，故日本大量向中国出口，根据《下行银价帐并驿

---

① 〔日〕佐佐木银弥：《室町幕府》，编入小学馆版《日本历史（日本の歴史）》（第 13 卷），第 346 页。
② 〔日〕佐佐木银弥：《室町幕府》，第 271 页。
③ 有关日本铸物师与宋朝铸物师之间的冲突，可参见〔日〕竹内理三编《镰仓遗文》（古文书编第三卷），东京堂出版 1978 年版，第 273—274 页"后鸟羽院厅下文"。

程录》的记载，足利幕府派遣到明朝的第十次勘合贸易船上，日本国王的附搭品主要便是日本刀，具体如下：

  一号船 大刀一万二千九百五十四把、铜十二万斤；
  二号船 大刀五千八百七十五把、铜九万斤；
  三号船 大刀五千三百二十三把、铜八万八千五百斤。①

  可见明朝市场需求促成日本铸造业的繁荣。曾经使明的等持寺首座瑞訢笑云告诉瑞溪周凤："日本大刀，价八百，或一贯者，在彼方（明朝——引者注）则一刀五贯，盖定价也。先是自大明得六万贯，就中五万贯盖大刀之报也。"且"大刀惟朝廷收之，非余人所卖买"②，即明朝廷垄断了日本大刀的贸易，如果日本刀自由贸易，也许价格更贵。
  由于明朝严格控制朝贡贸易的规模，故中日之间走私贸易依然盛行，乃至发展成武装走私，日本海盗与商人往往身份合一，致使刀剑佩带之风盛行日本，商船夹带刀剑屡禁不止。明人郑若曾，曾在胡宗宪幕府任职，著有《日本图纂》，其中专列"倭刀"一节，论日本刀：

  刀有高下，技有工拙。倭之富者不惜重价而制之，广延高师而学之。其贫者所操不过下等刀耳，善运刀者在前冲锋，可畏颇有限也。中国人不知，望之辄震而避焉，擒获倭刀亦莫辨高下，混给兵士故志之。
  大小长短不同，立名亦异，每人有一长刀谓之佩刀，其长刀之上又插一小刀，以便杂用。又一刺刀长尺许者，谓之解手刀；长尺余者谓之急拔，亦刺刀之类，此三者乃随身必用者也。
  其大而长柄者乃摆导所用，可以杀人谓之先导，其以皮条缀刀鞘佩之于肩或执之于手乃随后所用谓之大制。
  又有小裁纸设机刀，出长门州，号兼常者最佳。又有作赘礼贺礼不拘大小，名虽为刀其实无用。
  上等：上库刀。山城国盛时，尽取日本各岛名匠封锁库中，不限岁月竭其工巧，谓之上库刀。其间号宁久者更佳，世代相传以此

---

① 〔日〕木宫泰彦：《日中文化交流史》，胡锡年译，第574页。
② 〔日〕瑞溪周凤记，惟高妙安抄录：《卧云日件录拔尤》（《大日本史料》收录），第107页。

为上。

次等：备前刀。以有血漕为巧刀，上或凿龙，或凿剑，或凿八幡六（大）萨蕯、春日天明神、天照皇大神宫，皆其形著在外为美观者。

如匠人制造之精，不论刀大小，必于柄上一面镌名，一面刻记字号，以为古今贤否之辨，铨剑亦然。①

这一记载的详细和精准，足见中国对日本铸造业技术和工艺的理解之深入，明代考论日本的诸多典籍都涉及日本刀的工艺和技术。从中日技术交流的角度看，室町时期日本还从明朝引进黄铜、白银冶炼技术，以及相关技术人才，以提高日本的工艺水平，其遣明使就肩负相关任务。另外，日本的铜铁铸造技术也影响了中国。

日本刀因其工艺的精湛而得到武士的青睐，日本武士们对其爱不释手，佩带长短双刀因此成为武士身份的重要标志。黄遵宪的《日本国志·工艺志》载："源、平迭兴，将士皆重佩刀，剑工亦专造刀，良工始出。"② 中世日本形成了刀锻冶集团。

中世日本是战术转型时代，从中世初期到末期，逐渐由弓马之战转变为单刀步战，这一转变也与倭寇频繁入侵中国有关，频繁的海战，频繁的劫掠，倭寇战则布阵，"舞刀而起"，"其行必单列而长、缓步而整"，不得不频繁用刀，肯定有很大的关系。到中世末期，由于海外贸易，传入枪炮，再次发生战术革命。铁枪的锻冶、制造成为中世日本重要的手工业，战术的变革、武器的变革都促进了日本的工艺进步。

此外，正如前文论及的，中世日本民间模仿铸造中国铜钱，冶炼白银，也促进了日本的铸造技术进步③，并影响了日本的社会经济生活。

三 航海运输业的兴起对中世日本社会的影响

中世日本寺院建筑事业的兴起，对中世社会经济的影响是多方面的，例如寺院建筑用地的增加与庄园、土地的转让，对日本土地制度的转变亦

---

① （明）郑若曾等：《筹海图编》，《景印文渊阁四库全书》第584册（史部三四二·地理类），台湾商务印书馆1986年版，第546—547页。
② 黄遵宪：《日本国志·工艺志》，天津人民出版社2005年版，第995页。
③ 参见〔日〕小早川裕悟《中世后期日本货币史的再建构——以地方史和亚洲史的观点（中世後期日本貨幣史の再構築—地方史とアジア史の観点から—）》，博士学位论文，日本金泽大学，2015年3月23日，第3页。

有很大影响。再如寺院资金的筹集方式与运行模式对日本金融亦产生影响。

这里要特别指出的是，较为突出的一大社会影响是，一大批日本禅宗寺院的修建，繁荣了中世日本的物流，从而繁荣了其国内市场，造船业、运输业发展起来。例如禅寺山门、法堂、经堂等建筑所需木材的采购和运输等，不仅繁荣了日本国内的物流，更是丰富了中日之间的物流，促进了日本航海技术和造船工艺的发展。

中世日本的运输业与航运技术的发展，表现突出的是中日间远洋航运。其航运规模巨大，有一事例为证。荣西回日本两年后，即1193年前后，为报答天童祖庭和恩师，如约从日本运来中国"百围之木若干，挟大舶泛鲸波而至焉，千夫咸集，浮江蔽河，辇至山中"，协助虚庵怀敞营建了太白天童山景德寺，重修了千佛阁。事见《太白名山千佛阁记》《日本国千光法师祠堂记》①。虽然荣西可能是通过侨居日本镇西博多的张国安等宋朝商人运输的，但树木的采伐、搬运、装载等显然是雇用日本人。而且荣西并非特例，其同时代的重源也曾将周防国的木材运到明州，用作育王山舍利殿的修建。再如圆尔辨圆，在"径山火后"，"告藤丞相，通钜材珍货"②，其"钜材"显然是指大量的巨木；传说圆尔还劝居住在博多的宋商谢国明向临安径山寺捐献了板材千件。

唐宋之际，中国商人就在中日之间开发了稳定的航路，中国商船远达波斯湾，地理地图知识逐渐丰富，这些知识自然也传播给日本人，因为很多中国商人、船员本身就是中日混血儿③。宋人徐兢所撰《宣和奉使高丽图经》是中国人探索海洋、海图和航路等地理学问题的代表作。元代则以其跨越欧亚海陆的庞大版图，海陆交通的发展促进了中国人的地理学知识。明人航海和地理学相关著作更多，如《筹海图编》《日本一鉴》《日本考》等，中日海上往来更加密切。《郑开阳杂著》卷四载有《使倭针经图说》，分别有"太仓使往日本针路""福建使往日本针路"等介绍，作者不敢详细介绍，是因为"已上针路，乃历代以来及本朝国初中国使臣入番之古道也，频年倭寇之人往往取间道突至，便利特甚。予已稍从入寇图中指画，然不欲条书之者，恐传者或贻奸孽以倖衅也"。故郑若曾还特意告诫读者："有志于经世者，必须以意会之而得，予之所以不详书焉，斯

---

① 〔日〕伊藤松：《邻交征书》，东京国书刊行会1975年版，第29页。
② 〔日〕师蛮：《本朝高僧传》（第一），《大日本佛教全书》第102册，第286页。
③ 参见郝祥满《中日关系史（894—1170）》，第84—86页。

善矣。"① 以上足见，中日之间的航海贸易已经成为热线。

其次是造船技术的发展。日本室町幕府派遣"遣明使"，所乘的"遣明船"，亦即"日本国朝贡船"②，显然是由日本方面制造的，故积累了造船技术。1417 年，朝鲜也请求日本造船工匠藤次郎制造海船③。此外，还有"寺社造营料唐船"的建造和派遣，据说一般是日本人计划和派遣，其船只的建造和准备，货物的购买等则承包给中国人④。日本海运船运载量以"石"为单位，大者有 2500 石，见于遣明使节乘坐的船。

明人也非常关注日本的造船技术发展。最为著名的是曾经在胡宗宪幕府任职郑若曾，著有《日本图纂》等书，对日本船营造方法，与中国福建广东的不同之处，亦有比较介绍。见钦定四库全书收录的《郑开阳杂著》卷四：

> 日本造船与中国异，必有大木取方，相思合缝，不使铁钉惟联铁片，不使麻筋桐油惟以草塞罅漏而已（名短水草）。费功甚多，费财甚大，非大力量未易造也。凡寇中国者皆其岛贫人，向来所传倭国造船千百只，皆虚诳耳。
>
> 其大者容三百人，中者一二百人，小者四五十人或七八十人，其形卑隘，遇巨舰难于仰攻，苦于犁沉。故广船、福船皆其所畏，而广船旁陡如垣，尤其所畏者也。
>
> 其船底平不能破浪，其布帆悬于桅之正中，不似中国之偏桅，机常活不似中国之定，惟使顺风，若遇无风逆风皆倒桅荡橹不能转戗。故倭船过洋非月余不可，今若易然者，乃福建沿海奸民，买舟于外海，贴造重底渡之而来。其船底尖能破浪，不畏横风斗风，行使便易，数日即至也。⑤

由上可见，福建船工常将日本的平底船改造成尖底船，使其航速加快，便于破浪远航。这种改造方法自然影响了日本，促进日本改进造船技

---

① （明）郑若曾等：《筹海图编》，《景印文渊阁四库全书》第 584 册（史部三四二·地理类），第 552 页。
② 〔日〕田中健夫：《对外关系与文化交流（対外関係と文化交流）》，第 164 页。
③ 参见〔日〕田中健夫《对外关系与文化交流》，第 158—159 页。
④ 参见〔日〕纲野善彦等《日本社会史 第 1 卷 列岛内外的交通与国家（日本の社会史 第 1 卷：列岛内外の交通と国家）》，东京理想社 1987 年版，第 124 页。
⑤ （明）郑若曾等：《筹海图编》，第 545 页。

术。日本天龙寺等派遣的"寺社造营料唐船"是其代表。倭寇就是吸收了福建工匠的造船技术,致使其往来中日之间更加便利。倭寇亦商亦盗,拥有巨大的船队,往往一次海盗行动有200多艘船。

航海精神信仰方面,堺因为其明日贸易窗口的位置,输入了中国的民俗信仰——"福神信仰",以及海上守护神、市神信仰等,也就是现代日本依然流行的"七福神"。

四 中日禅僧往来促成中世日本生活技术和生活方式的改变

以禅僧寺院为代表的中世日本佛寺的兴建,以参道为轴的"门前町"的形成与关所的设置,地域社会和地域文化因此建构起来,不仅促进了中世日本建筑技术和建筑装饰艺术的进步,还改变了中世日本人的生活方式和生活态度,禅宗庭院和书院建筑的流行、禅宗流传、茶道自上而下的普及是其象征。

中世中日两国间人和物的交流,让日本获得了新知识、新技术,特别是从中国引进与生活相关的技术,改变了中世日本的生活方式,临近中国的九州筑紫成为中世的一个重要手工业中心,盛产墨、丝等手工业品。

为引进和传播中国禅宗文化,因翻刻中国禅宗语录、公案等典籍的需要,日本九州博多港口等处的雕版印刷业发展起来。博多版的繁荣是在五山僧人刻板事业衰落之后,在博多以阿佐井野家族刻板比较著名,严绍璗在其著作中有较为详细的研究,此略。

宋元朝刻字工在这里上岸,在日本居住,就业,致使"博多版"(也称"堺版")书籍在日本广泛流传[①],促进了日本以印刷、出版为中心的文化事业的繁荣,丰富了日本人的阅读生活,培养了日本人爱阅读的习惯。

禅僧对中世日本生活技术和生活方式影响,表现在参与手工业,禅寺内有手工业作坊,如万寿寺制印泥作坊,深谙"炼印肉其法"[②]。

最为突出的是中国茶种植、茶制作技术、茶叶储藏技术等的引进,使饮茶风习在中世日本逐渐流行,促使茶道作为一种宗教、文化和艺术在日本形成。荣西、圆尔辨圆、南浦绍明等禅僧是这一技术的主要传播者,故日本许多禅寺都经营有茶园。相应的还有瓷、木、石等材料茶具的制作技术,以及与种茶技术相关的宋朝其他农业生产技术的引进。

---

① 严绍璗:《汉籍在日本的流布研究》,江苏古籍出版社1992年版,第143页。
② 〔日〕辻善之助编:《鹿苑日录》(第一卷),第187页上。

中国茶叶种植和制作等技术的引进,对中世日本文化艺术社会转型的贡献巨大,因为它丰富了日本人的生活方式,与饮茶习俗相关的是怀石料理、点心等中国饮食文化的输入日本。林净因,元代浙江人,是日本名僧龙山德见在中国取经时结识的世俗朋缘。元至正十年(1350),林净因东渡日本,初在日本奈良定居,为了维持生活,在日本以制作、贩卖馒头为业,从此将馒头及面食技艺传播到日本。

面条就是面食的代表,也是当时中国寺院的饮食文化(当然都是素食)的代表之一,这一饮食习惯传入日本,促进了日本小麦的生产和加工。据说1241年,圣一国师圆尔辨圆从中国学成归国之时,带回日本一幅"水磨图",这是一张利用水车和齿轮做成磨粉机的设计图,很可能促使日本研究了水磨等加工工具,使日本制作面粉的技术赶上了中国的水平,进而促成面食在日本的普及。

中世日本陶瓷工艺的发展与禅宗、与茶文化发展也都有密切关系,而点茶、饮茶又与禅宗密不可分。早在日本曹洞宗创始人道元来宋求法之时,"随道元入宋"的就有日本的"陶祖"藤原景正(世称藤四郎),"留学者凡六年而归",学会了中国的制陶技术。藤原景正回日本后,在日本各地传播中华陶艺,后"得良土于尾张濑户,开窑于中岛乡"[1],成为日本窑祖,明治三十八年(1905)被政府追赠正五位。日本对中国茶具的仿制,最著名的是对天目茶碗"黑釉碗"的仿造。

改造中世日本的生活技术还有一大亮点,就是纺织技术的进步,及其对中世日本人生活情趣、审美情趣的影响。中国纺织技术的引进丰富了日本的生活色彩,其中博多港的"唐织"到16世纪中期最为著名,大约后奈良天皇天文年间(1532—1554),博多的满屋氏渡海来明朝,习得纺织技术回日本,这显然与明朝日本间繁荣的贸易有关,从名称可知其中包含有得自大陆的技术[2]。甚至有研究说,早在镰仓幕府初朝,在日本京都就出现了"唐织"的仿造品。因为在日本嘉祯元年(1235),有一位名叫满田弥三右卫门的人,随禅僧圆尔辨圆来宋朝学习丝织技术,1241年便学成返回日本,后在博多织出宋代风格的"广东织、绫羽绫、云下织、竹下

---

[1] 〔日〕《道元禅师传考》,载〔日〕铃木学术财团编《大日本佛教全书》之《游方传丛书第一》,第560—563页。
[2] 〔日〕佐佐木银弥:《室町幕府》,编入小学馆版《日本历史(日本の歷史)》(第13卷),第276页。

织"等丝织品,开创了"博多织"。①

手工业者和商人队伍的壮大,促使手工业、商业分别从农业中分离出来,町和町人阶层的初步形成,为江户时代都市文化、都市生活的繁荣奠定了基础,而都市的形成促成中世日本庄园制的解体②,致使日本中世后期到近世初期"兵农工商"四民的划分也顺势而成③,社会群体结构发生质的变化。

---

① 参见方安发《宋元时期中日民间贸易的历史作用》,《南昌大学学报》(人文社会科学版) 1985 年第 1 期,第 53 页。此说存疑。
② 日本庄园的终结一般认为是在 16 世纪末,如安田元久的《日本庄园史概论》(汉译本,武汉大学出版社 1990 年版,第 1 页)。
③ 农民出身的丰臣秀吉曾推行"兵农分离"。

第八章　禅宗传播与中世日本政治外交观念的转型

中世日本是出身于社会中层的武士掌握国家政权的武家政治时代，完全不同于之前出身于社会上层以藤原氏为代表的公卿贵族把持朝政的"藤原时代"，即贵族政治时代。禅宗对中世日本内政、外交的影响主要在人事上，因为许多中世日本禅宗高僧参与了将军幕府的内政、外交事务，或备顾问，或参与决策，乃至亲自担任出国使节的一线工作。

在中世日本对外关系的研究方面，木宫泰彦、小叶田淳、西岛定生、上村观光、伊藤幸司[①]、田中健夫、村井章介[②]、川添昭二等日本学者作出了很大的贡献。但是，对于禅僧在中世日本政治外交中的影响力度未能做到恰如其分的评价。本章首先要探讨室町时代禅僧和日本上层社会的关系，揭示中世日本社会政治、外交观念的转型，以及这一变化反过来对禅宗传播的影响。本书中界定的中世日本社会上层，包括日本皇室、公卿、幕府将军和大名，其外交观念则包括邦国观念（国风文化）、民族意识（他者意识）、境界观念（岛国意识）等。本章其次要探讨的是，以上观念的转变对中世日本社会上层建筑和意识形态重构的影响，侧重的是中世日本外交观念和外交政策的变化对日本中世社会语境的影响。

---

① 〔日〕伊藤幸司：《中世对外关系史研究的禅宗视角（中世対外関係史における禅宗の視角）》，载《中世日本的外交与禅宗（中世日本の外交と禅宗）》，东京吉川弘文馆2002年版。

② 〔日〕村井章介：《亚洲内的中世日本（アジアのなかの中世日本）》，东京校仓书房1998年版。

第一节　中世日本社会对外观念从上到下的转换

一　对华关系公共语境与幕府将军私意之间

中世日本社会上层围绕国家外交战略的探讨和争论，突出在明朝建立以后，因为日本室町幕府的决策者们，在政治上、经济上比镰仓幕府更为开放，于是，建立对华（明朝）邦交、开展朝贡贸易（或称"勘合贸易"）这两大问题提上议程。这对中世日本社会，无论是上层还是下层，给予了巨大的观念冲击，推动了中世日本政治外交体制上、观念上的转型。

日本自10世纪以来，因大陆唐末战乱、五代割据带来政治衰落，而力图摆脱中华册封体制，并在政治文化等方面形成日本的优越感，宣扬其所谓的"国风文化"，在"国风"的强调氛围之下，日本平安朝廷采取了锁国主义政策，自我欣赏其"万世一系"的政治体制和贵族文化，逐步形成自尊、自我欣赏的语境，这一语境培养了日本人的自大心理，对日本后世影响深远。尽管军事疲惫的北宋、政治偏安的南宋，积极要求日本加入"朝贡体系"，均被平安贵族冷处理，当蒙古族取代宋朝亦要求日本朝贡时，因蒙古族是中华北方的游牧民族，作为"异邦"，更让一些日本贵族、武士以"本朝"的文明而傲视蒙古人，所以镰仓幕府采取了强硬的对外政策，不惜与元朝一战。元朝两次征讨的失败反过来更让中世日本的社会语境更加显得高调，民族主义情绪更加高涨。

1368年朱元璋建立明朝，从次年开始，他前后几次派使节杨载、赵秩等奉诏书到日本，要求日本来华朝贡，接受中国的册封，当时割据日本九州的南朝怀良亲王接见之后，不仅不接受朱元璋提出的要求，反而杀害了明朝的使节。

直到1371年，怀良亲王一因足利幕府任命的"九州探题"名将今川了俊率领大军逼近九州，二因明朝使节赵秩送还被俘虏15名倭寇以示好意，故遣禅师祖来回复明朝，并送回被倭寇掳掠的70余名中国人。1372年（洪武五年），朱元璋因此派宁波天宁寺住持仲猷祖阐禅师和金陵瓦官寺住持无逸克勤出使日本，因而与此时控制九州的足利幕府建立起联系，以后，日本方面不断派遣僧人来华接洽，中日国交借佛教之风不断拓展。

在国风文化培养的"自尊语境"之下，日本公卿士大夫以及僧侣中依然有不少人憧憬中国文化。他们潜意识中保留着对中国文物的仰慕，这也是锁国政策下的中日民间文化交流、贸易往来依然频繁的原因。中世日本的"自我"意识和对"他者"的认知是相辅相成的。

中世日本对外政策保守还是开放，尽管受到其社会语境的影响，但与当权者（天皇、藤原氏、将军等）个人的好恶也有很大关系，故缺乏一贯性。同时，也受中华帝国政治局势发展的影响，中国社会动荡和战乱积弱则让日本人滋生自大、自闭的心态，中国政治统一、军力强大则促使其思考开放并与中国建立邦交问题。

例如，曾经掌控平安朝野的平清盛，因为平家的崛起根源于与宋朝的贸易，加之其对佛教的热情，故在担任太政大臣之后，积极推动中日关系的发展，抛弃了平安贵族在华夷观念上的羁绊，主张"开国"。再如，镰仓幕府和元朝爆发的战争，很大程度上是执权北条时宗个人自尊的原因。

进入室町时期，足利幕府的各代将军相对倾向开放，其中，1368 年就任将军的足利义满（1358—1408），与平安末期的平清盛"性格酷似"，"其外交措施基本相同"[1]。足利义满热衷于促进中日国交，显然不局限于幕府财政问题的解决，与其对中国文化的憧憬有关。1373 年从中国返回的禅僧如椿庭海寿（1318—1401），应命住持圆觉寺、天龙寺、南禅寺等大寺，并成为足利义满了解中国的重要顾问。

足利义满一反南朝对明强硬的外交方针，1374 年后多次积极主动遣僧人为使赴明朝进贡，明太祖朱元璋曾因义满以"征夷将军"的身份"私贡"，"且奉书丞相，词悖"而"却其贡"[2]。足利义满的文书可能模仿五代时期"日本右大臣藤原师辅赠大唐吴越王书状"的格式[3]，在明太祖看来显然不合礼仪，作为臣子的将军岂能代表国王朝贡？僭越且不够虔诚，不仅断然拒绝，且将义满的使者发配到川、陕两省的寺庙。1375 年、1376 年，足利义满还先后派禅僧如瑶、圭廷用（或写作"庭用""帰廷用"，全名为"廷用文珪"）等入贡，并辩解，朱元璋再次拒绝并让礼部发文谴责日本君臣。

足利将军显然也意识到，自己只有以日本最高统治者的身份朝贡，才

---

[1] 〔日〕足立栗园述：《海国史谈》，东京中外商业新报商况社 1905 年版，第 67 页。

[2] （明）严从简：《殊域周咨录》，余思黎点校，中华书局 1993 年版，第 55 页。此时怀良亲王也在向明朝遣使进贡，可能这也让朱元璋无所适从。

[3] 参见郝祥满《中日关系史（894—1170）》，第 18 页。朱元璋与胡惟庸之间相互怀疑，可能与来自日本的此类表文有关，而且专制多疑的朱元璋，有意借此炮制假案，排除君权可能存在的任何威胁。

能被明朝皇帝接受,也就是说,他要么说服日本天皇出面朝贡并接受明朝的册封,要么自己抛开天皇做"日本国王",代表日本国。足利义满也算是一个敢作敢为的将军,先是对内于1392年迫使后龟山天皇接受自己提出的条件,统一南北朝。再是对外如古代的平清盛一样,不受当时日本社会语境的影响,毅然加入中国主导的"朝贡体系",接受明朝"日本国王"的册封,开展朝贡贸易①。而足利义满的儿子,1408年才名副其实地继任将军的足利义持(第四代)则不一样,接受了日本社会语境的约束,迫于舆论的压力,于1419年中断了和明朝的"勘合贸易",因为舆论反对义满向明朝称臣的做法,认为此举有失日本国体。中日关系因此冷冻,直到1428年足利义持死去才出现转机。1429年继任的将军足利义教(第五代)又改变了前任的外交战略,努力恢复与明朝的朝贡关系,这是迫于幕府财政上的困难,顾不上舆论了。

二 禅僧是明朝与日本室町幕府建交的纽带

明朝与日本之间"建交"是通过禅僧来联系的,无论是朱元璋,还是日本南朝怀良亲王、统一南北朝后的足利义满,都派遣禅宗僧侣联络感情②,试探对方意图,足见禅宗成为彼此建构信任和亲近的文化纽带。日本南朝怀良亲王最初派来明朝的是禅僧祖来,明朝最初派遣赴日的禅僧是天宁寺的仲猷祖阐、瓦官寺的无逸克勤,但两国朝贡、册封关系却一时难定,明朝只同意册封日本国家元首,并接受日本国家元首的朝贡。

明建文三年(1401),建文帝朱允炆在位,足利义满可能感到时机成熟,再次以"日本准三后"的名义遣使来明"献方物"求贡,建文帝当时正处在朱棣叛乱的政治困局之中,故接受了足利义满的朝贡请求。建文四年(1402)七月,明朝派临济宗大慧派高僧天伦道彝为正使,以天台僧一痷一如为副使,奉国书和冠服册封义满,使船到达日本筑紫时,足利义满听到消息后非常高兴。在明使到达之前就率领幕府高级官员前往兵库港口等候迎接,也有人说他是去看热闹的。不管怎样,明使八月到达兵库,义满在一个多月以前就开始清扫官道,明使一行到达京都后安置在法住寺。

建文四年(1402)九月初五日,足利义满在其府邸北山山庄(今天京

---

① 此举有利于足利义满独占对明朝贸易权,并统制九州的诸豪族,如大内氏。
② 详细参见〔日〕田中健夫《对外关系与文化交流(対外関係と文化交流)》,第6—8页。

都豪华的金阁寺）接见明使，行册封之礼，特意让参加接见的日本贵族公卿和大臣都穿上正式礼服；明使所过之处，沿途都有全副武装的武士戒严。明使到达时，由前太政大臣近卫良嗣、左大臣菊亭公行二人在大门口恭迎，而足利义满则穿铁灰色僧袍，挂白底金袈裟前往四角门恭迎。明使则高捧国书（诏谕）长驱直入，登堂入室后庄重地把国书放在正亭前高几上；义满则焚香三鞠躬后下跪，然后手捧诏书恭读。足利义满就这样根据明朝诏书当上了"日本国王"，把南北朝两个天皇都丢在一边，加入了中华朝贡体系，明朝也自然可以忽视日本天皇的存在了。

1403年明使回国之时，足利义满立即派天龙寺僧人坚中圭密等组成了一个三百余人的大使节团，随同明使天伦、一痷等赴明入贡，也许是前一次出使没有赚钱而不甘心吧，这次他的表文是用"日本国王臣源"的名义，并用明朝的纪元年号——所谓的"奉正朔"。

此时，明成祖已经夺取了大明皇位，好大喜功的永乐皇帝妄图复兴华夷秩序，重建朝贡体系，登基后马上就给日本等国颁布了诏书，声称愿意赐赍朝贡者，恢复市舶司制度。

永乐元年（1403）八月，朱棣特派遣左通政赵居任等去日本，使节出发才到宁波，九月日本人就已经来到宁波了。何以如此及时？其实是机灵的大使坚中圭密得知变故之后马上改写了国书，即改为奉贺成祖登极的贺辞。也有人说，是足利义满在使者出发前早已让绝海中津准备了两份国书，随机应变，足见日本人对中国情报掌握的及时和准确。成祖对日本使者的及时朝贺感到非常高兴，赏赐超过了建文皇帝的20倍不止，并且补发了一颗"日本国王"的金印。日本人回国时，明成祖派赵居任等为使节陪送，捎带的赏赐品足足装了五船，这次日本人心满意足地回去了。1404年，明使船队到达日本兵库时，足利义满高高兴兴地跑到港口欢迎并观看明船，接受赏赐。有记载说，这一年郑和所率领的船队曾到达日本，与义满相见（此有待考证）。第二年十一月，义满又趁热打铁，马上派人来祝贺明朝册封太子。

明成祖皇帝这样做，其一是为了满足"万邦来朝"的虚荣，并可掩饰其篡位；其二是借此督促日本将军控制住倭寇，"毋容逋逃，毋纵奸宄"[①]。皇帝军事上怕麻烦，所以宁愿以政治外交优先，在经济上做一些牺牲。例如永乐元年（1403）十月日本入贡，贡使"附载胡椒，与民互市"，有关

[①] 王辑五选译：《世界历史资料丛刊——1600年以前的日本》，商务印书馆1983年版，第52页。

官厅要求征税，皇帝"以失国家大体，不许"①。这招果然有些效果，日使回国后，义满立即发兵消灭了对马、壹岐两岛的倭寇，并将俘获的二十名头目送给成祖为晋见之礼，明皇帝"益嘉之"，为了显示大国的风范，"还其所献之人，令其国自治之"。日本使者也许是想表示足利义满将军的诚意，或者是嫌带他们回去麻烦，到宁波时竟然当众将这些倭寇装在大饭甑中"蒸杀之"②。

面对中国皇帝高高在上、居高临下的姿态，不乏自尊的日本将军为什么肯低三下四呢？足利义满等日本将军首先是迫于经济压力和利益的愿望，尽管中国皇帝的傲慢有些令人难以接受，但屈尊就可以获得赏钱，而且可以借贡船搭载贸易，只有这种贸易才被明朝认可，为此他们也就接受了；至于足利义满，他接受明朝皇帝的赠号另一重要原因也许是"他认为有必要取得由外部给予的权威"③，就是这个义满，还是日本历史上唯一的一个想问鼎天皇的将军，要不是他因急病而死，差一点修改了日本"万世一系"的历史。

足利义满将军看到明成祖在诏书中称他为"日本国王源道义"，非常高兴，他不仅接受了明朝皇帝赠给他的"日本国王"这一封号，此后在给答谢明朝皇帝的信中也署名为"日本国王臣源"，而且，在他有生之年极力讨明朝皇帝的欢心，主动地禁止海盗，让"遣明使"不断地把捕获的海盗头头送来，对于明朝使节的接待，规格也非常之高。

1406年，明朝政府准许日本幕府来华进行"勘合贸易"④，亦即朝贡贸易。这样一来，由幕府垄断的"永乐勘合贸易"就这样展开了，民间贸易也因此得以发展。专制权力的建立，要么依靠施恩，要么依靠高压，对于足利幕府来说，与明朝建立国交关系，以"日本国王"的名义掌控"勘合贸易"，有利于室町幕府树立权威，建立专制统治。在已经形成拜金主义的中世日本，允许大名、寺社参与勘合贸易是幕府施恩的一种有效手段。

---

① 〔日〕松下见林：《异称日本传（異稱日本傳）》（卷中一），近藤瓶城编《改定史籍集览》（新加通记第十三），近藤活版所1901年版，第159页。
② （清）张廷玉等撰：《明史·日本传》，中华书局标点本1974年版，第8345页。
③ 〔日〕井上清：《日本历史》，天津人民出版社1974年版，第209页。
④ "勘合"即"合符"，类似春秋时期调动兵员的虎符。《大明会典》规定，每有新皇帝登基改元必须"更造换给"，自永乐首发以后，宣德、景泰、成化、弘治、正德都有颁发的记录；有明一代共给日本颁发了六次勘合。

三　中日政经往来激发了日本人的功利心和冒险意识

日本作为一个海洋民族，海洋有时是天堑，阻隔了它和大陆的联系，易于让岛人养成自闭的"岛国根性"；但海洋同时又是开放的，一旦岛人树立起其政治、文化自信的时候，海洋又便于他们冒险、开拓。海洋因此养成了日本人"二律背反"[①]的民族性，尤其是在对外关系的心态上。

中世日本国家观、民族意识的形成，很大程度上受海洋环境影响，是在与隔海相望的作为"他者"的中国（宋、元、明）对照或对立的基础上形成的，这种阻隔让他们易于形成对大陆主导的朝贡体制和华夷观念的抵触心理。

佛教信仰作为中世日本易于接受的"普世价值观"，成为冲决日本封闭心理的重要理论。佛教修法给了日本人信心和勇气，修法让日本人感受到与神灵、佛等的亲近。无论荣西还是道元，作为禅师，为祈愿佛法"镇护国家"而修法。作为禅师的道元，在神佛习合的社会思潮之下，在其《正法眼藏》的《古镜》卷中，宣扬日本"神代"的历史。进入镰仓时代，幕府抗击元朝侵略战争的胜利，致使日本形成了"神国观念"，在这一观念的影响之下，日本人开始盲目自信。北条氏领导武士集团抗元战争的胜利，无疑激发了日本上层社会的自信，这种自信通过"神国日本"的宣扬，逐渐影响到日本下层民众。

更重要的是，僧侣求法之宏愿及其实践，培养了日本人海外冒险的勇气，何况大陆具有无尽的佛法宝藏，让他们为之献身、冒险。荣西第二次来宋朝，目的就是想去印度取经，这一冒险行为很让日本人佩服，可惜他没有成功。不过他的失败让日本人知道，丝绸之路早已不通了。海外冒险可以增长知识，重源三次来中国化缘，才知道日本人心目中的五台山已经被金朝占领，其实当他知道这一消息时，五台山已经被金（女真人）控制半个多世纪了。

除了勇于舍身求法的僧人之外，中世以后逐步形成的日本商人集团，也是一个敢于海外冒险的群体，商人为了追逐利益，敢于冒生命之危险。大陆有无尽的财富，让岛人感受到强烈的诱惑，一些亦商亦盗的日本商人，为贪利而冒名"朝贡"，朝贡资格不被大明朝廷认可时，便杀人掠货，

---

① 二律背反：原出希腊文 ANTINOMI，指规律中的矛盾，在相互联系的两种力量的运动规律之间存在的相互排斥现象。在康德的哲学概念中，二律背反指对同一个对象或问题所形成的两种理论或学说，虽然各自成立，但是却相互矛盾的现象。

且因中国的羁縻、宽大而往往逃避了处罚,如此培养了日本人海外探险、冒险的勇气。

进入室町时代,由于足利幕府加入了大陆帝国主导的朝贡体系,与明朝开展"朝贡贸易",使得日本人冒险意识更加强烈。另外,明朝对"倭寇"残暴行为的胆怯,激发了日本人的自信和勇气,特别是丰臣秀吉,其侵略朝鲜的原因就在于此。室町幕府有以倭寇要挟明朝的动机,也是因为看透中国人的畏惧心理。

中世日本倭寇的猖獗,与中日勘合贸易、明朝的海洋政策密切相关。朱元璋的海洋政策断了中日商人的财路,于是越来越多的日本商人加入倭寇的行列,最后中国商人也加入其中。足利义满之所以接受明朝皇帝的赠号,是为了与明朝进行绝对赚钱的朝贡贸易,因为当时他的财政非常紧张,也因为日本商人群体的要求。足利义教1432年遣使向明宣宗朝贡,复兴朝贡贸易,日本因此进入后人所谓的"海外雄飞"时代。

对于中世日本对外观念转型影响最大的是当时的日本禅僧,下面将重点介绍士大夫化的日本禅师,及其对幕府的影响力。

第二节 作为外交机关的五山和出任大使的五山禅僧

一 中日从"半官方"关系上升到官方关系

宋朝禅宗的输入日本,以及此后中日禅僧的往来、交流,夯实了中日民间交流的基础,以致出现了"半官方"性质的外交关系,最后上升为明朝和室町幕府之间的国交关系。应该说对中国禅宗文化的倾慕促进了日本镰仓幕府发展中日民间往来的欲望,而唐物的需要、贸易利益的追求促进了日本室町幕府开展对华外交的欲望,并努力打开和维持中日政府间的关系,禅僧也因此成为联系两国关系的桥梁。

分权主义是中世日本政治的一大特征,各种势力之间的关系非常复杂,相互妥协又彼此干预。源氏幕府相对尊重朝廷在外交上的主导权;而北条氏控制下的幕府掌握了国家的外交权,积极和宋朝建立"私交",特别是北条时宗主张抗击元朝,斩杀元朝使节,不惜与元朝开战,置天皇和京都朝廷的担忧于度外。北条氏在博多设置"镇西探题",架空大宰府,更是其藐视朝廷外交权力的标志。

北条时赖派人聘请兰溪道隆、兀庵普宁等宋僧到日本,拜他们为师,接受宋朝的禅宗，很难说是纯粹的"民间"行为，可以说是一种准国交，或者说半官方的外交。

正如梦窗疎石住持天龙禅寺，在"中秋谢宋船纲司上堂"时所唱："普天匝地一秋光，不动扶桑见大唐；明月团团离海峤，满船官货孰私商。"[①] 这里显示，中国商人以私人的身份为日本幕府采购货物，官私难以分别。

至于足利氏掌控下的室町幕府就更不用说了，公然对明朝进贡，接受明"日本国王"的册封，以此自称，乃至架空天皇，以致中国皇帝不知日本还有天皇。中日之间隋唐以前的那种官方关系也因此恢复，以朝贡、册封为标志的国交形式至此再次确立。

室町幕府的将军自足利义满以来，非常重视并积极推动发展与明朝的贸易和外交关系，故重视利用有过到中国求法巡礼经历的僧人，这与他扶持禅寺、五山文化的政策是一脉相承、相互照应的。禅宗五山寺院官寺化，官僚化、贵族化的禅僧，不仅是将军的文学侍从，也是参与外交，乃至参与所有的政治活动。例如京都相国寺禅僧瑞溪周凤（1391—1473），以鹿苑院塔主等身份，掌管僧录事务，在处理五山十刹事务和人事的同时，参与幕府的外交决策，代幕府撰写外交文书，成为幕府的智库、头脑。

禅宗卷入中日官方关系的另一证据是，明朝宣宗皇帝1433年还颁赐诏书给日本遣明使节禅僧龙室道渊，授其僧录司右觉义一职，并命他住持京都天龙寺[②]。大概是他出身中国宁波的缘故吧，中国皇帝此举显然干涉了日本丛林事务，故道渊在返回日本时，在杭州仁和县馆驿中圆寂了，可能是不想为难日本幕府。

二 五山机制和负责日本外交的五山高僧

中世日本乃至整个东亚的外交语言是汉语，国交国书使用的是汉字、汉文。使节之间少不了诗文交欢，不仅存在于中日之间，也存在于日朝之间，故善于汉诗文的禅僧可以大显身手。足利幕府，特别是足利义满很重视旅华日僧的外交资源，笼络自中国求学归来的名僧，比如清拙正澄的弟子独芳清昙，据载：

---

① 〔日〕梦窗疎石：《梦窗国师语录》卷上，《大正新修大藏经》第80册，第462页。
② 诏书内容参见陈小法、郑洁西《历代正史日本传考注》（明代卷），上海交通大学出版社2016年版，第80页。

后入中华，历扣诸刹，昙行洁才秀，元人号曰昙菩萨。永德年中归来禀拙之面证。大相国义满源公聘住天龙，至德二年（1385）依众请移万寿，缁白怀德，如在元之时。①

此时的足利义满急需明朝的相关信息，以及联络手段和路径，故对他加以联络。根据《明实录》等的记载，此前足利义满先后于 1374 年、1380 年两次遣使明朝，其身份和资格未得到朱元璋的承认，未能开通中日朝贡贸易。

在禅僧的帮助下，1392 年统一南北朝的足利义满，改变了日本古代以来的外交体制，确立了幕府将军的外交独裁权，将外交权由朝廷转移到幕府，以"日本准三后"（三后指太皇太后、皇太后、皇后）、"日本国王"②的名分进贡，得到明朝的承认，纳入朝贡体系，同意开展中日朝贡贸易，其交涉方法等也影响到此后丰臣秀吉的统一政权和德川幕府，"日本国王"的名号一直流传下来。而日本"天皇"及其朝廷完全淡出了中国帝王的视野，直到明治维新以后，日本的外交权才被收回天皇和朝廷手中。

因为幕府成为日本外交的中心，将军身边的侍从人员自然有机会参与谋划外交。所以中国诗人张楷说日本遣明使："四千客路皆由海，数十陪臣半是僧。"③此语真实不虚，足利义满模仿法皇出家，入住北山庄之后，尊称为"北山殿"，死后被朝廷追赠"鹿苑院太上法皇"的称号。其北山殿后来改造成鹿苑寺，故义满尊称为"鹿苑院殿"。鹿苑院与阴凉轩因此成为外交议事场所，遣明使节的确定，国书内容及国书格式（即"遣唐书之式"），以及盖印的方式等，都在这里讨论④。足利义满身边围绕的主要是僧侣，主要有圣护院道意、青莲院尊道亲王、俗称"黑衣宰相"的醍醐寺三宝院满济、仁和寺永助、妙法院尧仁等⑤。当初义满拟建寺院，在春屋妙葩的建议下于永德二年（1382）仿照宋朝东京汴梁故事，建造了极为壮观的相国寺。

此时幕府的侍从人员主要是五山禅僧，深得足利义满信任，先后成为其内政外交顾问的禅僧有春屋妙葩、义堂周信、绝海中津以及空谷明应、

---

① 〔日〕师蛮：《本朝高僧传》（第二），《大日本佛教全书》第 103 册，第 492 页。
② 〔日〕瑞溪周凤：《善邻国宝记》，《续群书类丛》第 30 辑（上，杂部），第 344—345 页。
③ 〔日〕瑞溪周凤记，惟高妙安抄录：《卧云日件录拔尤》，收入东京大学史料编纂所编《大日本古记录》，第 170 页。
④ 参见〔日〕辻善之助编《鹿苑日录》（第一卷），第 53、54 页。
⑤ 〔日〕佐佐木银弥：《室町幕府》，编入《日本历史（日本の历史）》第 13 卷，第 33 页。

太清宗渭等，而管领斯波义将尽管不满，却不能劝阻足利义满的做法。日本学者村井章介称，禅宗五山官寺成为中世日本的外交机关[1]，的确如此。五山禅寺是日本室町幕府重要的外事接待机构，例如，永享十一年（1439）十二月廿五日，相国寺阴凉轩主接到接待朝鲜使节的命令，"高丽通信使来日于殿中，可导之旨有命，伊势守之奉"。次日入殿参与接待礼仪。十二年（1440）正月十二日阴凉轩再次接到命令，"高丽官人，可使五山一见之由，以饭尾大和守被仰出之"[2]。"五山官寺机构"是幕府武家外交的象征，是幕府独立于朝廷（天皇）的外交机关。因此，日本禅宗各派寺院在博多的末寺可以看作外交机构的派出机关。

日本五山禅僧与宋朝居士（士大夫）之间有许多共同点。主要体现在同时参政与参禅，此可戏称为"禅政双修"，日本的五山僧热心参与政治，或受到朝廷、幕府的器重，成为政府的政治顾问。禅宗五山制度使寺院转入位次的纷争，刺激了禅林追求荣誉和权力的欲望，即使是一直疏离权贵的梦窗疎石，由于具有政治家的素质，他不排斥政治和宗教之间的互动关系，这也影响到了他的弟子绝海中津、春屋妙葩等人。

绝海中津（1336—1405），日本土佐（高知县）津野人，原号要关，别号蕉坚道人。绝海中津十三岁到天龙寺学佛，1348年入天龙寺问道，得到日本临济宗高僧梦窗疎石（1275—1351）的器重，并收为弟子。因梦窗曾经从无学祖元（佛光派）和高峰显日（佛国派）修道，故日本学界一般依据这一脉相承的关系，称绝海为佛光—佛国—梦窗派。1350年，师从春屋妙葩。1352年，绝海复往京都建仁寺参龙山德见，之后又游历万寿、报恩、建长诸寺，参大林善育、义堂周信等高僧，或侍汤药，或充藏主。因此广结善缘，广播声望，进而得到了足利幕府的关注和重用。

明洪武元年（1368）二月，绝海中津与汝霖良佐等一道，从博多港乘船入明，也是遍参明朝诸师。从明州港上陆后，即参谒明州府太白山，即五山中排名第三的天童寺了道和尚，接着侍从绍兴府宝相寺的清远和尚，得其书风。继由绍兴府到杭州府，辞退五山第二的灵隐寺的书记之请，成为天竺山中天竺法净寺全室和尚的弟子，深得器重，为其藏主。由于季潭宗泐（1318—1391）任五山第一的径山万寿寺住持，洪武五年（1372年，日应安五年）受径山兴盛万寿寺住持季潭宗泐之招，再见季潭，任其会下

---

[1] 参见〔日〕伊藤幸司《中世日本的外交与禅宗（中世日本の外交と禅宗）》，第70页。
[2] 〔日〕佛书刊行会编：《荫凉轩日录（蔭涼軒日録）》第1册，《大日本佛教全书》第133册，第108、109页。

的首座一职。

由于绝海中津旅居中国 8 年[①]，曾参谒杭州中天竺的季潭宗泐、道场的清远渭、灵隐的良用贞、天童的了道一等长老。加之中津擅长诗文，常以诗会友，与竹庵渭、溥庵复等交往甚多。因其活跃引起明太祖朱元璋的注意。

洪武九年（1376），明太祖于英武楼召见绝海中津，"咨询法要，奏对称旨"，兴之所至，便有诗歌酬对。当明太祖垂询熊野古祠时，他赋诗《应制三山》一首作答：

熊野峰前徐福祠，满山药草雨余肥；
只今海上波涛稳，万里好风须早归。

太祖亦即席和韵赐诗如下：

熊野峰高血食祠，松根琥珀也应肥；
当年徐福求仙药，直到如今更不归。[②]

绝海中津同年归国，住京都云居庵，后历任日本天龙寺首座、甲斐慧林寺、宝冠寺、相国寺、等持寺住持。在义堂周信的建议下，1383 年足利义满请绝海中津住持鹿苑寺，同年因直言得罪足利义满，绝海隐居摄津，1405 年故去。绝海中津觐见朱元璋的经历，成为其门下参与负责幕府外交的政治资本，其诗文集《蕉坚稿》在明朝大受称赞。尽管其因言语得罪于幕府，幕府还是多次派人请他任五山寺院的住持，极力拉拢他。绝海中津深得足利义满的信任，和坚中圭密一起，为足利义满恢复明日贸易的工作出谋划策。

三　室町时期为沟通外交而入明的日本高僧

中日两国的禅僧参与外交，是元朝以来形成的传统。元朝时，愚溪如智、一山一宁等先后被朝廷任命为使节被派遣到日本。日本方面愚中周及、龙山德见、椿庭海寿（1318—1401）等到元朝留学。进入明朝后，绝海中津、汝霖良佐、权中中巽、伯英德俊（？—1404）、大年祥登等到明

[①] 注：也有 11 年之说，本书侧重于结果，不论其经历长短，故不考证。
[②] 〔日〕师蛮：《本朝高僧传》（第二），《大日本佛教全书》第 103 册，第 510 页。

朝留学，这些禅僧回日本后，都主动或被动地转入政治和外交之中，或担任通事（翻译），或被充顾问[1]，或担任出使明朝的外交官（日本史书多称"遣明使"，明人则称为"日本使臣"）。

愚中周及（1323—1404），自幼在梦窗疎石门下剃发，1341年"乘商舶入元"，投月江印禅师门下参学，获赠"愚庵二字并偈"，因以此为号，在月江的建议下"拜谒即休了和尚"。悟道后，于日本后村上天皇观应二年（1351）回日本，抵天龙寺再拜梦窗国师，后在南禅寺任书记。在此后的游方过程中，愚中周及的声名大噪，应永"十四年相国义持源公，遣专使求法语"，随后还派专使请他入京，"源公往谒甚钦"，并"点城外寺院五所，令及择而居"[2]。实际上，幕府将军不仅仅是期待他做宗教顾问，也很希望他做政治顾问。

龙山德见（1284—1358），曾渡海到元朝求法，在元前后约45年，遍历名寺，遍访名师，一度被元朝廷任命为兜率寺住持，这是外国僧在元朝被任命为国家大寺住持的唯一特例。故龙山回日本后曾任京都五山中建仁寺、南禅寺、天龙寺这三山的住持，足见日本幕府对"海归"派禅僧的重视。

进入明代，朱元璋因先后两次派官员杨载、赵秩出使日本失败，"以其关禁，非僧不通"，故此后特任命明州天宁寺仲猷祖阐、金陵瓦官寺无逸克勤等僧侣为外交使节，赴日本打通中日关系，禁寇通商，以期"循唐宋故事"[3]。其后的建文帝也命扬州天宁寺天伦道彝、天台僧一庵一如等僧侣为外交使节，出使日本。

日本方面，各方势力政权（如镇西府怀良亲王、如岛津氏）自然对应地派遣僧侣为使节回访中国，于是闻溪圆宣、子建净业、喜春、简中元要（简中原要）、无初德始、了庵桂悟等僧人，被日本不同的政治势力，出于不同的目的，任命为不同等级的使节来到明朝。

为了中日国交的顺利发展，足利幕府将五山官寺作为外交机构加以活用，以选拔有能力的禅师担任赴明使节，以便在往来文书中防止意外。足利义满应永八年（1401）五月的"大明国遣书"，请"菅秀长卿草，行俊

---

[1] 也有日本禅师成为中国皇帝临时顾问的，如椿庭海寿、绝海中津等得到朱元璋的召见，朱元璋向他们询问日本政治、文化、风俗，据此确定外交方针和具体细节。
[2] 〔日〕师蛮：《本朝高僧传》（第二），《大日本佛教全书》第103册，第523—524页。
[3] 〔日〕瑞溪周凤：《善邻国宝记》（东方学会印），载《丛书集成续编》第217册（文学类），新文丰影印出版，第368页。

卿清书"①，非常之谨慎。再如1403年，在明使天伦道彝、一庵一如返回明朝的时候，足利幕府派天龙寺僧坚中圭密随其出使明朝。据说，禅僧绝海中津应幕府之命，在明朝的内乱未定，明惠帝和明成祖之间不知鹿死谁手的情况下②，相应地草拟了两封国书，随机应变。坚中圭密弟子则认为，国书（表文）皆为其师亲自撰写。

到达日本的明朝僧人也被足利幕府利用，如龙室道渊，1433年被将军足利义教任命为第九次遣明正使，恢复一度中断的中日邦交。

而日本五山禅僧更是积极参与幕府的外交活动，各寺派之间还形成激烈的竞争，如东福寺圣一派和梦窗派之间的竞争，这一参与和影响幕府外交的竞争，与五山各寺各派参与明朝日本之间的朝贡贸易的竞争是密切相关的。

特别是梦窗一派，独占鳌头，长期控制室町幕府遣明使的派遣，担任遣明使的正使。而在梦窗一派之中又有竞争，即春屋妙葩系统的鹿王门派、绝海中津系统的灵松门派、默翁妙诚系统的华藏门派之间的竞争③。

梦窗派的代表人物之一绝海中津，经常参与内政机要和外交事务。应永六年（1399），守护大内义弘发动叛乱时，足利义满曾派绝海中津为使者去山口谈判；明太祖朱元璋曾在绝海中津的奏请下，命令宋濂为梦窗疎石撰写塔铭④。

春屋妙葩也是继梦窗疎石之后参与幕府内政顾问和外交活动的重要人物，眼界开阔，思想开放。先后在净智寺、等持寺、天龙寺、南禅寺、临川寺等五山大寺任首座、后堂等职，热情接待明、朝鲜使节，名声远扬中国、朝鲜，和诸多元朝高僧楚石梵琦等诗文、书信往来密切。天龙寺开山梦窗国师再任方丈时，因年事已高，"颇倦应接，故寺务施为，凡有以咨询师祖（梦窗）者，咸曰：'去问葩首座。'所以事无细大，皆由师（春屋）成败"⑤。故幕府将军于延文二年（1357）延请他住持京师等持寺，

---

① 〔日〕中原康富：《康富记》（第1册），编入笹川种郎等编《史料大成·第29》，内外书籍1936年版，第1页。
② 实际上明朝的靖难之役早于1402年结束，只是消息未传入日本。
③ 详细参见〔日〕伊藤幸司《中世日本的外交与禅宗（中世日本の外交と禅宗）》，第70—104页"第二章 室町幕府的外交与梦窗派华藏门派（室町幕府の外交と夢窓派華藏門派）"。
④ 〔日〕梦窗疎石：《梦窗国师语录》卷下之二，收入《大正新修大藏经》第80册，第498页。
⑤ 〔日〕春屋妙葩语，侍者周佐等编：《智觉普明国师语录》卷第八，《大正新修大藏经》第80册，第719页。

之后又受幕府和朝廷的请求，历任临川寺、梵王山大光明寺、天龙寺住持。

春屋妙葩很重视日本与大陆各国的文化交流。1367年，高丽使节来日本时，春屋妙葩待其甚厚，以致高丽使节"皆受衣盂，执弟子礼"，以感谢其宽厚的接待。1372年，明朝使节赵秩、朱本和天宁仲猷祖阐、瓦官无逸克勤一行先后去日本，在博多登岸之后，遭到九州岛探提今川了俊的怀疑，被强制滞留在圣福寺，困顿之中他们想到了春屋妙葩，让随同他们回国并担任翻译的日僧椿庭海寿传递书信给春屋妙葩，请求春屋妙葩的协助。春屋妙葩接到求助信后，积极与此前来日本的明使赵秩（可庸）、朱本结识，"书问往来六七回"。赵秩、朱本、仲猷、无逸等明使因此与春屋妙葩交往密切，在遇难的时候想到了春屋妙葩，也都得到了他的帮助和救济。

因春屋妙葩的声望和道学，后圆融天皇曾召请其到内殿道场，咨问法门，"亲受衣盂戒法""而执弟子之礼"。后因感"闻法恩大"，而赐其"智觉普明国师"号①。因春屋妙葩和赴日明朝、高丽使节，以及中国丛林的密切交往，幕府将军义满随后命其任天下僧录之职，僧录之职起于春屋妙葩。

战国末期以来，因为历史的原因（寺院本身就有僧兵），越来越多的寺院卷入纷争之中，寺僧也不得不关注天下大事。寺僧中一些人主动（或受邀）投身于武家队伍之中，成为有实力的诸侯的随侍或智囊。如临济宗僧侣崇传（1569—1633），秀吉时代曾任金地院南禅寺住持，后被德川幕府录用为僧录司，执掌外交文书，制定文武官员及寺院宗派法规，有"黑衣宰相"之称。②

再如瑞溪周凤（1391—1473），出身于下级武士家庭，十四岁到相国寺出家，善诗文，永享八年（1436）任景德寺住持，后住持相国寺，文安三年（1446）成为鹿苑院塔主，担任该职就是负责鹿苑僧录。虽然之后辞职，但他在足利义教的要求下，三度就任鹿苑僧录，参与幕府外交政策的商讨，并以撰写外交文书（即"遣唐书""唐使牒状"）而闻名③。故瑞溪

---

① 〔日〕春屋妙葩语，侍者周佐等编：《智觉普明国师语录》卷第八，《大正新修大藏经》第80册，第632、721页。
② 乌云其其格：《和算的发生——东方学术的艺道化发展模式》，上海辞书出版社2009年版，第48页。
③ 参见〔日〕瑞溪周凤《卧云日件录拔尤》，载近藤瓶城编《续史籍集览·第3册》，第481页。

非常关心时政，关心明朝事，常向禅居庵的天与清启等"问大明事"①。

五山禅僧多以参与外交等国事、政事，或出使明朝，或备政府顾问，而受到天皇、将军、大名以及武士们的尊崇和笼络。比如策彦周良，曾经两度成功出使明朝而获得天皇的嘉奖（赐宴），并因此闻名，织田信长曾以有关明朝之人物、风土、山川相询，且有感于其学博识广，乃赠以田地及百金。其后，武田信玄请其前往甲斐国（山梨县）惠林寺，复驻锡长兴寺。晚年隐居天龙寺妙智院。天正七年（1579）六月一日示寂，年七十九。著作有《南游集》《策彦和尚初渡集》《策彦和尚再渡集》等。

第三节 禅宗的日本化与五山禅僧的士大夫化

一 日本五山禅僧的士大夫化

足利义满为代表的足利幕府的多数将军，积极发展和明朝的外交关系，还有其政治意义，即对内确立专制权力。足利义满在行政上推行公武一体，走公家化的道路，最后自己于1395年兼任太政大臣，晚年以出家之身掌握政权，也是控制教权，政教合一、祭政一体。

足利义满对禅宗关注并非纯粹因为信仰和宗教，因为以禅宗为核心的佛教是他实现政治理想途中不可忽视的存在，他借助禅宗打开对明朝的关系也是如此，借助大国明朝的威慑力量确立其在日本的政治权威，上以要挟朝廷，下则压制各地大名。室町幕府的控制力有限，不得不借助外力，幕府后期出现的"下克上"风气也与此有关。

在中世日本动荡的社会中，禅僧可以帮助室町幕府对外联系明朝，沟通朝贡贸易，强化幕府政治、经济实力，对内协助幕府教化武士和民众，"可以利用禅宗这种外来思想维护幕府的权威"②。随侍将军和镰仓公方，不断参与幕府外交事务和贸易，乃至为参与权力斗争和贸易竞争，使日本五山僧逐步世俗化、士大夫化。日本五山僧的士大夫化，体现在僧人对名位的追求，对世俗职位的热衷，具体表现为努力成为日本国家的外交使节，此外就是努力成为政府（朝廷或幕府）首脑的顾问（如外交咨询、指

---

① 〔日〕瑞溪周凤：《卧云日件录拔尤》，载近藤瓶城编《续史籍集览·第3册》，第314页。
② 〔日〕家永三郎主编：《岩波讲座·日本历史6（岩波講座·日本の歴史6）》（中世2），第203页。

导禅修等)、秘书①、御用文人(如"伴筵"、宴会赋诗唱和)。故醍醐寺三宝院的禅僧满济俗称"黑衣宰相"②。

与禅僧士大夫化的同时是将军家(武家)相应的公卿化,以及上流武士的贵族趣味③。"公方"一词在中世语境中的出现及流行就反映了这一特征。"室町时代以后,作为武家首领的将军以及与此相当的人物被称作'公方'的事例很多。到了近世,该称呼开始用于专指将军。"据日本学者苅部直等的研究,镰仓时代的史料中出现的"公方"一词却用语暧昧或一词多义。例如,有些可与"公家""武家"互换,有些代指庄园领主,有些可推断为"守护"或"地头"之意。镰仓后期较有特色的是,该词频繁见于附加在土地券里的担保文书中。"公方"一词在此处可设想为裁决违法者或裁断纷争的角色。从当时社会上"一旦发生什么事,即向公方控告,请求处置"的情景可以想象④,武家和公家之间的权力斗争,武家对公家、皇室权力的争夺,古代律令制度的崩溃,幕府具有了一定话语的权威、仲裁的独断。

室町幕府还设置了禅律方、鹿苑院等幕政机构,也是祭祀和政治不加区分、禅僧士大夫化的标志。"南禅寺事件"之后,足利义满创建了相国寺,其实也是准政治机构。

五山禅僧作为政府首脑的顾问或秘书出现,主要表现在负责为日本幕府起草外交文书上,当时东亚通用的外交语言(可谓"世界语")是汉语、汉文,无论中日之间,还是日朝之间,乃至随后的日本与东南亚国家之间,基本上都是采用汉文。尽管五山僧们的外交使命一般是临时性的,但不同于北宋时期来华日僧半民间、半官方的身份,室町时期的禅僧是正式的外交官。何以如此?首先是因为五山僧善于诗文,在和中国士大夫交往之中可以保存日本的颜面,这在《后鉴》卷二百五十,延德二年(1490)七月二日"渡唐使僧可择文艺者由"条中有如下解释:

《荫凉轩日录》云:渡唐(中略)正使事。书立金溪,供台览。

---

① 参见〔日〕西尾贤隆《中世的日中交流与禅宗(中世の日中交流と禅宗)》,吉川弘文馆1999年版,第190—210页。
② 〔日〕佐佐木银弥:《室町幕府》,编入《日本历史(日本の歴史)》第13卷,第33页。
③ 参见〔日〕家永三郎主编《岩波讲座·日本历史6(岩波講座·日本の歴史6)》(中世2),第203页。
④ 〔日〕苅部直、片冈龙编:《日本思想史入门》,郭连友、李斌瑛等译,外语教学与研究出版社2013年版,第80页。

日：此仁事，人不存知者也。以前正使于大唐诮诗文于唐人，日本耻辱也被闻召及。然者择能僧可书立，云云。愚白：金溪者有才者也，成败等亦可然仁也，此余者非其仁。相公曰：相国众僧五六百人有之，金溪之外何不有其仁者乎，云云。①

这是相国寺的荫凉轩向足利义植将军推荐金溪任遣明使节时说明的理由，其"能"主要体现在是否精通汉诗文上。禅僧成为将军的秘书官，为将军撰写外交文书形成惯例。据《荫凉轩日录》所载宽正五年（1464）二月有关"遣唐船之疏""遣唐之疏文章""遣唐疏"撰写人的讨论，以及《后鉴》的相关记载可见这一惯例。

荫凉轩真蘂西堂来，传可制大明书信之公命。且曰：永享年中，两回遣使大明，皆惟肖和尚制表，今其例也。予曰：老来抛笔砚久矣，矧惟肖例非拟伦乎？彼此非予所堪。虽然，公命既降，不得已尔。②

文中"惟肖和尚"即惟肖得岩（1360—1437），著有《东海璃华集》。这一时期的日本外交文书喜用四六骈文，故四六骈文也是五山文学的一大特征。

上大夫化的日本五山僧参与内政，更参与外交，而外交经历则给予他们进一步参与内政的资本。明朝建立后，由于中日两国政治关系的逐渐恢复，自绝海中津、汝霖良佐、祖来（1371）等出使明朝以来，日本五山僧担任使节几乎成为传统，到足利义政时期，幕府派遣绝海中津的弟子允澎长老为朝贡使节，于宝德三年（1451）出使明朝。

义堂周信（1325—1388），号"空华道人"，乃梦窗疏石的高足，梦窗圆寂后投龙山德见门下。1359年，因关东公方足利基氏的邀请赴镰仓住圆觉寺，为其讲授禅道并兼政治顾问。1373年，因其汉诗得到明人无逸克勤的称赞而在日本越发声名大噪。康历元年（1379），春屋妙葩请他到京都做助手，其实是由于足利义满的强烈要求，义堂在京都先后住持建仁寺、等持寺、南禅寺。当时足利义满热衷于学习新注"四书"，常请义堂周信给予辅导，因为义堂周信是当时日本五山文学之代表人物，博通内外典，擅长诗文。从义堂周信的日记《日工集》看，他极力反对禅僧追逐名利，

---

① 〔日〕黑板胜美编辑：《后鉴》第三编，《新订增补国史大系》36，第937页。
② 〔日〕黑板胜美编辑：《后鉴》第三编，第343页。

不断批评时弊，却依然摆脱不了政治对他的影响，因为政治需要他的经历、声威和文学才能来装饰。

建仁寺的禅僧明室梵亮，明永乐二年（1404年，日本应永十一年）出任正使，乘遣明船来到中国。明室梵亮乃龙湫周泽的法嗣，十八岁时曾随绝海中津到明朝。他出任正使的原因也是擅长诗文，并熟悉明朝事物。日本传言，明朝曾因其擅长诗文而留他，在绝海的帮助下逃回日本，这显然是抬举他的说法。

二　东山文化与禅僧的士大夫化

足利义满死后，室町幕府政治动荡，1441年，第六代将军足利义教被部将赤松满佑（1381—1439）暗杀，继任第七代将军足利义胜（1434—1443）九岁，不到一年就非命而死（疑为暗杀），足利义政（1436—1490）于1449年正式继任室町幕府的第八代将军。从左大臣、准三宫被赠太政大臣的足利义政，对"东山文化"的发展影响很大。

足利义政关注文化，有其政治原因，可以说是对政治的厌倦。应仁元年（1467），围绕室町幕府将军继承人问题，两大对立的武士集团之间发生了武装冲突，史称"应仁之乱"，日本也进入"战国时代"，"下克上"之风盛行。幼时目睹父兄的无常惨死，成年再经历应仁战乱及残酷的政治斗争，促使义政想逃避现实，于是在京都的东山营造山庄，建造了慈照寺[①]，在此潜心修禅，取法名"慈照院喜山道庆"，追求闲雅风流的园林生活。义政因此被称为"东山殿"。

山庄内的东求堂是足利义政的持佛堂，命名东求是五山文学的代表人物禅僧横川景三的创意，意即，念东方的人佛，求生西方净土。可以说义政隐身东山，禅净双修、"禅净一味"，而追随左右的主要是一些禅僧。禅僧是东山文化形成和发展的主要承担者，主要有景徐周麟等人，此外便是公卿化的武士。茶道、能乐、连歌、宋元风格的水墨画等是东山文化的主要内容。这些"艺能"培养了日本人幽玄的审美观念。

在财政紧张的情况下，幕府将军大兴土木，营造庭园，不得不依赖朝贡贸易。鹿苑寺"金阁"名副其实地在建筑物表面贴上了金箔，而慈照寺"银阁"却没有贴过银箔的痕迹，据说就是由于幕府财政窘迫，没有按计划完成贴银箔的工作，于是幕府不得不发展与明朝的外交关系，这样一来就自然重用当时的"中国通"禅僧。

[①] 慈照寺，通称银阁寺，因义政在寺内兴建的观音殿，被通称为"银阁"。

了庵桂悟（1425—1514），日本临济宗禅僧，讳佛日禅师。1478年出任东福寺住持，因为朝廷说法而成名，1506年被后土御门天皇任命为遣明使正使。1511年到明朝，1513年回国，撰《壬申入明记》记录了与明朝交涉的详细内容。

东洋允澎（生卒年不详），宝德三年（1451）奉室町幕府将军足利义政之命，携带由将军签署的国书第三次率遣明使团赴明。这是室町规模最大的一次，有1000多人，也是与明朝纠缠、骚扰明朝百姓较厉害的一次。允澎带宣德年间的堪合符，载刀剑、硫黄、铜、扇等物品分载9船，因等风于1453年4月才到宁波，10月入北京，谒见明景帝，呈表贡献领赏。翌年7月返回日本。关于此行，其从僧笑云瑞䜣记有《允澎入唐记》。

天与清启（生卒年不详），日本临济宗大鉴派僧人，自幼出家，号海樵、鹅湖等，曾任京都建仁寺禅居庵塔主，曾于宝德三年来明朝，回国后任开禅寺住持，宽正元年（1460）被委任为遣明使正使，并同时出任建仁寺住持。应仁二年（1468），天与清启奉足利义政之命再次出使明朝，因其随员在明朝行凶，回国后辞职隐居。著有《万里集》和入明日记《再渡集》（或称《戊子入明记》，失传）。

策彦周良（1501—1579），日本临济宗梦窗派僧人，别号怡斋、谦斋。策彦俗姓井上，少年出家，十八岁入天龙寺。盖因汉学素养很高，策彦周良得以崭露头角，曾先后作为遣明副使、遣明正使两次来华，负责朝贡贸易事务。明世宗嘉靖十七年（1538年，日本天文七年）十二月，时为天龙寺塔头的策彦周良，受命协助正使博多圣福寺僧湖心硕鼎（1481—1564）出使明朝，推进朝贡贸易，并协调大内氏（义隆）与细川氏两家船队的矛盾，此时"公方船"① 基本消失。策彦周良作为副使，负责实际工作，文字交涉等不辱使命，天文九年七月返回日本后名声大振，被推举为天龙寺住持，不过他拒绝天龙寺而领圆觉寺公帖。明世宗嘉靖二十六年（1547），策彦周良再获任命为遣明正使，同年从五岛启程入明。于明嘉靖二十八年抵达北京，晋谒世宗，颇获优礼。二十九年返回日本，后奈良天皇曾慰以远行之劳。

策彦周良的《初渡集》和《再渡集》，较为集中地提供了策彦利用出使明朝的机会从事商品贸易的相关内容，十分珍贵。日本著名的武士武田信玄曾拜策彦周良为师，织田信长也积极和策彦亲近。

---

① 指室町幕府将军派遣的船，15世纪中期以后，日本派遣明朝的船只多由有势力的守护大名及较大寺院神社负责，并由堺等港口城市的商人承包经营。

日本禅僧的世俗化，其次突出体现在日本禅僧对文学和书法的爱好上。文学对于五山僧来说，是艺道，也是一种教养，如同后面将论及的茶道。再次就是绘画，即所谓的文人画了。

总之，诗歌文学的擅长成为日本五山僧参政的第一资本，出使明朝的外交经历则是他们参政的第二资本，而诗文的造诣又是他们能否取得担任使节资格的重要条件。因此，许多日本禅师为诗文而作诗文，以诗文求名利，而非通过诗文言志趣，非以诗求道。日本学者玉村竹二等人有关五山文学的深化研究，为研究五山时期的诗歌文学、外交政治都提供了很大方便。本书在此只能简单介绍。

三 对禅宗日本化最初贡献的高僧

与禅僧士大夫化相应的是禅宗的日本化。其实，禅宗的日本化从禅宗输入日本之初就开始了，荣西、荣朝等密教僧徒皈依禅宗，依然重视祈祷、修法，圆尔辨圆等天台僧众禅教兼修，他们对于禅，"不过是从禅的不立文字和密教的秘密这一相似点上来理解的，只有道元这样的僧侣是例外的存在"[①]。禅宗上升为日本"国教"的过程，也就包含着日本化的过程，日本不是简单地把外国的宗教作为本国的意识形态，而是进行了适合于自己的改造。

杨曾文在他的《日本佛教史》中指出，临济宗的日本化主要是由日本人来完成的，其中贡献最大的是圆通大应国师南浦绍明、大灯国师宗峰妙超（大德寺开山）和关山慧玄（1277—1360）三位[②]。三人中本书限于篇幅，仅介绍一下曾经来华的南浦绍明。

南浦绍明（1235—1308），道号南浦，法讳绍明。日本国"骏州安部县人，出藤氏"。"幼事本州岛建穗寺净辩师，学出世法。年十五剃发受具戒，往依建长兰溪隆公。"

在兰溪道隆门下十年的参学，南浦绍明汉语、汉文显然都达到一定的水平，故正元元年（1259）二十五岁时航海至宋，能"遍参知识"，最后拜虚堂智愚为师。传说"虚堂愚公主净慈，门庭高峻，学者望崖而却"，南浦前往礼谒，足见其有自信心，也足见南浦汉语的熟练程度。据《圆通大应国师塔铭》载，二人相见，虚堂便问南浦："古帆未挂时如何？"一番对答之后，虚堂命他"参堂去"，可见当即认可并接纳了南浦。"久而令典宾客，日夕

[①] 〔日〕家永三郎主编：《岩波讲座·日本历史 6》（中世 2），第 200 页。
[②] 杨曾文：《日本佛教史》，第 366 页。

咨扣",这是重用南浦。于是,南浦绍明决定继承虚堂法系,"一日使善画者写堂寿像请赞",虚堂显然也希望在日本传以支脉,便掇笔书赞曰:

绍既明白,语不失宗。手头簸弄,金圈栗蓬。
大唐国里无人会,又却乘流过海东。①

时值咸淳改元(1265)之夏六月也。是年秋八月,虚堂奉诏迁径山时,"俾师与俱",即让南浦随行,足见虚堂对南浦的看重,此举更是激励了南浦。于是,南浦"益策励,一夕于静定中起大悟",立即书偈上呈虚堂,其偈曰:

忽然心境共忘时,大地山河透脱机。
法王法身全体现,时人相对不相知。②

虚堂看后大为高兴,特意"巡寮报众曰:'这汉参禅大彻矣!'自是一众改观",可见虚堂是有意抬举南浦绍明。宋咸淳三年(1267年,日本龟山天皇文永四年)秋,南浦绍明辞师归日本,和同门师兄弟一起,向老师求法语。虚堂赠以诗偈,此即《径山虚堂愚和尚送南浦明公还本国并序》:

明知客,自发明后,欲告归日本。寻照知客、通首座、源长老,聚头语龙峰会里家私,袖纸求法语。老僧今年八十三,无力思索,一偈赆行[色],万里水程,以道珍卫。
敲磕门庭细揣摩,路头尽处再经过。
明明说与虚堂叟,东海儿孙日转多。③

南浦绍明回日本,建长寺兰溪道隆即命典藏教,即任藏主一职。文永七年(1270)秋,徙西都,住持筑州早良县兴德禅寺,尊奉径山寺虚堂智

---

① 〔日〕南浦绍明语,侍者祖照等编:《圆通大应国师语录》卷下,编入《大正新修大藏经》第80册,第127页。
② 〔日〕南浦绍明语,侍者祖照等编:《圆通大应国师语录》卷下,《大正新修大藏经》第80册,第127页。
③ 〔日〕南浦绍明语,侍者祖照等编:《圆通大应国师语录》卷上,《大正新修大藏经》第80册,第127页。另参考陈小法、江静《径山文化与中日交流》(上海辞书出版社2009年版,第114页)。

愚。遂以嗣法书并入院语，因昙侍者呈径山，据说虚堂得之大喜，谓众曰："吾道东矣。"可见虚堂对他的器重和期待，虚堂如此器重南浦，是希望自己的佛法主张能够在日本广为流传。南浦绍明在兴德禅寺上堂说法，强调"兴德则不然"处甚多①。

文永九年（1272），南浦绍明再移太宰府之崇福寺，虽依然供养虚堂和尚，但强调"崇福即不然"。在南浦绍明看来，"法无定相，遇缘即宗；立处皆真，随方作主。离兴德到崇福，莫非其缘；建法幢立宗旨，不择其处"。故应将禅宗在日本的弘传与日本的"时节因缘"结合，"不与千圣同途，自行一条活路子，方乃见山是山见水是水"②，南浦绍明在崇福寺一居三十三年，参徒日盛。

1305年，应太上皇的召请，南浦绍明住持京都万寿禅寺，1307年东下住持镰仓建长禅寺。南浦的影响于是扩大到全日本，与当时在云岩寺的高峰显日并称"天下二甘露门"③。南浦绍明再传弟子（虚堂→大应→大灯→徹翁→言外→华叟→一休）中，将禅宗日本化改造最为著名的有一休宗纯，一休在《新造大应国师尊像》偈中自称：

活眼大开真面门，千秋后尚弄精魂；
虚堂的子老南浦，东海狂云六世孙。④

作为日本禅僧，没有到中国留学却有很高禅学造诣，对禅宗日本化作出极大贡献的，首推虎关师炼，其次当推梦窗疎石。虎关师炼的相关内容本书别处已经介绍，下面简略介绍一下梦窗疎石对禅宗日本化的贡献。

四　梦窗疎石对禅宗日本化的贡献

在禅宗日本化的过程中，要特别注意一个人，那就是梦窗疎石，他的影响极大。

梦窗疎石正中二年（1325）八月初住南禅寺的时候，二十九日入方丈室

---

① 〔日〕南浦绍明语，侍者祖照等编：《圆通大应国师语录》卷上，《大正新修大藏经》第80册，第97页。
② 〔日〕南浦绍明语，侍者祖照等编：《圆通大应国师语录》卷上，《大正新修大藏经》第80册，第98、99页。
③ 〔日〕南浦绍明语，侍者祖照等编：《圆通大应国师语录》卷下，《大正新修大藏经》第80册，第127页。
④ 〔日〕市川白玄等校注：《中世禅家的思想（中世禅家の思想）》，收入《日本思想大系》16，第315页。

便宣称:"不师摩竭迹,不效少林韰";并召大众示云:"只要当头荐取,切忌温故知新"①。嘉历二年(1327)住持镰仓净智禅寺的时候,二月十二日一入院,进佛殿便宣称:"三人行时必得一师,三佛并坐有何所为?休休六耳不同谋。"②梦窗疎石主张神佛习合,认为"法之济世,匪神力而不行;神之播威,藉法缘而增旺"③,这可以说是禅宗日本化的一个发展方向。

梦窗疎石对禅宗进行日本化改造,还与他的出身有关,他也是由密入禅的一个僧侣,早年修学密教,后从无隐圆范等众多禅僧参学,就是嗣法高峰显日后,似乎还是没有舍弃密教思想。梦窗得到后醍醐天皇、足利尊氏兄弟的重视,"是因为其思想富有浓厚的密教色彩,可以认为是日本化的东西,足利尊氏等对镰仓的纯粹禅无法理解,故被梦窗的日本化的禅所吸引"④。梦窗门下会聚了许多像他一样的转宗者、改宗者,"形成了诸宗融合的禅风,庞大的宗派"⑤,这很符合日本文化的杂种性。

梦窗疎石之法系并非单纯之禅风,带有密教色彩。由于梦窗疎石培养了众多的弟子,其中龙湫周泽、古剑妙快、观中中谛等人最为著名,弟子再传授弟子,形成一个庞大的法系——梦窗派(一称嵯峨门派)。这一来梦窗门徒一系占据了日本五山宗派的大半,故对日本禅宗发展乃至政治具有决定性的影响,也就是说,梦窗对禅宗日本化起到了决定性的影响。

梦窗疎石的汉文学造诣也很高,著作有《梦中问答集》三卷、《临川寺家训》《梦窗语录》三卷。没有深厚的汉学(或者说"宋学")、中国学的底蕴,是无法担任日本化的重任的。虽然梦窗疎石真正的文学作品不多,但对日本五山文学兴盛之贡献却很大,缔造五山文学之最盛时期。特别是他培养出了义堂周信、绝海中津这样的文学大师。

梦窗疎石对营造园林的指导方面,也发挥了其卓越的艺术才能,尤以西芳寺、天龙寺、永保寺(美浓)、吸江寺(高知)、瑞泉寺(镰仓)、惠林寺(甲斐)等最享盛名。

此外,无极志玄、春屋妙葩、义堂周信等人对禅宗日本化的作用也不可忽视。对于这些人物的专题研究,有待进一步的工作。

禅师们因此成为东山文化的主要建设者之一。足利幕府何以在文化乃至政治上依仗禅僧?不仅是贸易和外交上的需要,也在于此时日本依然尊

---

① 〔日〕梦窗疎石:《梦窗国师语录》卷上,收入《大正新修大藏经》第80册,第449页。
② 〔日〕梦窗疎石:《梦窗国师语录》卷上,《大正新修大藏经》第80册,第453页。
③ 〔日〕梦窗疎石:《梦窗国师语录》卷下,《大正新修大藏经》第80册,第506页。
④ 〔日〕家永三郎主编:《岩波讲座·日本历史6》(中世2),第200—201页。
⑤ 〔日〕家永三郎主编:《岩波讲座·日本历史6》(中世2),第201页。

奉中国文化。日本禅僧请中国文人写塔铭便是明证,如义堂周信托绝海中津到明朝后,设法请宋濂为梦窗疎石撰写碑铭。春屋妙葩请明使赵秩为梦窗疎石写塔铭。廷用文珪来明朝后请宋濂为新造的转法轮藏禅寺撰写《日本瑞龙山重建转法轮藏禅寺记》[1]。故有学者认为:"室町幕府将军为中心的当时的日本知识阶层,期待于五山派禅僧的,不是他们作为禅僧的道眼和法力,而是在摄取丰富的大陆文化教养方面,禅僧们可以满足这一期待。他们对大陆文化的摄取越来越疯狂,这才是实情。"[2]

第四节 中世日本上层社会的外向追求与自卑心理

本章最后要解决的问题是,自古代后期开始,几个世纪以来,日本"民粹主义"者不断宣扬"国风文化"与"万世一系"的神国体制,却并没有使所有的日本知识分子狂妄自大起来,也不是所有的僧侣、公卿等知识阶层都支持自我封闭的外交政策,为什么?

一 从向华僧请求偈语看日本文化自信的缺乏

在总结前文的基础上,这里要思考一个问题:旅日的宋元禅僧何以受到日本僧徒和上层武士的追捧?中世日本禅僧和上层武士何以崇拜宋元明的高僧,何以"他信"压倒了此前的"自信"?

因为"国风文化"的强调,虽然使日本的知识阶层有了政治制度(万世一系的天皇制等)的自信,却无法使他们有文化、道德的自信,也无法帮他们解决心理上的困惑。

将军、大名、高僧和武士们向宋元明高僧寻求偈语、偈颂、像赞等法语,是因为他们的道德文化自卑,是在寻求心理支持,是借此在日本国人面前树立权威,这也说明日本社会面对中国文化的自卑心理,只不过被掩盖在政治自尊的心理之下。

中国禅宗对中世日本的影响,在于改造了日本人的世界观,特别是武士阶级的世界观和价值观,改变了他们的行事风格。

日本是一个尊崇权威的民族,在中世,中国依然是日本人心目中的净

---

[1] 其他相关事件参见陈小法《明代中日文化交流史研究》,商务印书馆 2011 年版,第 39、41 页。
[2] 〔日〕芳贺幸四郎:《中世文化及其基础(中世文化とその基盤)》(芳贺幸四郎历史论集 Ⅳ),思文阁出版 1981 年版,第 107 页。

土，中国高僧自然是日本人心目中的权威。日僧来华留学拜师，或在日本国内礼拜赴日的大宋高僧，都要向中土的老师索求证悟的证明书——偈语，这就是一个权威的证明书。例如，一翁院豪向无学祖元"出纸索书"[1]，祖元因此书偈。

有一纸来自宋朝高僧大德的证明文字很重要，所以，许多日本参禅者向无学祖元求法语，祖元不止一次给长乐寺的一翁院豪书赠偈语，就是因为他的反复索要，再如祖元住持建长寺的时候，曾书上堂偈语"证扩长乐一翁上堂"给一翁院豪，此偈对院豪大加赞赏，并声称此偈就是为"普告大众知，说偈作证据：公验甚分明，鹅王自择乳"[2]。

圆尔辨圆来宋时，更是向无准师范"炷香"求法语，以示虔诚。藏山顺空也是著名的西行求法高僧之一，在兰溪道隆的影响之下，到宋朝历参名山老宿。

因为日僧对宋朝高僧的景仰，故有大量宋朝高僧的墨迹珍藏在日本。日本禅师来华，画老师顶相并请赞，其实也是求偈语的一种方式，如梦窗疎石画高峰显日顶相请赞，也是借此方式让老师印证自己[3]。纵观日本禅僧的年谱、行实、塔铭等传记资料，少不了得到中国高僧书赠偈语、法语的记载。

宋元之际大陆陷入战乱，这一战乱也波及日本，毕竟日本是一个易于渲染危机的民族。恐惧和自尊促使日本反抗元朝，因为恐惧，元朝两次东征日本，日本将军需要心理上的支持，这也是导致宋朝禅宗输入日本并纯粹化的重要原因。

一山一宁对虎关师炼的激励，使虎关师炼成长为这一时代的名僧，并被称为五山禅学和五山文学的领军人物。其《元亨释书》乃佛教史名著。

二　旅日宋禅僧的言行激励了日本武士

宋元鼎革之际，元朝和日本之间也剑拔弩张，宋朝高僧的赴日，对日本幕府武士是一种精神鼓舞，特别是流亡日本的南宋高僧无学祖元，给镰仓幕府领袖北条时宗极大的鼓舞。

禅师无学祖元本身就是一个勇敢无畏的人，在雁荡山能仁寺的时候，

---

[1] 〔日〕子元祖元语，侍者一真等编：《佛光国师语录》，《大正新修大藏经》第80册，第233页。
[2] 〔日〕子元祖元语，侍者一真等编：《佛光国师语录》，《大正新修大藏经》第80册，第149页。
[3] 〔日〕师蛮：《本朝高僧传》（第一），《大日本佛教全书》第102册，第388页。

元军士兵曾把刀架在他的脖子上，而他却泰然自若，口诵"乾坤无地卓孤筇，喜得人空法亦空，珍重大元三尺剑，电光影里斩春风"。令元兵"为之慑服，作礼而去"①。1279年去了日本之后，时宗常执弟子之礼相待。时宗虽然一而再地断然拒绝了大元朝的投降要求，并压制了朝廷——天皇的妥协态度，固然有气盛、冲动的因素，但冷静之后他不免后怕，不免忧郁，信心和勇气也不免动摇，就在这时，他得到了无学祖元的鼓舞。据说，时宗曾经去拜访佛光国师，向佛光讨教如何克服怯弱。

时宗："人皆谓怯弱乃一生之大敌，试问如何方能避之"。
佛光："即断切此病来处。"
时宗："此病来自何处？"
佛光："即来自汝自身。"
时宗："怯弱于诸病之中乃吾最憎之事，如何来自吾自身？"
佛光："汝投弃自执为时宗之我，汝有何觉？当汝成此之时，再来会余。"
时宗："如何能为之？"
佛光："即断切汝一切妄念思虑。"
时宗："如何能断切吾之种种虑念？"

于是，佛光书赠"莫烦恼"三个字给时宗，坚定其抗敌之志，增强其必胜之心。同时也表示要为时宗祈祷，请求佛祖的保佑。

当时宗得到蒙古人已渡过筑紫海面即将攻来的确切情报时，他来到佛光国师面前："吾生涯之一大事终已来临！"
佛光问道："如何是汝抗敌之策？"
时宗振起神威，大吼一声："喝！"这一吼，就好像要喝退眼前云集的百万敌兵。
佛光见此大为高兴，赞曰："真狮子儿，能狮子吼。"
这就是时宗的勇气，靠着它，时宗成功地击退了来自大陆占绝对优势的敌军。②

---

① 转引自王勇《日本文化——模仿与创新的轨迹》，高等教育出版社2002年版，第317页。
② 〔日〕铃木大拙：《禅与日本文化》，生活·读书·新知三联书店1989年版，第41—42页。

据《元亨释书》的记载：至元十八年（1281年，日本弘安四年）正月，平帅时宗来谒见祖元，显然是抱佛脚来了，但见祖元"采笔书呈帅曰：'莫烦恼！'帅曰：'莫烦恼何事？'元曰：'春夏之间，博德扰骚，而一风才起，万舰扫荡。愿公不为虑也。'"[1] 祖元给他吃了一颗定心丸，于是时宗放下包袱。祖元到日本后被赠"佛光国师"，故日本人以"佛光"称之，佛光当意指光明的指引。

佛光国师面对日本武士的沉稳，大概是因为他对于台风等气象有所经历和研究，所以有此预见，给了时宗制胜的信心。日本现代禅学大师铃木大拙认为，是因为佛光国师给时宗开了另一味药，来自佛教信仰、禅定的定力，成就其武士道的楷模。

可以说，北条时宗抗击蒙古大军的勇气和自信，还来自他继承"中华"正统的自信。日本早在奈良时代就接受了中国的"华夷思想"，养成了日本人的"小中华"意识，在幕府和武士的心目中，来自北方草原的蒙古帝国不过是崛起于中国北方的一个蛮夷（北狄）而已，非久受中华文明熏陶的日本可比。显然，当时流亡到日本的宋朝高僧和士大夫、商人都如是观，从而影响和鼓舞了日本武士。

自中国五代战乱以来，以公卿为中心的日本人就越来越自信乃至自大，自信其"万世一系"的体制优越于中国，甚至有人以为日本在文化上已超越中国。我们可以相信，在当时的幕府将军和部分武士看来，蒙古不过是高丽、渤海国一类的"夷狄"，对蒙古有一种文化上蔑视和冒犯自尊的敌意。时至今日，论及日本人傲慢的根源怕是要追溯至此。

尤其重要的是，自平清盛以来，日本武人傲慢成性，自幕府开创以来他们一直傲视朝廷，何况外国？况且在1274年以前，日本镰仓幕府首脑北条时宗（1251—1284）是年仅十八岁的少年，初生牛犊不怕虎，或者是糊涂胆大不知"害怕"二字？

话说回来，日本人虽然很重视精神力量的作用，但逢凶化吉之事绝对不是如此简单，担忧的问题也不是一句赌气的话或其他什么"精神胜利法"就能解决的。时宗也不是仅凭意气用事，同时也做了周密的应战准备。据说他在第一次（1268）接到元朝的牒文时就下令西国的守护和地头（即将军的家臣）准备防御。在外交方面，赵良弼来日本的时候，他采取了拖延的手法，不接见也不让他到京城去见自己和天皇，而是让太宰府西

---

[1] 〔日〕虎关师炼撰，黑板胜美编：《元亨释书》，收入《新订增补国史大系》第31卷，第124页。

守护所出面派使节来中国见元朝皇帝,实际上是来刺探大陆的虚实。特别是在经历了 1274 年的磨炼后,幕府将军已不是初生牛犊了,而是更加勇而有谋了。禅宗也给其他武士带来了勇气,使他们超脱了生死的羁绊,勇敢拼杀。铃木大拙也认为,禅宗让武士有了"生死一如"的认识,让北条时宗"蓦直向前"[①]。

三 日本幕府副元帅遣使赴宋求高僧法语

宋元之际,日本为了输入中国的禅宗、佛法,以执权为首的幕府首脑们,除了聘请宋朝高僧东渡,赴日传法之外,还派使者赴宋朝,寻宋高僧求法语,特别是瑞岩山开善寺希叟绍昙的门下,不断有日本僧人、武士来求法语,包括"日本平将军"。

此"日本平将军"可能是指执权北条时赖,时赖三十多岁出家,被尊称为"最明寺入道"(其母亲为松下禅尼,亦称"最明寺殿"),入道在日本是对信佛者的敬称。以下"示日本平将军法语"足见希叟绍昙在日本的影响:

> 士大夫,处身富贵,不被富贵所笼罩。又能擘破娘生铁面皮,铭心此道。非夙具般若种智,何以臻此?所患不能拼死做真实工夫,多见思量计较,将心待悟,拟心休歇,喜人密证,欲人称赞。才起此念,便是生死根本。况此事,一超直入如来地,不历地位阶差。岂以轻心慢心,萤火之见,可拟议哉。须是撞个无面目汉,痛与打并,使胸次无元字脚。道佛一字,嗽口三年,方有少分相应。若打祖师门下过,吃痛棒有分。岂不见,李都尉参石门得道。乃云:"参禅须是铁汉,著手心头便判。直趣无上菩提,一切是非莫管。"此是士大夫参禅样子。往往以思量计较,为窟它。闻恁么说话,便道莫落空否。譬如过海,波涛怒作,舟未翻先自惊惧,忙跳下水去。此深可怜愍。
>
> 阁下灼然欲究明此段大事,直须将从前思量计较,求证悟待休歇底心,尽情刬下。百不知百不会,致君泽民,游刃儿戏。蓦地唤醒,如睡梦觉,如莲花开,掀髯一笑,岂不快哉。然后以斯道觉斯民,引大地人,下成佛种。庶不负灵山付嘱,亦不枉东南阎浮提打一遭。佛法东流入海,因承大愿力,隐菩萨相,示宰官身,为内外护。至祝至祝!

---

① 〔日〕铃木大拙:《铃木大拙全集》(别卷二),岩波书店 1971 年版,第 594—595 页。

> 山野生于西蜀，失脚南方。五十余载，参见四十余员，具大眼目，真实履践，大名宗匠。恨未能究彻向上巴鼻，以此疾心。久闻钧誉，穹护法城，时为舞蹈。远隔沧溟，无由瞻见，惟切斗山之仰。昨承建长乡老禅师赐书，为阁下需语。三思前辈大老，与士大夫，交游未深，不知造蕴，不敢轻易通信，恐误于人。况小僧耶？温英二兄，装轴恳言甚切，不获已。老草奉呈，万丐目至。①

可见希叟绍昙是因对方恳求甚切，不得已而书赠法语的。此法语中的"平将军"，到底是指北条时赖，还是指北条时宗？日本国内颇有争议。木宫泰彦推测是北条时宗，②温、英二僧是兰溪道隆的弟子，即不退德温、宗英二人。

《镰仓市史》史料编二所收《圆觉寺文书》中有，时宗因"留意宗乘"而派诠藏主、英典座"请宋朝名胜，助行此道"的记载③。

一心抗击元朝的北条时宗是非常憧憬宋文化的，还曾命令旅日的西涧子昙（1249—1306）邀请宋朝高僧去日本，无学祖元、镜堂觉圆都是子昙邀请去日本传禅的。

至于尊师重祖的禅宗文化东渐，对日本礼节体系、社会秩序、皇统秩序等的影响，比如禅僧拈香、祝寿时对皇室的尊重及其影响，前文已经涉及，此不赘述。

四　中世日僧来宋求法求偈基于其中华源流意识

由于武家任命禅宗寺院中的官寺住持的时候，往往看重禅僧的出身，加之中国禅宗的权威地位，因此，有中国禅宗的背景是禅僧成为官寺住持的有力条件，日本禅林一时形成赴宋元拜师留学的风气，日僧冒风波之险以求得宋元高僧的印证。

宋元高僧赠送日本"留学僧"印证的法语和偈颂，往往和顶相结合在一起。来自宋朝的赞誉之偈、师祖顶相等成为来宋日僧求法巡礼（亦即"留学"）的证明，是曾经在中国拜师受教传法的信物，如同中国禅宗早期证明正统的"衣钵"。在中国得法的日僧，回日本后多自成一派并成为派

---

① （宋）希叟绍昙侍者编：《希叟绍昙禅师广录》（七卷），载《卍续藏经》会编印《卍续藏经》第122册，第257页。台北新文丰出版公司影印1993年版。日本藏经书院版同。
② 参见〔日〕木宫泰彦《日中文化交流史》，胡锡年译，第373页。
③ 转引自〔日〕玉村竹二《日本禅宗史论集》（卷上），第252页。

祖，这也是日本禅宗多达二十四流（派），乃至三十五流的原因①。

圆尔辨圆（1202—1280）拜无准师范（1178—1249）为师，曾向无准师范"炷香求语"，圆尔辨圆1241年回国之时，特携老师的肖像回日本，开创圣一派。

再如南浦绍明，本已经参学于兰溪道隆，却再来宋朝拜虚堂智愚和尚为师，回日本前的"一日使善画者写堂寿像请赞"，虚堂在像中赞南浦绍明道："绍既明白，语不失常；手头簸弄，金圈栗逢。大唐国里无人会，又却乘流过海东。"并在临行时送这位日本弟子偈语：

敲磕门庭细揣摩，路头尽处再经过；
明明说与虚堂叟，东海儿孙日转多。②

南浦绍明回日本后开创了大应派。

来华修禅问法的心地觉心，返回日本之时，虔诚地向中国老师"炷香请益""求语"，其师护国佛眼禅师无门慧开，疾书授偈曰：

心即是佛佛即心，心佛元同亘古今；
觉悟古今心是佛，不须向外别追寻。③

无门禅师同时还授觉心自己的顶相，并在像赞中自称有"化死蛇作活龙，点黄金为生铁"的本领，并为觉心"去缚解粘"了，所谓"更将佛祖不传机，此界他方俱漏泄"，也就是说，自己将佛法在中国日本两地传播了。

无门慧开的偈和赞，既是给觉心修学开悟、"毕业"的证明，也是对他最后的开示，对以后觉心的禅法思想有很大的影响，觉心在日本开创的是法灯派。

但是，随着历史的发展，许多日本僧人到宋朝拜师求法，沦落为简单的求偈，或委托他人赴宋元代求偈、赞等，或者以自己的语录、偈颂求宋朝高僧的批语，无非是希望得到中国高僧的肯定，以抬高在日本的身价。

---

① 参见〔日〕玉村竹二《日本禅宗史论集》（卷上），第249页。
② 〔日〕南浦绍明语、侍者祖照等编：《圆通大应国师语录》卷上，《大正新修大藏经》第80册，第127页。
③ 〔日〕虎关师炼撰，黑板胜美编：《元亨释书》，《新订增补国史大系》第31卷，第102页；另见《大日本佛教全书》第96册，第209页。

如日僧义天,"既而入支那,谒云外岫和尚于天童,且为本师圆和尚求安牌法语"[1]。

日本禅僧向中国禅师大德求法语还因为,他们悟道很大程度上还依赖于文字。禅宗之所以在南宋以后能够输入日本并被日本人接受,也是文字禅、看话禅流行的缘故。在中国,杨岐宗的直系弟子白云守端(1024—1072)、五祖法演(1024—1104)、圆悟克勤(1063—1135)等都大力宣传和推广文字禅,他们影响了日本。而许多日本僧人习中国禅,不能不依赖文字,不得不崇拜中国高僧的语录。据柳田圣山的研究,特别是圆悟克勤的《碧岩录》自古被日本人追捧,成为五山僧的教科书。此外便是无门慧开(佛眼禅师,1183—1260)的《无门关》,此书进入江户时代以后才流行。

总之,以上现象显示的中世日本社会上层的这种"他信力",是日本政治外交开放的内部动力。当留学宋元在中世日本禅林成为风气的时候,也有一些僧人完全是为了混一个"野鸡文凭"而到宋朝。因为目的很明显、功利心太强,宋朝高僧往往会拒绝。

---

[1] 〔日〕师蛮:《本朝高僧传》(第一),《大日本佛教全书》第102册,第428页。

第九章　五山禅学传播与中世日本学术、道术的转型

五山文化的繁荣突出表现在五山文学的繁荣上，但五山文化不仅是纯粹的文学（汉诗、和歌），还包括各种书法、绘画、雕刻等艺术，以及儒学（宋学）等学术，还有茶道、花道、剑道等艺道，也和五山文化密切关联。中国学界对于纯粹的日本五山文学、五山艺术等的研究已经颇有成果，日本方面则更不用说了，本书因"社会转型"这一选题的限制而不再赘述，略去的这一纯粹的文化部分，将在另一专题"东渐禅宗与中世日本的文化变迁"中专述。

本章将集中介绍学术的社会功能，介绍在中世日本兴起的与五山文化相关的儒学，探究宋明学术和专制思想、封建伦理等如何随禅宗输入中世日本，并被用于社会教化和政治教化，影响日本"学统"和"政统""道统"等社会思潮。亦即搭禅宗便车的儒学如何影响日本人的道德、修养及精神生活。

第一节　随禅宗东传日本的儒学和儒家思想

一　将儒学输入日本的禅僧[①]

进入室町时代，宋朝禅宗的输入孕育了繁荣的日本"五山文化"，其影响日本社会转型的主要是宋明理学，又以朱子学和阳明学的兴起最为突出，对中世日本影响较大的是朱子学，阳明学主要是影响近世日本（江户时代）。

[①] 详细参见〔日〕芳贺幸四郎《关于中世禅林学问及文学的研究（中世禅林の学問および文学に関する研究）》（芳贺幸四郎历史论集Ⅲ），思文阁出版1981年版，第43—158页"第二章　宋学的传来及其兴隆语禅僧社会"。

"宋学"一般是指宋代儒家（朱熹等）的学术和学问，或称"理学""道学""新儒学"。对于日本来说，广义上的宋学，是指来自宋朝的各种学术和技术。本书研究的重点放在儒学、美学和医学上，亦即狭义上的宋学，主要指宋代儒学，特别是朱子学。

日本东洋文库保存有大江宗光 1200 年（宋朝宁宗皇帝庆元六年，土御门天皇正治二年）书写的朱子定本《中庸章句》二卷，这是宋儒新著典籍输入日本的明证。正治二年正好是朱子（朱熹）死去的那一年，这说明朱熹的学术在其生前便传入日本了。

首先看宋学（以儒学为中心）随禅学输入日本的经过。特别是宋儒新注的儒家典籍的输入日本，冲击了日本长期以来墨守汉唐注疏而形成的顽固不化的学风。

日本自奈良、平安时代以来就积极搜寻、购买中国内外典籍，公私藏书风气浓厚。进入中世，积极输入中国儒典和儒学的日本学人和机构越来越多，首先应该是中世初期八宗兼学的高僧不可弃俊芿（1166—1227）。

不可弃俊芿 1199 年来宋求法之时就很注意，在钻研佛道之同时研究儒学。据《泉涌寺不可弃法师传》所载，俊芿于"孔父老庄之教，相如杨雄之文，天文地理之籍，诊脉漏刻之方，镕冶混淆，洞达深致"[①]。并于 1211 年学成回国时，携带回儒学、道教书籍二百五十六卷回日本，其中有朱子的四书集注。俊芿上京后曾和左府（德大寺公继）谈论宋学，"笔精之意，宋朝之谈，日新月故，孜孜不怠。五经三史奥粹，本朝未谈之意，法师甫陈。左府闻之，无不叹异"[②]。

荣西在宋朝期间，据说曾经与儒学者有交往，有从朱熹的门人学习朱子学的经历，因日本曾留有《荣西禅师归朝宋人送别书画之幅》，其中描绘了宋人送荣西登船出帆的情景，画赞中有宋人钟唐杰、窦从周的送别诗，此二人是朱熹门人[③]。其他因无可靠的文献资料，故本书从略。

其次是 13 世纪中期来华的圆尔辨圆。圆尔在宋期间参学的宋僧痴绝道冲等，都是精通朱子学的儒僧，圆尔 1246 年返回日本时也携回很多儒学书籍，他所携回日本的《新编佛法大明录》二十卷，是从禅的立场论述儒佛道三教一致的，并且在镰仓讲解《大明录》。据说圆尔带回日本"儒书二十数部"，其中有《晦庵大学》《晦庵中庸或问》《论语精义》《孟子

[①] 〔日〕佛书刊行会编：《大日本佛教全书·115》，第 524 页。
[②] 〔日〕佛书刊行会编：《大日本佛教全书·115》，第 530 页。
[③] 参见〔日〕水野恭一郎《武家社会的历史像（武家社会の歴史像）》第 2 部分的"荣西与日宋交流（栄西と日宋交流）"，东京国书刊行会 1978 年版，第 143 页。

精义》《晦庵集注孟子》等"十一部四十二册"①，且圆尔死前曾亲笔编写《三教典籍目录》，亦足见其对儒学的关心。据说，日本在宝治元年（1247）有人复刊"婺刻宋大儒紫阳先生《论语》十卷"②。

东渡日本传法的中国僧人中，兰溪道隆的儒学造诣也很深，可谓"儒僧"，因为其导师无准师范、痴绝道冲及北磵居简等都精于儒学，自然耳濡目染。

从兰溪的《语录》中可以看出他的儒学修养。例如他在"建长寺小参"的如下言论：

> 盖载发育，无出于天地，所以圣人以天地为本，故曰圣希天；行三纲五常，辅国弘化，贤者以圣德为心，故曰贤希圣；正身诚意，去佞绝奸，英士蹈贤人踪，故曰士希贤。乾坤之内，宇宙之间，兴教化济黎民，实在于人耳。③

随佛学内典东传日本的儒家经典，如宋儒文集、诗集、碑帖等。兰溪道隆之后到日本的兀庵普宁、无学祖元都为宋学输入日本作出了贡献。另一个重要人物是一山一宁，虎关师炼就是他影响下的重要禅僧。

进入室町时代，推动引进宋学和儒家典籍的禅僧也很多，而且书籍已经成为明朝和日本贸易的主要商品，其中有大量儒学书籍，日本方面甚至由幕府出面让"遣明使"向中国购书。1403年，明僧不二岐阳赴日，归化日本，带去《诗经》《四书集注》。事见《皇年代记》。

将中国阳明学输入日本的首推禅僧了庵桂悟（1425—1514）。桂悟向日本输入中国儒学特别是阳明学虽然颇显偶然，却有其机缘。

了庵桂悟禅师俗姓三浦氏，日本伊势人，临济宗圣一派名僧。八岁入寺，十六岁于东福寺得度。在研究佛学（《楞严经》和《宗镜录》等）之外，了庵在东福寺宝渚庵潜心研究宋学，特别是朱子学，旁及庄子。四十二岁时（1466年，文正元年）受幕府公帖任丰后（大分县）广福寺（诸山）住持。以后历任伊势安养寺（诸山）、洛北真如寺（十刹）、东福寺（五山）、南禅寺（五山之上）等寺住持。

了庵桂悟与明朝儒学大家王阳明的交流值得关注。因此资历，永正二年

---

① 〔日〕市川本太郎：《日本儒教史》（三）中世篇，东京汲古书院1992年版，第93页。
② 〔日〕史学研究会编：《史学研究会讲演集·第2册》，东京富山房1912年版，第18页。
③ 〔日〕兰溪道语，侍者圆显等编：《大觉禅师语录》卷中，《大正新修大藏经》第80册，第70页。

(1505)八十一岁之时,被足利义澄任命为遣明正使,次年获赐"佛日禅师"号。了庵正式到明朝是正德六年(1511年,日本永正八年),十月从宁波上岸,在明朝一年半的时间,其间恰逢王阳明被贬至龙场驿,于是结识了王阳明,王阳明曾到钱塘拜访过了庵。了庵回姑苏后又与王阳明及其门人徐爱等会面,一同游历了浙江、天台山与四明,饱览山水之后回到了余姚。

正德八年(1513年,日本永正十年),了庵归国时,王阳明赠诗一首《送日东正使了庵和尚归国序》,称赞了庵,"年踰上寿,不倦为学","法容洁修,律行坚巩。坐一室,左右经书,铅采自陶,皆常常可观爱,非清然乎?与之辩空,则出所谓预修诸殿院之文;论教异同,以并立吾圣人"①。此足见了庵对中国儒、佛、道三教经典皆通。了庵桂悟如果携带王阳明的典籍回日本,这标志阳明学输入日本的开始。

二 中世日本禅僧阅读和讲习的儒典

学问、学术研究的目的往往是为政治服务,为政权的存在和延续寻找合理性(可称为"道统"),当然,学术研究也可以作为学人逃避政治争端的手段。

廷讲、侍读是古代日本形成的学习制度,是日本上层社会吸收和理解中国典籍文化的重要方式,目的之一,是提升统治者的修养,完善帝王将相的道德人格,建设国家上层建筑和意识形态。进入中世,讲求"明心见性"的五山禅僧也常常为天皇、幕府将军、公卿侍读,讲解经典。圆尔辨圆给北条时赖讲经时,讲解过老师佛鉴禅师赠送他的《大明录》,其中收录了程明道、程伊传的学说。兰溪道隆给北条时赖说法时,也宣讲过《大学》的"诚意正心"、《论语》的"克己复礼"和《孟子》的"浩然之气"。义堂周信在镰仓时曾将《贞观政要》推荐给关东镰仓公方(义堂称为"府君")。许多禅师因为为天皇、上皇侍讲而被封为"国师",他们侍讲的内容几乎都涉及儒学的"政统"和"道统"。

进入室町时代,一些地方大名还设有讲儒佛道经典的学校。例如,上杉宪实还于1339年创建了足利学校,向僧侣们传授学问,包括儒学,据说"四书五经"也是足利学校的教科书。再如,岛津忠昌1482年创建的桂树书院,刊行《大学章句》②。在传播和研究宋学,特别是程朱理学方面

---

① 转引自〔日〕久须本文雄《日本中世禅林的儒学(日本中世禅林の儒学)》,东京山喜房佛书林1992年版,第237页。
② 〔日〕仓石武四郎:《日本中国学之发展》,北京大学出版社2013年版,第71、80页。

禅师们都作出了重要的贡献。

禅寺和禅僧的教养，不仅对上层社会产生了影响，对中下层也有影响，突出的成就是促进了日本社会识字率和教育水平的提高，这一点福泽谕吉曾特别指出：

> 在镰仓时代，虽然录用了大江广元、三善康信等儒学家，但这些人也是为政府服务的，从没听说人民中有过学者。承久三年，北条泰时攻入宇治势多时，后鸟羽上皇曾降下一道圣旨，据说当时在北条所率领的五千余名士卒中，寻找能宣读圣旨的人，结果只找到武藏国人藤田三郎一人。由此可见当时的社会文化水平是多么低了。从这时起一直到足利末期，研究文学完全成为僧侣的事，想学习文字的人，非靠寺院不可。后世把学习文字的学生叫作"寺子"，就是因为这种原故。有人说，日本印刷书籍，是由镰仓时代的五山创始的，这个说法可能是真的。①

室町时期日本禅林兴起了研究儒学、文学的风气，日本禅师此时的读书、学习方式，是百科全书式的。原因之一，宋朝初期出版了许多百科全书式的丛书，如《皇朝类苑》《太平广记》《太平御览》《文苑英华》《册府元龟》《事文类聚》等。

因为儒学书籍的翻刻与阅读风行，许多僧人自幼佛儒书兼习。例如愚中周及（1323—1404），据其年谱记载，七岁幼入东山教院，"幼学释典，兼习鲁诰。左之右之如取怀物，同学皆立下风"②。再如雪村友梅，"参禅之暇染指世书，特通庄子"③。而梦窗疎石的转变更具戏剧性，据载：

> 十八祝发，初名智曪，抵南都戒坛院礼示观律师，受满分戒。寻负笈学显密二教，久之叹曰："佛法非义学所诣焉。"深慕教外之旨，一昔梦游支那疎山、石头二刹，有一庬眉僧，持达磨像授之曰："尔善奉持。"已寤自谓：吾于禅宗有因缘，因改今名。上洛易衣，依无隐范公于建仁。④

---

① 〔日〕福泽谕吉：《文明论概略》，商务印书馆1959年版，第145页。
② 〔日〕佚名（侍者）：《大通国师语录》卷第六，《大正新修大藏经》第81册，第94页。
③ 〔日〕师蛮：《本朝高僧传》（第一），《大日本佛教全书》第102册，第377页。
④ 〔日〕师蛮：《本朝高僧传》（第一），《大日本佛教全书》第102册，第387页。

正因为许多禅师自幼研习儒书，日常讨论儒典，故对儒学有较深入的研究。禅僧岐阳方秀（1361—1424），在东福寺不二庵讲《四书集注》，著有《不二遗稿》。岐阳方秀是较早在日本对朱熹新注《四书》加以"和训"的人，即在汉字旁用日文假名译出大意，使不懂汉文的日本人可以大体读懂。故方秀门下儒学造诣较高，其中惟肖得岩、云章一庆等弟子也比较有名。得岩参与政治，曾为幕府掌外交文书；一庆则以讲学著称，曾讲《百丈清规》，想整肃禅林，其演讲内容弟子笔录为《百丈清规桃源抄》（或作《云桃抄》），其中对程朱学说多有介绍。禅林的这些讲课笔记，被称为"抄物"，如善应轩的《诗经抄》《中庸抄》，宗赵柏舟的《周易抄》、三要元佶的《春秋经传抄》、桃源瑞仙的《史记抄》、义堂周信的《三体诗抄》等。

中世禅僧对日本地方儒学兴起的贡献很大，其代表如桂庵玄树（1427—1508）。桂庵别号岛阴，曾在京都建仁寺、东福寺学《四书》新注，1467年（应仁元年）随遣明使天与清启来明朝，在苏杭之间留学7年，精通《尚书》，1473年（文明五年）归国。桂庵自明朝回国后主要在地方上宣讲儒学，在肥后国、萨摩国（今鹿儿岛）两地的影响最大。桂庵在萨摩授宋学时，还和岛津藩的忠臣伊地知重贞一起刻板印行朱子新注的《大学章句》，此为日本刊行朱熹新注之始。他给《论语》《孟子》等四书、六经施加训点，还把岐阳方秀的和训方法加以改进，授予门人，后人称之为"桂庵和尚家法和点"。日本各地前来听玄树讲学的学人很多，据说明朝有人赞叹："萨都新兴仲尼之道，移东鲁之风。"桂庵玄树著有《岛阴渔唱》《岛阴杂著》《南游集》等。

五山禅僧对宋学的宣传和研究，为江户时代儒学摆脱佛教而独立奠定了基础。江户时代朱子学的开创者藤原惺窝出身于相国寺，林罗山出身建仁寺，山崎闇斋出身妙心寺。

京都相国寺禅僧瑞溪周凤（1391—1473）的日记"卧云日件录"中频繁记载读书、联句、评论古诗字句等内容，最能反映中世后期禅师的阅读情况和阅读兴趣。根据惟高妙安抄录的《卧云日件录拔尤》的记载，粗略统计，瑞溪周凤及其周围禅僧们日常阅读，佛典之外的著作包括《太平御览》《太平广记》《事文类聚》《翰墨全书》《尔雅》《史记》《汉书》《后汉书》《晋书》《十八史略》《蒙求》《续蒙求》《韵书》《论语》《孟子》《左传》《尚书》《四书大全》《颜氏家训》《文献通考》《容斋随笔》《文选》《文粹》《唐文粹》《楚辞》《李白诗集》《杜诗》《东坡注百家》《山谷集》《诚斋集》《放翁集》《白玉蟾文集》《石门文集》《百川学海》《夷坚志》《岁时杂记》《岁时广记》《搜神记》《列女传》等约八十种①，其中和儒学相关书籍众多。

禅僧们还开设讲筵、讲席，集体研读中国典籍，教授中国古文经典（如景徐周麟1487年在等持寺"讲古文"《滕王阁序》《薛存义序》等②），相互探讨诗歌（如相互改正、表题）。故瑞溪周凤和义堂周信一样，经常为人修改诗偈，也重视僧人的诗偈创作，故善诗偈的彦侍者和倩启首座两位被其视为"异日一新大鉴丛规者"③，即一宗一门复兴的人才。另外，其悼念善诗文偈颂而早死的寿惠侍者时称："若有此人，则非但古蘗一门不致寂寥，亦乃吾党有赖也，惜哉！"④ 显然，没有对汉诗文集等外典的广泛阅读，诗偈的创作水平是很难提高的，这种人才的评价标准推动了儒学与汉学的发展，却不利于禅宗教理研习的纯粹。

三　禅宗传法过程中引用的儒家经典

镰仓、室町时代的禅师说法的时候，不自觉地引用儒家经典，使日本武士潜移默化地受到儒家思想的熏陶。中世日本禅宗学问的最大特点是模仿中国、模拟宋学，近乎机械地学习。

中国赴日禅宗僧众在说法中引用儒家的语言，自然是吸纳并接受了儒家学问和精神。

例如兰溪道隆，在日本各寺院传法之时，大量引用唐宋诗词及文学典故，如"白云尽处是青山，行人更在青山外"、刻舟求剑、画饼充饥等。而且，道隆说法时，常以诗歌来讲法抒怀，他的诗作诗情与禅意兼备，文采与风韵俱佳，这种诗风影响了日后在日本文学史上地位显著的五山文学。道隆在建长寺小参时论及"三纲五常""贤者以圣德为心，故曰贤希圣，正身诚意"。在给了禅侍者的法语中说："参学如猫捕鼠，先正身直视，然后向他紧要处一咬咬定，令无走作，究道参玄，亦复如是。首正其

---

① 参见〔日〕瑞溪周凤《卧云日件录拔尤》，载东京大学史料编纂所编纂《大日本古记录》，岩波书店1992年版。相关研究可参见陈小法《〈卧云日件录拔尤〉与中日书籍交流》，载《域外汉籍研究集刊》（第三辑），中华书局2007年版。
② 参见〔日〕辻善之助编《鹿苑日录》，第20—21页。
③ 〔日〕瑞溪周凤：《卧云日件录拔尤》，收入近藤瓶城编《续史籍集览·第3册》，第314页。
④ 〔日〕瑞溪周凤：《卧云日件录拔尤》，收入近藤瓶城编《续史籍集览·第3册》，第346页。

心诚其意。自不邪视,口不乱谈。"① 语中强调的"正心诚意",出自《大学》,便是儒家思想。

禅师兀庵普宁跟北条时赖说法,引用论语:"儒教亦云,君子务本,本立而道生。此本即是自己本命元辰,本来面目。得此本立,方可得道生。本若不立,何缘得道生。"②

大休正念儒学的造诣也很深,其《语录》可见他说法时爱引用《论语》《荀子》等儒学经典,这里不一一列举了。至于儒僧无学祖元、一山一宁就更不用说了。

日本到了南北朝时代(或称"吉野时代"),由于"建武中兴"以来的战乱,"公卿和武士们都没有精力来研究学问,只有有余暇的日本禅僧们才有机会延续前代的学问,故宋学依然繁荣"③,特别是五山文学的代表人物,如虎关师炼、雪村友梅、梦窗疎石、中严圆月和义堂周信、绝海中津等人。其中临济宗圣一派虎关师炼、临济宗大慧派中严圆月、梦窗派义堂周信三人造诣最深,故都爱评论儒学经书。

虎关师炼是日本中世儒学水平的代表,他的儒学概念散见于语录《十禅支录》(二卷)、《续十禅支录》(一卷)、诗文集《济北集》(二十卷)以及《佛语心论》(十八卷)、《正修论》(一卷)等书之中。中严圆月在给虎关的信(《与虎关和尚》)中说他:"微达圣域,度越古今,强记精知,且善著述。凡吾西方经籍五千余轴,莫不究其奥。"④ 久须本文雄在其《日本中世禅林的儒学》一书中,从经书论(《诗经》《易经》等)、孟荀论、程朱论、儒佛一致论等侧面对虎关师炼的儒学作了较为简明清晰的介绍,具体参见该书⑤。读虎关的《济北集》就知其儒学根基。

而"义堂周信则为当政者讲解儒书的意义,劝诱他们讲修儒学"⑥,此亦足见义堂周信的儒学造诣。大概因禅师们的建议,足利幕府从明朝引进图书时也不限于佛典,此可见于明天顺八年(1464)室町幕府将军足利义政遣使呈送明朝礼部的求书单:

---

① 〔日〕兰溪道隆语,侍者圆显等编:《大觉禅师语录》卷中,《大正新修大藏经》第80册,第82页。
② 转引自〔日〕久须本文雄《日本中世禅林的儒学》,第15页。
③ 〔日〕久须本文雄:《日本中世禅林的儒学》,第25页。
④ 载《东海一沤集》,转引自〔日〕久须本文雄《日本中世禅林的儒学》,第29页。
⑤ 详细参见〔日〕久须本文雄《日本中世禅林的儒学》,第25—57页。
⑥ 〔日〕久须本文雄:《日本中世禅林的儒学》,第162页。

《教乘法数》全部、《三宝感应录》全部、《宾退录》全部、《北堂书钞》全部、《兔园策》全部、《史韵》全部、《歌诗押韵》全部、《诚斋集》全部、《张浮休画墁集》全部、《邂斋闲览》全部、《石湖集》全部、《类说》全部、《挥尘录》全部附后录十一局第三录三局余录一局、《百川学海》全部、《老学庵笔记》全部。①

与虎关师炼、义堂周信等人相比，其他日本禅师多在积极接受宋代儒学的基础上，在其法语和偈颂中简单引用而已，他们对儒学的认知还未达到品评、议论的水平，即使是梦窗疎石。从梦窗疎石流传下的《梦窗国师语录》二卷等著作看，梦窗对于儒学也是片言只语的引用为主，几乎不见其展开论述和批评。其《梦中问答集》中也是如此。

梦窗的弟子绝海中津，其《绝海语录》和《蕉坚稿》中经常引用儒家语言和典故，例如《惠林寺语录》记载他"入寺开堂"时所说的"惟精惟一"，语出《书经》虞书大禹谟"人心惟危，道心惟微，惟精惟一，允执其中"。再如其《初住相国寺语录》记载"岁旦上堂"所言之"三阳交泰"。又如其《初住相国寺语录》记载"入寺开堂"所言之"执牛耳泰"等，都是片言只语引用为主。

进入安土桃山时代，日本的禅师中钻研宋学的，最著名的有景徐周麟，撰有《鹿苑日录》三十五卷。因其儒学造诣很深，曾在相国寺慈照院开讲《诗经》，在宋儒之中，景徐周麟特别尊奉程朱②。

宋学的吸收也影响了日本神道，比如伊势神官的仪礼等，注重仪礼的修养，甚至在乡村寺社组织中扎根。北条氏的历代执权、豪强御家人都注意通过《贞观政要》《群书治要》研究政治的得失，子弟的教育也往往仰仗禅僧③。

第二节　从"教禅角论"到"儒佛不二论"的学问转型

一　禅学和儒学的展开打破了教学的垄断

思想斗争和理论斗争总能推动社会进步，促进社会形态的变化和发

---

① 详细参见瑞溪周凤《善邻国宝记》（载影印版《丛书集成续编》第217册，第384页上—下），及《卧云日件录拔尤》诸书。
② 详细参见〔日〕久须本文雄《日本中世禅林的儒学》，第241—248页。
③ 参见〔日〕松本新八郎《中世的社会与思想》（上），第32、47页。

展,更多的情况是,斗争让各种思想、理论相互调和,使社会思想多元化。日本自天台宗和真言宗兴盛,"显密体制"形成以来,天台教学和密宗之学垄断了日本的学术和思想,形成了学霸、学阀,乃至影响政治。天台宗等旧宗派对新传入日本的禅宗进行理论攻击和政治打压,他们常常引发教禅辩论和禅儒辩论,例如"洗心子玄惠法师,偕儒者九人奏于朝,欲破禅宗",和大灯国师辩论,辩论的结果是"诸儒皆稽颡而执弟子礼,就中洗心子入室参禅,造诣不浅,不胜崇信之至,施第宅而作大德方丈"①。

当时的这类辩论,其结果大体都是禅宗逐渐取得上风,压倒天台宗和平安儒学。此时的日本禅师能够在辩论中制胜儒士,主要是因为此时的儒士因循平安旧儒学,而禅师们吸纳了宋朝新儒学,故以其知识难倒恪守汉唐儒学的平安儒士;同样,禅师们也以其活泼、机智的佛学击败了保守、教条的天台教学僧徒。

在中世日本"神佛习合"的背景下,随着禅宗和宋朝禅宗典籍的输入日本,日本禅僧的阅读面逐渐扩大,视野更加开阔,所以前文介绍、论述的"弃教入禅"现象越来越流行。于是中世日本的知识阶层由"禅教兼修"而"弃教入禅",进而发展到"由释入儒",许多僧众都是在赴宋留学之后改变了学术态度和研习方法。

对于中日师徒之间嗣书的重视,表明日本知识阶层越来越多地从"国风文化"的自信堕入对中国权威的承认和尊奉。这也可以说是,他们从天台教学的故步自封中走出来,学问越来越开放,积极吸纳外来的新思想、新学术。

由于书籍已经成为南宋以来中日贸易的主要商品之一,宋朝的各种书籍自然输入日本,而且不再局限于某一类,不再区分内外典。比如奈良时代一直受欢迎的诗集(如《白乐天集》等),比如平安初期的密教书籍,比如镰仓时代的禅宗典籍。禅僧的阅读由佛经扩大到儒典,乃至老庄思想、诸子百家、神仙传说,以及其他涉及各种观念和思想的书籍。进入室町时代之后,日本禅林研究"外典"之风,形成滔滔之势。

以上表现,在大休正念、景徐周麟、中严圆月等中日两国禅师们的语录、传记等文献中可以找到证明。

阅读儒典的结果是"儒佛不二论"的逐渐形成②,不断有人在上堂说

---

① 〔日〕禅兴:《大灯国师行状》,载《续群书类丛》第九辑下(传部),第413页。
② 〔日〕芳贺幸四郎:《关于中世禅林的学问及文学的研究(中世禅林の学問および文学に関する研究)》(芳贺幸四郎历史论集Ⅲ),第238页。

法时主张,"真与俗不二,儒与释一致"。为此圆尔辨圆撰写了《三教要略》,为龟山法皇解说三教宗旨。有关北野天神菅原道真参无准禅师的传说,也是神佛习合的宣传①,此传说涉及圆尔,圆尔时住持筑前崇福寺。"镰仓中期以后,经过南北朝的动乱时代,禅林逐渐弥漫着三教一致论。"②比如曾经到宋朝遍访大寺参学名师的南禅寺德俭禅师,南禅寺住持一山一宁圆寂后,在北条贞时和后宇多上皇的邀请下,到南禅寺开堂说法,据载:

> 开堂日,上皇率贵戚临法筵,四来龙象列班序,实法门嘉会也。上堂。祝圣罢就座逎曰:屋角青山,摩空峭峻,全彰鹫岭真规。门外白河,彻底深沉,浚发曹溪正脉,若有一人半人,登其顶,穷其源,少室家风,未至泯绝。佛日与舜日长明,尧风与祖风永扇。③

德俭的以上开堂法语显然是主张儒佛合一、兼修,"舜日""尧风"在这里显然是儒学的代名词。而且上皇在他生前"特赐佛灯大光国师"之号,视之为"国宝"④。

朱子的"格物"与禅宗的"参悟"有许多共同之处,其实,整个宋明时期的中国士大夫在行事方面都有佛家的风范,尽管他们曾批判过禅宗的观点。比如朱熹,对佛学很有研究。再如王阳明的行事、研究学问,与高僧参禅并无二致。王阳明在被刘瑾流放贵州龙场驿后,曾闭门不出,静坐冥想,整日沉思,在一天傍晚,幡然觉醒,认识到原来自己的本性中完全具备圣人之道。这不就是和参话头一样吗,不和禅僧觉悟自己具有佛性一样吗?他思想上是儒家的,行动上却是释家的,也就是日本学者忽滑谷快天所谓的,"北宋道学之流行,其源发于儒士之参禅,以阴禅阳儒为其特色"⑤。

进入安土桃山时代,越来越多的日本禅师主张三教合一,比如景徐周麟,就主张儒、佛、道的一致契合⑥,因为他们都有一个目标,那就是期

---

① 〔日〕东京大学史料编纂所:《卧云日件录拔尤》,第2—3页。
② 〔日〕芳贺幸四郎:《关于中世禅林的学问及文学的研究(中世禅林の学問および文学に関する研究)》(芳贺幸四郎历史论集Ⅲ),第237页。
③ 〔日〕师蛮:《本朝高僧传》(第一),《大日本佛教全书》第102册,第336页。
④ 〔日〕师蛮:《本朝高僧传》(第一),《大日本佛教全书》第102册,第336—337页。
⑤ 〔日〕忽滑谷快天:《中国禅学思想史》,朱谦之译,第369页。
⑥ 详细参见〔日〕久须本文雄《日本中世禅林的儒学(日本中世禅林の儒学)》,第241—248页。

待"尧舜之君",赞美并培养有"圣德"的统治者、帝王。

二 "三教一致"论的展开及其影响

日本南北朝时期（1336—1392），佛学、儒学兼修且能兼通的代表人物当数虎关师炼，其有关儒学议论包括经书论、孟子荀子论、程子朱子论，涉及广泛。

虎关师炼（1278—1346），俗姓藤氏，母源氏，十岁受戒。虎关"天赋嗜书"，据载：

> 月必读所未尝见书，不遂则阅藏经，故冠岁而几究经史诸子百家之书，而学通内外。师于文也，其所慎者独明教嵩耳，洪觉范、昙橘州未足多也。尝从容谓徒曰：吾自幼旁涉儒典，宗贯显密，皆有以也。若等唯究心祖宗则庶焉，不则非吾徒也。①

由此可见，虎关的学问也是主张儒、道、佛三教融通的。虎关师炼六十四岁时，九条藤丞相道教公曾招请他到私第问道决疑，他便当面指出"禅教本一""真俗不二"②。对于儒学，虎关师炼非常推崇北宋契嵩的《辅教论》。他曾经说："夫儒之五常，与我教之五戒，名异而义齐，不得不合。虽附会，何紊儒哉。其余合句先辈之书多矣。请先取嵩公辅教编，见一遍。"③ 虎关师炼对日本史学的发展贡献很大，民族意识极为强烈的他，因意识到"本朝无僧传"而撰写《元亨释书》，自认该书超越了中国梁唐宋三《高僧传》及《佛祖统记》诸书④。

日本其他儒学造诣很深的名僧，如雪村友梅、梦窗疎石、中严圆月、绝海中津等，都支持三教一致论。雪村友梅（1290—1346），临济宗一山派高僧，道号"幻空"有道家思想的影响因素。雪村到元朝后拜访赵子昂等儒学者。其著作有在元朝幽居期间的《岷峨集》，归国后的《宝觉真空禅师》二卷，其中言论涉及《书经》《大学》《论语》《孟子》等，此外还精通《庄子》等。他在论及儒佛一致时说道：

---

① 〔日〕令淬编纂：《海藏和尚纪年录》,《续群书类丛》第九辑下（传部），第458页。
② 〔日〕令淬编纂：《海藏和尚纪年录》,《续群书类丛》第九辑下，第487页。
③ 参见虎关《济北集》"通衡"篇三。转引自〔日〕久须本文雄《日本中世禅林的儒学（日本中世禅林の儒学）》，第52页。
④ 参见〔日〕令淬编纂《海藏和尚纪年录》，第490—491页。

天下无二道，圣人无二心。心也者，周乎万物而不偏，卓乎三才而不倚。可谓大公之言中正之道也。竺士大仙（佛陀）证此心而成道，鲁国先儒言此道而修身，以至治国平天下致知格物之理。①

梦窗疎石在政治上左右逢源，在学问上佛典禅籍之外儒道两家之学兼修，在思想上也是多面的，故在其语录中可见，多引用儒语或道说论证其佛学主张②。

中严圆月（1300—1375），其道号除"中严"之外还有"中正子""海沤子"和"东海一沤子"，其实都具有三教合一的色彩。中严八岁入寿福寺做僧童，十二岁随僧道慧学《孝经》《论语》，很早就接受了儒学的教育。正和三年（1314）十五岁时随侍圆觉寺的元朝高僧东明慧日，并拜其为师，东明因此将其法名改为圆月。正中元年（1324）渡海到元朝，游历中国江南名山大刹。中严圆月在元留学七年，至顺三年（1332）归国。

中严圆月的著作有语录《佛种慧济禅师语录》二卷、论文《中正子》十篇、诗文集《东海一沤集》五卷等，大多涉及儒学。根据日本学者的研究，其思想突出表现在如下议论，即"儒学论、性情论、方圆论、仁义论、易学论、中正论、儒佛合论"等③。中严圆月基本认同三教一致观，就儒佛一致他说：

盖夫今之为儒者，斥吾佛之道以为异端。为佛者亦非彼儒术以为外道。是偕泥乎其迹，而未通其道耳。迹者物也，物且未能尽故泥焉。况乎道尽之哉。（道物论）

"孔子之道，与佛相为表里，而性情之论，如合双璧。""孔子子思之言乎性也，不与吾佛之教相暌（异）也如此。"（性情篇）④

中严圆月的许多议论，其实都是建立在儒佛一致论，或三教合一观的基础上。中严圆月在其所修国史《日本纪》中，以吴泰伯为日本皇室之祖先。

---

① 转引自〔日〕久须本文雄《日本中世禅林的儒学（日本中世禅林の儒学）》，第60页。
② 详细参见〔日〕久须本文雄《日本中世禅林的儒学（日本中世禅林の儒学）》"梦窗疎石"，第64—80页。
③ 参见〔日〕久须本文雄《日本中世禅林的儒学（日本中世禅林の儒学）》，第80—134页"中严圆月"。
④ 转引自〔日〕久须本文雄《日本中世禅林的儒学（日本中世禅林の儒学）》，第129—130页。

义堂周信（1325—1388），号空华道人，光明天皇历应二年（1339）搭乘商船渡海来中国，上天台山"登坛受戒"①。义堂的著作有《义堂和尚语录》《空华集》（诗文集）、《空华日工集》（日记）及《贞和类聚祖苑联芳集》（前人诗选）。义堂周信惯称中国为"江南"，时常关注中国，见诸日记。据说义堂周信崇敬宋禅僧契嵩，赞成契嵩在《辅教篇》所鼓吹的三教一致论。义堂周信常让门下读儒书，认为可"助道"。其日记应安四年（1371）六月三日条载，守亨书记因门下少年要求讲《左氏传》，向时为善福寺住持的义堂周信征求意见，义堂是如此回答的："凡孔孟之书于吾佛学，乃人天教之分，齐书也。不必专门，姑为助道之一耳。经云：法尚可舍，何况非法。如是讲则儒书即释书也。"②义堂周信还劝将军足利义满读"四书"，常为他解答疑问。例如康历三年（1381）九月二十二日，因义满问他："昨日儒者讲《孟子》书，其义名名不同，如何？"义堂答曰："近世儒书有新旧二义，程朱等新义也。宋朝以来，儒学者皆参吾禅宗，一分发明心地，故注书与章句学（按，此指旧注）迥然别矣。四书尽于朱晦庵……"他劝义满要致力学问，说："学问则见闻博，博则每临政事如指诸掌。凡世间出世间，不学而得道者万中无一。"③除《孟子》外，义堂特别强调为政者对于《大学》的研习。康历三年十二月二日，义堂劝义满研习："《大学》乃'四书'之一，唐人学'四书'者，先读《大学》，意者治国家者，先明德正心诚意修身，是最紧要也，敢请殿下'四书'之学弗怠，则天下不待令而治矣。"④义堂周信作为僧人虽认为，儒之五常与佛教五戒"其名异，其义同"，但仍认为佛优儒劣，故永德二年（1382）二月十六日在回答足利义满的询问时强调说，"佛教得兼儒教，儒教不得兼佛教"⑤，禅僧不可以学外典而荒废内典。

到安土桃山时代，策彦周良等都具有儒学的教养。禅僧佛儒兼习的目的不过是丰富自己的"帝王学"，以便卖与帝王家，实现自己的"国师"抱负。

中世禅僧兼修儒学，还与禅僧对文学（特别是联句）的重视有关。义

---

① 〔日〕义堂周信：《空华老师日用工夫略集》，收入近藤瓶城编《续史籍集览·第3册》，第5页。
② 〔日〕义堂周信：《空华老师日用工夫略集》，收入近藤瓶城编《续史籍集览·第3册》，第78页。
③ 〔日〕义堂周信：《空华老师日用工夫略集》，《续史籍集览·第3册》，第184—185页。
④ 〔日〕义堂周信：《空华老师日用工夫略集》，《续史籍集览·第3册》，第190页。
⑤ 〔日〕义堂周信：《空华老师日用工夫略集》，《续史籍集览·第3册》，第202页。

堂周信在镰仓圆觉、善福、报恩等寺时,常劝说关东大名:"凡治天下执权柄者,当勤文学以益其智,不然暗昧多不通达。""凡治天下国家,无不以文。"① 他常讲的书有《三体诗》、"杜诗"、《镡津文集》《东山外集》《枯崖漫录》《左传》及《圆觉经》等。义堂的诗,师法杜甫、苏轼。②

三 15 世纪以后日本学风的变化与佛儒的此消彼长

政治是影响一国宗教、学术趣味的重要力量,佛教要想影响政治和意识形态,或者要掌握国王、大臣等大檀越、大施主,僧侣们就必须要研究政治学术。对于中世的日本禅僧来说,自然会从中国儒家等不同学派中吸收政治理念、政治伦理,以迎合国王、大臣这样的大檀越、大施主,迎合他们的政治价值观和他们统治国民的理论需要,丰富其"道统"。五山禅僧每月初一、十五上堂时,首先祝天皇寿,提升了皇室的威望,维持了中世日本的皇统③,这导致分权和制衡局面的形成,也促成了各地封建势力的成长(特别是战国时期),导致封建体制的最终确立。

中世禅僧宣讲儒学的这一表现,自然也激发了日本儒学者的危机意识,迫使他们改变学风和教授方式,提升自己的儒学修养,从而获取更大的政治资本。例如,曾经担任皇室侍从并为足利将军讲学的清原宣贤(?—1550),"整理了清原家家传的训点本,给后代子孙立下了一个标准,同时他兼修五山学术,被尊为一代宗师"④。

古代日本的儒学,掌握在清家、中家、菅家、江家、南家、式家、善家手中,人称"七氏之家",后被清原、中原两家所垄断,成为家学,越来越陷入神秘主义,故墨守古注疏。中世以来,宋朝新儒学、新注儒学典籍的输入日本,克服了日本早期儒学囿于训诂的学风,克服了日本天台宗佛学的烦琐学风。"修身、齐家、治国、平天下"言论开始盛行起来,学风的转变促使日本儒学不断发展起来,其代表人物是 1459 年任外史的业公(大概为清原业忠? 前外史清原清忠),其"大开讲肆,议说《论语》《尚书》《左氏传》及诸典。其辩如翻波,天下学者皆师之。以公出故,清家之学大兴也"⑤。建仁寺大昌院的天隐龙泽(1421—1500)记录了清

---

① 〔日〕义堂周信:《空华老师日用工夫略集》,《续史籍集览·第 3 册》,第 62—63、70 页。
② 杨曾文:《日本佛教史》,第 501—502 页。
③ 参见〔日〕丰田武《日本的封建制(日本の封建制)》,第 54 页。
④ 〔日〕仓石武四郎:《日本中国学之发展》,北京大学出版社 2013 年版,第 82 页。
⑤ 〔日〕太极:《碧山日录》,收入近藤瓶城编《续史籍集览·第 3 册》,第 516 页。

原业忠的讲义《论语闻书》二册。

而与此同时，禅师们随着历史的发展不断士大夫化，他们的生活方式也越来越官僚化。这样一来，禅宗就由在野的佛教上升为第二个贵族佛教，这反而不利于佛学研究的发展。曾相对自由、独立的五山禅僧，其学问越来越缺乏独立的思考，越来越流于抄书，撰写应景的文章，并夸耀辞藻。五山僧的日常生活也因此世俗化。到足利时代，历代将军多重视利益和享受，并不看重国际关系中的虚名，影响所及，五山禅僧们六根所及的都是舶来品。眼中所见的是"唐画"，鼻中所闻的是唐船舶来的小香料，口中吃的是舶来的馒头、豆腐等中国风格的食品。

僧人们追逐文艺技巧和满足个人兴趣，失去了信仰的定力、精神文化的创造力，陷入保守传统、拘泥传统的境地，激起一些人的不满和批评，"格致诚正"的儒家修行方式被关注，这为江户时代儒学的发展拓展了空间。

足利义满等室町幕府的领导者对五山文化、东山文化的影响和推动作用，无论是在对儒家政治思想的接受和发挥上，在对禅宗绘画、书法艺术的吸收上，还是在书院造的建筑和禅宗样的庭园，以及立花装饰等艺术的吸纳方面，都表现出相当积极的态度。

武将的精神追求和学问爱好，使中世的武士逐渐注重人文修养，文库的创设是其最好的表现，镰仓时代就创设了相对于现代公共图书馆的文库，如名越文库、长井文库，保留至今的是金泽文库。好学的足利义满在对艺术文学的热爱和影响方面，如同宋徽宗之于北宋文化艺术的影响，影响了一代日本人的审美情趣和社会追求。足利义满和宋徽宗，这两个人有许多共同点，政治能力和政治热情相似，都不足以领袖文武百官，却足以领袖风骚。

文安三年（1446）十二月，禅僧瑞溪周凤向大外记清原业忠（1408—1467）建议，让十五日以幼年叙从五位上的足利义成（1436—1490，后改名义政，继任室町幕府第八代将军）学儒学时，外记马上回答说："府君今学《论语》第二卷，未毕。"① 据载义政是同年四月二十六日开始读书的，至此读《论语》，说明儒学已经成为日本的帝王之学。

禅宗和儒学的此消彼长，与禅宗和朱子学的地方化扩散密切相关，它促使地方上的守护大名对儒学（朱子学）产生兴趣，进而促使儒学繁荣且

---

① 〔日〕瑞溪周凤：《卧云日件录拔尤》，收入近藤瓶城编《续史籍集览·第3册》，第317页。

逐步取代禅宗，岐阳方秀禅师等是将朱子学从京都推广到地方的代表人物。应仁文明之乱后，随着大量禅僧从京都向地方的流散，禅宗和朱子学的地方化和扩散加速，曾经随使来明朝的桂庵玄树禅师是其代表。

桂庵玄树一直和地方势力保持着密切的联系，深得石见、长门（大内氏）、筑后等地的守护或国人领主的爱戴，为他们宣讲儒学。应仁之乱后，桂庵从京都避难到肥后国，领主菊池重朝建庙请他讲学，肥后的学问因此兴盛。文明十年，桂庵应诏到萨摩国（今鹿儿岛），领主岛津忠昌厚遇他，建寺请他讲学。桂庵死后，在萨摩地区形成了"萨南儒学"流派。

世道人心的议论，社会心态的变化，对中世日本伦理观念、规则追求都产生很大影响，特别是武士等阶级对天皇的敬畏心逐步养成，此可为"道统"的改变。总之，禅宗在中世日本兴起的同时，为自己培养了"掘墓人"——儒学。

第三节　日本禅僧的修业与中世日本学术的拓展

禅宗"勇猛精进"的修行精神影响了中世日本社会的修业态度，这种勇猛要求修行者能忍受一切苦难，勇于克服一切困难。禅宗的发展促使中世日本成长为一个全新的"学术社会"，各种学术、艺能、技术被日本社会普遍关注并发展成熟，众所周知的有茶道、武道、花道、香道、能乐等艺能，其中属于文化范畴的，拟另著书介绍，本书中重点探讨和社会问题密切相关的学术元素。首先来看中世日本的医学。

一　日本禅僧在宋朝医学的基础上发展日本医学

禅宗有着密切关系的是中世日本的学术发展，禅僧的学问不局限于伦理学、哲学、文学，有时也涉及医学等实学，涉及民众生活的学问。在中国古代，僧人、道士、儒生多关心医术，故医学和佛教、儒学、道教等学术、思想本身就有着密切的关系。学问的拓展、医学的发展关系到社会福利、社会救助问题，故本书中将对禅宗与中世日本的医学及其社会属性相关问题给予较多的关注[1]。

中世日本的禅僧，因参与或主持大众的临终仪礼、葬礼，如下火等法

---

[1] 日本学者对此问题研究的代表成果有上田纯一的《有关禅宗中的医僧与医疗问题》（《禅学研究》73，1995）。

事，常常面对生老病死等问题，故不免思考医疗、救助相关问题，对于宋朝医学理论和技能等有所关注，促进了日本医学的发展，普门院书库中有许多医书①。实际上，日本五山僧的学问也包括医学，"学僧们淹贯古今，并不乏精通医学者，代表人物则有月舟寿桂和谷野一柏"②，此足以扩大禅宗的社会影响。日本典籍中有许多日僧到中国学医的记载，例如《皇国名医传》（前篇下"僧医"）所载智玄等人：

智玄
僧智玄，居于下野安苏郡糟屋乡，尝赴宋传医方，后鸟羽帝弗豫，奉药速愈（中略）
三喜（月湖）
僧三喜，称导道（号支山人，又范翁）河越人，姓田代，父兼纲，冠者信纲之后也。初入妙心寺参禅，又就足利校主利阳学医，后入明受李果、朱震亨之术，于月湖及恒德孙留学十二年，业成而反，居镰仓江春庵，又居下总古河（中略）
月湖（称明监寺，又号润德斋），不知何人，求法入明，寓于钱塘以医行。明景泰三年（我享德元年）著全九集，六年又著济阴方。③

之所以说医学和宗教，特别是和佛教禅宗的关系密切，佛教有时候称佛为药师、医王，如药师琉璃光如来佛。禅宗与医学的关系很密切，是因为禅宗四祖道信就是借助行医传禅的，因此被称为"大医禅师"。宗教人员救助社会大众，是禅宗的传统精神，有时候便是大众的心理医生。

四祖道信就是借助行医、务农宣传禅宗的，从而形成僧团，使禅宗得以发扬光大。禅宗利用医学传教的一个突出的例子就是对茶叶的活用。

到了宋朝，朝廷非常重视医学，宋太宗时编撰了百卷本的《太平圣惠法》，神宗皇帝下令全国的名医向政府献纳秘方，徽宗皇帝则编写了五卷本的《和剂局方》。北宋时期印刷技术呈现出革新性发展，往昔以写本流传之大量医学古典，经过校勘后，开始以印刷本流布于世，此举对普及医学知识具有划时代意义。宋政府下令编纂、出版《太平圣惠方》《圣济总录》等大型医学全书及《和剂局方》等方书。至南宋时期，医书刊行势头

---

① 〔日〕芳贺幸四郎：《关于中世禅林的学问及文学的研究（中世禅林の学問および文学に関する研究）》（芳贺幸四郎历史论集Ⅲ），第39页。
② 〔日〕小曾户洋：《中国医学在日本》，《文史知识》1997年第7期，第65页。
③ 本书转引自〔日〕《古事类苑》（宗教部二），东京吉川弘文馆1978年版，第507页。

更加旺盛。

在宋朝有打扮成僧人模样的医生，被称为"医僧"，并且有医僧去日本，在京都、博多等地定居，执权北条时宗的一个名叫朗元房的侍医就是宋人①。

进入镰仓时代，随着中国宋代医学书籍之传入，日本地方医学发生较大变化。随着日宋贸易之繁盛，宋刊书籍不断舶入日本。金泽文库所藏自中国传来的古版医术书，从一个方面反映出的是书籍输入日本的盛况。《鹿苑日录》中见室町将军询问鹿苑院主有关白癜风、囊肿等病的治疗方法等记载，以及寺僧为人治疗头上疮等的记载，足见禅僧不得不储备医学知识以备顾问②。从临济宗圣一派的季弘大叔（1421—1487）日记《蔗轩日录》中，有关《医书大全》《奇效良方》《千金方》《针灸资生经》《病源论》《救急方》等的阅读，和同僚间相互借阅的记录看，中世日本禅僧多爱阅读医书，钻研医术。

中世日本，到宋朝参禅问道的日本禅师，在输入宋朝医学，并促进日本医学发展方面作了很大的贡献，首先要数荣西和尚。荣西正因为在宋时认识到"茶也，（末代）养生之仙药也，延龄之妙术也"③，故在回日本时带回很多茶种，在日本广为种植，并以茶为将军治病，1211年撰写《吃茶养生记》一书呈将军，广为推介茶叶治病的功效。该书虽为治病而写，但对禅宗、茶道在日本的弘传起了积极的作用。

其次是道元和尚，《建撕记》载，道元在宋朝求法途中，一次突然在路上患病，据说有神人现身，授予药丸，得以病愈④。随从道元一起到宋朝的木下道正，刚好一道，也有类似的神遇，并从白发神妪那里获得药方。有关记载说老妪自称："吾是日东稻荷神祠，感怜于道玄（即道元）和尚求法善根，而拥护倾葵，故今急救。"⑤ 实际上，这是中国老人传授给他们药丸和秘方，因受日本密教文化的影响，故弄玄虚，才对日本人这样说的。

此后到宋朝求法的东福寺圆尔辨圆，回国时也从宋朝带回日本许多宋版医学书籍，见于《普门院藏书目录》且现存的有《魏氏家传方》。日本金泽文库保存的宋元版医书《诸病源候论》《备急千金要方》《外台秘要方》《太平圣惠方》《杨氏家藏方》《图注本草》等，"也都是当时禅僧们携归的'舶

---

① 〔日〕儿玉幸多：《镰仓时代》，《图说日本文化史大系》第6卷，第39页。
② 〔日〕辻善之助编：《鹿苑日录》（第一卷），第185页下—186页上、296页下。
③ 〔日〕荣西：《吃茶养生记》，《大日本佛教全书》之《游方传丛书第三》，第505页。
④ 〔日〕建撕：《建撕记》乾卷，《大日本佛教全书》之《游方传丛书第三》，第541页。
⑤ 〔日〕佚名：《道正庵元祖传》，《大日本佛教全书》之《游方传丛书第三》，第559页。

来品'"①。大觉禅师兰溪道隆赴日的时候,也带去医药,并通过医药协助传播禅宗,其药法被相州小田原继承,以"外郎"之名传于后世②。

进入中世日本,在武家时代,医学中坚力量由以往贵族社会宫廷医向禅宗僧医转换,因其慈悲之心,医疗服务对象亦以贵族为中心转向一般民众。成就突出的有僧医梶原性全的《顿医抄》和《万安方》,《顿医抄》是在参考宋刊医书《太平圣惠方》等基础上,用汉字假名混合撰写的平易文体,共五十卷,1302—1304年出版,而六十二卷的《万安方》是用汉文书写,1313—1327年出版。日本京都南禅寺的禅僧有邻(有林)撰写的十二卷本《福田方》,大约1363年出版,"是日本南北朝时代的代表性医书"③,可谓是反映中世日本医学特征的"医学全书"。此前,日本医书皆为用汉文忠实摘录中国医书之精华而成,而《顿医抄》及《福田方》则利用最新渡来日本的诸多医书,用和文改写,并且著者经过咀嚼之后,随处阐述独到见解。④

日本室町时代末期至安土桃山时代最著名的医师,当推临济宗的禅僧直濑道三。道三"积极引进嘉靖年间的中国医学,被称为日本医学中兴之祖",其代表作为八卷本《启迪集》,1574年撰成,"深得当时中国医学之要"⑤。当然,日本"室町时代前期最尖端的医学",也"是在从明朝留学回国的医师们的带动下实现的。其先驱者是竹田昌庆"⑥。竹田昌庆,藤原氏后裔,先出家为僧,1369年到明朝留学,从金翁道士学医,1378年归国,将大量医书带去日本,在华期间还掌握了牛黄丸制作技术。

除了竹田昌庆外,还有僧医月湖等来中国,均搜罗中国医学典籍带回日本。南禅寺首座僧昌虎,曾奉畠山义宣之命,于奈良天皇享禄(1528—1531)年间到中国求学医方,于1556年回日本。

足利义晴的侍医吉田宗桂(1511—1572),于天文八年(1539)跟随天龙寺长老策彦周良(1501—1579)到中国,且拜见了大明世宗皇帝。据说吉田滞留明朝十余年,归国时带回了《圣济总录》等一批中国书籍,后其弟子不断增加,自成一派。

---

① 〔日〕小曽户洋:《中国医学在日本》(蔡毅译),《文史知识》1997年第7期,第62页。
② 〔日〕孤峰智璨:《日本禅宗史要》,京都贝叶书院1908年版,第74页。
③ 〔日〕小曽户洋:《中国医学在日本》,《文史知识》1997年第7期,第63页。
④ 参见〔日〕小曽户洋《日本汉方医学形成之轨迹》,《中国科技史杂志》2012年第1期,第82页。
⑤ 〔日〕小曽户洋:《中国医学在日本》,《文史知识》1997年第7期,第65页。
⑥ 李廷举、〔日〕吉田忠主编:《中日文化交流史大系8·科技卷》,浙江人民出版社1996年版,第111页。

策彦周良于天龙十六年（1594）再度赴明，带回日本的书籍有：《圣济总录》200 册、《听雨纪谈》1 册、《杜氏通典》1 册、《奇效良方》1 部、《千金方》1 部。根据牧田谛亮《策彦入明记研究》（1955）一书研究的结果，吉田宗桂利用在贸易当中谋取的巨利在中国大量收购中国典籍，在中国学习医学时，因看到了中国数学、天文的发达，从而跟随一名中国学者学习，并于回国时带回了有关书籍。宗桂之后，宗恂、角仓了以、角仓素庵等角仓家族成员也在海上贸易当中带回了相当一部分的中国书籍，极大地丰富了吉田称意馆的藏书，为江户初期的学者提供了一个巨大的知识宝库。[①]

禅僧将日本的医学从官学中解放出来，不仅使医生成员阶层发生变化，而且使"医疗的对象也从以上流社会为中心转向一般民众，出现了用混有假名的和文书写成的医书"[②]，1528 年，富商兼医师阿佐井野宗瑞还刊印出版了明熊宗李编著的《医书大全》，该书有禅僧幻云寿桂的跋文。

本书之所以将医学提出来，并加以强调，还因为医学直到江户时代对日本的学术、思想影响深远。室町时代以前，许多禅师兼修医学，进入江户时代以后，许多儒学者也兼修医学。

二　禅僧修业推动中世日本学术典籍的雕版印刷

尽管抄书依然是中世日本僧俗阅读和理解经书和文献的重要形式，由于日本禅僧大量阅读高僧语录、文集等的需要，又由于自中国输入的书籍非常贵重，日本禅僧将禅宗输入日本同时也将中国的印刷技术输入日本，特别是雕版印刷技术[③]，加速了文化传播，扩大了学术的社会影响。

另外，大休正念等中国赴日禅僧也积极推动禅宗典籍、语录等的刊刻。

1247 年，日本有"陋巷子"覆刻松刊《论语集注》十卷问世，这是日本古代刻板印刷史上和刻外典汉籍的开始，"也是古代日本文化人开印中国宋学著作的起始"[④]。日本雕版印刷事业的发展与禅宗和宋学的兴起密切相关。开始，最享盛誉的是京都春日社刊刻的"春日版"和高野山金刚

---

① 乌云其其格：《和算的发生——东方学术的艺道化发展模式》，上海辞书出版社 2009 年版，第 29 页。
② 李廷举、〔日〕吉田忠主编：《中日文化交流史大系 8·科技卷》，第 107 页。
③ 毕昇于宋仁宗庆历年间（1041—1048）在杭州以胶泥为材料发明了活字印刷，王祯于元武宗至大四年（1311）在安徽发明了木活字印刷。
④ 严绍璗：《汉籍在日本的流布研究》，第 126 页。

寺梓行的"高野版"①。

日本雕版印刷技术的发展，主要因为五山版语录、文集等的开版，因为禅宗和宋学扩大了日本的阅读市场。严绍璗曾有这样的分析：

> 在这样一种文化发展的条件之下，为了适应五山学僧钻研禅学与汉文化的需要，复刻中国文献典籍的事业，便在"五山十刹"中盛行起来，出现一批模仿宋元版的中国典籍的复刻本。由于禅宗得到武家的支持，获得经济上的好处，因而就逐步造成了这一个时期中复刻汉籍的隆盛的局面。②

由于尊奉禅宗的武家重视佛经的出版，日本南北朝时代，中国浙江、福建一带的元朝雕工、刻工，或因躲避灾祸，或因失业，大批来日找工作、讨生活，求发展，迎来了日本唐式版的黄金时代。从一些日本书籍版心文字看，雕刻者许多为中国姓名，从元朝渡日的雕工中，最知名的是俞良甫，嘉庆元年刊的《新刊五百家注音弁唐柳先生文集》中就有他的名字；其次是陈孟荣、陈孟千、陈伯寿等，义堂周信还在日记中特别记载了"唐人刮字工"陈孟千、陈伯寿因元灭明兴而到日本的经过，抄录了陈孟千的诗句"吟毫玉兔月中毛"③。

因此，武士和五山僧一起，对日本出版事业作出了极大的贡献，从引进宋朝的印刷技术到改进日本的印刷技术。来自中国的刻工孟荣在春屋妙葩等人手下工作，刻制了《重新点校附音增注蒙求》。《集千家注杜工部诗》则是经孟荣、彦明、良甫等人刻成的。

根据日本学者仓石武四郎的研究④，南北朝时期，除《孔传尚书》《毛诗郑笺》《春秋经传集解》（宋兴国军学刊本的翻刻）等经书之外，《新刊五百家注音弁唐柳先生文集》也得以重刻。在其书末有落款为嘉庆元年（1387）"福建行省兴化路莆田县仁德里台谏坊住人俞良甫于日本京城阜近积年之力而刻"的跋刊记。此外，《五百家注音辩昌黎先生文集》一书虽无刊记，但也推定为俞良甫所刻。

---

① 严绍璗：《汉籍在日本的流布研究》，第128页。
② 严绍璗：《汉籍在日本的流布研究》，第133页。
③ 〔日〕义堂周信：《空华老师日用工夫略集》，收入近藤瓶城编《续史籍集览·第3册》，第58—59页。
④ 以下参见〔日〕仓石武四郎《日本中国学之发展》，北京大学出版社2013年版，第80—81页。

以上事例可见，这一时期五山版的书籍不限于佛典，还包括儒学典籍、音韵学的典籍，甚至占了不小的比重（还有医书的印刷出版）。正平十九年（1364）道佑居士在堺市刊行的《论语集解》，据说"是迄今所知最早刊刻的经书"[①]。此后，至德四年（1387）落款的《指微韵鉴略抄》、应永十一年（1404）刊行的《指微韵镜私抄略》、应永十二年绝海中津的《韵镜略抄》、应永十五年（1408）照珍的《反音抄》、僧人道惠的《指微韵镜抄》《韵镜字相传口授》（应永三十五年）等众多有关《韵镜》的研究成果争相问世，它们几乎都出自僧侣之手，因为当时的学问几乎都掌握在僧侣手中。

而且一些书籍因得到广泛的社会阅读，被反复刻印，南北朝时任渊《山谷诗集注》出版后，又于室町初年再次刊行，终于宣告了宋学黎明期的到来，而室町中期刊行的朱子《大学章句》更是一个明证。该书是文明十四年（1482）岛津忠昌延聘桂庵兴办桂树书院后，与家老伊地知重贞共同在鹿儿岛策划出版的。

室町初期，宋朝杨万里著《诚斋集》中的《天问天对解》被抽取刊印。《三体诗》也在室町初期、明应三年（1494）、室町末期等时期被多次刊印，刊本众多。在五山版的影响下，儒学者和大名也参与出版事业，刊刻儒佛道诸家典籍。日本五山僧侣还以中国版画技法大量印制佛像，满足信众需求，至桃山时期，在印制文学书籍时加入版画插图。

三　中世日本禅僧的示范效应与社会效应

审美具有社会功能，中世日本的艺能观和审美观等，如何汲取禅宗的灵感和美学趣味，又如何影响中世日本社会，有必要从社会史的角度加以分析，因主要属于文化史的部分，将纳入另书专门研究，这里仅简单涉及。

从今天的现实来看，禅宗输入日本之后，逐步影响到日本社会生活的各个方面，从思想到制度，从生产技术到生活方式，促进了中世日本社会生产力和社会认知的进步。

前文已谈到禅宗对中世日本建筑技术、各种制造工艺和装饰工艺及其审美的影响，这里谈谈与建筑文化相关的禅宗文化对中世日本建筑美学的影响，例如禅宗审美观（其代表如枯山水）对日本庭园营造和空间布局等的影响，特别是作为日本庭园特征之一的盆景文化，据说是从中国宋朝传入的，黄浚所著《花随人圣庵摭忆》有如下记载：

[①] 王晓平：《中日文学经典的传播与翻译》，中华书局2014年版，第136页。

盆景，近世咸称日本特工，实则吾国早有之，其导源在北宋末。《吴风录》云：宋朱勔创以花石进媚，建节钺，役夫赐郎官。至今吴中富豪，竞以湖石筑峙奇峰阴洞，凿峭嵌空，为妙绝。下户亦饰小小盆岛为玩。是此风实受花石纲之赐。南宋时中日交通已繁，此业或于是时传播，未可知也。①

自陈和卿协助重建东大寺以来，随着禅宗文化及其相关建筑文化的输入和影响，中世日本的建筑风格、审美等都出现了转型，激发日本人做日本化的改造。

建筑技术、陶瓷制作技术在中世日本的发展，与此时中日禅僧的密切往来关系极大，影响了日本人的审美观。禅宗讲究"形式"，即日语所谓的"かたち（形）"，重视造型。

禅宗强调"茶禅一味"，饮茶文化在日本社会的扩散，形成了中世日本的独特美学。茶具的制作，茶器工艺的讲究，茶道、书画和诗偈等的鉴赏，是禅僧审美生活的重要内容。"禅文兼熟"② 成为对禅僧文化品位的高度赞扬。在文学艺术审美方面，一山一宁的影响很大，"山既领巨福席，海内衲子风望竞参，山试以偈颂，选能作者许挂搭，且分上中下科"③。

与禅宗审美观、价值观相关的绘画有禅机图、诗轴画、山水画。与墨迹相关的有花押，其飘逸、其奔放，都是表达心境、感悟的禅趣，都体现了各自禅悟的风格。对于立足于启发的禅宗来说，其"圆像"（园像），是象征画，也是暗示。

书法、绘画是培养中世日本人审美能力的重要工具。宋朝禅宗书法影响日本人的魅力何在？平山观月在他的《书法艺术学》一书中是如此分析的：

在镰仓时代由于禅宗的兴起，中国禅僧不拘成法亦即所谓禅林样的书法传入日本。在禅宗僧侣间流行的这种书法的特色在于不重技法的优劣，而重人格的表现和心境的流露。宗峰妙超（大灯国师）的《看读真诠榜》机峰峻烈气魄横溢，禅宗样的书法精神跃然纸上，为

---

① 黄浚：《花随人圣庵摭忆》（上），中华书局2013年版，第234页。
② 〔日〕侍者某等编：《东阳和尚少林孔笛》卷第一，《大正新修大藏经》第81册，第347页。
③ 〔日〕春屋妙葩：《梦窗国师年谱》，载《续群书类丛》第九辑下（传部），第499页。

宗峰传世作品中的大字之作，雄浑旷达当是其特色。①

可见，书法风格的变化与日本人的审美情趣的变化密切相关，出现了从注重形式到注重内涵，从追逐风流转向道德追求。一般都认为道德与书法关系密切，从一个人的笔迹可以分析出一个人的性格与道德。

  与道德密切相关的书法同时与宗教也有着深切关联，这是因为道德心和宗教心在内里有着深深的因缘。在宏大的宗教世界中，禅的境界与书法中艺术体验的相通之处最为多见。禅的境界在于摒弃杂念，心集注于一境，入于三昧游于寂灭。所谓寂灭就是无生灭的无为、寂静，亦即是摆脱了烦恼境地的涅盘境界。②

日本室町时代流行的所谓"诗轴画"，和五山文学的繁荣相互照应③。本书不作深入探讨，留待专题研究。

四　禅僧修行的示范效应与中世日本的修业观

中世禅宗对日本社会的影响，还突出表现在教养、人格精神、人生境界诸层面，体现在对日本人的世界观和性格塑造方面④。例如禅僧的"修业""办道"观念，对中世日本社会下层农工商职业观、"职人意识"养成的影响等。

曹洞宗禅僧和禅寺在中世经常举行授戒会活动，给绀屋、酒屋、番匠大工等职人乃至下女等各阶层民众授戒名⑤，这使得禅宗富于人情味（日语"人间性"）。在神秘主义的日本，手工艺的技巧的传承，其传授方式⑥，其师徒关系，就像密教师徒、禅宗师徒之间一样。实际上，很多手

---

① 〔日〕平山观月：《书法艺术学》，四川人民出版社2008年版，第119页。
② 〔日〕平山观月：《书法艺术学》，四川人民出版社2008年版，第205页。
③ 〔日〕松下隆章：《日本水墨画论集》，东京中央公论美术出版1983年版，第84—92页"关于诗画轴"。
④ 铃木大拙认为，"禅宗在日本人的性格塑造方面起着极其重要的作用"，参见其《禅与日本文化》一书。
⑤ 〔日〕广濑良弘编：《战国社会禅僧・禅寺的授戒会活动（戦国社会における禅僧・禅寺の授戒会活動）》，载〔日〕广濑良弘编《禅与地域社会（禅と地域社会）》，东京吉川弘文馆2009年版，第174页。
⑥ 不依赖口传，需要徒弟自己在实践中学习，边看边学。如同打坐一样需要十几年的修业来掌握一项技巧。

艺是家族内部几代乃至几十代秘密传承的，其中包含宗教精神，这是日本职人文化的一大特征。本书因限于篇幅，这里仅提请有兴趣的学者关注日本文化中的"职人意识"，这一问题的深入研究有待将来。

中世后期即室町时代，各种都市形成，手工业者的集中营业，町人群体及其组织的出现，以致被史学家称为"职人的世纪"[①]。无论是茶叶的制作还是刀剑的锻造，中世的日本工匠们在修业、做工时像禅僧修道一样虔诚，特别是曹洞宗，在下层手工业者中颇有影响，这是四祖道信"农禅"精神的发扬光大。反过来，禅僧也喜欢自称"禅匠"，将悟道比作匠人学艺。

道元在法会上开示的"尺璧寸阴，不顾万事，纯一办道"的"佛祖之家训"[②]，影响了日本下层农工商，潜移默化，影响了中世日本手工业者的生活态度和处世哲学。办事如办道、修业如修道，这种观念影响了中世日本社会与禅宗相关的茶道、剑道等艺术和技艺，如武士（剑士）力图通过修禅超越技巧的局限性[③]。"办道"、修炼的思想影响了日本职人的心态，使处于等级社会的他们努力在修业中发现自我，实现自我，因此职人的用心按照禅宗的表述方式称为"匠心"。即道元在《永平清规》中所谓的："当职作事作务之时节，可保持喜心、老心、大心者也。""所谓喜心者，喜悦心也"，作事常报喜悦之心；"所谓老心者，父母心也"，即以父母育子之心办事；"所谓大心者，大山于其心，大海于其心，无偏无党心也"[④]，能办大事。道元"只管打坐"的口头禅也影响了日本的各色匠人（职人）"只管……"全心投入，心无旁骛。

现代社会，日本各行各业非常重视家业和技艺的传承，从"元祖"到若干代（即日语的"某某代目"），都清楚明白，各行各业都很重视，其中显然包含着中世禅宗强调的"衣钵相传"的观念。

梦窗国师的《临川家训》告诫弟子："本寺住持不可妄请，三会院塔主与门弟宿老，相共商量选其器以任之，门弟之中无其器，则请他门名胜亦可也，莫仿寻常度弟院之式矣。"[⑤] 这种择贤能而传家业，不论血脉的主张，影响了日本的工商业者的继承观念，所以日本有众多的"百年老店"，

[①]〔日〕佐佐木银弥：《室町幕府》，《日本历史（日本の歴史）》第 13 卷，第 271 页。

[②]〔日〕道元：《永平道元禅师语录》，载〔日〕国译禅学大成编辑所编《国译禅学大成第四卷》，东京二松堂书店 1930 年版，第 16 页。

[③] 具体可参见铃木大拙的《禅与剑道》，载《禅与日本文化》（译林出版社 2017 年版）。因相关内容拟另书撰述，此略。

[④]〔日〕道元撰：《永平清规》，《大正新修大藏经》第 82 册，第 322 页。

[⑤]〔日〕梦窗疎石语，侍者本元等编：《梦窗国师语录》卷下之二，《大正新修大藏经》第 80 册，第 500 页。

乃至几百年、上千年传承。

从禅院普及到民众，从僧侣的修业到大众的修养，促进了中世日本的社会进步，使日本职人讲究工艺，商品品质大大提升，一些手工艺品（如泥金扇）深受中国人喜爱。中世禅宗对于日本职人意识、职人文化的影响是一个很有意义的题目，这里限于篇幅，只能提及，引起读者注意。

第四节　禅宗文化、武家文化与中世日本的教育转型

一　从通行教科书看中世日本社会的教养

中世日本社会各阶层比较关注素质教育，一个突出的成就是日本化的教育理念的形成。教育转型体现在教科书上，是根据日本社会文化、日本语言编成的教科书及其流通，禅宗理想人格的追求自然对其产生影响。

古代日本的教科书，基本上是采用从中国输入的书籍，比如在中国六朝到盛唐时期盛行的书仪，比如《文选》。到院政时代，藤原明衡（989—1066）编撰的《云州往来》，在唐朝书仪的基础上创造了新的"往来"体。进入中世，日本社会上流行的教科书，有五山禅僧根据元版翻刻的《魁本大字诸儒笺解古文真宝》二十卷、《文章轨范》等中国人编的[1]，其中《古文真宝》传说由宋代黄庭坚编纂，收录了中国历代圣贤的道德文章名篇佳作。更有日本人自己编纂的，其代表作首先是玄慧法印所作的作为武家教育的教科书《庭训往来》一卷，其次是《异制庭训往来》《新撰类聚往来》，以及《尺素往来》等"往来物"。

《庭训往来》是玄慧法印的代表著作（另有《游学往来》二卷、《释氏往来》一卷），玄慧号独清轩，曾任权大僧都，正平五年（1350）寂灭，享年八十二岁。玄慧法印深受足利尊氏和足利直义兄弟的尊重，作为当时的学者，"最先倡导宋学"[2]。根据内藤湖南的介绍：从前的"往来"只是来往文书的规范，没有包括当时需要的全部知识，所需知识另有从中国输入的教科书。至于《庭训往来》则把当时低级官员、武士所需的知识和技能，以及日常公务、人情交往的常识等，几乎全部收入其中。《庭训

---

[1] 参见王晓平《中日文学经典的传播与翻译》（上、下），中华书局2014年版，第152—157页。
[2] 〔日〕内藤湖南：《日本文化史研究》，储元熹、卞铁坚译，商务印书馆1997年版，第199页。

往来》成于公元 1324 年左右，书中收进的普通知识，项目如下：

> 和歌、诗联句、所领采邑、田地作物、馆舍营造、树木、市町演出、运输船、殖民（铁匠、铸匠、工匠、金匠、染房、织斜纹布的、养蚕的、马贩子、放牧的、烧炭工、樵夫、柏木匠、辘轳师、漆工、造纸匠、做宣纸的、糊伞的、卖蓑衣的、船夫、渔客、烧朱砂白粉的、木梳匠、做乌帽子的、商人、卖酒的、造醋的、弓箭匠、陶工、苫草房的、涂壁匠、猎人、跳田乐舞的、耍狮子的、耍木偶的、弹琵琶的、巫女、妓女、舞妓、歌妓、野鸡、医生、阴阳先生、画匠、塑佛像的、印绣缝制工、武术师、相扑、僧侣、修行者、儒者、明法明经道学士、诗歌宗师、管弦名人、为佛唱赞诗的、刑事诉讼师）、买卖货物、生物、咸鱼、盔甲、马具、纺织物、装束、乐器、政事、武士、仪式、佛寺、佛法、（禅、律、圣道）法事、器具、饮食、点心、疾病。①

该书涉及内容广泛，内藤湖南说该书"多为武士所需，也就是说是作为守护、地头的教科书兼字书编纂的"，是从社会管理、公共事务的角度出发的。

《异制庭训往来》则传言为禅僧虎关师炼所著，从风格、从见识等方面看也像。书中根据"圣人之依物立教"的理念，论及下述各门类的知识：

> 戏论（围棋、双陆、蹴鞠、相扑）酒肴　茶　香　纺织品　珍宝　药物　五谷　星占　兵法　盔甲　马　马具　内外典　书法　作文　诗赋　和歌　管弦　佛寺　画　器具　点心　法会②

《异制庭训往来》开篇大谈"和乐"，称日本为"和乐之国"③，大谈诗赋、歌，以及武艺之事，似乎也是为满足中流武士风雅、风流的需要而编著的，此外便是各种名物的归类认知。

《新撰类聚往来》，篇末注"正觉国师第四世佛陀院　丹峰和尚撰焉"，

---

① 〔日〕内藤湖南：《日本文化史研究》，储元熹、卞铁坚译，商务印书馆 1997 年版，第 199—200 页。
② 〔日〕内藤湖南：《日本文化史研究》，储元熹、卞铁坚译，商务印书馆 1997 年版，第 200 页。
③ 〔日〕同文馆编辑局编：《日本教育文库·教科书篇》，同文馆 1911 年版，第 320 页。

内容为各种名物、知识、常识的归类介绍，一目了然①。

以上这些"往来物"同时刊行，可以从一个侧面看出：中世日本的教育已逐渐广泛普及于中流社会。武士等社会中层不像高僧大儒、贵族那样刻意风雅，需要以中国输入的教科书中的高深知识来显示道德修养，他们需要熟悉人情世故，需要增加了解一般的常识课程，尽量通过简单的教科书获得知识。中世日本公家、大寺僧众、武家等所需要的知识都可以从这些新教科书中获得。这类新教科书的流行标志着日本教育已进入脱离中国书籍而独立的时代。《庭训往来》这部教科书之所以一直通行到德川末期，其原因就在这里。②

为中世日本公家通过相应知识教育服务的是一条禅阁兼良编撰的《尺素往来》，该书全部沿袭以前《庭训往来》的形式，其中主要写进了公家所需要的知识。处于武家鼎盛时代，公家当然也需要了解武家，因而吸收了武家的知识，可以说是一部适应那一时代的教科书。《尺素往来》涉及的项目大致如下：

> 朝仪　武家仪式　以鹰猎鸟　品茗　香品　食品（四足动物、二足动物、名酒）围棋　象棋　双陆　祭礼　名马　弓矢　甲胄　刀剑　敕撰歌集　物语　墨迹　梵字　经史诗文集　律令格式　蹴鞠　骑马射狗　骑马远射花草帽　田乐猿乐　为佛颂诗　舞乐　神乐　催马乐　医药　合成药　天文　祈祷　领地　诉论　武家官位　法师官位　廿二社　四大寺　八宗五山　七堂　庭前花草树木　山水假山　器材　禅录　眠藏　杂具　和汉绘　屏风隔扇　绘具　请僧　粥汁　点心　本膳　糕点　布施物　葬礼　忌日③

中世日本教科书形式和内容的变化，可以看出日本教育转型及其社会影响。"纵观从《庭训往来》到《尺素往来》的时代，再查看与《尺素往来》几乎同时或比它稍后编出的《新札往来》，就可看出其中几乎完全包含了文化变迁上的重要事项"④。

---

① 〔日〕同文馆编辑局编：《日本教育文库·教科书篇》，同文馆1911年版，第508页。
② 〔日〕内藤湖南：《日本文化史研究》，储元熹、卞铁坚译，第199—201页。
③ 〔日〕内藤湖南：《日本文化史研究》，储元熹、卞铁坚译，第201—202页。
④ 〔日〕内藤湖南：《日本文化史研究》，第203页。

二　禅僧与中世日本社会的教养

日本有学者认为，日本五山禅是学问禅，"是知识阶级统治阶级的禅"①。禅文化的输入日本，不仅促成了日本武士的尚武风气②，还改变了日本的学风。"中期以后五山文化则开始体现出一种探幽入微、学无止境的日本风俗"③。禅僧如此，武士亦如此，并且一直影响到江户时代的学风。例如时年二十九岁的武将直江兼续，天正十六年（1588）随上杉景胜到京都期间，积极与京都的高僧、学者、文人交往，从临济宗名刹妙心寺南化和尚处借来其所藏的《古文真宝后集抄》，花了一个来月的时间去抄写，可见出入疆场的他却不忘学问，倾心诗文之道。这并非特例，故日本禅学思想家铃木大拙如此说"16世纪的日本"，"构成武士道的大部分道德准则在这一时期得以形成，信玄和谦信可以说就是当时武门诸侯的典型代表"，"他们不是鲁莽而缺乏智慧的一介武夫，而是博学且富有宗教心的人才"④。

基于社会上对教养、修养和技艺的重视，中世日本武士修学的内容很广泛，根据《多胡辰敬家训》（收于《续群书类丛》）的记载，内容涉及如下22个方面：

一、手习学文	十二、花
二、弓	十三、兵法
三、算用	十四、相扑
四、乘马	十五、将棊、碁
五、医师	十六、鹰
六、连歌——歌道	十七、仪表
七、庖丁（料理调菜）	十八、礼
八、乱舞、谣、笛、小鼓、大鼓等	十九、人夫
九、鞠	二十、量见

---

① 参见〔日〕玉村竹二《日本禅宗史论集》（卷上），第786—789页。
② 主要是禅宗直接简明的宗旨影响了日本武士，符合武士的气质、秉性，尤其是坂东武士。
③ 乌云其其格：《和算的发生——东方学术的艺道化发展模式》，上海辞书出版社2009年版，第42页。
④ 〔日〕铃木大拙：《禅与日本文化》，钱爱琴、张志芳译，译林出版社2017年版，第88页。"信玄和谦信"是指武田信玄（1521—1573）和上杉谦信（1530—1578），"双方都是禅宗的虔诚信奉者"（〔日〕铃木大拙：《禅与日本文化》，钱爱琴、张志芳译，译林出版社2017年版，第86页）。

十、镁　　　　　　　　　　二十一、搏打
十一、细工　　　　　　　　二十二、智慧才觉[①]

这则家训中包含了武士应当具备的技艺、学问及修养。这一要求培养了日本知识分子重实学、重生活的风气。

禅宗的艺能观念对日本的乐理、乐器以及职人文化等都产生了很大的影响，本书因篇幅限制，只能提请读者、研究者关注。佛教的宣讲、传唱离不开音乐，佛教的发展促进了音乐的进步，日本禅师心地觉心淳祐年间入杭州护国寺随无门慧开修禅期间，与同门居士张参相唱和，成了好朋友，修禅之余喜吹尺八。张参经常习奏祖传的"虚铎"曲，觉心非常欣赏，于是他乞求张参教他习奏此曲，以便把这妙音永久传入日本。

天文、地理学与佛教学关系也很密切，宋朝的地图学等其他学术，自然也随这一时期中日交流的密切而输入日本，圆尔辨圆从宋朝带回的许多书籍中有《径山志》《历代地理指掌图一部》《大宋诸山伽蓝及器具等之图》和《西天游行记》，以及制粉机的构造图等。

战乱的安土桃山时代，学问悬于五山一线之光明，这一光明来自禅宗。

中世日本兴起的许多艺能中，和禅宗关系最密切的是茶道，这里因集中于社会问题而不得不省略，此外还有剑道、弓道、能乐等，这些技能和禅宗有着密切的关系，并且一定程度上影响了中世日本社会的转型，因篇幅的限制，也不得不割爱。

中世禅僧对于社会教养的贡献不限于大名、武士，还影响到农民、町人。据推测为京都建仁寺僧编纂的《节用集》一书，是中世日本无论上下贵贱都不可或缺的极为贵重的生活辞典[②]，亦即居家必备的指南书。佐佐木银弥认为《庭训往来》《节用集》等文例集、教养书是中世日本农民教养的重要书籍，说明禅僧在社会各阶层中作出了普及文化的贡献。

三　禅宗对中世日本价值审美和伦理观的影响

在论及中世日本社会的教育转型，以及禅宗如何促进中世日本人的教养的时候，不能不提及禅宗文化对日本人审美情趣等的影响，其影响范围包括价值美学、审美伦理（武士的人身价值、人格美、武士道的勇敢之美

---

① 参见乌云其其格《和算的发生——东方学术的艺道化发展模式》，第61页。
② 〔日〕佐佐木银弥：《室町幕府》，编入《日本历史（日本の历史）》第13卷，第371页。

德等）、文学审美、艺术审美等，突出的是"室町时代文化的特色闲寂趣味的显现"①。

作为古典武士道的重要德目——勇敢，是武士的美德，相关论述参见《解析日本武士道"死的觉悟"》②，兹不重复。禅宗和武士道的关系，在于帮助武士破除烦恼，形成其死亡美学，达到"死的觉悟"，即"了生死大事"，这在日本文化研究中是一个重要的议题，本书侧重于日本社会问题，限于篇幅不得不割爱，并非作者忽视了这一思想文化问题③。

禅宗的输入影响了日本人的审美观，首先非常明显地表现在日本美学的概念上。若离开了一些与禅宗相关的词汇，中世乃至现代日本的美学语言就显得相当的贫乏、干瘪了。比如在日本美学中频繁使用的"幽玄""空寂"等词汇就是。日本常用的"幽玄"一词最早见于中国《后汉书·何后妃》中汉少帝的《悲歌》中："逝将去汝，兮适幽玄。"日本人使用"幽玄"一词，最初与佛教用语密切相关，是为了强调佛法的趣旨深奥。中国禅宗也用此词宣扬佛理的深奥玄妙，最早见于《临济录》："佛法幽玄，解得可可也。"后来用"幽玄"来表述审美意识，已经与佛教用语的含义大不相同了。

日本"空、间、寂、侘"的美学思想，都可以追溯到禅宗，得益于他们修禅的体验，运用于生活，安贫乐道。从义堂周信日记所载，其永德元年（1381）七月廿五日，在等持寺"为众讲禅仪，外文人咸来，谓听者几乎二千人许，地将无所容。十有余日讲毕矣"④。由此可见，当时社会，文人和大众非常欣赏禅僧的威仪和风雅。禅宗推崇的空寂、幽玄、"物哀"之美，还成为日本茶道、日本俳句、日本绘画等审美体验的最高追求。随着"空寂"进入茶道精神，幽玄思想也达到了新的境界。

其次，从中国输入日本的空灵的禅意绘画、艺能等，符合武家的审美情趣，丰富了中世日本的精神生活。美学是艺术、是学术，也是生活。围棋、茶道、花道等集消遣、娱乐与智慧、艺术于一体的"道"和"乐"不仅为中世日本的上层社会所接受，同时也逐渐成为世俗化了的艺道，成为日本民众的生活享受之道。

---

① 〔日〕玉村竹二：《日本禅宗史论集》（卷上），第788页。
② 参见郝祥满《解析日本武士道"死的觉悟"》，《世界民族》2006年第3期。
③ 作者已经在另一专著《东渐禅宗与中世日本的文化变迁》（书稿、未出版）中专门讨论这一问题，下面提及的茶道文化亦同亦将在同一书中讨论，此略。
④ 〔日〕义堂周信：《空华老师日用工夫略集》，收入近藤瓶城编《续史籍集览·第3册》，第183页。

第九章　五山禅学传播与中世日本学术、道术的转型　307

　　源于中国的围棋、饮茶、插花等，传至日本后，在中世出现了许多适应日本社会的变化，日积月累，竟演为日本棋道、茶道、花道。① 由贵族推广到武士，乃至一般民众，是一个大众化的过程。

　　上堂念诵诗偈是中国宋代禅林常见的做法，从描写景物到引用公案、佛教故事乃至儒家经典的伦常、道家隐逸之风流，反映出禅宗说法的灵活性，富于生活情趣。这种态度给人以轻松、放下的飘逸之美感。且作汉诗能传达意境之美。中世日本禅林，流行汉诗写作和汉诗讲座，故义堂周信以自己所作诗被人"疑是大唐人作"而骄傲，并"为二三子讲三体诗法"，并向弟子强调"诗有补于吾宗"，作诗目的贵在能"以一偈见意"②。

　　最后，禅宗的修行和传播，不仅让日本人发现空、寂之美，还促进社会各阶层基于这一美感提升礼仪、教养等。茶道的代表人物千利休从道德、意境层面发扬"草庵"式茶道之美，大力提倡，明确提出以空寂、简素作为茶道精神。③

　　中世禅宗提倡的茶道，从精神方面讲就是一种宗教，它生活式的修行而达到悟道，引导武士们忘却或者放下世间的苦恼。作为一种宗教的体验形式，它让武士有了宁静、克己和忍苦的定力，得以克服苦恼、恐惧等精神压力，并且从苦恼中体味到崇高的欢喜，从而在万物皆空的世界里感受"感伤"的"道"，这也就是一种空、无、素朴、闲寂的茶道，在一间狭小的茶室里，通过朴素的器皿和装饰去体味一种心旷神怡的境界。

　　中世禅宗提倡的茶道，从教育方面讲就是一种教养手段。以从禅修衍出的"和敬清寂"为基准，修养精神，端正礼法，这就是日本茶道教养精神的内核，它让人摆脱物质的奢华而在穷乏中发现美，感受美。为此，中世的达人们思考了特殊的修禅方式，正是沉浸于这样的气氛中，而使物质的穷乏和世间的苦恼一变而成为无上的愉悦。④

　　美感、满足感能够平复社会欲望追求的狂躁，消除人们心中的滞碍，达到身心自由，如果没有禅宗、茶道，战乱的中世日本社会将是另一番景象。

---

① 参见乌云其其格《和算的发生——东方学术的艺道化发展模式》，第51页。
② 〔日〕义堂周信：《空华老师日用工夫略集》，收入近藤瓶城编《续史籍集览·第3册》，第36、37页。
③ 周建萍：《"神韵"与"幽玄"——中日古典审美范畴之比较》，《中国文化研究》2012年1期。
④ 〔日〕平山观月：《书法艺术学》，四川人民出版社2008年版，第108页。

第十章　禅宗传播与中世日本社会生活的转型

在阐明禅宗对日本中世信仰、学问、学术的影响及其社会效益的基础上，本书最后将努力系统地概括介绍禅宗思想对中世日本社会价值观、精神面貌、群体心理、社会风俗等转型的影响，具体涉及公卿贵族、武士、僧人、农民、手工业者、商人等不同社群在价值观念、精神构造、物质追求、精神生活等各个方面的心理状态和行为取向。

尽管这是一个非常艰巨的工作，但我们不能不努力探索。

第一节　物质与精神：从"唐物"至上到日本"自慢"的转变

一　武家的本色坚持和日本的社会转型

论及中世日本的物质和精神文明，首先当关注武士阶级，中世是武士的时代。武士这一社会角色虽然很早就有了，但武家时代的开端公认为"源平争霸"或镰仓幕府建立之时。成为中世社会佼佼者的日本武士，其精神面貌如何？有什么样的社会效应？

发迹于关东的武士源赖朝较早关注社会群体的改造。在"源平争霸"中打败了崛起于九州岛、关西的平氏，平定"天下"、掌控朝廷之后，源赖朝依然留在关东，以镰仓为幕府的政治中心，而未迁移至日本传统上的政治中心地带——京都，源赖朝此举原因之一就是，防止京都贵族的公卿文化（或称"公家文化"）腐蚀武家社会，使关东武士群体失去尚武、廉洁、朴素的本色，努力营造独立的武家伦理与文化。在源赖朝看来，平氏的失败就是因为仰慕京都公卿的生活方式，致使一门陷入文弱，最终在艰苦的战争中失败。

在武家的社会生存和精神生活中，因尚武的文化取向，对"武道"修行的强调占据很重要的地位，但本书对武士这一修行不作研讨，拟将此问题纳入"艺道""艺能"的范畴，以"中世日本的文化变迁"为题另书论述。

继源赖朝之后成为武家栋梁的北条泰时，同样不让武士们沾染京都的公卿习气，排除公家文化的影响。平安文化因注重庄严礼仪而陷入烦琐教条，源赖朝和北条泰时等力图保持武家的简明、实用和纯一。中世日本武士的教养理念，基本上是来自禅僧集团教养方法，借用禅苑的清规戒律；在管理方法上也参考了禅宗寺院的组织形式。禅宗的清规、禅僧的道德楷模，对幕府法律体系、政治组织等的完备都有很多启发。

当时的人情与世情是，期待日本从"末代"、末法浊世中走出来，恢复正法，庄严国土，这和当时的净土信仰也是相连的，于是宗教改革运动也应运而生。宗教革新者的出世，新佛教纷纷出现，并各自争取有力檀那护法，争取扩大信徒的追随。在镰仓新佛教净土宗、禅宗、日莲宗这三大教派竞争中，幕府最终选择了禅宗，禅宗则因此成为领导层的宗教。

武家社会对武士本色的坚持、对武家伦理的规范和对武士志趣的选择，使镰仓时代的社会文化呈现出与平安时代截然不同的风貌。禅宗的直接简明、"直下承担"，和镰仓武士的质实刚健一遇而契合，相互皈依感化，于是"禅宗更加发挥了日本武士的尚武精神"①。

武家的独立性，是日本二元政治体制的基础，二元化政治的定格也是中世日本社会转型在政治上的体现。

日本自894年以来，外交上逐步保守、自闭。进入中世以后，越来越多的日本人开始突破国境的封锁走向大陆、走向世界，进入一个冒险的时代。冒险者由禅僧扩大到庄园武士，由走私商人扩大到破产的农民，日本的军国主义者称为"海外雄飞"的时代。中朝两国沿海地区倭寇的猖獗是中世日本人冒险意识激荡的标志，这种尚武、冒险的民族精神培养的结果是丰臣秀吉领导下的侵略朝鲜的战争，而其侵略战争的失败又是中世日本结束的重要原因。

中世社会日本人的世界观发生了改变，这一时期日本人的国际观念非常复杂，幕府和朝廷公卿的国际观念是多变的、矛盾的，特别是对"中华"、中国的认识上。

但是，进入室町时代以后，由于中日贸易文化的密切往来，由于对名

---

① 〔日〕玉村竹二：《日本禅宗史论集》（上卷），第839页。

利的追求，由于将军幕府迁移到京都，许多禅僧开始贵族化、公卿化，由于他们是武士的精神导师，作风自然影响了将军和武士们的精神面貌。文学兴趣的变化是禅僧志趣转变的标志之一，五山时代的五山僧人以诗文求声名，而不再是以偈颂言志趣。将军足利义满就在这种氛围下受到了中国文化的熏陶，沉迷并热衷于收藏宋徽宗、牧溪、马远、梁楷等宋元画家的绘画，并且因此具备了很高的鉴赏力，但是作为武家领袖的威望却因此受损，引来许多大名的批评和公卿的嫉恨。

二 大宋茶碗何以成为高僧、武家之宝？

日本中世的社会转型过程中，处于上层社会的以将军、大名为代表的武士阶级，对于贵族文化、艺术素养、高雅生活方式等的追求，丰富了他们的文化、精神生活，也使他们易于接受并追逐异国情调的生活方式。

自古以来，日本人对中国制度、文化和贵族生活方式的憧憬，促进了日本人对中国生活方式和生活器具的喜爱，因而促进了商品的流通、贸易的发展，反过来也是如此。日本平安中后期以来，在中日政治关系中断的情况下，贸易依然繁荣，这与日本社会早已形成的"唐物"崇拜有关，这种崇拜直到镰仓时代末期依然不衰。

1195年东大寺供养的时候，后鸟羽天皇、源赖朝将军均临幸，天皇在其座位西边立大宋屏风，此后宫廷装饰宋朝屏风成为风气。日本著名的隐士兼歌人吉田兼好（1283—1350）在他的《徒然草》一书中，忍不住如此批评镰仓时代的"唐物"崇拜：

> 唐物除药外，余者尽缺亦无妨。书籍于本国流布已广，故书写无碍。唐船航路艰难，却尽载无用之物，渡海远涉本国，愚不可及。
> 当如书云："不宝远物。"又云："不贵难得之货。"[①]

镰仓至室町时期的日本人，对宋人生活方式乃至宋朝的器物（唐物）的崇拜，表现在诸多方面，比如荣西，回国之后，爱穿中国的僧袍。建长寺船、圆觉寺船等寺社唐船的派遣是唐物受到日本社会追捧的一大标志，其中有铜花瓶、铜香炉、铜烛台等佛具，也有宋龙泉窑、定窑等出产的青

---

① 〔日〕吉田兼好、鸭长明：《徒然草、方丈记》，王新禧译，长江文艺出版社2011年版，第98页。

瓷和白瓷佛具,以及各种陶、瓷茶具、唐墨①、唐笔等。根据《天龙寺造营记录》,因天龙寺造营船的派遣,唐物大量输入日本,特别是元弘三年(1333)归国的住吉社造营唐船。

在生活方式②上表现得更为突出,渗透中世日本上下贵贱的日常生活中的茶道,是荣西等禅僧在传播禅宗文化的过程中输入日本,并很快在日本武家社会中流传开来。随着茶道的流传,宋人瓶罐贮藏茶叶方法的传入,日本人对宋朝的瓷器(特别作为点茶的茶碗等茶具)更加推崇,甚至出现极端的行为。宋朝日常所用的茶碗成为日本上层社会的奢侈品,成为显示富有的标志物。当年输入日本黑釉的中国天目茶碗不仅当时被珍重,于今则成为日本的"国宝"了,其中"曜变天目""油滴天目"等最受足利将军家的茶人尊崇,据说日本至今保存有8件"国宝茶碗"③。黑釉之美,在中国早已忽略,而于今在日本依然重视。

其次是对宋"碎器"④的珍重。据宋应星《天工开物》所载:"古碎器,日本国极珍重,真者不惜千金。古香炉碎器不知何代造,底有'铁钉',其钉掩光色不锈。"⑤

日本镰仓时代有中国堆朱漆器传入,1263年的圆觉寺《佛日庵公物目录》里,记着堆朱的盆、盘、香炉、药盆等名称。堆朱的技术在室町时代传入日本。⑥室町时代堆朱漆器和"唐物"的崇拜一起,流行于武士和禅侣之间,作为坐具、茶具等互相赠送。

前面提及的,禅宗在日本流传后,日本僧俗与对宋朝高僧的顶礼膜拜,对中国高僧顶相的收藏、礼拜是其明证。室町幕府将军足利义满更是唐物崇拜的代表,据说其京都北山金阁寺是以中国五台山的金阁寺为模型,金阁寺的镜湖池中的假山也是遣明使节从中国太湖千里迢迢运回日本的,他在金阁寺接见明朝使节,展示自己收藏的中国字画,出家后的法名

---

① 荣西回日本曾献东大寺唐墨一百、唐笔一百(参见《镰仓遗文》)。唐墨到室町时代成为日本僧人常用以互赠的礼品,参见辻善之助所编《鹿苑日录》第一卷,第40页下、第75页上。
② 宋朝茶道对日本文化、艺术和审美等的影响,将另撰文介绍,此略。
③ 参见彭丹《国宝茶碗中所见的日本文化的矛盾与相克(国宝茶碗に見える日本文化の矛盾と相克)》,载《日本研究》第45集,日本国际文化研究中心2012年版,第11—50页。
④ 瓷器烧出釉层自成裂文,有残缺之美。该工艺始于宋代哥窑。
⑤ 潘吉星:《天工开物校注及研究》,巴蜀书社1989年版,第427页。
⑥ 郑彭年:《日本中国文化摄取史》,杭州大学出版社1999年版,第147页。

"道义"也有可能来自五台山金阁寺的唐代高僧道义[①]。义满积极开国，力促中日朝贡贸易，显然跟他的唐物崇拜有关。

以唐绘为代表的唐物，到北山时代成为日本专制权力的装饰物、"庄严具"[②]。中世很多人把唐物、舶来品作为身份象征的摆设。

足利义政的时代，由于唐物在日本的收藏越来越多，假冒唐物或假冒名作的赝品也出现了，幕府还设置了唐物奉行这一官职，专门负责管理、鉴定收藏的唐物，即被尊称为"东山御物"将军收藏（用于装饰书院等）。作为将军同朋众[③]的千阿弥、相阿弥等都担任过唐物奉行一职，《君台观左右帐记》是当时有关唐物的体系化著作[④]，能阿弥、相阿弥等均以此为鉴赏唐物的参考书。

就在"唐物崇拜"在日本战国时代演化到极致的时候，日本茶道集大成者千利休（1522—1591）登场了，潜心参禅，觉悟"茶禅一味"的千利休，极力主张简素之美，培养日本人"不过如此而已"的觉悟，带头使用日本本土出产的茶具等，日本化的茶道也因此逐渐形成，使日本人中崇洋媚外的风气在安土桃山时代以后为之一变。

日本之于中国，有着强烈的竞争意识，工艺方面也像书法和汉诗等一样[⑤]，先是羡慕，进而模仿，模仿达到一定水平之后，和中国一较高下。在陶瓷制作艺术方面，模仿宋朝的制艺创作了自己的濑户天目、美浓天目、伊势天目等和制茶碗，并以此"自慢"（自大、骄傲），傲视中国。

三 商品贸易促使中世日本工商业的转型

日本中世社会转型过程中，社会上层的趣味和追求影响了日本社会风气，一些行为方式成为下层社会、普通民众的模仿对象，也是一个应该关注的问题。

中世日本贵族嗜好品茶，宋茶道文化在日本上层社会流行起来，促成日本茶叶生产、制作和贸易的繁荣，著名的茶人千利休本来就是一个茶叶商人，而禅宗的修习让他成为日本的哲人、美学家，其质朴、简素的审美

[①] 参见陈小法、郑洁西《历代正史日本传考注》（明代卷），上海交通大学出版社2016年版，第246页。
[②] 参见〔日〕家永三郎主编《岩波讲座：日本历史7》（中世3），第319页。
[③] 同朋众：即在战国大名家中负责艺能、茶事和杂役的职务，类似将军、大名的随从和幕僚。
[④] 参见〔日〕家永三郎主编《岩波讲座：日本历史7》（中世3），第320—321页。
[⑤] 参见郝祥满《中日关系史（894—1170）》。

取向对日本社会大众产生了示范效应。再如武士对剑道的追求、对刀剑工艺的苛求，使日本刀的锻造、装饰工艺不断提升，技术不断结合文化，不断改造社会，改造人，改造物，日本刀在中世已经成为在中国市场热销的大宗商品，其工艺之精美令中国人惊叹不已。

以千利休等茶人为代表的审美取向，其实坚持了古典武士的本色，草庵茶风回归了日本民族的原色，进而影响了普通民众的生产方式、生活方式、思维方式等。以茶具等陶瓷品为代表，安土桃山以后，许多制造工艺品和装饰工艺品，日本开始由从中国进口"唐物"转为国内仿造，并在模仿中国工艺的基础上进行日本化的改造，日本的手工业开始兴盛起来，职人的社会地位和经济地位因此提升。

中日禅宗的交流，维系并促进了中世日本和中国宋元明的贸易往来，而中日贸易又促进了日本国内贸易与手工业的发展，自给自足的庄园经济开始被打破，向商品经济转型。宋朝铜钱、明朝铜钱大量输入日本，既是日本贸易的需要，也是其商品经济形成的标志。

本书第七章提及的日本中世发展起来的航海贸易，也与这一时期中日禅宗的密切交流有直接关系，因为佛教开阔了日本人的视野，完善了日本人的世界观。佛教来自中国，却起源于印度，自然让日本人形成"天竺、震旦、本朝（或日本）"一体的概念，当然其背后有佛教须弥山说、育王山信仰[①]等的影响，有《大唐西域记》等中国高僧印度游记的引导，故中世有荣西禅师、明惠上人等不少日本高僧谋划从中国去印度巡礼，或陆路，或海路。

中世日本这种世界观的进步促进了日本海外贸易的开拓。国内外贸易的流通与手工业的发展，促使中世日本城下町的逐步形成和壮大，博多、堺等一系列港口城市的形成和发展乃其标志。而城市的形成、中世中日贸易的发展，进一步促进了日本商人集团的形成和壮大，商品经济的发展促使日本商业社会的形成。因为商品经济的驱动、利益的追求，激发了日本人的功利心，故中日贸易一旦中断，不能自由追逐利益的时候，日本商人（也包括中国商人）就铤而走险，中国东南沿海的日本倭寇活动就立即猖獗起来，或走私，或抢劫，不惜挑战国家体制。整个中世是日本商人阶层成长并向海外发展的重要时期，日本各地出现了商人集团（即"座""组"等），大名的领地则形成了商业区（城下町）。

---

① 因为浙江明州育王山有一基佛舍利塔，相传为印度阿育王所造的八万四千座佛舍利塔之一，传言为真身佛舍利，当时日本崇拜佛舍利，故在日本僧众中特别流行育王山参拜。

宋钱的流通、商品经济的发展促使日本手工业者也成长起来，促进了濑户内海区域内交通、贸易的繁荣，港口城市的形成。中日贸易的发展促进了日本工艺技术的进步，出口贸易的扩大，从而换取大量的宋钱。

中世日本被称为"职人的世纪"，手工业的进步与日本人职人文化又是相辅相成的，而职人文化的形成、职人精神的修为又与禅宗的修业观念密不可分。禅宗文化影响下的中世日本，各种技术都取得了进步，特别是日本造船技术的复兴与成长，这与当时中日贸易的繁荣、日本各派势力参与贸易竞争有关。

第二节　公私与朝野：日本中世社会"祭政关系"的转变

一　禅宗诸僧的言论与武家社会的舆论

日本中世社会的转型体现在系统的变化、构造的转变，比如文学、美术、艺道、建筑、修业等多个方面，本书因篇幅的限制，前面各章只能简单提及以上问题。这里也只能具体说明一下，中世日本社会政治构造中"祭政关系"的变化和"公武关系"的探索。镰仓幕府确立不久，就爆发了1221年的"承久之乱"，此后，君主的资格、公武关系的定位、武士效忠对象的选择、政教关系的处理等问题，促使日本社会各阶层不得不深入地思考和讨论。在新的意识形态、上层建筑确立的过程中，宋学（主要是禅宗）如何被日本社会所接纳，并在日本形成什么样的社会评价体系？

日本在传统上是一个祭政一体的国家，或者说宗教与政治难以分割的国家。民族的宗教神道强调"君权神授"，神化天皇并强调日本民族的自我意识，故政治对于宗教的利用和管理都很重视。1232年，由北条泰时主持制定的"御成败式目"（又称"贞永式目"）等武家法，尽管目标是确立"执权政治"，但其"既承认王朝的权威，又归依神社、佛寺，营造不断"[1]，故其第一条为"可修理神社专祭祀事"，第二条为"可修造寺塔勤行佛事等事"[2]。努力在旧的体系中加入武家的元素，和旧政治体制、旧宗教势力妥协、融合，达到一种暧昧的默契。因此，禅宗等所有中世日本佛教新宗派的发展，不能不适应日本的政治传统，在此前提下，努力以信仰

---

[1] 〔日〕松本新八郎：《中世的社会与思想》（上），第29页。
[2] 〔日〕有马祐政、秋山梧庵编：《武士道家训集》，博文馆1906年版，第1页。

吸引、影响政治势力。

中世的日本禅宗因此也像神道、密教一样，具有强烈的祈祷色彩，禅寺的法会等活动少不了拈香祈祷，其拈香顺序就反映出祭祀与政治的关系，反映出禅宗的政治态度。其次序一般是：首拈香总是为朝廷，次为武家，再次为开山祖师。反过来，禅宗的宗教精神和祈祷理念使天皇作为一种象征在中世被保留下来，日本没有出现中国那样的"异姓革命"、王朝更替，无论源氏、北条还是足利氏，纵然大权在握，也没有取代皇室的权威，而天皇一直是日本人的精神领袖，这和天皇的宗教地位与宗教影响力是分不开的。

因为禅宗的影响，天皇、宫廷、幕府祈祷消灾的法事也时常仰仗禅宗诸寺高僧。例如，应永二十五年（1418）七月二十二日，"禁里御祈祷事，被仰付于五山（相国寺、南禅寺等）"，此举让其他佛教宗派极为不满，抱怨朝廷和幕府"不得其理欤"！认为宫廷禁里祈祷之事不能托付禅宗寺院，理由是，"凡禅宗等，隐遁之体也，如何可奉致天下御祈祷哉？"他们私下质问朝廷和幕府："真言本流、东寺门迹等诸多寺院怎么就这样被忽略了呢？武家、公家都不知道如何办事了啊，这是道德沦丧的末世才有的事，公武之政都到了无道之时节了吗？（原汉文——引者译）"①

虽然儒家的"德治主义""有德者执政论"自13世纪开始进入日本的社会舆论，但并未根本上威胁皇室君权神授的权威。14世纪以来，五山禅僧对儒学的关心影响了室町幕府的领导者，例如梦窗疎石对足利尊氏的影响，一方面促其尊崇后醍醐天皇，另一方面促其推行德治以笼络人心。足利义满从义堂周信接受了儒学熏陶，热心于儒学的研习，并体现在他的政治中。

禅僧对朝廷（皇室）和幕府的态度，对佛法与王法、王道与霸道之间的关系，并不都是一成不变的，而是由其立场决定的，各派寺院也因此有倾向性。比如有禅师和足利义满大谈"易姓革命""德治主义""有德者执政论"，以致足利义满面向明朝自称"日本国王"，努力成为日本的法皇等。中严圆月、惟肖得岩等禅僧称室町幕府的开创为"革命""国家开创"，或称"天下更始"②。也就是说许多禅僧把幕府等同于、并列于朝廷，如景徐周麟称足利义诠为"皇考宝箧相公"③。地方大名守护也在禅僧

---

① 〔日〕中原康富：《康富记》（第1册），笹川种郎等编《史料大成·第29》，第32—33页。
② 〔日〕玉悬博之：《日本中世思想史研究》，东京ぺんかん社1998年版，第297页。
③ 〔日〕玉悬博之：《日本中世思想史研究》，东京ぺんかん社1998年版，第298页。

品评之列，如瑞溪周凤常常与人话"及天下政事""国中之政"，大友氏"入唐船"之抽分方法，"天龙曾为渡唐烦费事"等，他曾称赞大友亲繁，"所庶诸州守护，皆如大友，四海晏清，万民和乐矣"①。

中世的日本禅僧，相对于平安时代的天台、真言宗僧侣，很多是被动地参政并士大夫化的，被动参政的原因，主要是幕府首脑的主动问政和布施收买。就这样，禅僧开始影响日本的政治，从被动地成为幕府首脑的顾问，到主动参与幕府事务。特别是五山僧，成为足利幕府外交和文化的顾问，禅师处理的事务，从寺院的营造扩展到国家的外交方针，起草国书，接待明朝的使节，非常活跃，不再是纯粹的宗教性的自我修养式的"办道"。

学术兴趣的拓展，加之禅僧的官僚化和公卿化带来一种学术态度的变化，那就是由禅入儒。比如，北条时赖向兰溪道隆问政，"要知为政之禅"，兰溪道隆在论述过程中引用儒家思想，显然对于时赖的执政产生了一定的影响。再如，义堂周信，借忌日道场督促足利义满"以禅治心，由教崇法"②，也就是以宗教影响政治。禅宗僧众议政、参政兴趣和学术兴趣，影响了中世的政治，直到德川幕府将儒学定为"国教"，禅宗才因此失去国教的"政治地位"。

禅宗和禅僧对于中世日本社会舆论、群体心理、政治理念的影响很大，主要是借助舆论的力量，即所谓的"公论"。当然如果公论的话语触犯了幕府、朝廷，作为话语者的禅僧可能会从五山、十刹等官寺贬谪到林下、山野，例如，曾在龟山云居庵讲法，名噪一时的绝海中津，四十九岁时"力任宗柄，议论公评刺举无所避，适以直言忤相公之旨，师长揖而去，夏六月隐于摄之钱原"③。故有日本学者评价"公论"说：

  日本中世禅林时代，"公方""权门"被相对化，而超越国境的"丛林之法"被理想化，从而，"公议""公论"受到重视。禅宗寺院的住持通过"公论"这种对话，被合理地"公选"出来，与明治时代"万机决于公论"的"公论"相比，中世的"公论"是更具有 public

---

① 〔日〕瑞溪周凤记，惟高妙安抄录：《卧云日件录拔尤》，收入东京大学史料编纂所编《大日本古记录》（第13），第88—89页。
② 〔日〕义堂周信语，门人中圆等编：《义堂和尚语录》，《大正新修大藏经》第80册（NO.2556），第527页。
③ 〔日〕绝海中津语，小师俊承等编：《绝海和尚语录》卷上，《大正新修大藏经》第80册，第759页。

意味的概念。①

可以确认，在中世禅院中存在一种称为"公论"的坚持对话的合理性制度。这种制度称为十方住持制，禅院通过这种制度来公选住持。从十方推举住持人选，称为"公举""江湖公举"②，由大家评论此人是否合适，此称为"公论"，由此选择则称为"公选"，这种相对民主的评议方式有利于日本政治体制的完善，有利于政治伦理、政治美德的提升。

中世日本十方住持制的理念是什么？1381年的《诸山条条法式》中有以下规定：

一、住持职之事，或异朝之名师，或山林有名之道人。或朝臣以其他理由请来，不在此限，七十五岁后的老西堂亦同前。纵然其能力堪当重任，若奉权门之举荐，便不可成为公文。丛林之大弊皆出此，故严限之。若有理运并出者，则抓阄定之。（圆觉寺文书，永德元年12月12日室町幕府管领斯波义将奉书）③

以上史料开头所谓的"异朝之名师"，意指中国，即允许超越国境的外国有道高僧就任名山住持。这一制度算是为日本培养了一点开放、民主的基因。

二 若即若离：禅宗诸僧与朝廷、幕府的联系

中世日本禅师一方面参与政治、品评政治，乃至束缚于政治，另一方面他们又有在"江湖"游离的相对自由，禅僧与政治的游离，表现出完全不同于平安时代的佛教政治关系。标榜自由、尊崇自由的禅宗何以剪不断和政治的关系？何以在中世日本激烈的政治斗争中求生存，在各派政治势力角逐的夹缝中求发展？

从"显密体制"中突破出来的中世日本禅僧，被迫在朝廷、幕府这一"二元政治体制"下表明政治态度，日本禅师基本上是在调和日本皇室和幕府之间（室町幕府内还有室町幕府与关东管领之间的矛盾）的关系。尽

---

① 〔日〕佐佐木毅、〔韩〕金泰昌主编：《日本的公与私》，刘雨珍、韩立红、种健译，人民出版社2009年版，第78—79页。
② 〔日〕义堂周信：《空华老师日用工夫略集》，近藤瓶城编《续史籍集览·第3册》，第34页。
③ 转引自〔日〕佐佐木毅、〔韩〕金泰昌主编《日本的公与私》，第91页。

管禅寺为武家开设，武家为寺院的檀越。住持的拈香次序首为朝廷，次为武家，并视公武为一体。

武家虽然拥有巨大的权力，却并没有否定天皇权威的想法，可以说，日本武家在聆听禅师的反复祷告、拈香祝福的仪式影响之下，行为有所顾忌。禅僧的著作如虎关师炼的《元亨释书》、北畠亲房的《神皇正统记》，对维护天皇权威都起到了一定的舆论作用①。

日本禅师的祷告、拈香等祈祷作法，显然是学习中国的。在中国，杨岐方会（992—1049）十分重视与世俗贵族官僚士大夫的联系，他认为禅宗的发展不能离开官僚士大夫的帮助，更不能离开皇帝的支持②。杨岐方会于兴化寺开堂，时府主龙图度疏与师，于是杨岐方会升座、拈香，其如下程序成为日本丛林的典范。

> 遂升座，拈香云：此一瓣香，祝延今上皇帝圣寿无穷。又拈香云：此一瓣香，奉为知府龙图、驾部诸官，伏愿常居禄位。复拈香云：大众，还知落处么？若也不知，却为注破，奉酬石霜山慈明禅师法乳之恩。山僧不免熏天炙地去也。③

这一皇帝、大臣、祖师的拈香顺序，是表明政治立场，也是政治宣传，实际上也是寻求政治的支持。他的这种作风，虽然后来在中国的黄龙派趋于衰落，但在日本禅寺却很流行，禅师升座拈香，也是按照这样的顺序，也是如此祝愿。

其次，大慧宗杲禅学的"忠义之心"说对日本武士的影响。

大慧宗杲（1089—1163）说法时提倡"忠义之心"。大慧宗杲禅学的政治影响，体现在对岳飞等将领的影响，对于南宋国家"复兴"的影响。大慧宗杲的老师圆悟克勤曾直截了当地认为："佛法即是世法，世法即是佛法。"④荣西自宋回日本宣扬"兴禅护国"说，以期打动政治家，以"护国"诱导人王兴禅。故绝海中津在万年山相国承天禅寺"拈公帖"时说："灵山密旨，台阁文章，政化以之宣布，宗风以之举扬，倘未信者，

---

① 参见〔日〕松本新八郎《中世的社会与思想》（上），第48页。
② 参见潘桂明《中国禅宗思想历程》，今日中国出版社1992年版，第480页。
③ 《杨岐方会和尚语录》之"后住潭州云盖山海会寺语录"，《大正新修大藏经》第47册。
④ 《圆悟克勤禅师语录》卷五。

谛听谛听！"①

日本禅师中严圆月，至顺三年（1332）自元朝归国，恰遇战乱，幕府倒台，后醍醐天皇复辟，行建武新政。于是中严呈《上建武天子书》，为拥护皇权、推行王道建言献策，表露了亲近王大臣的姿态。中严圆月经世济民的想法也许是阅读儒家典籍潜移默化所致。

禅宗在日本的发展，经历了从"联合弘法"到"纯粹禅宗"的过渡②。有亲近王法者，也有极力保持佛法的独立者。在纯粹禅的追求下，许多日本禅师努力独立于政治之外，或者极力表现出这一姿态，以下三人可为代表。

心地觉心，自中国留学回日本后便隐居高野山，"弘安四年，文应（龟山）上皇诏居城东胜林寺。至化难逃，勤（劝）老入都，奏对惬旨，声振辇下，然以帝里繁喧，杵于禅宴，不几潜回纪之旧院"③。

性海灵见，自元朝归来日本，隐身江湖，"贞治二年冬，征夷大将军义诠召以三圣精蓝"，性海"谢病不应也"。义诠"重有敦请命"，性海则"作休休歌，一固辞焉"。中世的日本禅僧或因无奈而侍奉朝廷，老则依然返归江湖，性海灵见便是代表人物。在住持南禅寺数年之后，退耕山林，"坚保晚节"，"不赴官斋，端居一室"，"平常所交，江湖饱参耆旧而已"④。

南禅寺长老云章，在《道旧疏》中书"偏嫉赝缁佩蜡印，窃耻玄徒利玺丝"之句，就是批评当时日本禅林"坐领公文，及卖公帖"这一现象的，长老特意请当时在鹿苑的瑞溪周凤书铭，周凤随后发誓"不可今后再出头丛林，苟违所誓，则于当生必做白癞"，脱身鹿苑俗务，去追求"若得山中安乐地，看云日日快移床"的生活⑤，大概与此讽喻有关。

三 隐居山林：禅僧与朝廷幕府的游离

日本禅宗发展到室町时代，随着禅宗在日本的扩大和五山制度的推广，日本禅宗按照其寺院（或禅僧个人）与政治的联系、传教的风格等，

---

① 〔日〕绝海中津语，小师俊承等编：《绝海和尚语录》卷上，收入《大正新修大藏经》第80册，第732页。
② 〔美〕伯兰特·佛雷：《中国禅与日本禅的研究现状》，载《中国禅学》第五卷，中国社会科学出版社2011年版，第81页。
③ 〔日〕虎关师炼撰，黑板胜美编：《元亨释书》，收入《新订增补国史大系》（新装版）第31卷，第102页。
④ 〔日〕佚名：《性海和尚行实》，载《续群书类丛》第九辑下（传部），第668页。
⑤ 〔日〕瑞溪周凤：《卧云日件录拔尤》，近藤瓶城编《续史籍集览·第3册》，第354、356页。

分为"五山派"和"林下派"。五山派一般居庙堂之上，僧侣贵族化、官僚化，为政府的顾问；而林下派则处江湖之远，逐渐融于庶民之中。

日本禅宗保持与政权的独立性，这一点也是受宋朝禅宗的影响，而日本禅僧流派中处于"林下""江湖"①的曹洞宗可谓是"青出于蓝而胜于蓝"。作为日本曹洞宗的始祖道元禅师在这方面的贡献是不可低估的，这为中世日本"公共领域""市民社会"的建设作出了很大的贡献，特别是对"惣村"等基层自治组织建设的影响方面。

中国禅宗的发展进入南宋以后，社会上一般认为："如来心与帝王心同等，佛法与孔老相同。"特别是天童如净主张说："佛法是出世间法，不能苟合于世间法。"这些观点对道元影响很大。此后，主张隐遁的元朝高僧中峰明本对于日本禅宗幻住派的影响也不可小觑。临济宗高僧景徐周麟（1440—1518），1490年被幕府任命为遣明使正使，但他固辞不受。开始幕府坚持笼络他；1495年住持相国寺，次年移住鹿苑院；1508年重回相国寺，晚年隐居相国寺内的慈照院。

日本禅宗虽有"五山"和"林下"之分，即"五山派"和"山林派（山邻派）"之别，这种区分并非一成不变，例如大德寺的一休宗纯则是从五山转入山林派的一位高僧。以宗峰妙超、关山慧玄②开创的大德寺、妙心寺为代表的禅寺，疏离十方住持制，归于林下，在室町后期真正传播临济正宗。

坚持"出家主义"的属于林下派，主要是道元所创之曹洞宗，临济宗山林化的主要是幻住派、大应派，禅僧隐居山林，与朝廷幕府保持游离，此可谓"林下之风"。

日本禅宗林下派，相对强调传教行为的独立性，特别是道元门下，因为最使日本曹洞宗开创者道元尊敬的就是如净的独立性。宋朝禅林高僧如净，一生极力远离权势名利，视豪家之喜舍金银珠玉如粪土，曾经辞谢宁宗皇帝所赐紫衣师号而不受。如净的观念是不亲近帝者，不与丞相官员相交，愿过着贫寒的生涯。道元认如净为中国丛林"中兴"的栋梁。

北条时赖于1247年派使者到永平寺执弟子礼，恳请道元到关东行化。道元虽然于当年八月来到镰仓，"为檀那俗弟子说法"，并在官府受到时赖的热情款待，但他更倾心于坐禅，不喜欢应酬和奉承权贵。尽管镰仓的道俗皈依道元，将建大寺请其长住，可是，讨厌名利的道元仅住七个月就返

---

① 当时也有将禅林称"江湖"的，称僧人为"江湖衲子"的，如瑞溪周凤的《卧云日件录拔尤》，称南朝正的庵东远禅师为"江湖有道之师"（近藤瓶城编《续史籍集览·第3册》第481页）。

② 南浦绍明（大应国师）与宗峰妙超（大灯国师）、关山慧选合称"应灯关"。

回福井山里了，且"爱山之爱甚于初"。追慕道元的北条时赖，随后将越前国六条堡二千石的土地寄进永平寺，道元弟子永平寺的首座玄明接受了时赖的布施，归山后告众。道元闻听后大怒，一边怒骂利欲熏心，辱没大法，一边剥脱了玄明的法衣，将他赶出寺门。这还不解恨！道元又掘除其单下七尺土。

朝廷也拉拢道元，为朝廷所用，为此后嵯峨院敕赐紫衣，道元再三推辞，并作偈谢云："永平虽谷浅，敕命重重重；却被猿鹤笑，紫衣一老翁。"①

但是莹山绍瑾之后，道元门下的宗风一变，呈现出密教化的态势。莹山门下的明峰素哲、峨山绍硕虽然蚕食了平安佛教的地盘，之后，由于曹洞宗分裂成众多的小门派，各自发展，不能形成一个大宗门统一行动，故影响很小，直到进入近代，因黄檗宗传入日本的影响，才在月舟宗胡、卍山道白的引领下，推行宗统复古的运动②。

第三节 禅宗传播与中世日本社会的民俗宗教

一 兴禅护国思想促进了日本祈祷宗教

禅宗虽然是中世日本武士的宗教，但绝非日本武士所专享。日本的民族信仰或宗教相对重视祈祷、重视祭祀。禅宗输入日本之后，不仅没有影响日本宗教这一特征，反而促进了其祈祷佛教的发展。荣西的《兴禅护国论》便是证明。

再看此后各位日本禅师的《语录》，升座拈香之时，总是首先祈祷：

> 此一瓣香恭为今上皇帝祝延圣躬，万岁万岁万万岁。陛下，恭愿恩被无垠，垂衣以安四海，德均有截，负扆而朝百蛮。次拈香云……③

---

① 〔日〕建撕：《建撕记》坤卷，载《大日本佛教全书》之《游方传丛书第三》，第553—554页。据说，某日时赖问"教外别传"的意义时，道元以和歌答之，而且训诫了北条氏历代的专横。
② 〔日〕儿玉幸多等编集：《图说：日本文化史大系·室町时代》，第170页。
③ 〔日〕义堂周信语，门人中圆等编：《义堂和尚语录》卷第一，收入《大正新修大藏经》第80册，第509页。

日本中世兴起的新佛教相比之下更接近下层民众，或者说"世俗化"，不同于贵族化的旧佛教的八宗派，而净土宗、净土真宗更是如此。禅宗的兴盛影响了中世日本社会各阶层的死亡观，和对死者的观念、态度。

朝廷公卿和地方贵族、庄园贵族害怕"猛恶"的武士，无法武力对抗的情况下，"便借助神、佛咒术的权威"，借助佛教报应的观念，"让武士感受到罪业深重"①，促使武士接受禅宗，寻求解脱。禅寺的兴建，可以帮助武士寻找精神的慰藉。

日本是一个怕鬼的国度，"鬼道"②的兴起与此相关。"禅师及其教律具有打击和安顺复仇鬼魂的力量"③，此即"安魂"和"镇魂"的两种手法。

元朝入侵时，朝廷和幕府命令诸禅寺祈祷。

1331年，后醍醐天皇倒幕兵变的计划泄露，镰仓幕府派兵镇压，于是引发了战争，天皇军在楠木正成（？—1336）的率领下，与幕府军激战，足利高氏加入幕府一方作战，史称"元弘之乱"。1334年，后醍醐天皇又计划诛杀足利尊氏，再次泄密，天皇与足利氏的矛盾日深，1336年再次爆发战争，两次战争死伤累累。于是，梦窗疎石在建武五年（1338），建议足利尊氏下令在日本全国各地（当时称"国"）营建安国寺和利生塔，用以吊慰自元弘（1331—1334）以来"敌我双方"战死者的灵魂，并祈祷天下太平。

日本禅宗与神道，禅寺与神社的调和，适应地方风俗，特别是曹洞宗。因此，禅宗也涉及神鬼的世界，北野天神参无准师范的传说是其代表④。

中国方面也极力协助日本禅僧宣扬禅宗护国的思想。1406年，明永乐帝还遣侍郎俞士吉奉诏书出使日本，封日本的一座山为"寿安镇国之山"，并"御制碑文，立其上"⑤。该碑文全文《明太宗实录》卷五十"永乐四年正月壬辰朔条"有载，碑文末尾称赞足利义满"有国镇山宜锡封，惟尔善与山增崇。宠以铭诗贞石砮，万世照耀扶桑红"。足利幕府于当年六月

---

① 〔日〕林屋辰三郎等编：《日本历史》（中世1），第263页。
② 后改称为"神道"。
③ 〔美〕伯兰特·佛雷：《中国禅与日本禅的研究现状》，《中国禅学》第五卷，中国社会科学出版社2011年版，第82页。
④ 参见〔日〕瑞溪周凤记，惟高妙安抄录《卧云日件录拔尤》，东京大学史料编纂所编纂《大日本史料》，第169页。
⑤ （清）张廷玉：《明史》，中华书局1974年版，第8345页。

遣使来明朝答谢这一盛举。

中世日本，不论公家、武家，都希望家族有一人能够入寺，成为一名僧侣，以此为家族的功德，为家族的繁荣而祈祷。这样，成为僧侣的未必出于自愿。因此，有一些不愿受戒，不愿成为僧侣的贵族子弟从寺院逃回来。这一无奈也许是促使日本的许多寺院允许僧侣"肉食带妻"的原因吧。

二　以禅宗修法祭祖益家：私寺与国寺之间

日本朝廷皇室或摄关家、日本幕府将军或大名，他们接受禅宗、振兴禅宗，努力成为禅宗的外护、檀越，有祈祷护国的因素，更有借此祭祖益家的目的。早在奈良、平安初期，日本佛教六宗或八宗兴盛之时，许多教宗为一家之宗教，寺庙则为一家之寺院，为一家一姓的兴旺发达而祈祷。

皇室、将军家因其"贵种"性而具有权威①，忠于主君成为宗教性的信仰。故北条氏自己不当将军，奉从京都迎来年幼的摄关家、宫将军，而自己则充任执权职务（亦即世俗所谓的"副元帅"）。

至镰仓、室町时代，这种功利心并未消除，此风依然很盛。北条时赖创建建长寺，目的之一是为将军家先祖亡灵祈福。再如《佛光圆满常照国师语录》卷六普说记载有"太守元帅请为最明寺殿忌辰普说"，表明了为子孙祈福的意愿：

> 师祝香。此香奉为日本国相模州孝男平时宗。热向炉中，供养本师释迦牟尼佛、西方无量寿佛、过去七佛、贤劫千佛、当来下生弥勒尊佛，诸大菩萨一切果海圣贤。所集功德，回向先孝最明寺殿一位神仪，超升佛界。伏愿出生死海，犹如朗月行空；入毗卢门，不历僧祇。作佛福佑子孙，持国家而永久；庆流德泽，与天地以无穷。索语：虚空为鼓，须弥为槌。有能打者，便请出来。僧问：大施门开非一朝，报恩酬德莫辞劳；尘中欲听无生曲，座上须弄智慧刀。②

中世日本禅宗寺院像这样的法事，主要是祈求佛法超度祖先，并祈求诸佛、祖先保佑子孙、家族的兴旺。有时也祈求本身的幸福，如下面的

---

① 参见〔日〕石田一良《日本文化：历史的展开与特征》，上海外语教育出版社1989年版，第120—122页。
② 〔日〕子元祖元语，侍者祖照等编：《佛光国师语录》第三，收入《大正新修大藏经》第80册，第186页。

"本府请普说"所显示的，祖元应北条时宗（当时有病在身？）的请求，烧香普说，祈祷：

> 师祝香：此一瓣香，热向炉中，奉为大日本国相模州太守平朝臣时宗，供养释迦牟尼佛十方诸佛诸大菩萨。次伸祝贡，护法诸天、三界万灵、十方玄造、日本国内一切大权现、先考最明寺殿诸大神仪，辛亥本命星君，合门长幼，一切建生星斗，平等祝贡，普皆饶益。专乞圣力保佑，皇朝巩固，五谷丰登。次冀保佑平朝臣身宫康泰，灾难消除。保持国家，无诸难事。①

朝廷、幕府供养禅僧，禅师还有为国家祈雨修法的责任。例如弘安八年六月二十四日，幕府执权请无学祖元"赞龙祈雨。赞后雷鸣。雨至三日连注"。根据侍奉祖元的僧人回忆：

> （祖元）和尚入檀那府中。檀那以天久晴，请和尚，赞水墨画龙。师赞云："伟哉戴角擎头，触处崩崖裂石；苍生久矣焦枯，快奋一声霹雳。"赞罢，即时雷声震地，大雨随至。一连三日，天下普润。

于是，日本僧俗相信祖元"和尚法力可谓过于古人"。为庆祝祈雨成功，僧俗以"大地蒙恩，某甲未沾法雨，愿师慈悲，乞垂方便"为由，请祖元说法，祖元"因此上堂"说法②：

> 上天久不雨，大地生尘埃。苗稼将就槁，将军请吾斋。
> 就赞水墨龙，展卷云作堆。信手聊一挥，豁然起风雷。
> 连日注甘雨，沾足遍九垓。早禾已结子，晚禾皆出胎。
> 万民悉鼓舞，将军笑盈腮。且吃满钵饭，处处可罗斋。
> 诸天副我愿，甚慰忧民怀。拈拄杖云：拄杖子，尔且来唱起丰年太平曲。卓拄杖曰：三台须是大家催。③

---

① 〔日〕子元祖元语，侍者祖照等编：《佛光国师语录》第三，收入《大正新修大藏经》第80册，第188页。
② 〔日〕子元祖元语，侍者祖照等编：《佛光国师语录》第三，收入《大正新修大藏经》第80册，第162页。
③ 〔日〕子元祖元语，侍者祖照等编：《佛光国师语录》第三，收入《大正新修大藏经》第80册，第162页。

当国家形成之后，统治者为了维护其统治，往往以道德作为法律的补充。古代日本，律令制度在平安中期以来逐渐被破坏。进入中世以后，无论皇室还是幕府，都想以日本国家的名义领导一切，他们兴禅宗，有为祈祷护国，有为祭祖益家，有为自己的修行解脱，更有为倡导修行而期待按照自己的标准规范下属的目的。如北条时赖、如足利尊氏，以及一些战国大名，尤其是战国时代"下克上"风气流行之时，一家一族随时会灭亡。

参与足利尊氏施政性纲领《建武式目》制定的人，有原镰仓幕府的"平定众"是圆、真惠，奉行太田七郎左卫门、明石民部大夫行连、布施彦三郎入道，儒学者有日野藤范、玄惠法师等。《建武式目》主要内容有禁奢侈、行俭约、镇暴行、止贿赂以及选贤者任官等，显然是以儒学为指导思想。故石田一良说："继承执权经时的时赖、时宗则向从中国传来的禅、儒去寻求为政的意识形态。"①

三 禅宗的生死观念与中世日本"死的觉悟"

禅宗的核心议题之一是如何面对死生大事，即"了生死"，这也是禅宗最大的公案。作为一个禅僧，其觉悟的最高境界往往体现在临终态度及其偈颂之中。禅僧"了生死"的这一境界对日本"古典武士道"的影响很大，促成武士达到"死的觉悟"——"生死一如"，即抛弃酒色财气等欲望，勇敢、坦然地面对死亡。对此问题，这里为避免重复，概论而不深入展开，相关内容可以参见《解析日本武士道"死的觉悟"》一文②，以及铃木大拙的《禅与武士道》③。此外，武士阶级对杀生的罪恶感的形成等，这些观念的问题，将一并纳入作者"东渐禅宗与中世日本的文化变迁"这一选题之中加以研究。

宋代高僧大慧宗杲的看话禅比较强调对"生死大事"的探究，中国禅宗所主张的"无""空"观念，通过看"无"字公案，让参禅的日本武士以及普通日本人有了面对死亡的勇气。踊跃走向战场的武士们为了额外的奖赏"抢先效命"，培养起了强烈的"自我表现"欲望④。

如何应对或处理自己的死亡？既是一种态度和境界，也是一种能力。

---

① 〔日〕石田一良：《日本文化：历史的展开与特征》，第 123 页。
② 参见郝祥满《解析日本武士道"死的觉悟"》，《世界民族》2006 年第 3 期，第 62—66 页。
③ 参见〔日〕铃木大拙《禅与日本文化》，钱爱琴、张志芳译，第 79—87 页。
④ 参见〔日〕石田一良《日本文化：历史的展开与特征》，第 119—120 页。

"生死事大，无常迅速"，这是中世日本禅僧老生常谈的话题，强调人们多关注"生死"二字，始终"以生死为念"。如义堂周信在圆觉寺告诫来访大名和武士的，"生大已适，死大未来，公宜留意，莫作等闲"①。禅僧多重"末后一句"，特别是禅林弟子，最为期待师傅这临终示悟之一句，故中世日本的大名、武士们在切腹或病危之时，总是爱向禅僧询问："临终一念如何作工夫""临终时用心工夫"②，也爱临终作歌、作偈，以示风流或觉悟。

中世日本禅僧的言行不仅影响上流社会的生死观，也影响中世日本下层（农、工、商）的死亡观念和对死者的态度，这在中世的葬礼仪式中有所反映（参见后文）。中世的日本下层民众，很容易接受宗教宣传，因为一些下层民众被旧佛教排除在成佛、得到拯救的资格之外，净土宗和净土真宗之所以得到广大下层的信仰就在其往生观念和净土信仰。

禅僧面对死亡超然、无畏的态度给予信众良好的示范，临终告别的偈颂"顺世偈"（亦称"传法偈"），是中世禅宗高僧语录、传记等重点描绘的内容。语录所载禅宗高僧们，均能预知并选择日期安安静静地离去，不恐惧，不悲观，无挂碍，能放下，高僧坦然的言行显然改变了日本人对死亡的态度。武士的楷模如武田信玄、上杉谦信，都以禅诗颂辞世之辞。死亡对生者与死者来说，只是一个告别仪式，并无特别之处，死生事大，死生亦无常，无常才是平常而无须忧虑恐惧之事。足利尊氏"每岁岁首吉书曰：'天下政道，不可有私'；次'生死根源，早可截断'云云"③，传言有一次在战场上，"飞矢如雨，近臣咨曰：'可少避之。'尊氏笑曰：'战畏矢则可乎？'"此在禅僧和武士间传为佳话。

基督教在中世末期传入日本时，下层民众的表现也是新宗教影响其生死观的最好例证。

禅宗对于死者的态度也影响了中世日本社会，特别是培养了日本人"怨亲平等"的思想，根据《佛光国师语录》的记载，抗击元朝胜利后，在无学祖元的建议下，北条时宗同时为中日两国战死者祈祷。北条时宗不仅安葬了元朝入侵士兵的尸体，还在镰仓新建成的圆觉寺举行法事，为他们祈祷冥福。此说明了禅宗的平等观念对日本的影响。当然，日本人对于

---

① 〔日〕义堂周信：《空华老师日用工夫略集》，近藤瓶城编《续史籍集览·第3册》，第39页。
② 〔日〕义堂周信：《空华老师日用工夫略集》，近藤瓶城编《续史籍集览·第3册》，第135、169页。
③ 〔日〕瑞溪周凤记，惟高妙安抄录：《卧云日件录拔尤》，第89页。

死者怨亲平等的做法，和日本人的怨灵崇拜也有关系。

在整个镰仓、室町时代，这类事很多，例如后醍醐天皇1333年攻陷镰仓，北条高时一门自杀之后，在其府邸遗址上建立圆顿宝成寺，为政敌北条高时一门祈祷冥福。楠木正成、足利尊氏、佐佐木道誉、足利义满等都曾建寺，为战死的敌我双方士兵祈祷冥福。丰臣秀吉曾经基于"冤亲平等供养"的思想，"命五山清众作水陆妙供"，为所斩杀的朝鲜人建坟墓，即著名的"鼻塚"[①]。甚至在众生平等的观念基础上，为山野动物祈祷。

梦窗国师也倡导在冤亲一体的精神下为战乱的死者祈祷，出现了他在"觉皇宝殿庆赞升座"中所说的如下景象：

> 圣旨于扶桑国中每州，建立一寺一塔，普为元弘以来战死伤亡一切魂仪资荐觉路。又历应年中，特立叡愿，革此皇宫以作梵苑，奉为先皇严饰寂场。又命武家董其营造，经年未几，不日成功。寔是君臣道合天龙保持之所致耳。便见，物不终否，恶事转成善事；法无定相，逆缘却为顺缘。此所以其祸福同源，冤亲一体者也。兵革之乱于世，非适今也，上古亦伙矣。原其端绪，或争国祚，或诛叛逆，其中一负一胜，只是增业增冤而已。未闻转恶缘而为善缘如今日也[②]。

无学祖元、梦窗疎石等禅僧改变了日本社会对于死者的观念。这一观念影响到现代日本。应仁、文明大乱之后，日本的战争发生了重大的变革，那就是战略战术的革命，骑兵衰退，步兵（足轻）活跃起来，剑道取代弓马之道，持剑步战的足轻更加轻生死。

总之，禅宗对日本社会的死亡观和对死者的观念产生了很大的影响，助长了日本人的宿命论，让越来越多的人正视死亡，消除了人们对死后的恐怖和不安，大众不回避死亡，死亡成为一个告别仪式，鬼怪和地狱成为艺术化的现象。

值得注意的还有禅宗的丧葬方式，简素而严肃。禅宗追悼仪式、火葬方式对中世以后日本社会丧葬风俗、丧葬礼仪等的影响，体现在新习俗的养成。例如，南禅寺德佥禅师，圆寂之前，"召诸门人，区分后事，且曰：

---

① 〔日〕塙保己一编：《续群书类丛·第13辑（下）文彼部》，第1049页。当时日本侵略朝鲜的武士割朝鲜人鼻子回国领赏，一个鼻子表示杀敌一个敌人。
② 〔日〕梦窗疎石：《梦窗国师语录》卷下之一，《大正新修大藏经》第80册，第468页。

'毋厚丧礼，维那投炬，十声念佛，不可行余佛事。吾昔在灵隐，亲见退耕入灭，大约类之。'"① 正如日本学者所指出的：

> 五山禅僧成为居住在有幕府为檀越官寺的官僚，为幕府诸武家提供精神影响的宗教生命丧失了，怠于修道实践，埋头献身于中国士大夫社会流行的文笔活动，并以此为理想，为报答幕府的外护，从宗教本来的教义中逃逸出来，只做一些祈祷佛事、葬礼法要和外交文书的代笔之事。说起葬礼佛事，像禅宗这样精于这种仪式几乎少有比类。②

参见日本各禅师语录，法语和偈颂中，有很多的内容是与"举火""下火"相关，足见火葬在修禅者间的流行，而火葬的民俗化则足见禅宗影响了日本社会。由于禅宗住持的葬礼后来越来越讲究排场，后来影响了日本在家的葬礼和法事，这是其负面影响。

日本佛教到近现代堕落为"葬式佛教"（或者说"丧葬佛教"），从中世禅寺对丧葬仪式的参与看，禅宗对日本丧葬风俗的变化起了很大的作用，这怎么说都是具有讽刺意味的③。

此外，禅宗寺院板示"牌书"的方法影响了日本社会，至今日本牌书流行，成为世俗法令、规则等告示、宣传的重要手段。

四 禅宗与日本人"直觉"的思维方法

禅宗主张"不立文字""以心传心""直心"。这种情感、认知的交流方式影响了普通日本人的沟通方式，禅宗师徒之间（暗示、以心传心）的启发方式也影响了日本人的教学方式，此前，天台宗代表的日本佛学传授过于依赖文字。禅宗"运水搬柴无非佛事"的修行理论，让日本人学会从日常生活、劳作体验中觉悟。

禅宗曹洞派的"默照禅"，影响了日本人的情感表达方式，重视彼此的默契，而拙于语言表达，这种对语言表达方式的忽视，影响至今，日本男性羞于表达爱。

默照的同时，宋代《碧岩录》《无门关》《从容录》等白话禅书输入日本，不仅为日本禅僧提供了许多公案，也影响了日本的语言表达方式。

---

① 〔日〕师蛮：《本朝高僧传》（第一），《大日本佛教全书》，第336页。
② 〔日〕家永三郎主编：《岩波讲座·日本历史7》（中世3），第296页。
③ 〔日〕家永三郎主编：《岩波讲座·日本历史7》（中世3），第296页。

第十章　禅宗传播与中世日本社会生活的转型

义堂周信为足利义满讲得最多的便是圆悟克勤的《碧岩录》。中国禅宗讲究语言表现的特殊技巧，特别是"文字禅"的流行，也让日本人追求禅机和妙语。

日本是一个善于模仿的民族，更是一个喜欢模仿的民族，中世的日本禅师处处模仿中国的祖师，采用非言语的身势、手法等开示学人，让日本人大为喜爱，比如画"圆相"。《人天眼目》一书中介绍了"圆相因起"：

> 圆相之作，始于南阳忠国师。以授侍者耽源，源承谶记传于仰山，遂目为沩仰宗风。明州五峰良和尚，尝制四十则。明教嵩禅师，为之序称道其美。良曰："总有六名，曰圆相、曰暗机、曰义海、曰字海、曰意语、曰默论。"
>
> 耽源谓仰山曰："国师传六代祖师圆相，九十七个，授与老僧。国师示寂时，复谓予曰：'吾灭后三十年，南方有一沙弥，到来大兴此道。次第传授，无令断绝。'吾详此谶，事在汝躬。我今付汝，汝当奉持。"仰山既得遂焚之。
>
> 源一日又谓仰山曰："向所传圆相，宜深秘之。"仰曰："烧却了也。"源云："此诸祖相传至此，何乃烧却。"仰曰："某一览已知其意，能用始得不可执本也。"源曰："于子即得，来者如何。"仰曰："和尚若要重录一本，仰乃重录呈似，一无差失。"耽源一日上堂，仰山出众作○相，以手托起作呈势，却叉手立。源以两手交拳示之。仰进前三步，作女人拜。源点头。仰便礼拜。此乃圆相所自起也。①

智昭在《人天眼目》一书中对"圆相"作了详细的研究，这一风气传入日本后，非语言的画圆相的做法一时流行。

圆相如同手印，类似的还有中国禅僧的花押形式，不仅影响了日本禅僧，而且影响了日本武士，日本于是出现了"公家样、武家样、平民样"的各种花押形式②。

花押（包括画押）在日本社会很是流行，不仅在中世，在当代也是，它是一种象征、一种印证。当代日本人在契约社会中重视印章的使用，根源也在此。作者认为，日本禅林的圆相与武士的花押有密切的关系。禅宗

---

① （宋）智昭集：《人天眼目》。收入《大正新修大藏经》第40册。引用时根据笔者的理解重新分段、标点。
② 参见〔日〕広瀬良弘《禅与地域社会（禅と地域社会）》，东京吉川弘文馆2009年版，第125页。

重视经验的、精神的知识，禅宗有很强的直观性。

室町时代是日本"表现主义精神——疯狂的精神"[①] 流行的时代，这和禅宗的影响有一定的关系。特别是自号"狂云"的一休宗纯等的率性行为，影响了日本人的价值观，禅宗所谓"直心是道场"。石田一良认为，喜爱狂的心理也影响了室町时代日本人的幽默感[②]。

第四节　禅宗的流传与中世社群观念、世俗伦理的转变

一　禅宗生活方式广泛地影响了日本社会

日本中世思想界、宗教界的一大变化是，民众化的宗教的出现。禅宗成为统治阶级武士的宗教，其清规规范了武士道和武士的行为，本书限于篇幅不拟多加讨论，将另文探讨。

如何把握中世日本的世界观、价值观？日本第一代日本学者家永三郎、井上光贞主张，从镰仓"新佛教"诸师祖的思想中提取其最大公约数的共同因素，可以得到以下要素，或者说把握镰仓新佛教的关键词，即"专修"（只需一种修行就能得到救赎）、"易行"（任何人都可以实践的简单修行）、"恶人救济""女人救济"等，可以视为中世佛教的特征[③]。

中世日本宗教转型的过程是，由平安时代为贵族祈祷的宗教，转变成为国家祈祷的宗教，最后出现民众化的宗教。此在日本历史书中通称"中世庶民佛教"，也就是说世俗化了，禅僧对佛教世俗化、大众化贡献最大的是曹洞宗及临济宗妙心寺派。世俗化的一个表现是和神道、民间信仰的调和，例如立春时禅僧亦主持撒豆子、唱"鬼外福内"的驱傩仪式[④]。

中国禅宗重戒律，百丈怀海（720—814）制定禅门清规，规范了僧众的行为和威仪，推广了农禅生活方式。中国禅宗重行脚，禅师喜欢打发弟子游方行脚，甚至禅师自己也在不同的寺院辗转担任住持。行脚是修学旅行，是借旅行的方式修学。宋朝的理学大师朱熹也很推崇僧侣的行脚方式，"要学僧家行脚，交结四方贤士，观察山川形势，考测古今治乱之迹，

---

① 〔日〕石田一良：《日本文化——历史的展开与特征》，第141页。
② 〔日〕石田一良：《日本文化——历史的展开与特征》，第142页。
③ 〔日〕苅部直、片冈龙、荻须纯道：《日本思想史入门》，郭连友等译，外语教学与研究出版社2013年版，第60页。
④ 〔日〕瑞溪周凤：《卧云日件录拔尤》，近藤瓶城编《续史籍集览·第3册》，第332页。

经风霜雨露之苦，于学问必能得益"①。现代日本人喜欢"远足"这种"见学"方式，显然与中世以来受禅宗文化的熏陶有关。

净土宗和净土真宗等派别就不用说了，中世的日本禅宗也表现出一定的大众化（或称"民众化"）、乡土化（或者说地方化）倾向，禅净双修在中世日本是比较普遍的现象，这与足利义政兴起的东山文化有一定关系，义政身边的"同朋众"是禅宗民众化的贡献者。连歌会、茶汤会，赏花、赏月、观赏能乐、鉴赏书画器物等的集会，成为中世上流社交的重要方式，并以其魅力影响下层，如有钱的商人、町人。

中世日本禅宗，最早表现出大众化、山林化倾向的是大日能忍的达摩宗一派，然后是曹洞宗诸流派。"应仁之乱"后日本禅宗迎来大众化、地方化的高潮，临济宗大德寺、妙心寺一系的一些僧人（代表人物有大德寺一休禅师）也加入其中。如大休宗休、太原崇孚师徒在骏府（今静冈市）开创的临济寺，太原崇孚甚至成为今川义元的外交、政治顾问，禅宗对今川一门的影响是其地方化的代表。此外还有得到小田原北条氏皈依的箱根早云寺，得到武田信玄皈依的甲斐的惠林寺等，这使得禅宗影响不局限于京都和镰仓的贵族和上层武士。

中世日本社会，流浪卖艺人等下层百姓，以"放下""放下僧"和"暮露"等名义出现，以禅僧或修禅居士为名②，说明禅宗受到下层民众的欢迎。信仰禅宗的中世日本乡野村民甚至集资建寺，请高僧住持，例如定慧明光佛顶国师，"摄州上杉村民勠力建寺，请师为开山，师应之，号龙泉山灵云寺。进山有普说"③。禅僧的普说、讲法让更多人知道"如何是一大事因缘"？道元的答案是，"早朝吃粥，斋吃饭；健即经行，困即眠"④，一切顺其自然，达观知命。道元在"办道法"教训中号召听者，"动静一如大众"，告诫"拔群无益，违众未仪"⑤，也影响了日本人从众的行事方式。中世寺院修建的时候还有劝进田乐、猿能乐（即"劝进兴行"）等活动，往往会集了大量民众，狂言、民众演剧也相应地兴起，丰富了下层民众的文艺生活。

---

① 转引自胡适《禅学指归》，北京联合出版公司2011年版，第31页。
② 〔日〕原田正俊：《日本中世的禅宗与社会》"从放下僧·暮露看中世禅宗与民众"，第18—54页。
③ 〔日〕一丝文守语，文光编：《佛顶国师语录》卷第五，《大正新修大藏经》第81册，第187页。
④ 〔日〕道元：《永平道元禅师语录》，载〔日〕国训禅学大成编辑所编《国训禅学大成第四卷》，东京二松堂书店1930年版，第13页。
⑤ 〔日〕道元撰：《永平清规》，《大正新修大藏经》第82册，第323页。

中世日本的生活方式发生转变，一个突出的标志是中国茶道及其文化输入日本，对日本人审美文化、饮食文化等方面的影响。中国传来的点心、豆腐、馒头在日本的流行，尤其是豆腐，是禅寺高僧眼中的佳肴，故街市豆腐作坊很多①。

随着茶道的日本化②，特别是千利休等人对炫富、媚外世俗的批评，对朴素生活方式的提倡，唐物崇拜在日本逐渐衰落，日本国产品逐步被接受并被推崇。饮茶风习和仪礼也逐步日本化，进而大众化，成为日本人日常生活的重要内容。

此外，禅宗"自力"救赎、自力修行的思想开始影响日本人。不依赖念佛救赎，也不依赖施舍的方式救赎。

二 模拟亲情的禅宗僧团与克制亲情的修道

禅宗文化在日本的传播对中世日本社会道德理念、家族观念、宗派观念、孝亲伦理、人情往来③等都产生了很大的影响，铃木大拙就很强调这一点。

日本社会普遍存在的家元制和模拟家庭意识，与禅宗有着密切的关系。禅宗很重视衣钵传承，重视"血脉"关系，重视"传灯嗣承"。禅僧重视师徒之间的慈爱与孝顺，师徒关系往往模拟父子亲情关系，而且在法律上得到认可，同寺僧尼比拟世俗之父母叔伯、兄弟子侄关系。表现在称呼上，僧人以"祖父"比拟古德、先师，老师往往以"儿孙"称弟子，弟子则以"法孙比丘某某"自称。禅宗典籍中也爱以"儿孙"的多少比拟门派的兴衰。中国禅林这一风气潜移默化了日本社会，如虚堂智愚送给日本学生南浦绍明归国的偈颂："敲磕门庭细揣摩，路头尽处再经过，明明说与虚堂叟，东海儿孙日转多。"④ 因而日僧一休宗纯自称为虚堂智愚的六代孙，泽庵宗彭自称为南浦绍明的"远孙"⑤。

以下义堂周信的真赞"无云和尚并叙"，更恰如其分地说明了禅林模拟父子关系的情况：

---

① 〔日〕辻善之助编：《鹿苑日录》，常见"献朋樽豆腐""买豆腐"的记载（如第一卷第195页下、第198页上），其吃法多为"涂酱以就炉炙之"，即烧烤豆腐。
② 茶道的日本化，拟纳入中世日本文化转型这一题目中研究，故在本书中将其省略。
③ 室町时代禅僧的日记（如《鹿苑日录》），大部分内容是节庆日、法事、升迁、生日等的庆贺、答谢、赠礼、应酬的具体财物数量记录。
④ 〔日〕南浦绍明：《圆通大应国师语录》卷下，《大正新修大藏经》第80册，第127页。
⑤ 〔日〕南浦绍明：《圆通大应国师语录》卷下，《大正新修大藏经》第80册，第128页。

高祖破庵、曾祖佛鉴、祖父环溪、父镜堂，四世皆唐西蜀人也。镜堂以日本弘安二年己卯岁，偕无学祖来朝，历住建长、圆觉、建仁三大刹。师讳义天，无云其字。①

通观义堂日记《空华老师日用工夫略集》，通篇以"兄弟""子侄""诸侄"称同门和同道，大讲"孝"道。自中国创建的禅宗，重视衣钵相传，老师给弟子命名时注意论辈排行，日本在论资排辈方面大受影响。

中世日本禅林的拟亲意识及其影响，还表现在禅僧道号法讳的汉字选择上，同门同一辈分的倾向于选择使用某同一个汉字，例如临济宗兰溪道隆的弟子多共一"德"字，如约翁德俭；约翁德俭的弟子多共一"元"字。曹洞宗东明慧日的弟子多共"圆""契"字，如别源圆旨；而别源圆旨的弟子均共一"如"字②。

还有一个突出的现象，从白云守端（1025—1072）开始，禅宗寺院形成了祖师崇拜之风，白云守端将菩提达摩和百丈的肖像迎请在祖师堂，时时礼拜，后来在祖师像旁边安置了住持（即在世禅师的肖像，称"寿像"）的画像。这种崇拜也是为强调血脉关系，以及亲疏关系，其中有儒家伦理观的影响。日本禅寺也有相似的倾向，宗师与住持的肖像常常比邻而放。

禅宗的"子孙"观和"祖宗"观自然也影响了日本人的社会观念，比如孝道。元人郭居敬所撰《全相二十四孝诗选》就是五山禅僧传入日本的，因日本有室町中期的写本，《禅林五凤集》中收录有策彦等人撰写的孝纯之诗，显然起到了教化的作用。故禅僧常应请为将军、大名、武士等作追忆先祖的"忌辰"佛事，为其先祖"追福"。

禅宗在日本人心目中的作用是"护国"和"传家"，这一家传和传家的思想就包含了孝道。许多武士大名，兴建禅寺，祈祷子孙益昌，当然也超度祖先亡灵。

佛教自传入中国以后，与儒家曾在孝亲这一伦理观念上发生冲突，这是众所周知的，后来佛教吸纳了孝的思想。禅宗传入日本后，这一问题也曾引起争论。

曹洞宗的祖师道元认为求道重于亲情，"既发菩提心，舍亲出家亦最

---

① 〔日〕义堂周信语，门人中圆等编：《义堂和尚语录》卷第四，《大正新修大藏经》第80册，第540页。
② 详细参见〔日〕玉村竹二《日本禅宗史论集》（上），第9—13页。

难得；既舍亲出家，又引导六亲入于佛道，亦最难也"。他以六祖慧能安顿老母，到黄梅出家之志，说明出家的功德，慧能之母因此算得上是善菩萨。父母让出家的比丘、比丘尼还家还俗，则是"恶父母也，不可顺也"①。

道元的这一主张和他三岁丧父、八岁失母，缺乏亲情体验有关；也和他的老师明全表率有关。当初道元随老师明全出发来宋时，明全之师明融因病重，要明全延期出发，面对难违的师命，以及其他同辈也同样劝阻，可是明全不同意延期，他说：看护、慰安毕竟是私事，于"出离修道"无益，如果因此自己死了，妨碍求道，师罪重大。所以忍其难忍而出发时，虽背于一人有漏的迷情，但可成多人得道的恩缘，完成功德即可报师恩。虽死于途中，还是胜因。老师明全的态度显然给予弟子道元极大的感动，也影响了他的孝道观念。

日本禅宗当然并不否认孝道，这从临济宗高僧雪舟等扬等人的传记表现可得到证明，孝亲是被赞美的。在家人尊孝道，尊孝经所说，出家则以修法为重，以尊师为孝。

日本一些宗派出家为僧依然可以娶妻生子，不能不说与孝养的观念有关，日本的一些寺院住持都是父子相继的，在这里出家求法与孝亲达到统一了。

与重衣钵传授、宗派观念相关的是禅僧的派系文化和派系斗争，各宗派之间门户之见极深，常因宗旨不合而被逐出师门。中世日本佛教（不限于禅宗）的这种宗派和门户之分别，从义堂周信等的日记中多有反映，镰仓建长寺与圆觉寺之间的斗争是其代表，禅宗派系的分化也影响了日本社会。派系的分化和斗争形成"派阀"，在各行各业都有存在。

三 中世禅僧的风流与日本民众的开放

禅悟的境界是自由的境界，室町时代也因此被称为"风流的时代""狂气的时代"。"也可以说是风流即狂气、狂气即风流的时代。"②京都是风流的中心，和歌是其风俗和艺术表达，风流好色的风气从这里向全国扩散，在公家、武士、町人、僧侣、庶民之间扩散。

属于中世风流的范畴之一性观念方面，主张禁欲的武士在性行为方面

---

① 〔日〕道元等：《承阳大师圣教全集 第 3 卷》，永平寺出张所 1909 年版，第 245—246 页。
② 〔日〕市川白弦：《一休：生在乱世的禅者（一休：乱世に生きた禅者）》，东京日本放送出版协会 1970 年版，第 124 页。

却开通，无论是男色还是女色，并不被认为是不道德的。在中世日本佛教界，"食肉娶妻"不守色戒的僧人主要是源空（1133—1212）开创的净土宗和亲鸾（1173—1262）开创的净土真宗门下。

据《正法眼藏随闻记》记载，道元在一次"杂话"时谈到淫色之事，认为，"世间的男女老少谈论多交会淫色之事，这不过为自我满足、自我安慰而言说，虽说一时意淫游戏，不过是聊以自慰，但禅僧不可言说，应严格禁断"①。可见大师将僧俗区别对待，对民众是宽容的，民众自然将日常交流讲的"黄段子"作为生活的调节剂。尽管道元强调禅僧不许谈淫色之事，但到了中世后期的室町时代，日本禅林风气大变，有不少禅宗高僧（如一休等）其行事风格颇为狂狷，对日本社会亦有一定的影响，具体包括热心诗歌的研习，诗中频繁采用艳词绮语，至于日常生活言行中的任性便不在话下了，毕竟日本没有禁欲的文化环境、社会风俗。中世日本女性相对自由开放，独身旅行的女人随处可见。

中世日本城市开始在港口、在寺社的参道、在武家的城堡周边形成，商业经济逐渐繁荣，社会风俗如何适应，主要决定于人性。在生活方式方面，给日本提供模范的宋代，城市经济的繁荣导致市民文化的发达，与此相关的是花街柳巷、瓦肆勾栏的繁荣和酒色财气的盛行。与士大夫交往密切的禅师自认也受影响，表现之一就是，常用艳诗艳词的形式来说法示道。

中国禅宗兴起之初，从初祖达摩到三祖僧璨，禅僧们"孤峰顶上，盘结草庵"，都是标准的苦行僧。自四祖道信、五祖弘忍在黄梅倡导农禅，建立僧团，开启"东山法门"之后，也是讲究自耕自足，之后百丈怀海制定清规。

进入北宋以后，由于城市经济的发展，也诱使僧人游食于城镇，随着"呵佛骂祖"之风的盛行，一些僧人行为浪荡无羁。正如北宋真净克文曾经描述的，当时禅师的生活方式："手把猪头，口诵净戒。趁出淫坊，未还酒债。"②而且，禅门中也出现了一种为市民式纵欲主义辩护的理论，如《宝峰云庵真净禅师住洞山语录》中所载真净禅师的论调："佛法门中，有纵有夺。纵也，四五百条花柳街，二三千所管弦楼。夺也，天上天下，唯我独尊。"③只要顿悟本心，明白"情与无情，同一无异"的道理，就可

---

① 〔日〕道元等：《承阳大师圣教全集·第3卷》，第52—53页。
② 《罗湖野录》卷下。转引自周裕锴《禅宗语言》，浙江人民出版社1999年版，第383页。
③ （宋）赜藏主编集：《古尊宿语录》卷四二，中华书局1994年版，第803页。

以出入花柳巷，逛逛管弦楼，狎妓风流一番也无妨。相应地，禅语里也出现了反映世俗享乐生活和情感生活的词句。在中国宋代，虽然真正敢逛妓院的禅僧极为罕见，但可以通过"斩猫"、断蚯蚓悟道的禅宗故事看，至少在理论上承认出入淫坊无碍佛法。

中世日本禅僧爱用诗词说法，甚至用艳词，说性事。宋朝禅林，因风气的影响，一些禅僧爱用表现男女爱情的诗词来阐释禅理，据说，圆悟克勤乃因五祖法演举小艳诗而悟道，此成为日本禅宗的一大公案。圆悟克勤的艳诗全文如下：

一段风光画不成，洞房深处托深情。
频呼小玉元无事，只要檀郎认得声。①

法师惠洪在他的一首诗偈里也化用过后两句："了知无性灭无明，空慧须从戒定生。频呼小玉元无意，只要檀郎认得声。"如果说惠洪的诗偈还有说理成分的话，那么，昭觉寺克勤禅师悟后所作那首呈交五祖法演以求印可的诗偈，则和纯粹的艳诗毫无二致。偈曰：

金鸭香消锦绣帏，笙歌丛里醉扶归。
少年一段风流事，只许佳人独自知。②

法演阅罢这首偈，大加赞赏，称他"参得禅也"。那么，这首偈到底参得什么禅呢？金鸭炉前，锦绣帏中，笙歌丛里，是男女欢会的场所。"金鸭香消"二句表面上是写风流狎客寻花问柳的艳事，沉溺于男欢女爱，热衷于舞榭歌台，实际上是譬喻禅客在纷繁的"色界""欲界"中求道。

日本输入的禅宗是南宋以后的禅宗，日本的僧人和歌人很容易接受圆悟克勤等人表达方式的影响，在相对开放的理教影响尚浅的日本，人们对于酒色自然有自己的领悟，于是有了一休宗纯（1394—1481）这样的中世禅僧，在诗偈中"狂言"情色之事，在生活中追逐风流，"妻带""女犯"。

---

① 《禅语辞书类聚》第1册，第346页。转引自周裕锴《禅宗语言》，浙江人民出版社1999年版，第383页。
② （宋）普济：《五灯会元》卷一九，苏渊雷点校，中华书局1984年版，第1254页。

第十章　禅宗传播与中世日本社会生活的转型

深受中世大众爱戴的一休和尚，七十八岁的时候认识盲女森女（当时大约四十岁左右），并保持恋爱关系，一休《狂云集》有许多描写他和森女情爱·性爱的诗偈，一休以其率性、不造作，所谓"即事而真"而被世人理解，被信众爱戴。一休最为著名的诗偈是《大灯忌，宿忌以前对美人》：

宿忌之开山讽经，经咒逆耳众僧声；
云雨风流事终后，梦闺私语笑慈明。①

日本临济宗"妻带"（娶妻）且"女犯"的另一代表人物是无住一元（1226—1312），但他善于隐藏妻带之行，不为常人所知。临济宗僧人兼歌人正彻（1381—1459，号松月庵，字清严）在其歌学书《正彻物语》中称：

俊成之女的歌：
"呜乎哀哉，心中君常在，夜梦谁能猜。"
诚为"幽玄"之歌。那一夜的幽会，除了他与我之外，无人知晓。②

正彻此论，显然是受到圆悟克勤艳诗的启发。中世日本另一著名歌人兼僧人心敬（1406—1475）在其《私语》中认为，"凡是有志于歌道者，都应以'艳'为目标努力修行。不应只着眼于句之姿及言辞的优美，清心寡欲，人间色欲要淡，在万事万物中深悟人世无常，不忘世间人情……"③可见无论禅僧还是他宗僧人，如西行上人、经信卿，把歌道当作禅定修行之道，故诗歌均不回避艳词。这就是本居宣长（1720—1801）所谓的："我日本人万事率心由性，通脱自在，不自命圣贤，所以对人之善恶不愿说三道四，只是原样写实，其中和歌、物语等，均以'物哀'为主旨，将好色者的种种样相和心态径直写出。"④

中世日本社会性行为和观念的开放，根本性的责任不在于禅宗，同一

---

① 〔日〕市川白玄等校注：《中世禅家的思想（中世禅家の思想）》，收入《日本思想大系》16，东京岩波书店1972年版，第275页。
② 〔日〕正彻：《正彻物语》，转引自王向远译《日本古典文论选译》古代卷（上），中央编译出版社2012年版，第133页。
③ 〔日〕心敬：《私语》，转引自王向远译《日本古典文论选译》古代卷（上），第343页。
④ 〔日〕本居宣长：《石上私淑言》，转引自王向远译《日本古典文论选译》古代卷（上），第226页。

时期在日本盛行的净土宗、净土真宗对日本下层性观念的影响似乎更大，在亲鸾等的言传身教之下，性行为方面更是开放、自由。

中世日本禅僧往往酒色相连，相比之下饮酒是日常生活，是大众化的饮料，几乎无戒可言。特别是室町时代的五山禅僧，往来招待必饮酒，或以酒为礼品，几乎和茶并列，禅僧日记中"酒两三返""吸物有酒"之类记载随处可见，以酒待客、以酒赠客，比茶显得更流行。住持、首座等高级僧人几乎每日饮酒，或"斋时中酒"，有时一日数度饮酒。住持、首座等常以酒为支付力者（寺院的差役）的工资，称"饼酒"①。带妻食肉，随同世俗，是日本佛教发展之方便，可以说佛教传到日本世俗化了，世俗和化俗，彼此彼此。

四　禅僧的戒行与日本民众的生活态度

禅悟的境界也是自律的境界，在禅风的影响下，中世日本的社会风气也在转变，也就是说，作为中世的新宗教，禅宗之教义和清规，及其高僧大德的道德文章，以及禁欲苦行，在克己、自律等方面培养了中世日本人的道德和修养。

中世禅宗僧侣讲求的威仪观、清净观，通过禅苑清规的公示，加上禅宗高僧大德们严谨的生活方式的示范效应，影响了、规范了此后日本人的个人卫生观、清洁观。

日本曹洞宗祖师道元所著《正法眼藏》卷第七的《洗净》篇，于延应元年（1239）在宇治宝林寺示众，特别强调"净心"和"净身"的关系②。该篇记录了宋朝禅僧洗澡、洗脸、刷牙、如厕的行仪。尽管今天日本寺社等宗教场所，极力保持清洁，但古代日本人其实并不太讲究个人卫生，在宋期间，道元就因为自己不刷牙、口臭而受到宋人的诟病，所以他回日本后提倡，"入浴洗身、洗心、洗足、洗脸、洗目、洗口（刷牙）、洗大小二行、洗手、洗钵盂、洗头"，从而"身心清净"③。此清洁之风先在曹洞宗的寺院推广，之后影响到日本民众的生活习惯，以至今日。

道元在《洗净》篇对公厕卫生的强调给予了极大的篇幅，今天日本发达的厕所文化，亦可追溯到中世的禅林清规，日本继承并发扬了《禅苑清规》中有关东司、后架的一些规定，非常细致地强调个人卫生和公共卫生

---

① 参见〔日〕辻善之助编《鹿苑日录》第一卷，第215、216、217页。
② 参见〔日〕道元《正法眼藏》，载《大正新修大藏经》第82册，第30页。
③ 参见〔日〕井原今朝男《史实　中世佛教》第一卷"中世僧侣的生活与现代人的洁癖"，东京兴山舍2011年版，第158—167页。

意识。禅寺厕所有专门管理的"净头",以"雪隐""后架""架房"的雅称指代厕所,也反映出修行的心态和生活的追求。

日本临济宗祖师荣西在《兴禅护国论》第二"镇护国家门"中开篇便宣称:"《仁王经》云:'佛以般若付属现在、未来世诸小国王等,以为护国秘宝。'般若者,禅宗也。谓境内若有持戒人,则诸天守护其国。"如此看来,荣西所谓的兴禅,就是号召日本僧人持戒,大众"要当选择戒清净者,以为其师。著新净衣,燃香闲居"[①]。

禅宗僧徒守戒律的模范行为培养日本人的自律意识,以其安定、沉静消除公众的不安和焦躁。禅宗的流行,禅僧的修行行为,以及禅宗高僧对幕府高层的规劝等,为中世日本做了很好的示范和推动。

当然,世俗的腐败也影响了整个日本佛教,包括禅林,但禅宗高僧大德如中流砥柱,为匡扶世道从来没有放弃努力。室町幕府初期,管领细川赖之对足利尊氏、直义以来日益兴盛的禅宗纲纪管理非常严格,1368 年发布了《诸山入院禁制条条》这一法令,严禁禅寺奢侈的赠答和奢华的招待等"俗习之弊",虽然招致一些五山僧侣的反感,但也有不少禅僧叫好。比如当时任圆觉寺塔头黄梅院主的义堂周信,对贞治七年(1368)二月发布的这一法令大叫:"见新禁法,是病脱然去体也,快哉!快哉!"[②] 故他不断对僧徒强调谨慎僧仪。

禅宗有关清规、戒行宣讲,对镰仓幕府提倡廉洁有一定影响,例如义堂周信康历二年(1380)初到建仁寺,六月十日"初讲日用清规,管领泪令弟将作,特来聆之"[③]。永德三年(1383)八月廿四日,义满在府内设斋召请义堂周信等,遵循龙湫和尚俭约的建议,"设点心二味,果子三品,饭菜六种",义堂因此"劝令为天下丛林法式以戒奢"[④]。禅僧"众善奉行"、"放生"增福寿、"仁慈"等的宣讲,对幕府的德政推行当有一定关系,特别是室町时代常常颁布德政令。"德政"名义上是减轻民众的愁苦,

---

① 〔日〕市川白玄等校注:《中世禅家的思想(中世禅家の思想)》,收入《日本思想大系》16,东京岩波书店 1972 年版,第 100 页。
② 〔日〕义堂周信:《空华老师日用工夫略集》,近藤瓶城编《续史籍集览·第 3 册》,第 23 页。
③ 〔日〕义堂周信:《空华老师日用工夫略集》,近藤瓶城编《续史籍集览·第 3 册》,第 161 页。
④ 〔日〕义堂周信:《空华老师日用工夫略集》,近藤瓶城编《续史籍集览·第 3 册》,第 241 页。

预防"一揆"①的频发，但是后来性质大变。"一揆"的频发使中世日本各阶层爱争斗，乃至械斗，禅宗僧徒中带刀的亦不少，义堂周信极力禁止门下僧徒佩刀，带刀者见则驱逐出寺院，并以此建议足利义满禁止禅僧携带刀杖②。义堂禅僧倡导诸方"和合"，为中世日本这一"乱世"的匡扶、净化起到了一定的作用。

镰仓幕府法中指定了杀生禁断日，与禅宗的斋日大有关联，到室町战国时代出现了"六斋市"，反映出宗教与商业的完美结合。

总之，禅宗高僧因其社会声望，他们对现实的关注，对世相的批评，有助于中世社会的规范。中世日本是一个战乱频仍的黑暗时代，尤其是足利时代后期，但也是一个不乏乐观的时代，能等艺术的蓬勃发展、连歌师的随意旅行是其标志，其中有禅宗净化、陶冶的作用。

---

① 一揆：日语意为"一味同心"，亦即"同盟一致"，也就是中世日本中下层民众的攻守同盟。
② 〔日〕义堂周信：《空华老师日用工夫略集》，第224页。

终章　中世日本禅宗的衰落与意识形态的转型

以此为终章，因为本书相关内容涉及日本历史中世和近世的交替，涉及新的社会转型。从中世日本到近世日本的跨越，又是一个社会形态代替另一个社会形态，正如本书第一章中不得不简单介绍从古代日本到中世日本的社会转型，介绍中世社会意识的来源一样，这里介绍中世社会意识的归属。其中包括体制、观念、信仰等一系列的转换，意识形态的转型更能凸显中世日本社会转型从"量变"到"质变"的过程。

本书关注的中世日本禅宗，随中世社会的落幕而衰落，其根本原因大概有三：首先是禅宗内部失去自信；其次是对外则失去信徒，追随者流失；最后是失去了国王、大臣等大"护法"。一兴往往有一废，一废必有一兴，这是社会的新陈代谢，中世禅宗的衰落，正如平安末期密宗的衰落导致禅宗在镰仓初期的兴起一样，导致近世日本儒学的兴盛。恰恰是禅宗为自己准备了掘墓人——儒学（日本所谓的"儒教"），尽管儒学在镰仓、室町时代"成为禅宗附庸"，被禅僧视为"助道"的手段之一[①]。

第一节　禅僧学问兴趣的转变导致"由禅入儒"的变身

一　在"儒佛不二论"中的学问转型

中世日本禅宗的发展历史，自从古代"显密体制"中独立后，经历了从"禅密兼修"到"纯粹禅"，再到"禅儒兼习"[②]的转变，进入近世则

[①] 王家骅：《儒家思想与日本文化》，浙江人民出版社1990年版，第54、59页。
[②] 这是笔者提出的概念，因为中世后期的日本禅僧，在戒律和修行不被重视的情况下，在学术上普遍突破的内外典的界限，广泛研习儒学典籍，禅儒兼习，且难分内外、主次了。

出现了禅僧"以禅入儒"的身份转变。中世日本禅宗的衰落主要表现为，本色的丧失和社会地位的跌落。

兰溪道隆初到日本时，极力宣扬、传播纯粹禅，不仅防止禅宗与天台宗、真言宗等密教的混合，还防止其与日本神道的掺和，当然，兰溪也不太考虑佛、儒、道三教的完全融合，他考虑的是，如何保持原汁原味的宋朝禅宗风格。当禅宗的中国风格被日本僧徒破坏，或者说被做适应于日本社会的改造，亦即"日本化"之后，纯粹禅也就开始衰落了，它注定将被不断改造而失去独特的魅力。

禅宗在中世日本的发展，跟武士阶级乃至町人、农民合理主义的追求有关，禅宗多少具有否定咒术的合理性，对现实的合理性的追求，使他们远离旧佛教的宿命观[1]。但紧随禅宗日本化的是日本佛教的庸俗化，佛教不再是信仰，在思想领域它仅仅是一门学问。

在学问和兴趣上，日本禅僧一开始就分散精力，兼学儒家典籍，圆尔辨圆1241年从宋朝返回日本，携去朱熹的《大学或问》《论语精义》等著作是其标志。

随着时代潮流的推进，中世日本禅宗僧众逐渐形成了研究外典（即儒家经典）之风，进入室町时代之后，逐渐形成滔滔之势。以虎关师炼为代表，出现了雪村友梅、义堂周信、绝海中津等一大批著名的僧人，从而影响了整个日本社会的学术风气，临济宗系统的一些禅僧和其他知识阶层的学问兴趣转移到儒学、神道乃至兰学方面。他们不再专注于禅宗，不再独尊禅宗，禅宗只是他们"兼修"的一门学问、道艺。

禅宗输入日本后，由于附带地带入了宋明理学，于是，日本学者之间围绕儒释学问的差异、优劣也产生过争论，等同视之的人越来越多。

> 圭峰宗密禅源诸诠集上有曰"至道归一，精义无二，不应两存。至道非边，了义不偏，不应单取。故必须会之为一，令皆圆妙"。三教亦当如是观。而圭峰倡教禅一致之说，实为宋人三教说之导源。（今儒日本荒木见悟氏著书于此义发明极深。）前人理彻如是，小子惟默宗尔。[2]

禅僧义堂周信在关东管领府为武家（例如善福寺檀那管领上杉兵部等）说法时，以儒释同等的态度对待儒学，认为"经云：法尚可舍，何况

---

[1] 参见〔日〕市川白弦《一休：生在乱世的禅者》，第21页。
[2] 季惟斋：《征圣录》，华东师范大学出版社2010年版，第164页。

非法。如是讲则儒书即释书也",因为"儒释皆以悟道为宗"①,本质上没有差别,于是儒学的地位渐渐提升,越来越被僧俗重视,以致义堂周信也不得不劝诫弟子,"汝等外学旁兼可也,勿以为宗"②。

义堂周信在镰仓时劝镰仓公方足利氏满读《贞观政要》,到京都后则劝将军足利义满及其周边学习儒典,并亲自讲解《论语》《中庸》,目的可能在于为佛教助道,而最终的效果则可能是让武士们、禅僧接受了儒学,乃至倾向儒学。据《后法兴院政家记》《实隆公记》载,1490年以后,僧人一勤在宫中讲《论语》《大学》《孝经》《左传》。

进入战国时代后期,由于长年战争的原因,乱世之下,禅僧很难潜下心来修行学道,人们难有闲情逸致研究学问,正如义堂周信早在1371年于镰仓善福寺任住持时所感叹的:"今时吾徒不坐禅,不看经,但驰骋外学……是乃佛法灭尽之相也,可痛哉!"③ 不过,汉文学和儒学的兴趣,使日本五山僧人维持着日本文学的一线光明,儒学则从京都扩散到地方,并形成了萨南学派、海南学派(土佐)、足利学校等著名流派。

这一时期日本儒学的代表人物,恰恰是禅僧了庵桂悟、景徐周麟、策彦周良等④。

禅僧们本业的荒废,使其道学往往难以说服人,安土桃山与江户鼎革之际,禅僧承兑、灵三,虽以才学自负,本为诘难脱佛入儒的藤原惺窝而来,却被惺窝反驳得默然无对,辩论不过儒者,自然无法说服世人,以挽救脱佛入儒的世风⑤。

二 统治者的学问兴趣开始转向儒学

禅宗在中世对中日两国的意识形态都产生了很大的影响,宋朝和日本,一先一后,分别出现了一个修习禅宗的"士"的群体,而且,这个群体是各自社会的知识阶层和社会精英,影响了彼此的意识形态,改造了两国的上流社会。

---

① 〔日〕义堂周信:《空华老师日用工夫略集》,收入近藤瓶城编《续史籍集览·第3册》,第78、154页。
② 〔日〕义堂周信:《空华老师日用工夫略集》,收入近藤瓶城编《续史籍集览·第3册》,第97页。
③ 〔日〕义堂周信:《空华老师日用工夫略集》,收入近藤瓶城编《续史籍集览·第3册》,第82页。
④ 具体可参见〔日〕久须本文雄《日本中世禅林的儒学》,该书逐一介绍了各人的儒学思想及其涉及的儒学经典。
⑤ 参见〔日〕久保得二《近世儒学史:本邦》,早稻田大学出版部1904年版,第20页。

日本到室町时代，幕府将军、大名们为寻找新的支持权力的理论，开始越来越多地关心儒学经典，在听禅僧讲佛经之余，强求禅僧讲解儒典，足利义满对义堂周信的这一要求颇为突出。足利义满兼容的思想从其相国寺塔内安置真言宗佛像可见，即将武家的禅宗和皇室的真言宗混同，在宗教上呈现出公武合并的印象。

康历二年（1380）三月，义堂周信应幕府的强请西行，四月住持京城东山的建仁禅寺，八月七日，义堂周信应幕府的要求为高官们讲演佛法时，被强求要讲《中庸》，据其《空华日用功夫略集》载，"府君特命余讲《中庸》书，余坚辞"，义堂在推辞不掉之后勉强"讲五六纸"①。

在等持寺任住持期间，义堂周信劝说足利义满，"儒书中，宜读《孟子》"，足利义满接受了建议，并问他："易者何书？"② 义堂知道无法回避义满的兴趣，只能尽量引导幕府的执政者正确理解和运用儒学的政治思想。

永德二年（1382），足利义满要求义堂周信给他讲解《论语》，其《空华日用功夫略集》载永德二年二月十八日条载：

> 十八日应请于上府，大清等诸老皆参。点心罢，府君出一卷书，命余讲。展视乃《鲁语》第十九章，子张问也。余固辞之，曰："儒书则少年略涉猎，不敢。"君强之，曰："儒释虽异，其归善是同，何必拘其迹哉！"余固执不敢，君必欲余讲。③

可见义堂周信一直不情愿，他此举不是否认儒学，不过是认为，在儒释同等的情况下，让幕府的行政领导更多地关注佛学。而足利幕府有重视儒学之意，固有义堂批评的"或集群儒谭孔孟，三纲五常珠累累"之举④。

足利义满屡屡请禅师讲儒学，促进了地方儒学在中世日本的兴起。固有"足利学校"于永享十一年（1439）在下野国足利氏本领足利庄创设，这所"坂东的大学"常常"招京师儒官管之"，但京都的"儒官厌东行而

---

① 〔日〕义堂周信：《空华老师日用功夫略集》，近藤瓶城编《续史籍集览·第3册》，第162页。
② 〔日〕义堂周信：《空华老师日用功夫略集》，近藤瓶城编《续史籍集览·第3册》，第169页。
③ 〔日〕义堂周信：《空华老师日用功夫略集》，近藤瓶城编《续史籍集览·第3册》，第200页。
④ 〔日〕义堂周信：《义堂和尚语录》，《大正新修大藏经》第80册，第528页。

不来"，在没有儒生来任讲座讲师，只好请禅僧代行。足利学校的初任校长是镰仓圆觉寺僧快元，因该校专讲儒学，讲师故"然不称长老和尚，而称先生"①。足利义满等对儒学的兴趣，敦促禅师讲儒学，也促成了中世日本禅师的儒者化。

三 禅僧从"兼学禅"到"由禅入儒"的角色转换

进入15世纪后，由于日本禅僧和参禅武士的官僚化、贵族化，耽溺于文学艺术，例如热心陪侍酬对，连义堂周信亦不免，他虽然口头反对僧人写诗，但其日记中大量抄录诗句。加之战争和饥馑不断，致使一些禅僧开始逃避社会现实，对五山禅宗失去信心。

中世日本的贵族化，以临济宗僧徒的贵族化最为明显，在室町幕府中期京都五山禅寺建立时达到顶点②。官僚化的禅僧们除了为死者下火、烧香、念经、祈祷冥福、写写诗歌之外，往往无所作为。在某种角度上可以说是，禅宗教化的功能在逐渐衰退，学问的功能、仪式的功能在提升。

禅僧们协助统治者营造了贵族气息的东山文化，这一时代也因此被称为"东山时代"，诗歌唱和成为禅僧文化生活的重要内容，例如义堂周信《空华老师日用功夫略集》就常见汉诗唱和、评改的记载。东山文化以追求闲雅风流的生活为特征，其指导者兼保护者乃足利幕府的第八代将军足利义政，被世人称为"东山殿"。义政逃避到东山，与他的父亲义教的横死、哥哥义胜的夭折有关，也与他周围的禅僧的影响有关。

曹洞宗在开创之初，严守宋朝风格，道元倡导出世、守戒，反对放纵性欲、反对奢靡。随着师弟关系、传教方式等各方面的日本化，禅宗思想上越来越迎合世俗，合适此后的德川幕府的封建体制③。曹洞宗系统内则出现了密教化、民众化的倾向，最后落入俗套。

日本临济宗的贵族化和曹洞宗的平民化，都导致纯粹禅宗的消失。临济禅僧多过分参与政治，追逐世俗物欲，不守清规戒律，曹洞宗僧虽在山林，却混同神道法术，此即一休和尚所谓的"诸方赝知识""赝徒""邪解"④，如此日本化的禅宗就已经不再是纯粹的禅宗了。

总之，日本历史从中世进入近世，从室町时代进入江户时代的过程中，禅宗在日本宗教逐渐不守戒律的氛围之下，逐渐成为学问上的佛教，

---

① 〔日〕近藤瓶城：《足利学校考》，近藤瓶城编《续史籍集览·第4册》，第544页。
② 〔日〕户顷重基：《镰仓佛教》，第163页。
③ 〔日〕户顷重基：《镰仓佛教》，第160页。
④ 参见《一休和尚年谱》，《续群书类丛》第9辑（传部）。

而非纯粹的实践上的佛教。

于是有人隐逸起来，隐逸僧群体开始在中世日本出现，其中包括被政治边缘化的妙心寺派禅僧，因被足利义满没收领地并赶出京都，不得不在诸国在地方传教，这使得下层武士和民众都能接触并接受禅宗。

禅僧隐逸的方式各种各样，一休宗纯（1394—1481）在"应仁之乱"后独特的隐逸方式最引人注目。一休六岁在京都安国寺出家做侍童，取名周建。十三岁从建仁寺的慕哲龙攀学诗文。十七岁脱出五山禅寺，师事林下妙心寺的谦翁宗为，改名宗纯。二十二岁时师事华叟宗昙（1352—1428），勇猛精进，被老师赠"一休"的道号。此后一休一生大部分时间辗转居住在各处的小庐破庵之中，或山野，或市井，生活简朴，不慕富贵，尽管得到后小松天皇等国王大臣的眷顾。1474年八十一岁时，后土御门天皇敕请一休任大德寺住持，希望他复兴应仁之乱中烧毁的大德寺，一休无奈而接受了任命，但内心并不欢喜。作诗两首以示态度，其一为：

> 文明甲午春，拜大德寺住持敕请，门客交贺，吁！五十年蓑笠淡如，敕黄捧照，无愧于怀乎？因作诗泄之。同六年二月廿二日
> 大灯门弟灭残灯，难解吟怀一夜水；
> 五十年来蓑笠客，愧惭今日紫衣僧。①

最终没有住持大德寺，从《狂云集》他的"入寺法语"（第559首）和"退寺法语"（第566首）紧紧相连来看，即使住持也是很短的时间。

一休自号"狂云子"，著有汉诗《狂云集》及《自戒集》，对当时的政治和社会均有痛彻的批评，其"疯狂"之言语举动可以说是对当时日本禅宗的一种行为批评。其在"偶作"中称：

> 昨日俗人今日僧，生涯胡乱是吾能；
> 黄衣之下多名利，我要儿孙灭大灯。②

诗中"黄衣"指五山长老，当时的僧徒爱穿黄衣。在时风日下的中世，一休疯狂（或者说"狂狷"）中透着率性纯真、诚实不伪，反映出对人性的尊重，这也是他受时人爱戴的原因。五山时代的禅僧"如果说俗的

---

① 〔日〕市川白玄等校注：《中世禅家的思想》，收入《日本思想大系》16，第365页。
② 〔日〕市川白玄等校注：《中世禅家的思想》，收入《日本思想大系》16，第299页。

话，比世俗还俗"①，一休同门中就有不少这样的人。面对僧界利欲和声名的疯狂追求，有人还俗了，一休的弟子南江宗沉是其代表，其还俗得到了老师的认可。一休等广泛与武士、庶民、农民、游女（妓女）、文人、茶人、演艺者交游，虽然使禅宗越来越远离庙堂，却越来越接近大众，使禅宗向地方展开，对于禅宗是一失也是一得。

学术兴趣的转移，禅林人才的流失，益发使得禅宗乃至整个佛教衰落，正如义堂周信感叹的："世下人稀，不独我禅门。"②

第二节　社会心态的变化与禅宗社会地位的失落

一　中世日本社会的动乱与社会对禅宗的失望

导致中世日本禅宗衰落的社会因素，首先是朝野"兴禅"未能"护国"，禅宗最终未能彻底改造日本社会，这一社会现实的认知影响了人们对禅宗的信仰。

荣西12世纪末从中国将禅宗传入日本，基于改革社会、挽救时弊的抱负，让更多的人有信仰，能自律。一开始它的确影响、陶冶了武士阶层，使北条氏为首的武士成为信仰禅宗的居士。南宋、元朝渡日的高僧也把修禅的日本幕府首脑、大名和武士看成居士、檀越。例如，在宋僧希叟绍昙看来，从日本来向他求法语的"日本平将军"就是居士，故他在"示日本平将军法语"中开首就说："士大夫，处身富贵，不被富贵所笼罩。又能擘破娘生铁面皮，铭心此道。非夙具般若种智，何以臻此？"③这是将北条氏比作中国宋朝的士大夫。此可见宋朝的居士禅与日本的武士禅之间有一些共同点。

禅宗改造日本人的同时，也被日本文化所改造。随着历史的演进和社会风俗的发展，日本临济宗的贵族化和曹洞宗的平民化，都导致纯粹禅宗的消失。日本禅僧参与政治，不守清规戒律，如此日本化的禅宗已经不再

---

① 〔日〕冈田章雄、丰田武、和歌森太郎等编：《日本历史（日本の歴史）》第6卷《群雄相争（群雄の争い）》，东京读卖新闻社1959年版，第165页。
② 〔日〕义堂周信：《空华老师日用工夫略集》，近藤瓶城编《续史籍集览・第3册》，第464页。
③ （宋）希叟绍昙侍者编：《希叟绍昙禅师广录》（七卷），载新文丰出版公司影印《卍续藏经》会编印《卍续藏经》第122册。

是禅宗了。

航海走私贸易的盛行，国内货币经济的发展，致使高利贷在日本盛行，加之室町幕府的政治腐败，日本战国大名之间的争夺，导致整个社会的贫困，招致频繁的"德政一揆"，社会一直处于动荡之中，被称为"乱世""末世"。享德三年（1454），瑞溪周凤感叹"京中盗贼，古今无比类"；"凡店屋逢盗贼，自古未之有也，今盗贼公然无所惮畏，由是不入此党者殆希矣"[1]。而乱世的标志则是此后的"应仁、文明之乱"。

后土御门天皇在位的应仁元年（1467），以细川胜元和山名宗全为核心，形成东西二军，将全国卷入混战之中，禅宗寺院被毁极多，当年十月被东军占为据点的相国寺被毁无余；另外，崇福寺、等持寺、南禅寺等宏大寺院或佛像也被烧毁。应仁二年（1468）九月，天龙寺、临川寺烧毁，禅僧各地逃难，其中有一休和尚。社会的疯狂也是一休宗纯的"疯狂禅"[2]登场的原因。

总之，日本历史从中世进入近世，从室町时代进入江户时代的过程中，禅宗在日本宗教逐渐不守戒律的氛围之下成为学问上的佛教，而非纯粹的修行、实践上的佛教。禅宗的发展跟武士阶级乃至町人、农民合理主义的追求有关，禅宗多少具有否定咒术的合理性，对现实的合理性的追求，使他们远离旧佛教的宿命观[3]。随着禅林清规废弛、禅宗日本化出现的，还有日本佛教的庸俗化，佛教不再是信仰，在思想领域它仅仅是一门学问。

天灾瘟疫的流行，足利义教的横死、足利义胜的夭折等事件证明，祈祷并不能保证足利幕府的兴旺和权威，佛教的功能被藤原惺窝等怀疑。

禅宗到室町时代末江户时代初，由原来兴盛时期的四十六传、二十四派只剩下为数不多的几派[4]。

二 纯粹禅的衰落与净土真宗等新思潮的崛起

其次是日本佛教诸宗竞争以及禅宗内争的社会现实，导致中世日本禅宗的衰落。此义堂周信日记所载可知，他反复忧虑圆觉门徒以及整个禅宗

---

[1] 〔日〕瑞溪周凤记，惟高妙安抄录：《卧云日件录拔尤》，收入东京大学史料编纂所编纂《大日本史料》，第82页。
[2] 参见〔日〕市川白弦《一休：生在乱世的禅者》，第120—168页。
[3] 参见〔日〕市川白弦《一休：生在乱世的禅者》，第21页。
[4] 参见〔日〕荻须纯道《日本中世禅宗史》"关于四十六传、二十四派"，第11—24页。

终章　中世日本禅宗的衰落与意识形态的转型

内部的竞争①。

荣西从中国将禅宗传入日本一开始，就不得不与反对他的天台宗、密教势力妥协，故创建了"禅密兼修"的禅宗。

禅宗在室町时期的衰落，也可以说是一种相对意义上的衰落，那就是相对于净土宗、净土真宗、一向宗、日莲宗、时宗等教派的崛起、兴旺而言。禅宗②在打垮天台宗、真言宗等佛教"旧宗"之后，又遭遇法然上人（1133—1212，名源空）开创的净土宗、亲鸾圣人（1173—1262，名善信）开创的净土真宗、一遍上人（1239—1289，名智真）创立的时宗等镰仓佛教"新宗"诸强劲对手，特别是应仁（1467—1469）之乱后，在下层民众之间，它们有时比禅宗更有吸引力，故日本学者内藤湖南说：

> 应仁之乱前后，不仅足轻飞扬跋扈，滥施暴力，而且在思想上，在所有的知识、趣味上都具有一种从贵族阶级占有向一般民众扩张的倾向。这是日本历史的分水岭。佛教信仰上也表现出显著的变化。佛教之中，当时急速发展的是门徒宗。门徒宗在当时是一种杰出的危险思想。……到了战国时代，门徒武装暴动，闹得动乱频仍，加贺富樫，因之灭亡，家康公也险些被一向门徒武装暴动所灭亡。农民集会因信仰而狂热行动，几乎把堂堂的大名都灭亡了，真是危险得很。③

内藤湖南所谓的"门徒宗"即真宗的俗称，而"一向门徒"即一向宗，是净土真宗的俗称，其最为著名的暴动是永禄六年（1563）九月的参州一向起义④。

室町时代，将军和大名的侍奉者中，被称为"同朋众"的幕僚多了起来，他们一般名为"某某阿弥"，多出自时宗的僧徒，尽管他们取了新的禅宗法号，此亦可视为禅宗被冷落的一个标志。室町时代作为东山文化象征的东山山庄，可以看到禅、净土二宗的双重影响。

日本学界公认，纵观镰仓佛教的领袖，从他们对后世影响的人物看，数亲鸾、道元和日莲三人，只有道元是禅宗僧侣。其净土宗的高僧等熙，

---

① 参见〔日〕义堂周信《空华老师日用工夫略集》，近藤瓶城编《续史籍集览·第3册》，第65、66、68页。
② 禅宗内部也存在激烈的斗争，如镰仓建长寺与圆觉寺，积怨ей深很久。
③ 〔日〕内藤湖南：《日本文化史研究》，储元熹、卞铁坚译，商务印书馆1997年版，第180页。
④ 详细参见〔日〕村上专精《日本佛教史纲》，杨曾文译，第220页。

在圆寂后，后花园天皇（1428—1464）特诏赐"佛立慧照国师"之号，足见其社会影响在扩大。

亲鸾，俗姓藤原氏，少年出家，曾是法然上人的一个门徒，后开创了日本净土真宗，面向日本普通民众传教，教义通俗，主张不分老幼、贵贱、善恶，皆可进入极乐世界，故在日本下层民众中拥有很多信徒。亲鸾灭后，门徒将其葬在大谷西麓，并建立庙堂祭奠，龟山天皇（1259—1273）诏赐该庙堂以"久远实成阿弥陀本愿寺"之号。

日莲上人（1222—1282）乃日本日莲宗的创始人，曾与圣一国师、道元禅师相会，"学禅宗，无文证故舍之，次习真言宗"[1]，亦舍之，最后以《法华经》为宗旨自创一宗（亦称"法华信仰"）。日莲号称其法可"立正安国"，向幕府进谏《立正安国论》，他对佛教其他宗提出了严厉的批评，甚至写信向建长寺的兰溪道隆等叫板，称念佛是无间地狱之业，禅宗是天魔所为，真言是亡国恶法、律宗是妄说的国贼。由于日莲对佛教做了许多日本化的改造，给一些人只要念"妙法莲华经"这五字经题就可以得到解脱、成佛的方便法门，故其门徒日益众多。日莲的教义虽被日本各阶层越来越多的人理解和接受，但主要还是庶民。

战国时代频繁的"下克上"和"一揆"，反映出日本社会越来越相信竞争的理论，利己的功利主义逐步盛行，不再如之前一般相信祈祷的作用。

禅宗文化的发展与安土、桃山文化的兴起似乎无缘，王权（武士阶级为代表）的兴趣在转移，他们在寻找新的意识形态，他们准备抛弃一直依赖的佛教。儒教比临济宗更让将军青睐，观赏艺能比禅宗参禅更吸引武士，通俗易懂的草子[2]比晦涩的佛教经卷更能打动民众。

三 "下克上"的时风呼唤新的政治伦理

历史进入室町时代后，政权交替、武家混战更加激烈，各种思想也交汇竞争，天皇朝廷则努力倒幕复辟，恢复皇室精神、信仰和学术的权威，因新崛起的统治者需要新的适合于自己的统治理念和价值观召集力量，维持自己统治的稳定。

一心要倒幕复辟的后醍醐天皇（1288—1339），一直在寻找支持皇权的理论根据，从皇太子时代起，他就潜心钻研佛教与儒学，关注新兴的禅

---

[1] 〔日〕日澄：《日莲圣人注画赞》，《续群书类丛》第3辑，第121页。
[2] 一种插图绘画读物。

宗。在玄惠法印进入宫廷讲授儒学之后，实际上日本已经开始传授重义理的朱子学。后醍醐天皇对朱子学的看重是有其长远政治目的的，他希冀以朱子学的名分论为号召，鼓动更多公卿、武士起而勤王，趁幕府衰弱之际，夺回已失去的权利。后醍醐天皇不仅在宫中宣扬朱子学，而且利用儒学讲坛作为掩护，纠合亲信秘密进行倒幕的组织准备。所以说，"建武中兴"与朱子学有着密切关系。

北畠亲房（1293—1354）是忠于南朝的重臣。他在后醍醐天皇病逝后的1339年写成了《神皇正统记》，日本学者认为该书和慈圆的七卷本《愚管抄》齐名，是中世"史书"的代表①。《神皇正统记》成书后不久即得到广泛传阅，对当时的禅僧（如义堂周信）、对后世影响深远，该书的根本意图在于说明南朝统治的正统性，其理论灵魂便是儒家思想的"大义名分"，再结合日本神道加以阐述。北畠亲房在书中写道，日本的皇统连绵是日本乃神国的体现，皇室正统的来源在于其祖先就是神。书中"以有德者继承为正统"的观点，也是受中国儒家思想影响的结果。进而影响到江户时代的思想和价值观，例如德川光国的尊王、大义名分思想。丰臣秀吉尊天皇，请天皇幸其聚乐第，自"率诸豪雄服事朝廷，盟誓无背"②，对历史的影响很大。

当日本历史进入"战国"这一动乱而激荡的时代，以足利尊氏忤逆天皇、操纵天皇为楷模，地方武士"下克上"形成风气，守护大名的权力和家业朝不保夕。连禅宗寺院内也出现"五双十个作党如群"、驱逐住持的"下克上"事件③。道元曹洞宗宣传众生平等的思想，对这一风气在僧界的形成或有一定的影响，此外便是一向宗的"一向一揆"。因为平等思想的流传，冲击了日本的封建等级观念，各阶层总是以武器争夺来维护自己的权益，故丰臣秀吉执权后，发出"刀狩令"，几乎收缴了武士之外所有阶层的武器。

室町时代的日本社会，学者一般以分裂动乱、"下克上"来归纳，纲纪和秩序均被破坏，权威的空洞化、乱世风气（突出表现为各种"一揆"）促使日本人呼唤新的思想、新的道德，特别是儒家重视君臣和亲子

---

① 〔日〕苅部直、片冈龙：《日本思想史入门》，荻须纯道、郭连尤等译，外语教学与研究出版社2013年版，第71页。
② 〔日〕源松苗等编：《国史略》（5卷本之卷1），菱屋孙兵卫1857年版，第5页。
③ 参见〔日〕义堂周信《空华老师日用工夫略集》，近藤瓶城编《续史籍集览·第3册》，第69、114、147页。

关系、身份和伦理秩序的"名分思想"①,符合大名统治领国的意愿,儒学因此越来越兴旺,逐渐取代禅宗对意识形态的主导作用。在德川家康等看来,儒教的大义名分似乎更能规范武士言行,从而保证新政权的稳定。德川家康、石田三成等召见或招聘藤原惺窝的原因也在此②。

中世日本政权交替、武家混战的时候,各种新思想在交汇激荡,特别是中国朱子学、阳明学的输入,欧洲基督教的传入,日本社会思潮以及力图引导社会思潮的政治人物面临新的抉择,文化生态也相应地开始转型。这对于不同宗教的发展来说也许是机遇,也许是灾难,但安土桃山到江户的政权交替,对曾经处于思想统治地位的禅宗乃至整个佛教各派来说,都是一次巨大打击。

第三节　禅宗的"国教"地位逐渐被儒学取代

一　以禅宗为代表的寺院势力遭到政治势力的连续打击

中世禅宗的衰落,最根本的原因应该是失去了国王、大臣这样有力的护法。不仅得不到有力的政治力量护法,甚至遭到政权的打击。

在日本,政治势力对于佛教寺院等宗教势力的打击,主要原因是寺院拥有跋扈的僧兵。

日本政教的冲突自古激烈,794年的平安迁都,使南都六宗遭到打击,而北岭的天台、真言二宗从此兴盛。源平争霸和镰仓幕府的建立,佛教均被卷入。1183年平家迁都,特别是平清盛烧毁南都东大寺和兴福寺等寺院以来,平安旧佛教逐渐衰落,禅宗等新佛教得以兴起。在日本,各派政治势力对于宗教,一方面利用和扶持,另一方面打击和对抗。

因为日本佛教寺院随佛教的传播而坐大,一些寺院拥有庞大的跋扈的僧兵,成为朝廷和幕府潜在的威胁。所以源赖朝一方面大力兴建寺院,另一方面一再下令禁止僧人持武器,但是镰仓幕府收缴僧人武器的政策难以推行。到室町时代后期,禅僧寺院所领的庄园难以维持,一些庄园拒交"年贡"等租税,因"庄园不纳,院务缺乏"③,法事从简的现象日益常

---

① 〔日〕佐佐木银弥:《室町幕府》,《日本历史(日本の歴史)》第13卷,第327页。
② 参见〔日〕高须芳次郎《近世日本儒学史》,越后屋书房1943年版,第28—31页。http://kindai.ndl.go.jp/info:ndljp/pid/1038507。
③ 〔日〕辻善之助编:《鹿苑日录》第一卷,第202页下。

终章　中世日本禅宗的衰落与意识形态的转型

见，乃至招致"行者""力者"①的反抗。随着织田信长的崛起，其"天下布武"的野心日益膨胀，力图征服日本，包括掌控宗教，故织田信长加大了对佛教寺院的打击力度，以致烧毁了长期称霸日本的教坛。信长敢于挑战影响政权的比睿山延历寺，时间在1571年（元龟二年），这也是他发起的一次文化大革命。织田信长1573年放逐室町幕府将军足利义昭之时，在《京中仕置文》中提出"致力于儒道之学，深深励志于匡扶国家者，或忠孝义烈者，乃最为重要之事"的主张②。这也许是他对攻击禅宗寺院行为的辩护词，也说明信长有意将儒学作为治理国家的根本理念。

织田信长将甲斐国的惠林寺以及和泉国的槙尾寺烧毁，将比睿山付之一炬，攻击石山本愿寺使其倒退转移到鹭森，歼灭了长岛一揆，趁着安土的宗论机会禁止日莲宗传教，令明智光秀和泷川一益弹压了兴福寺。丰臣秀吉又放逐了园城寺僧，没收了寺领，对于拒绝丈量土地的高野山威胁要把它烧掉。这一连串的事实并不意味着信长、秀吉否定了宗教，而是企图要把既成宗教在地上的势力置于他们的政治权威的统治之下的表示。③

丰臣秀吉此后发出"刀狩令"，几乎收缴了武士之外所有阶层的武器，包括寺院。

从安土桃山时代起，日本的世俗权力开始对以佛教为中心的外来宗教露出了狰狞可怕的面孔。随后，大名松永久秀（1510—1577）烧毁了东大寺大佛殿。丰臣秀吉烧毁了根来寺，禁止基督教传播（1589年，天正十七年）并烧毁京都的教堂。

德川家康（1542—1616）建立江户幕府后，1628年（宽永五年）在长崎对基督教徒施以极刑，高高竖起了禁教的布告牌，彻底消灭了日本国内的基督教徒。④对五山禅僧也进行了打击，据《德川家康矫五山僧侣之弊》载，家康在训斥五山僧之后，"夺庸僧田庄以充后生勤学之资"，"于是五山之僧见逐者多"⑤。同时，德川家康邀请从禅僧转为儒者的藤原惺窝（1561—1619）讲授儒家经典，使儒学成为德川幕府的御用学术。

佛教遭遇的打击及其衰落（新兴的基督教命运基本相同），为新的学

---

① 合称"行力"，禅寺里服杂役的大众，行者地位高于力者。
② 〔日〕铃木贞美：《文学的概念》，王成译，中央编译出版社2011年版，第69页。
③ 〔日〕石田一良：《日本文化——历史的展开与特征》，许极燉译，孙宗明校注，上海外语教育出版社1989年版，第294页。
④ 〔日〕佐佐木毅、〔韩〕金泰昌主编：《日本的公与私》，刘雨珍、韩立红、种健译，人民出版社2009年版，第300页。
⑤ 〔日〕细川润次郎：《吾园随笔余编（吾園随筆余編）》卷二，东京西川忠亮1917年版，第2页。

问在日本的兴盛创造了有利条件，这也是德川时代儒学发展的重要原因。藤原惺窝等脱佛入儒，并在思想界的崛起也是重要原因。藤原惺窝积极结交丰臣秀吉和德川家康，与有势力的武士交往①。

二 儒学逐渐被"治国平天下"者关注

在禅宗被政治、被统治者冷落的同时，儒学则得到政治家（即所谓的"国王、大臣"）越来越多的关注。镰仓幕府开创以来，随着佛教的世俗化、寺院的行政化，禅僧的地位与朝廷的位阶对应，禅僧参与政治，引导国家意识形态，为协助将军"治世安民"，实现了"拨乱反正"等抱负，提倡武士道，丰富了武士道的德目。

从政治伦理的角度看，禅宗促成了镰仓、室町时代古典武士道"死的觉悟"，没有养成武士牢固的忠孝观念，故鼓吹忠孝的政治、家庭伦理道德，还需借重儒学，进而越来越多的人研究儒学、推广儒家思想，以致带来儒学的兴起。

中世日本统治者中，足利义满较早关注儒学。

到室町时代末期，儒学开始在日本全国乃至僻远地区传播，与各地大名的留意和积极支持有关，可以说近代日本儒学的兴起是精英武士和儒学者相互需要的结果。

战国大名们何以关注儒学？室町时代的日本社会众生相，政治的动乱和战争的频繁，学术上一般以"下克上"来归纳。随着天皇、将军权威的空洞化、傀儡化，名分观念的丧失，社会秩序崩溃，阶级权威倾覆。"应仁、文明之乱"（1467—1477）后，日本进入战国时代，佛教进一步衰落。乱世风气（表现为各种"一揆"）促使一些日本人呼唤新的思想、新的道德、新的家法，特别是儒家重视君臣和亲子关系、身份和伦理秩序的"名分思想"②，这颇符合大名统治领国的意愿，儒学因此越来越兴旺，逐渐取得禅宗对意识形态的主导作用。

禅宗帮助大名手下的武士克服了死亡的恐惧，达到了"死的觉悟"，认识到"生死一如"，但是要纠正"下克上"、犯上作乱的世风，禅宗便失去了相应的作用。如何让不知生死之别的武士知"大义名分"、敬畏大义？正如王家骅教授所指出的，"较之预示来世的旧佛教和提倡信佛即可得救的禅学，儒学尤其是宋学更能为他们提供现世的世俗政治规范。一些

---

① 〔日〕久保天随：《近世儒学史》（帝国百科全书第172编），博文馆1907年版，第12页。
② 〔日〕佐佐木银弥：《室町幕府》，第327页。

大名于是对儒学日益表现出浓厚的兴趣"①。

特别是受萨南学派与海南学派儒学影响的大内氏、菊池氏、岛津氏、上杉氏、后北条氏等大名,"他们不仅需要利用禅僧们的文学知识与海外见闻,为他们的外交活动服务,代他们起草外交文书,而且欲利用禅僧们的儒学理论为其政治统治服务"②。《武田信玄家法》《长宗我部元亲百条》等战国家法、道德训诫的制定,都吸收了儒家思想。

一心"平天下"的织田信长(其口号是"天下布武"),虽是武夫出身,却注意在政治统治中运用儒家的政治理念。他曾邀请禅僧为他讲释《论语》,还经常在他居住的安土城召见来自京都与各地的名儒、名僧。1573 年(元龟四年),织田信长通过京都所司代村井贞胜向京都市民发布 5 条命令,其第 5 条便是"尤应重视热心儒道之学而欲正国家者,或忠孝仁义者"。1582年 6 月,织田信长壮志未酬即被部下杀害。他死后,大德寺的古溪禅师颂扬他说:"日照月临,行政依稀汤武。"③ 将织田信长的政治统治比拟成儒家最为尊崇的商汤与周武,确实道破了织田信长政治统治的理想与宗旨。故王家骅先生认为:"大内氏等地方大名和意欲统一日本的织田信长积极支持宋学,已是完成统一使命的江户幕府尊崇儒学的先声。"④

当儒学和儒学者得到当权者、统治者的扶持,儒学在日本的独立和兴盛便水到渠成了。藤原惺窝能够潜心研究儒学,就是因为得到赤松广通、石田三成、浅野幸长兄弟等武士的尊崇、支持和帮助。

赤松氏听说藤原惺窝称"我久从事于释氏,然有疑于心,读圣贤书,信而不疑,道果在兹,岂人伦外哉?释氏既绝仁种,又灭义理,是所以为异端"后,立即"遗童男婢奴奉仕焉"。藤原惺窝欣然接受了赤松氏的馈赠,并劝赤松氏"别构一室,安圣牌,以拟大成殿,试使贞顺等诸生肄释奠礼"。在日本"此礼既绝久矣,庶几以微渐",经过藤原惺窝的弘扬"而后遂大行也"⑤。

丰臣秀吉死后,有心争夺天下的石田三成也想借重藤原惺窝,据载:"治部少辅石田三成居佐保山,使户田内记某召先生,将往而不果。明年

---

① 王家骅:《儒家思想与日本文化》,第 73 页。
② 王家骅:《儒家思想与日本文化》,第 73 页。
③ 本文转引自王家骅《儒家思想与日本文化》,第 75 页。
④ 本文转引自王家骅《儒家思想与日本文化》,第 75 页。
⑤ 〔日〕京都史迹会编:《罗山林先生文集》(卷2),平安考古学会 1918 年版,第 19 页。

庚子,三成败死。"①

藤原惺窝还得到德川家康、将军秀忠的重视,只因家康和惺窝的先后早逝而未能相得益彰,使惺窝生前大行其道②。

三 "以禅入儒"之风习与顺应时代潮流的儒者

室町时代晚期以来,日本思想界的"以禅入儒"有两层意思:一是禅僧研究儒典,还俗成为儒士,藤原惺窝(1542—1619)是其代表。王家骅教授就认为藤原惺窝"脱离禅门转向儒学并还俗,是日本儒学走向独立的象征性事件"③。二是指学者们将禅宗的观点、思想纳入儒学,也就是说,镰仓、室町时代作为禅宗"助道"手段之一的儒学,到了江户时代,反过来使禅宗成为儒学的"助道"手段。中国明朝也有"以禅入儒"的风习,这对当时在中日之间往来密切的日本禅僧,和江户时代的儒学者不无影响。

> 俞曲园舅舅销夏录卷一有云,有明一代,喜言心学,此派流行,如方时化有书六种,借以禅理说易。则智旭之书,亦风气所致也。潘氏之书,独运神解,以河图洛书,合通华严……愚谓潘氏之作,以大易入华严,务诱禅以知儒耳。④

对于日本的这一学术现象,本文不作深入讨论,重点讨论禅僧的群体转向行为,特别是藤原惺窝的代表意义。日本由佛而儒的另一代表人物是山崎闇斋(1618—1682),但他不是社会转型时期的人物,故对思想转型的影响不如藤原惺窝。

藤原惺窝,名肃,字敛夫,惺窝其号。永禄四年生于播州,"幼颖悟不常,甫七八岁投龙野吴东明长老,诵《心经》《法华经》等",皆能背诵,被称为"神童"⑤。之后剃发出家,号妙寿院,进京洛五山之一的相国寺学习佛典。

藤原惺窝的以禅入儒,与他的师承有关。启蒙老师僧东明长老的老师

---

① 〔日〕石田一良等校注:《日本思想大系·藤原惺窝 林罗山》,东京岩波书店1975年版,第224页。
② 参见〔日〕久保得二《近世儒学史:本邦》,第18—19页。
③ 王家骅:《儒家思想与日本文化》,第77页。
④ 季惟斋:《徵圣录》,华东师范大学出版社2010年版,第170页。
⑤ 〔日〕京都史迹会编:《罗山林先生文集》(卷2),第18页。

乃景云寺长老成九峰，本是师从大江氏的明法家，后由儒入佛，成九峰的这一经历显然对徒孙藤原惺窝有一定的影响。① 因此，惺窝自幼"博学禅教，兼见群书"②，这里的"群书"主体当是儒学经典。

藤原惺窝以禅入儒其次与他的交游有关。据林罗山的《惺窝先生形状》记载：在追随"赤松氏游于洛、于伏见"期间，惺窝"虽读佛书，志在儒学"③。播磨的龙野侯赤松广通"好学喜儒"，于四书五经喜"唱宋儒之义者"，于庆长二年（1597）礼聘投奔日本国的朝鲜学士姜菁川（名沆）来研究邹鲁洛闽之学。因"日本诸家言儒者，自古至今，唯传汉儒之学，而未知宋儒之理，四百年来，不能改其旧习之弊"，庆长四年（1599）赤松氏又命菁川誊抄了四书五经，同时嘱托惺窝"以宋儒之意添加倭训于字旁"，计划以此刊行推广。藤原惺窝欣然接受，并将此视为"是赤松公之素志，而予至幸也"之事④。

对大陆文化、典章、制度的关注，和在异国扬名的追求，也是藤原惺窝等日本知识精英钻研儒学的原因，因为儒学在东亚三国繁荣，是学者扬名立万的根本学问。

王家骅先生曾撰文认为：藤原惺窝"脱离禅宗而转向儒学"，"这与他受到的来自大陆的思想影响，具体地说即明朝朱子学的影响或许有关"⑤。天正十八年（1590），朝鲜信使黄允吉、金诚一、许箴之等来日本，丰臣秀吉将一行馆于紫野大德寺，藤原惺窝年三十岁，曾以"惺窝柴立子"之名和三使"互为笔语，且酬和诗"⑥。据说许箴之以儒者身份、道不同不相为谋的态度刺激了藤原惺窝。这次笔谈也是他努力参政，力求闻达于诸侯的一大表现。

的确，与朝鲜儒学者的交谈，儒学著作的阅读，刺激了藤原惺窝钻研儒学，在日本推广儒学的热情。庆长元年（1596），惺窝曾因"读圣贤性理之书，思当时无善师而忽奋发入大明国"，为探求宋儒新注之学，他来到摩萨的下坊津寻找前往明朝的船只，因遇风涛，"漂着鬼海岛"而未能如愿，足见惺窝"常幕中华之风，欲见其文物"。既然不能渡海到大明拜

---

① 参见〔日〕安井小太郎《日本儒学史》，富山房1939年版，第5页。
② 〔日〕石田一良等校注：《日本思想大系·藤原惺窝 林罗山》，第223页。
③ 〔日〕京都史迹会编：《罗山林先生文集》（卷2），第18页。
④ 〔日〕石田一良等校注：《日本思想大系·藤原惺窝 林罗山》，第108页。
⑤ 王家骅：《儒家思想与日本文化》，第78页。
⑥ 〔日〕京都史迹会编：《罗山林先生文集》（卷2），第18页。

师，藤原惺窝就以书本为师，即"求之六经"①。回到京师后便闭门谢客，一心读书。

藤原惺窝对儒学兴起的推动作用在于开风气，中江藤树（1608—1648）说他十七岁（1624）时，曾听禅僧讲解《论语》，进而拟阅读《四书大全》，但怕遭人诽谤，必须等到晚上才能偷偷阅读②，足见藤原惺窝示范的作用。藤原惺窝热心推广儒学，诲人不倦，林罗山称"其人虽威重，有来者不拒之意"③，故藤原惺窝门下英才辈出，除有林罗山（1583—1657）、那波活所、堀杏庵、菅得庵等称"四天王"外，还有松永昌三、三宅寄斋等弟子，以及松永昌三的弟子木下顺庵等，门户广大，成为当时的一大学派④。

再次，作为知识精英的僧侣阶层，积极参政议政也是藤原惺窝等禅僧"以禅入儒"的重要原因。室町时代的禅僧本身就和幕府的政治、外交活动紧密相连。体现了儒家"修身齐家治国平天下"的抱负。在武士英雄争霸的时代，有意参政议政的藤原惺窝，最后选择了他心目中的"明君"德川家康，以实现其"平天下"的抱负。

天正十九年（1591），丰臣秀次令长老周保将五山僧人集于相国寺，举行联句会。藤原惺窝参加一次之后便不再去了，尽管众人强邀，并劝秀次派人来邀请他，因为惺窝觉得丰臣氏门人非其类，不愿为伍。为逃避丰臣秀次可能施加的迫害，藤原惺窝逃到了名护屋，受丰臣氏另一贵公子的尊重。因其时丰臣秀吉计划进攻朝鲜，在名古屋大会诸侯，德川家康与会。藤原惺窝因此得以谒见了前来名护屋会见丰臣秀吉的德川家康。文禄二年（1593）冬，藤原惺窝再往江户谒见家康，为家康读《贞观政要》。庆长五年（1600）十月关原之战结束之后，家康西上京都之时，惺窝身着儒家的"深衣道服"觐见，并献讲了《汉书》与《十七史详节》，但此后也并不为家康所器用。就这样在不知不觉间，藤原惺窝已遁出佛门，归入儒学，"深衣道服"正显示了他的心志。⑤

但是，藤原惺窝并未实现其"治国平天下"的抱负，以致对前来问道

---

① 〔日〕京都史迹会编：《罗山林先生文集》（卷2），第19页。
② 参见〔日〕山井涌等校注《日本思想大系·中江藤树》，东京岩波书店1971年版，第287页。
③ 〔日〕京都史迹会编：《罗山林先生文集》（卷1），第23页。
④ 参见〔日〕久保得二《近世儒学史：本邦》，第24页。
⑤ 〔日〕仓石武四郎讲述：《日本中国学之发展》，杜轶文译，北京大学出版社2013年版，第91页。

的林罗山抱怨"不遇时"。根据林罗山的笔记《惺窝答问》载,1604年秋,藤原惺窝对林罗山感叹道:"呜呼!不生于中国,又不生于此邦上世,而生于当时,可谓不遇时也。"当然,藤原惺窝此言不是抱怨,而是以孔子、孟子同样生不逢时自勉,以"志道者,不可论时"自警。虽然如此,藤原惺窝依然立志以身作则,挽救世风,"亲民"而"新民"①。藤原惺窝虽然未能在生前凭借德川家康和秀忠之力大行其道,但他的学生、门徒中,林罗山实现了他的愿望,使朱子学官学化,林罗山原本是京都建仁寺僧人。

最终,儒教取代禅宗成为德川幕府推崇的"国教"。

---

① 〔日〕京都史迹会编《罗山林先生文集》(卷1)问对二"惺窝答问"篇,第346—347页。

附录一 中世中日关系史大事对照年表

本年表由研究助手参照日本学者木宫泰彦著《日中文化交流史》（胡锡年译，商务印书馆1980年版）、杨曾文著《日本佛教史》（浙江人民出版社1995年版）等书编写；笔者根据日本对外关系史年表编集委员会编《对外关系史综合年表》（吉川弘文馆1999年版）、日本历史学研究会编《日本史年表》（岩波书店1966年版）等书籍文献修改、补充完成。

公元	中国年号	日本年号	重大历史事件
1168	宋孝宗乾道四年	六条仁安三年	日僧荣西来宋朝求法，同年与重源一起回国
1170	乾道六年	高仓喜应二年	平清盛请宋商到福源别墅，并请后白河法皇接见宋商
1175	淳熙元年	安元元年	日僧源空倡专修念佛，创净土宗
1179	淳熙六年	高仓治承三年	平清盛幽闭后白河法皇，停止院政
1180	淳熙七年	治承四年	以仁王发布征讨平氏令旨，平氏迁都福源，源赖朝等起兵。平重衡烧东大寺、兴福寺
1181	淳熙八年	安德养和元年	高仓上皇、平清盛没
1182	淳熙九年	安德寿永元年	宋朝商人兼铸造师陈和卿到日本（《玉叶》《东大寺造立供养记》）
1183	淳熙十年	寿永二年	七十三名日本人漂流到宋朝秀州华亭县。宋朝发给常平仓的钱米（《宋史》）
1185	淳熙十二年	寿永四年（文治元年）	十月，源范赖以唐锦、唐绫罗绢、唐墨、唐席等献后白河法皇（《吾妻镜》）
1186	淳熙十三年	后鸟羽文治二年	十二月，任天野为景为镇西九国奉行（《吾妻镜》）显真请源空到大原胜林院与诸宗学僧谈净土宗义（大原问答）
1187	淳熙十四年	文治三年	日僧荣西再度来宋朝求法（《兴禅护国论序》《塔铭》《元亨释书》）
1188	淳熙十五年	文治四年	源赖朝下令藤原基成、泰衡讨伐源义经

附录一 中世中日关系史大事对照年表

续表

公元	中国年号	日本年号	重大历史事件
1189	淳熙十六年	文治五年	摄津三宝寺僧大日能忍派弟子练中、胜辨到宋朝明州育王山，以书币赠给该山的拙庵德光（《订补建撕记》）
1190	宋光宗绍熙元年	后鸟羽建久元年	源赖朝上京后再回镰仓
1191	绍熙二年	建久二年	荣西从宋朝返回日本，弘传临济宗
1192	绍熙三年	建久三年	后白河法皇死，源赖朝就任征夷大将军
1193	绍熙四年	建久四年	日本人漂流到宋泰州及秀州华亭县。宋朝发给常平米（《宋史》）
1194		建久五年	因延历寺僧众的反对，朝廷禁止荣西传禅宗
1196	宋宁宗庆元二年	建久七年	任武藤资赖为大宰少贰，补镇西守护职。又以大友能直补镇西奉行职（《历代镇西志》）
1198	庆元四年	建久九年	源空撰《选择本愿念佛集》。荣西撰《兴禅护国论》
1199	庆元五年	土御门正治元年	四月，日僧俊芿率弟子安秀、长贺自博多出发来宋朝（《泉涌寺不可弃法师传》）
1200	庆元六年	正治二年	日本商船漂流到宋朝平江府。宋朝发给钱米，使之回国（《宋史》） 北条政子建寿福寺，请荣西为住持
1202	宋宁宗嘉泰二年	土御门建仁二年	日本商船漂流到宋朝明州定海县，宋朝发给钱米，使之回国（《宋史》）
1203	嘉泰三年	建仁三年	荣西到源赖家捐建的建仁寺传禅宗，兼传天台、密宗
1205	宋宁宗开禧元年	土御门元久二年	《兴福寺奏状》列举九大罪状，攻击净土宗
1206	开禧二年	土御门建永元年	蒙古建国，成吉思汗即位。日本僧人重源没，高辨创建高山寺
1207	开禧三年	土御门承元元年	幕府下令禁止专修念佛，源空被流放土佐，亲鸾被流放越后
1211	宋宁宗嘉定四年	顺德建历元年	二月，日僧不可弃俊芿自宋朝明州出发，三月回到日本博多（《泉涌寺不可弃法师传》）镰仓幕府命令守护地头在海道设置新驿站
1212	嘉定五年	建历二年	源空去世，时年八十岁
1214	嘉定七年	顺德建保二年	日僧安觉良佑自宋回国（《泉涌寺不可弃法师传》）日僧法忍净业来宋朝（《律苑僧宝传》《本朝高僧传》） 荣西撰《吃茶养生记》
1215	嘉定八年	建保三年	荣西去世，时年七十五岁。幕府限定镰仓商人员数量
1216	嘉定九年	建保四年	源实朝将军计划赴宋朝，下令造大船
1217	嘉定十年	建保五年	日僧庆政逗留在宋朝泉州（高山寺旧藏波斯文文书） 日僧思齐、幸命来宋朝（《泉涌寺不可弃法师传》）

续表

公元	中国年号	日本年号	重大历史事件
1223	嘉定十六年	后堀河贞应二年	三月，日僧道元随从法兄明全和廓然、亮照一同从博多出发来宋，加藤景正、木下道正随行。后，景正把宋朝制陶术传到日本，道正讲解毒丸制法传入日本（《订补建撕记》《道元和尚行录》《永平三祖行业记》《濑户窑世系》）
1224	嘉定十七年	后堀河元仁元年	北条义时没，泰时任执权。亲鸾撰《教行信证》，传净土真宗
1227	宋理宗宝庆三年	后堀河安贞元年	延历寺僧众掘毁源空的墓，要求禁止专修念佛。隆宽、空阿被流放。 道元从宋朝返回日本，撰《普劝坐禅仪》，带回曹洞宗
1228	宋理宗绍定元年	安贞二年	日僧法忍净业自宋朝回国（《律苑僧宝传》《本朝高僧传》）
1231	绍定四年	宽喜三年	道元撰《辨道话》，即开始《正法眼藏》
1233	绍定六年	四条天福元年	日僧法忍净业再次来宋（《律苑僧宝传》《本朝高僧传》）
1235	宋理宗端平二年	四条嘉祯元年	四月，僧圆尔辨圆、神子荣尊自肥前平户出发来宋（《圣一国师年谱》《荣尊和尚年谱》） 幕府禁止专修念佛
1236	端平三年	嘉祯二年	日僧睿尊、觉盛在东大寺自誓受戒，发愿兴律学
1238	宋理宗嘉熙二年	四条历仁元年	六月，日僧神子荣尊回国（《荣尊和尚年谱》） 日僧明观智镜来宋朝（《律苑僧宝传》《本朝高僧传》）
1241	宋理宗淳祐元年	四条仁治二年	五月，日僧圆尔辨圆自明州出发，经由耽罗，七月中回到日本博多（《圣一国师年谱》） 日僧法忍净业回国（《律苑僧宝传》《本朝高僧传》）
1242	淳祐二年	仁治三年	日僧圆尔辨圆听说宋朝杭州径山发生火灾，捐赠木材（《圣一国师年谱》） 由宋朝明州天童山寄来《如净禅师语录》赠给越前永平寺的道元（《建撕记》）
1243	淳祐三年	后嵯峨宽元元年	道元在越前国开创永平寺
1244	淳祐四年	宽元二年	日僧闻阳湛海自宋回国。（《律苑僧宝传》《本朝高僧传》）日僧一翁院豪来宋（《延宝传灯录》《本朝高僧传》） 圆尔入东福寺，传临济宗。道元到越前创大佛寺
1245	淳祐五年	宽元三年	僧妙见道祐、悟空敬念在宋（《东岩安禅师行实》）
1246	淳祐六年	宽元四年	道元改大佛寺为永平寺，撰《知事清规》。宋僧兰溪道隆率弟子赴日本，传临济宗
1247	淳祐七年	后深草宝治元年	十一月，日本禁止向宋输出西国米（《帝王编年记》） 幕府请道元到镰仓

续表

公元	中国年号	日本年号	重大历史事件
1249	淳祐九年	后深草建长元年	三月，日僧心地觉心自博多出发，来宋求法（《圆明国师行实年谱》）
1251	淳祐十一年	建长三年	北条时赖创建建长寺
1252	淳祐十二年	建长四年	日僧无象静照来宋（《法海禅师行状记》）
1253	宋理宗宝祐元年	建长五年	日僧源心在宋（《圆明国师行实年谱》） 日僧寒岩义尹来宋（《寒岩禅师略传》《日域洞上诸祖传》） 日莲开始传法华信仰。道元去世，年五十四
1254	宝祐二年	建长六年	四月，镰仓幕府规定渡唐船为五艘，下余毁弃（《吾妻镜》） 六月，日僧心地觉心回国（《圆明国师行实年谱》）
1255	宝祐三年	建长七年	前任关白藤原实经令本家子弟抄写《法华经》四部，献纳宋朝杭州径山正续院（《圣一国师年谱》） 日僧闻阳湛海回国（《律苑僧宝传》《本朝高僧传》）
1256	宝祐四年	后深草康元元年	日僧心地觉心以水晶念珠、黄金等赠给他的师父宋朝杭州护国仁王禅寺的无门慧海（《圆明国师遗芳录及行实年谱》） 北条时赖从兰溪道隆剃发出家
1258	宝祐六年	后深草正嘉二年	日僧山叟惠云来宋朝（《佛智禅师传》）
1259	宋理宗开庆元年	后深草正元元年	日僧彻通义介来宋朝（《永平三祖行业记》《日域洞上诸祖传》） 日僧南浦绍明来宋朝
1260	宋理宗景定元年	龟山文应元年	日莲著《立正安国论》，进呈幕府。镰仓僧徒烧日莲的草庵 宋僧兀庵普宁赴日，传临济宗（《兀庵禅师语录》《东岩安禅师行实》）
1261	景定二年	龟山弘长元年	日莲被流放伊豆
1262	景定三年	弘长二年	日僧无关普门回国。（《无关和尚塔铭》）日僧藏山顺空来宋（《元亨释书》《本朝高僧传》）
1264	景定五年	龟山文永元年	日僧禅忍在宋（《大觉禅师语录》）
1265	宋度宗咸淳元年元世祖至元二年	文永二年	日僧无象静照、圆海回国（《法海禅师行状记》《延宝传灯录》） 宋僧兀庵普宁回国（《兀庵禅师语录》《东岩安禅师行实》）
1266	咸淳二年、元世祖至元三年	文永三年	蒙古皇帝忽必烈派遣黑的、殷弘出使日本
1267	咸淳三年、元世祖至元四年	文永四年	正月，元使黑的等自巨济岛回国（《元史》《东国通鉴》） 日僧寒岩义尹回国（《寒岩禅师略传》《日域洞上诸祖传》）

续表

公元	中国年号	日本年号	重大历史事件
1268	咸淳四年、元世祖至元五年	文永五年	日僧山叟惠云回国（《佛智禅师传》） 日莲向幕府、建长寺、极乐寺等送书，要求公开辩论。凝然著《八宗纲要》
1269	咸淳五年、元世祖至元六年	文永六年	宋僧大休正念去日本，传临济宗（《佛源禅师语录》）
1271	咸淳七年、元世祖至元八年	文永八年	宋僧西涧士昙去日本（《大通禅师行实》） 日莲被流放佐渡
1272	咸淳八年	文永九年	高丽使节奉元朝牒状到日本。日莲著《开目抄》
1273	咸淳九年	文永十年	元朝使节到日本大宰府
1274	咸淳十年	文永十一年	蒙古军第一次东征日本，侵入日本壹岐、对马岛。日僧一遍创时宗
1277	宋端宗景炎二年、元世祖至元十四年	后宇多建治三年	春季，有日僧搭乘宋商船回国，告知宋朝灭亡，大宰府六月呈报镰仓。（《建治三年记》）日本商人携黄金赴元朝，请求换铜钱，获准（《元史》）日僧道意房自元回国（《圣一国师年谱》）元朝在泉州、广州、庆元、上海、澉浦设市舶司（《元史》）
1278	宋卫王祥兴元年、元世祖至元十五年	后宇多弘安元年	七月，宋僧兰溪道隆在日本去世，年六十六（《塔铭》《元亨释书》） 十一月，元朝在扬州设淮东宣慰使，诏谕沿海官司，使与日本商船往来（《元史》） 十二月，北条时宗为了邀请宋朝名僧，派出无及德诠、宗英二僧（《圆觉寺文书》） 宋僧西涧士昙回国（《大通禅师行实》《元亨释书》）
1279	至元十六年	弘安二年	宋朝灭亡。宋僧无学祖元等去日本，传临济宗、"纯粹禅" 元朝遣使日本，日本商船来元朝贸易
1281	至元十八年	弘安四年	元朝第二次东征日本，失败
1282	至元十九年	弘安五年	北条时宗创圆觉寺，请祖元为开山
1283	至元二十年	弘安六年	八月，忽必烈为了晓谕日本，派普陀山僧愚溪如智及提举王君治赴日，因途中遇暴风，如智等空自折回（《南海观音宝陀禅寺住持如智海印接待庵记》《元史》）
1284	至元二十一年	弘安七年	四月，忽必烈又派出愚溪如智及参政王积翁，七月到达对马，积翁被舟人杀死，如智空自回国（《南海观音宝陀禅寺住持如智海印接待庵记》《元史》）
1286	至元二十三年	弘安九年	九月，宋僧无学祖元殁于日本（《行状》《塔铭》）
1289	至元二十六年	伏见正应二年	十一月，宋僧大休正念殁（《元亨释书》《镰仓五山记》）

附录一　中世中日关系史大事对照年表

续表

公元	中国年号	日本年号	重大历史事件
1290	至元二十七年	正应三年	日本兴创大石寺
1292	至元二十九年	正应五年	六月，日本商船四艘驶元，因遇风暴，三艘破损，只一艘驶到庆元交易（《元史》） 十月，高丽王派金有成来日递国书，并送还这年五月漂流到聃罗的日本商人（《高丽史》） 十月，日本商船到庆元求互市（《元史》）
1293	至元三十年	伏见永仁元年	四月，元朝制定市舶抽分杂禁二十一条，并把温州市舶司并入庆元市舶司，属杭州税务（《元史》）
1296	元成宗元贞二年	永仁四年	日僧可庵圆慧来元朝（《本朝高僧传》）
1297	元成宗大德元年	永仁五年	元朝废除泉州市舶司（《元史》）
1298	大德二年	永仁六年	夏，日本商船驶到庆元，元成宗拟派普陀山僧一山一宁搭乘此船出使日本（《妙慈弘济大师行状记》） 元朝把上海、澉浦市舶司并入庆元市舶司（《元史》）
1299	大德三年	后伏见正安元年	元朝派遣高僧一山一宁出使日本，开始被镰仓幕府软禁
1302	大德六年	乾元元年	一山一宁应幕府之请入圆觉寺，传临济宗
1305	大德九年	后二条嘉元三年	日本商船驶抵庆元，日僧龙山德见搭乘此船来元（《真源大照禅师龙山和尚行状》）
1306	大德十年	后二条德治元年	四月，日本商人有庆来到庆元进行贸易，献金铠甲（《元史》） 九月，宋僧镜堂觉圆殁（《大圆禅师传》《镰仓五山记》）十月，宋僧西涧士昙殁（《元亨释书》） 日僧远溪祖雄来元朝（《远溪祖雄禅师之行实》）
1307	大德十一年	后二条德治二年	日本商人与元朝官吏争吵，焚掠庆元（《真源大照禅师龙山和尚行状》） 日僧雪村友梅搭乘商船来元朝（《雪村大和尚行道记》）
1308	元武宗至大元年	后二条延庆元年	日僧可庵圆慧回国，元僧东里弘会赴日（《本朝高僧传》《延宝传灯录》）
1309	至大二年	花园延庆二年	春，日僧崇山居中来元，元僧东明惠日去日（《本朝高僧传》《东明和尚塔铭》）
1310	至大三年	延庆三年	日僧复庵宗己、无隐元晦等来元（《本朝高僧传》《延宝传灯录》）
1311	至大四年	花园应长元年	春，日僧孤峰觉明来元（《孤峰和尚行状》）
1314	元仁宗延祐元年	花园正和三年	日僧祖继大智来元（《大智禅师偈颂》《延宝传灯录》《本朝高僧传》《洞上联灯录》）

续表

公元	中国年号	日本年号	重大历史事件
1316	延祐三年	正和五年	日僧远溪祖雄自元朝回国（《远溪祖雄禅师之行实》）
1317	延祐四年	花园文保元年	十月，元僧一山一宁殁于日本（《一山国师行记》《元亨释书》）
1318	延祐五年	文保二年	八月，元僧东里弘会死。（《本朝高僧传》）日僧崇山居中（第二次来元）、石室善玖、古先印元、业海本净、明叟齐哲等来元（《本朝高僧传》《延宝传灯录》《古先和尚行状》）
1319	延祐六年	后醍醐元应元年	元僧灵山道隐到日本（《本朝高僧传》《延宝传灯录》）
1320	延祐七年	元应二年	日僧寂室元光、钝庵俊、可翁宗然、物外可什、别源圆旨等来元（《寂室和尚行状》《圆应禅师行状》《别源和尚塔铭》《本朝高僧传》《延宝传灯录》）
1321	元英宗至治元年	后醍醐元亨元年	秋，日僧无涯仁浩来元朝（《无涯录》）
1322	至治二年	元亨二年	春，日僧月林道皎来元朝（《月林道皎禅师行状》） 元朝设庆元、泉州、广州三市舶提举司（《元史》） 虎关师炼著《元亨释书》
1323	至治三年	元亨三年	日僧崇山居中回国（《本朝高僧传》《延宝传灯录》）
1324	元晋宗泰定元年	后醍醐正中元年	日僧祖继大智回国（《大智禅师偈颂》《本朝高僧传》《延宝传灯录》《洞上联灯录》）妙超创大德寺
1325	泰定二年	正中二年	三月，元僧灵山道隐殁（《本朝高僧传》《延宝传灯录》） 九月，日僧中岩圆月来元（《中岩和尚自历谱》） 为了获得建长寺修建费，日本派出建长寺船来元（《中村文书》）
1326	泰定三年	后醍醐嘉历元年	六月，元僧清拙正澄率弟子永偕赴日本，同来元日僧无隐元晦、古先印元、明叟齐哲等自元出发，八月到达博多（《清拙大鉴禅师塔铭》《本朝高僧传》《延宝传灯录》） 七月，日僧瑞兴等四十人来元朝（《元史》） 日僧不闻契闻来元，石室善玖、寂室元光回国（《不闻和尚行状》《圆应禅师行状》《本朝高僧传》等） 镰仓净妙寺的太平妙准派弟子安禅人来元求福州版《大藏经》（《藏经舍利记》） 妙超在大德寺开堂说法
1327	泰定四年	嘉历二年	日僧古源邵元来元（《古源和尚传》）

续表

公元	中国年号	日本年号	重大历史事件
1328	元天顺帝致和元年 天历元年	嘉历三年	日僧友山士偲、正堂显来元朝（《友山和尚传》）
1329	元明宗天历二年	后醍醐元德元年	五月，元僧明极楚俊受日本文侍者的邀请，和竺仙梵仙、懒牛融赴日传法，来元日僧物外可什、雪村友梅、天岸慧广等同船自福州出发，六月到日本（《梵仙录》《明极大和尚塔铭》《竺仙和行道记》《雪村和尚行道记》《本朝高僧传》《延宝传灯录》） 为迎回来元求法的僧龙山德见，日僧本礼而来元朝（《龙山和尚行状》）
1330	元文宗至顺元年	元德二年	日僧月林道皎、别源圆旨自元回国（《月林道皎行状》《别源和尚塔铭》）
1332	元宁宗至顺三年	后醍醐元弘二年	夏，日僧中岩圆月、一峰通玄自元回国（《中岩和尚自历谱》）
1333	元顺宗元统元年	元弘三年	南山士昙的弟子祖庭芳，为了邀请当时住在元朝大都大觉寺的东洲至道而来元（《圣一国师年谱》） 日僧不闻契闻回国（《不闻和行状》）
1334	元统二年	后醍醐建武元年	十二月，元僧石梁仁恭自日本回国（《本朝高僧传》） 日僧空叟智玄来元（《名刹由绪记》《汲江山平田禅寺草创记》） 日本定建仁、东福、万寿、建长、圆觉为五山，置南禅寺于五山之上
1336	元顺宗至元二年	后醍醐延元元年	九月，元僧明极楚俊殁（《本朝高僧传》）
1339	至元五年	延元四年	正月，元僧清拙正澄殁（《清拙大鉴禅师塔铭》《本朝高僧传》） 日僧无文元选、元通等来元，大朴玄素、空叟智玄回国（《无文选禅师行业》《本朝高僧传》《延宝传灯录》《名刹由绪记》《汲江山平田禅寺草创记》） 足利尊氏建天龙寺，请梦窗疎石为开山
1341	元顺宗至正元年	后村上兴国二年	秋，日僧愚中周及来元朝，在庆元登陆（《大通禅师语录》） 十月，元僧东明惠日殁（《东明和尚塔铭》《本朝高僧传》《延宝传灯录》） 十二月，足利义直准许天龙寺派商船二艘赴元（《天龙寺造营记录》）
1342	至正二年	兴国三年	日本天龙寺派遣商船到元朝。 室町幕府定五山十刹，以建长、南禅、圆觉、天龙、寿福、建仁、东福为五山
1343	至正三年	兴国四年	七月，河津氏明为了请元朝画工绘画虎关师炼的顶相，派使至元（《海藏和尚纪年录》）

续表

公元	中国年号	日本年号	重大历史事件
1344	至正四年	兴国五年	秋，日僧大拙祖能和同伙数十人来元，到达福州长乐县（《大拙和尚年谱》）
1345	至正五年	兴国六年	五月，日僧友山士偲、此山妙在自元回日（《友山和尚传》） 室町幕府在各地建安国寺、利生塔
1346	至正六年	后村上正平元年	日僧善慧奉复庵宗己、明叟齐哲之命，携带赠给元朝杭州天目山法云塔院的书币来元（《开山大光禅师语录》）
1347	至正七年	正平二年	日僧古源邵元回国（《古源和尚传》）
1348	至正八年	正平三年	春，日僧无我省吾来元（《本朝高僧传》《延宝传灯录》） 七月，元僧竺仙梵仙殁（《竺仙和尚行道记》《本朝高僧传》）
1350	至正十年	正平五年	三月，日僧龙山德见、无梦一清、特峰妙奇、善慧等十八人乘元朝商船回国（《园太历》） 日僧椿庭海寿来元，而无文元选、义南、碧岩璨等同船回日（《无文选禅师行实》《本朝高僧传》《无文禅师行状》）
1351	至正十一年	正平六年	三月，日僧愚中周及自庆元出发，初夏回到博多（《大通禅师语录》） 五月，性海灵见回日（《性海和尚行实》） 日僧大初启原来元，元僧东陵永屿去日（《释氏稽古略》《本朝高僧传》《延宝传灯录》）
1352	至正十二年	正平七年	日僧宗猷来元（《本朝高僧传》）
1357	至正十七年	正平十二年	秋，日僧无我省吾回日（《本朝高僧传》《延宝传灯录》）
1358	至正十八年	正平十三年	日僧大拙祖能回国（《大拙和尚年谱》）
1363	至正二十三年	正平十八年	日僧无我省吾再度来元（《本朝高僧传》《延宝传灯录》）
1364	至正二十四年	正平十九年	日僧观中中谛来元（《本朝高僧传》）
1365	至正二十五年	正平二十年	五月，元僧东陵永屿殁（《本朝高僧传》《延宝传灯录》） 古剑妙快回日（《本朝高僧传》《延宝传灯录》）
1367	至正二十七年	正平二十二年	七月，元朝刻字工陈孟千、陈伯寿赴日（《空华日工集》）
1368	明太祖洪武元年	正平二十三年	明太祖遣使日本
1369	洪武二年	正平二十四年	三月，明太祖派杨载等七人到日本征西府，谴责倭寇问题。日征西府亲王斩使者五人，拘留杨载、吴文华三个月后释放（《明史》《修史为征》）

续表

公元	中国年号	日本年号	重大历史事件
1370	洪武三年	长庆建德元年	三月，明太祖派赵佚到日本征西府，另派杨载送还明朝捕获的日本海盗，僧侣十五人（《修史为征》《明史》《图书编》） 日僧兴东回国（《空华日工集》）
1371	洪武四年	建德二年	十月，日本征西府使者僧祖来到金陵，贡马及方物，且送还倭寇劫掠的明朝人七十余名（《明史》）
1373	洪武六年	长庆文中二年	五月，明太祖派僧仲猷祖阐、无逸克勤为使者，以来元日僧椿庭海寿、权中巽为通事赴日本（《善邻国宝记》《明史》） 六月，明使仲猷祖阐等进入日京，八月离去（《花营三代纪》） 日僧笠端斥然、大道志在明（《空华日工集》）
1374	洪武七年	文中三年	五月，明使仲猷祖阐等回到金陵。七月，日僧宣闻溪来明朝，上书中书省，贡马及方物（《明史》） 日本大隅守岛津氏久遣僧来明，上表并贡方物（《明史》）
1376	洪武九年	长庆天授二年	四月，日本征西府使僧廷用文珪到金陵，上书及方物（《明史》）
1377	洪武十年	天授三年	日僧久庵道可回国（《空华集》）
1378	洪武十一年	天授四年	日僧绝海中津、汝霖良佐自明朝回国（《佛智广照国师年谱》《空华日工集》）
1379	洪武十二年	天授五年	日本使者到明（《明史》） 室町幕府设禅寺僧录职，任命妙葩为僧录
1380	洪武十三年	天授六年	日本使者持足利义满致明丞相书到明（《明史》）
1381	洪武十四年	长庆弘和元年	日本使僧如瑶到明，太祖以无表文，拒不接见，并命礼官致书怀良亲王及义满，表示发兵征讨之意（《明史》《高祖御制文集》）
1382	洪武十五年	弘和二年	日僧廷用文珪使明（《图书编》《筹海图编》）
1383	洪武十六年	弘和三年	明朝为了加严海禁，防止走私，制定勘合制度（《广东通志》） 日僧志满在明重修凉州大云寺（《增修大云寺碑记》） 足利义满创建相国寺，尊疎石为初祖，妙葩为二祖
1384	洪武十七年	后龟山元中元年	日僧如瑶使明（《图书编》）
1386	洪武十九年	元中三年	日本使者抵明（《明史》） 日僧鄂隐慧奯来明（《佛慧正续国师鄂隐和尚行录》《延宝传灯录》） 幕府定五山名次，以南禅寺为第一，位于五山之上

续表

公元	中国年号	日本年号	重大历史事件
1398	洪武三十一年	后小松应永五年	足利义满建造鹿苑寺金阁
1401	明惠帝建文三年	应永八年	日本将军足利义满派遣祖阿出使明朝 幕府以相国寺为五山第一
1402	建文四年	应永九年	八月,明使道彝天伦、一庵一如和日使祖阿等一同到日本(《和汉合符》《吉田家日次记》《翰林葫芦集》)
1403	明成祖永乐元年	应永十年	足利义满派遣天龙寺僧坚中圭密出使明朝,从兵库出发
1404	永乐二年	应永十一年	五月,明使赵居任等送坚中圭密到兵库,后到日京,赠将军冠服龟纽金印,且携带永乐勘合及底簿,规定日本遣明使可十年一次,每次人二百名,船二艘(《大乘院日记目录》《善邻国宝记》《明史》等) 七月,赵居任回国时,日本派僧明室梵亮等送行(《空华日工集》)
1405	永乐三年	应永十二年	五月,明使送明室梵亮等到日本(《空华日工集》《东寺三代记》《和汉合符》) 八月,明使回国时,义满又派使者送还(《教言卿记》《明史》) 十一月,义满使者来明,献上对马、壹岐的海寇二十余人(《明史》)
1406	永乐四年	应永十三年	五月,明使俞士吉等送义满的使者到兵库,后到日京(《教言卿记》《明史》) 七月,明使到奈良游览(《教言卿记》《大乘院日记目录》) 八月,明使回国时,义满派坚中圭密为正使,中立为副使使明(《相国寺文书》)
1407	永乐五年	应永十四年	八月,明使送还坚中圭密等到日京。十月,义满和明使同游常在光院,赏红叶(《教言卿记》)
1408	永乐六年	应永十五年	正月,明使自京都出发回国(《东寺王代记》) 日使到明朝,献海寇,请明朝赐仁孝皇后所撰《劝善》《内训》二书(《明史》) 五月,义满死,日遣坚中圭密到明告知(《善邻国宝记》)
1409	永乐七年	应永十六年	七月,明使周全谕到日,送达国书及祭文,谥前将军义满,并赠物(《善邻国宝记》《教言卿记》)
1410	永乐八年	应永十七年	四月,足利义持派使者到明成祖处谢恩(《明史》)
1411	永乐九年	应永十八年	二月,明使王进到兵库,义持拒绝,不许入京。九月,王进无结果回国(《如是院年代记》)

续表

公元	中国年号	日本年号	重大历史事件
1418	永乐十六年	称光应永二十五年	明使吕渊送还日本海盗数十人，并书书函到日，但不得领回国（《明史》《善邻国宝记》） 日本岛津久丰遣使到明（《皇明实录》）
1419	永乐十七年	应永二十六年	七月，明使吕渊再次来到兵库，义持谕令不许入京，令其回国（《修北为征》《善邻国宝记》）
1432	明宣宗宣德七年	后花园永享四年	八月，将军义教遣天龙寺僧龙室道渊使明（《满济准后日记》《看闻日记》）
1433	宣德八年	永享五年	六月，龙室道渊到达北京（《善邻国宝记》）
1434	宣德九年	永享六年	五月，明使雷春等送还龙室道渊等到日，并送日本宣德年号的勘合和底簿，规定遣明使每十年一次，每次人三百名，船三艘（《善邻国宝记》《戊子入明记》《满济准后日记》《明史》） 八月，明使节离日京回国，将军义教派恕中中誓、永玡等送回（《满济准后日记》）
1436	明英宗正统元年	永享八年	七月，遣明使恕中中誓、永玡等回到京都（《荫凉轩日录》）
1451	明景宗景泰二年	后花园宝德三年	十一月，日本遣明使东洋允澎等自兵库出发（《允澎入唐记》）
1452	景泰三年	后花园享德元年	八月，日本遣明使东洋允澎等自博多出发，九月到小豆大岛，但因不得顺风而折回（《允澎入唐记》）
1453	景泰四年	享德二年	三月，遣明使东洋允澎等自五岛出发，四月到宁波，九月到北京（《允澎入唐记》） 这时来明朝的人有如三芳贞、贞羑、清海、妙增、允邵、天与清启、咲云瑞诉、肃元寿岩、文明东曦、兰隐馨、九渊龙睬、南叟龙朔、东林如春等（参阅《入明僧一览表》）
1454	景泰五年	享德三年	二月，遣明使自北京出发，五月，正使东洋允澎在北京死去。六月，自宁波启程，七月，回到长门（《允澎入唐记》）
1458	明英宗天顺二年	后花园长禄二年	八月，日本派通事卢圆到朝鲜，通过朝鲜王向明朝探寻何时派遣明使适宜（《戊子入明记》）
1460	天顺四年	后花园宽正元年	八月，任命建仁寺僧天与清启为遣明正使（《荫凉轩日录》）
1464	天顺八年	宽正五年	七月，遣明正使天与清启到博多，托大内氏准备遣明船（《荫凉轩日录》）
1465	明宪宗成化元年	宽正六年	六月，室町幕府令中国、九州岛沿海诸侯及诸国防海盗，警卫遣明船（《戊子入明记》）

续表

公元	中国年号	日本年号	重大历史事件
1466	成化二年	后土御门文正元年	闰二月，日本遣明船自博多出发，在肥前呼子浦遇飓风，折回（《荫凉轩日录》）
1467	成化三年	后土御门应仁元年	日本"应仁之乱"开始，相国寺和南禅寺遭到兵火，寺院相继遭到严重破坏
1468	成化四年	应仁二年	正月，日本遣明使天马清启等自筑紫出发，五月到宁波（《戊子入明记》） 这时来明朝的人有妙增、绍本、眷洋、寿敬、通怿、提点永扶、全杲、性春、桂庵玄树、肃元寿岩、雪舟等杨等（《入明僧一览表》）
1469	成化五年	后土御门文明元年	八月，遣明使天与清启在回国途中到达土佐海上时，遭受大内氏袭击，劫去自明运回的货物和成化新勘合（《大乘院寺社杂事记》《荫凉轩日录》《补庵京华集》）
1470	成化六年	文明二年	兴福寺僧众袭击奈良的日莲宗徒。 日僧周凤撰《善邻国宝记》
1471	成化七年	文明三年	日僧莲如在越前吉崎建立道场
1473	成化九年	文明五年	日僧桂庵玄树回国（《桂庵禅师碑铭》）
1474	成化十年	文明六年	九月，日本派性春到朝鲜，请向明朝转达，因成化勘合为盗所劫，愿用景泰旧勘合通聘（《善邻国宝记》）
1476	成化十二年	文明八年	四月，日本遣明正使竺芳妙茂、副使玉英庆瑜、从僧肃元寿岩等自堺港出发（《大乘院寺社杂事记》《补庵京华别集》《默云诗稿》）
1478	成化十四年	文明十年	二月，幕府令岛津氏，警卫遣明船的返航（《萨藩旧记》） 十月遣明正使竺芳妙茂、副使玉英庆瑜等回到京都（《荫凉轩日录》）
1479	成化十五年	文明十一年	莲如在山科再建本愿寺
1483	成化十九年	后土御门文明十五年	四月，遣明使子璞周玮等自堺港出发，幕府命岛津氏警卫（《萨藩旧记》）这时来明朝的人有肃元寿严、东归光松、首龙、金溪梵释、全融、圭圃周璋、希宗友派、一统统、心用梵初、欢甫喜等（《入明僧一览表》） 足利义政建立东山殿（银阁）
1485	成化二十一年	后土御门文明十七年	十二月，遣明使子璞周玮等回到五岛奈留浦（《大乘院寺社杂事记》）
1486	成化二十二年	文明十八年	七月，遣明使子璞周玮等回到堺港（《荫凉轩日录》）
1493	明孝宗弘治六年	后土御门明应二年	三月，日本遣明使尧夫寿植等自堺港出发。（《荫凉轩日录》）这时来明朝的人有古川勤、文成鸢、育英等（《入明僧一览表》）

续表

公元	中国年号	日本年号	重大历史事件
1496	弘治九年	明应五年	三月，遣明使尧夫寿植等自北京出发，秋季回国（《萌凉轩日录》）
1497	弘治十年	明应六年	莲如创建石山本愿寺
1499	弘治十二年	明应八年	幕府到朝鲜求《大藏经》。日僧莲如去世
1506	明武宗正德元年	后柏原永正三年	十一月，遣明正使了庵桂悟、副使光尧等自堺港出发（《实隆公记》） 北陆一向宗武装迅猛发展
1510	正德五年	永正七年	正月，遣明使了庵桂悟自赤间关出发，但遇风涛折回。（《萩藩阀阅录》所收文书）春，细川船的宋素卿到达宁波（《明史》）
1511	正德六年	永正八年	春，遣明使了庵桂悟等赴明（《壬申入明记》）这时来明朝的有光悦、玄卫、省佐、宗设谦道、永贤、宗栋、胜康、安范、友竹贞、桂轴久等（参阅《入明僧一览表》） 伊势松坂人五郎大夫祥瑞随遣明使来明，将着色陶器的制法传入日本（《桂林漫录》）
1513	正德八年	永正十年	六月，遣明使了庵桂悟由宁波启程回国。余姚王守仁《送了庵序》
1523	明世宗嘉靖二年	后柏原大永三年	日本派遣明使来宁波后，发生争贡之乱，日使杀死明朝官吏后逃走
1524	嘉靖三年	大永四年	延历寺僧众毁坏京都日莲宗徒的房屋，此后冲突加剧
1532	嘉靖十一年	后奈良天皇 天文元年	京都的日莲宗徒展开武装自卫和斗争，在六角定赖的支持下攻毁山科本愿寺。奈良的一向宗徒火烧兴福寺
1534	嘉靖十三年	天文三年	细川晴元、日莲宗徒在堺、伊丹与一向宗徒战斗
1536	嘉靖十五年	天文五年	六角定赖等的幕府军与延历寺僧徒联合打败京都的日莲宗武装，烧毁日莲宗寺院。日莲宗被迫离开京都
1539	嘉靖十八年	天文八年	四月，日本遣明正使湖心硕鼎、副使策彦周良从五岛出发，五月到达宁波（《策彦入唐记》） 七月，明朝船到达日本周防（《续本朝通鉴》）
1540	嘉靖十九年	天文九年	三月，遣明使湖心硕鼎等到达北京（《策彦入唐记》）
1541	嘉靖二十年	天文十年	五月，遣明使湖心硕鼎等自宁波出发，六月回到五岛（《策彦入唐记》） 七月，明朝船到达丰后的神宫寺（《丰萨军记》）

续表

公元	中国年号	日本年号	重大历史事件
1542	嘉靖二十一年	天文十一年	明朝船驶进肥前的平户港。(《新丰寺年代记》) 允许日莲宗在京都再建寺院
1543	嘉靖二十二年	天文十二年	八月，明朝船五艘开到丰后（《丰萨军记》）
1544	嘉靖二十三年	天文十三年	四月，日本种子岛氏向明派出勘合船（《种子岛家谱》）
1545	嘉靖二十四年	天文十四年	六月，种子岛的勘合船回国（《种子岛家谱》）
1546	嘉靖二十五年	天文十五年	明朝船来到丰后的佐伯（《丰萨军记》）
1547	嘉靖二十六年	天文十六年	二月，日本遣明正使策彦周良、副使钓云自山口出发，五月，离五岛来明，在舟山列岛度过十个月（《大明谱》）
1548	嘉靖二十七年	天文十七年	三月，遣明使策彦周良等在宁波登陆（《大明谱》）
1549	嘉靖二十八年	天文十八年	四月，遣明使策彦周良等到达北京，八月自北京出发，启程回国（《策彦入唐记》）
1551	嘉靖三十年	天文二十年	明朝船开到越前（《续本朝通鉴》）
1555	嘉靖三十四年	后奈良弘治元年	越前守护朝仓义景攻打加贺的一向宗徒
1556	嘉靖三十五年	弘治二年	明朝浙江总督胡宗宪派蒋洲、陈可愿，前浙江总督杨宣派郑舜功到丰后的大友义镇处（《闽书》《图书编》《武备志》《明史》） 丰后的大友义镇、周防的大内义长派僧人德阳、清授等使明，请求发给勘合，进行贸易（《闽书》《图书编》《武备志》《明史》）
1557	嘉靖三十六年	弘治三年	十月，日本大友义镇派善妙等四十余人使明，送还明朝的海盗王直（《明史》）
1560	嘉靖三十九年	正亲町永禄三年	明儒江夏友贤来到萨摩，仕岛津氏（《汉学起源》）
1563	嘉靖四十二年	永禄六年	德川家康与三河的一向宗武装作战
1564	嘉靖四十三年	永禄七年	三河一向宗武装向德川家康投降
1566	嘉靖四十五年	永禄九年	三月，明朝船五艘漂到相模三浦，北条氏康检查这些船只，加以修理后，使之返航（《中古日本治乱记》） 明朝船来到伊豆（《续本朝通鉴》）
1570	明穆宗隆庆四年	正亲町元龟元年	南蛮人请大村氏定长崎为通航港口（《长崎拾介》《长崎实录》《崎阳群谈》） 织田信长与一向宗武装之间的石山战争开始
1571	隆庆五年	元龟二年	肥前的大村氏令家臣友永对马开辟长崎市井（《长崎志》） 织田信长攻入比睿山，焚毁寺院
1574	明世宗嘉靖二年	天正二年	织田信长打败伊势长岛的一向宗武装

附录一 中世中日关系史大事对照年表　375

续表

公元	中国年号	日本年号	重大历史事件
1575	嘉靖三年	天正三年	三月明朝船来到丰后（《大友家记》） 织田军队打败越前的一向宗武装
1576	明神宗万历四年	天正四年	有明朝船开到丰后（《大友家记》）
1577	万历五年	天正五年	织田军队打败纪州杂贺的一向宗武装
1578	万历六年	天正六年	七月，明朝船开到伊豆，北条氏政派人监视交易（《续本朝通鉴》）
1579	万历七年	天正七年	织田在安土城支持净土宗贞安等人与日莲宗日珖等人辩论，判日莲宗败，受罚（安土宗论）
1580	万历八年	天正八年	一向宗法主显如与织田信长讲和，石山合战结束
1581	万历九年	天正九年	织田信长杀高野山僧徒（高野圣）1383人
1585	万历十三年	天正十三年	羽柴秀吉（丰臣秀吉）烧毁根来寺，又攻入高野山威慑当地僧众
1588	万历十六年	天正十六年	日本以长崎为公领地（《长崎志》《长崎觉书》） 丰臣秀吉命宗义调，遣使到朝鲜，告以将假道朝鲜伐明，朝鲜不听（《朝鲜通交大纪》）
1589	万历十七年	天正十七年	宗义调派僧玄苏、柳川调信到朝鲜商议通交事（《朝鲜通交大纪》）
1590	万历十八年	天正十八年	三月，朝鲜派黄允吉、金诚一为正副使使日（《朝鲜通交大纪》） 九月，丰臣秀吉在聚落第接见朝鲜使，在他们回国时致书告以讨伐明朝之意，令朝鲜充先锋（《朝鲜通交大纪》《朝鲜征伐记》）
1591	万历十九年	天正十九年	夏，宗义智亲自到釜山，晓谕秀吉征明事，朝鲜终不答复（《朝鲜通交大纪》） 秋，秀吉决定征韩，下令明年正月发出先遣队，二月三月渡海（《丰臣秀吉谱》《朝鲜征伐记》等）
1592	万历二十年	后阳成文禄元年	丰臣秀吉出兵侵略朝鲜，明朝被迫"抗倭援朝"
1595	万历二十三年	文禄四年	丰臣秀吉在方广寺举行大佛供养千僧法会，日莲宗僧日奥倡"不受不施"之义，拒绝与会
1596	万历二十四年	后阳成庆长元年	六月，明使杨方亨、沈惟敬等率四百余人来日本 九月，丰臣秀吉在伏见城接见明使（《交邻考略》《太合记》《朝鲜征伐记》等）
1597	万历二十五年	庆长二年	二月，秀吉再度遣发征韩军（《韩阵文书》《丰臣秀吉谱》） 同年，日本开始开辟长崎外町（《长崎志》《长崎觉书》）
1598	万历二十六年	庆长三年	丰臣秀吉被迫从朝鲜半岛撤兵

续表

公元	中国年号	日本年号	重大历史事件
1599	万历二十七年	后阳成庆长四年	德川家康召日奥到大阪城，命他与主张"受而不施"的日绍辩论，翌年把他流放到对马
1603	万历三十一年	庆长八年	家康被朝廷任命为"征夷大将军"，开创江户幕府
1610	万历三十八年	庆长十五年	明朝商人周性如谒见日本将军德川家康，请求发给朱印状，家康请周性如致书明朝福建总督，请求明朝发给勘合

附录二 征引和参考文献目录

一 中文出版史料（包括影印）

由日本学者高楠顺次郎和渡边海旭于大正十三年（1924）发起，小野玄妙等人负责编辑校勘的《大正新修大藏经》（简称《大正藏》，1934年刊行，台北佛陀教育基金会1990年印刷），以及《卍续藏经》（又称《大日本续藏经》，由日本学者前田慧云、中野达慧等编集，明治三十八年至大正元年，即1905—1912年刊行），本书大量引用两"藏经"中的中国著作（语录），为节省篇幅，择要举例，不一一罗列书名、作者。

B
《宝庆四明志》，（宋）罗濬等，台北1978年版，收入"中国"地志研究会印行《宋元地方志丛书》第7册。

《泊宅编》，（宋）方勺，中华书局1983年版。许沛藻、杨立扬点校本1997年版。

C
《筹海图编》，（明）郑若曾等，《景印文渊阁四库全书》第584册（史部三四二·地理类），台湾商务印书馆1986年版。

D
《大觉禅师语录》，〔日〕兰溪道隆语，侍者圆显等编，收入《大正新修大藏经》第80卷，台北新文丰出版公司影印版。

《大慧书》，（宋）宗杲著，吕有祥、吴隆升校，中州古籍出版社2008年版。

F
《佛祖统纪》，（宋）志盘，收入《大正藏》第49册。

《佛光国师语录》，子元祖元语，侍者一真等编，收入《大正藏》第 80 册。

G

《古尊宿语录》，（宋）赜藏主，收入"中国佛教典籍选刊"，中华书局 1994 年版。

H

《皇朝类苑》，（宋）江少虞，台湾文海出版社 1981 年版，收入王民信主编《宋史资料萃编》第 3 辑。

《皇明经世文编》，（明）陈子龙等辑，台联国风出版社 1968 年版。

J

《建炎以来系年要录》，（宋）李心传撰，中华书局 1956 年版。

《景德传灯录》，（宋）道原纂，收入《大正藏》第 51 卷，台北佛陀教育基金会 1990 年版。

《景德传灯录》，（宋）道原辑，朱俊红点校，海南出版社 2011 年版。

K

《开庆四明续志》，（宋）梅应发等撰，收入"中国"地志研究会编《宋元地方志丛书》第 8 册，台北 1978 年版。

M

《明史》，（清）张廷玉等，中华书局 1974 年版。

P

《萍洲可谈》，（宋）朱彧，中华书局 2007 年版。

R

《日本国志》，黄遵宪，天津人民出版社 2005 年版。

S

《释氏稽古略》，（明）觉岸编，台北佛陀教育基金会 1990 年版，《大正藏》第 49 卷。

《宋史》，（元）脱脱等，中华书局标点本 1977 年版。

《宋会要辑稿》，（清）徐松辑，中华书局 1957 年影印版。

《宋会要辑稿补编》，（清）徐松辑，全国图书馆文献缩微复制中心影印本。

《宋人诗话外编》，程毅中主编，国际文化出版公司 1996 年版。

《殊域周咨录》，（明）严从简，余思黎点校，中华书局 1993 年版。

W

《五灯会元》，（宋）普济，苏渊雷点校，中华书局 1984 年版。

X

《咸淳临安志》，（宋）潜说友等，载中华书局编辑部编《宋元方志丛刊》第7册，中华书局1990年影印版。

《咸淳临安志》，（宋）潜说友等，台北1978年版，载"中国"地志研究会印行《宋元地方志丛书》第7册。

《续资治通鉴长编》第2册，（宋）李焘撰，中华书局1979年版标点本。

Y

《一山国师妙慈弘济大师语录》，〔日〕一山一宁语，侍者了真等编，收入《大正藏》第80卷。

《玉海》（卷一百五十四），（宋）王应麟撰，台湾商务印书馆《文渊阁四库全书》第947册。

《元史》（本纪第二十），（明）宋濂等，中华书局1976年版。

《云间志》，（宋）杨潜，台湾商务印书馆发行《宛委别藏》丛书。

二 中文出版研究著作和论文

C

《朝贡体系的建构与解构：另眼相看中日关系史》，郝祥满，湖北人民出版社2007年版。

《朝贡制度史论：中国古代对外关系体制研究》，李云泉，新华出版社2004年版。

《禅学指归》，胡适，北京联合出版公司2011年版。

《禅与生活》，〔日〕铃木大拙著，刘大悲译，国泰出版社1988年版。

《禅与日本文化》，〔日〕铃木大拙，生活·读书·新知三联书店1989年版。

《禅与日本文化》，〔日〕铃木大拙著，钱爱琴、张志芳译，译林出版社2017年版。

《禅宗的语言和文献》，于谷，江西人民出版社1996年版。

《禅宗语言》，周裕锴，浙江人民出版社1999年版。

D

《奝然与宋初的中日佛法交流》，郝祥满，商务印书馆2012年版。

《东方佛教论：黄心川佛教文集》，黄心川，中国社会科学出版社2002年版。

F

《佛教大藏经史》，方广锠，中国社会科学出版社1991年版。

《佛教东渐》，刘建，社会科学文献出版社1997年版。

《佛教东传与中国佛教艺术》，吴焯，浙江人民出版社1991年版。

《赴日宋僧无学祖元研究》，江静，商务印书馆2011年版。

G

《关于来日僧西涧子昙——〈鸠岭集〉所收两首偈的创作背景》，〔日〕仁木夏实，载王勇主编《书籍之路与文化交流》，上海辞书出版社2009年版。

H

《和算的发生——东方学术的艺道化发展模式》，乌云其其格，上海辞书出版社2009年版。

J

《径山文化与中日交流》，陈小法、江静，上海辞书出版社2009年版。

《简明中国佛教史》，〔日〕镰田茂雄著，力生译，上海译文出版社1986年版。

《解析日本武士道"死的觉悟"》，郝祥满，载《世界民族》2006年第3期。

L

《历代正史日本传考注》（明代卷），陈小法、郑洁西，上海交通大学出版社2016年版。

M

《明代中日文化交流史研究》，陈小法，商务印书馆2011年版。

《明史》，（清）张廷玉，中华书局1974年版。

N

《南宋佛教制度文化研究》（上下册），王仲尧，商务印书馆2012年版。

R

《人文东方：旅外中国学者研究论集》，陆晓光主编，上海文艺出版社2002年版。

《日本佛教史》，杨曾文，浙江人民出版社1995年版。

《日本佛教史纲》，〔日〕村上专精著，杨曾文译，商务印书馆1981年版。

《日本封建意识形态》，〔日〕永田广志著，刘绩生译，商务印书馆2003年版。

《日本汉学史》，李庆，上海外语教育出版社2004年版。

《日本社会的历史》，〔日〕冈野善彦著，刘军、饶雪梅译，社会科学文献出版社 2011 年版。

《日本社会的历史》（修订版），〔日〕冈野善彦著，刘军、饶雪梅译，社会科学文献出版社 2012 年版。

《日本历史》，〔日〕井上清，天津人民出版社 1974 年版。

《日本人的色道》，郝祥满，湖北人民出版社 2009 年版。

《日本文化》，王勇，高等教育学出版社 2001 年版。

《日本文化的历史踪迹》，王勇、王宝平主编，杭州大学出版社 1991 年版。

《日本文化史研究》，〔日〕内藤湖南著，储元熹、卞铁坚译，商务印书馆 1997 年版。

《日本思想史入门》，〔日〕苅部直、片冈龙著，荻须纯道，郭连友、李斌瑛等译，外语教学与研究出版社 2013 年版。

《日本史研究入门》，〔日〕远山茂树、佐藤进一编，吕永清译，生活·读书·新知三联书店 1959 年版。

《日本演剧史概论》，〔日〕河竹繁俊著，郭连友等译，文化艺术出版社 2002 年版。

《日本中国学之发展》，〔日〕仓石武四郎，北京大学出版社 2013 年版。

《日本哲学史》，朱谦之，人民出版社 2002 年版。

《日本庄园史概说》，〔日〕安田元久，童云扬译，武汉大学出版社 1990 年版。

《日中文化交流史》，〔日〕木宫泰彦著，胡锡年译，商务印书馆 1980 年版。

《日中佛教友好二千年史》，〔日〕道端良秀著，徐明、何燕生译，商务印书馆 1992 年版。

《日中交流两千年》，〔日〕藤家礼之助著，张俊彦、卞立强译，北京大学出版社 1982 年版。

《日本的达磨宗与中国禅宗》，张文良，载《佛学研究》2007 年第 1 期。

《日藏宋元禅林赠与日僧墨迹考》，江静，载《文献》2011 年第 3 期。

《日僧道元及其〈宝庆记〉》，郭万平，载《文献》2006 年第 7 期。

　　S

《宋僧录》，李国玲编著，线装书局 2001 年版。

《宋代之市舶司与市舶条例》，〔日〕藤田丰八，商务印书馆 1986 年版。收入《史地小丛书》。

《书法艺术学》，〔日〕平山观月，四川人民出版社 2008 年版。

《书籍之路与文化交流》，王勇主编，上海辞书出版社 2009 年版。

T

《唐物的文化史》，〔日〕河添房江、汪勃著，山口早苗译，商务印书馆 2018 年版。

《天下秩序与文化圈的探索》，（台湾）高明士，上海古籍出版社 2008 年版。

W

《我的留学史》，〔日〕吉川幸次郎著，钱婉约译，中华书局 2008 年版。

Y

《一山一宁出使日本经过及其影响》，郝祥满，载《东亚坐标中的跨国人物研究》，中国书籍出版社 2013 年版。

《元代文人与来华日僧交往初探——以元人冯子振"与无隐元晦诗"为例》，江静，载《文献》2006 年第 3 期。

Z

《中国禅宗通史》，杜继文、魏道儒，江苏古籍出版社 1995 年版。

《中国禅学通史》，高令印，宗教文化出版社 2004 年版。

《中国禅学思想史》，〔日〕忽滑谷快天，上海古籍出版社 1994 年版。

《中国禅宗史》，（台湾）关世谦，东大图书股份有限公司 1986 年版。

《中国佛教史》，蒋维乔，上海古籍出版社 2004 年版。

《中国佛教史论》（杨曾文佛学文集），杨曾文，中国社会科学出版社 2002 年版。

《中国佛教文化史》（第五册），孙昌武，中华书局 2010 年版。

《中国佛学源流略讲》，吕澄，中华书局 1979 年版。

《中国天台宗通史》，潘桂明、吴忠伟，江苏古籍出版社 2001 年版。

《中国净土宗通史》，陈杨炯，江苏古籍出版社 1995 年版。

《中国日本交通史》，王辑五，商务印书馆 1937 年初版。

《中日禅宗墨迹研究——及其相关文化之考察》，韩天雍，中国美术学院出版社 2008 年版。

《中日关系史（894—1170）》，郝祥满，湖北人民出版社 2016 年版。

《中日佛教关系研究》，收入《现代佛教学术丛刊》，张曼涛主编，大乘文化出版社 1978 年版。

《中日文化交流史大系 4·典籍卷》，杨曾文、源了圆主编，浙江人民出版社 1996 年版。

《中日文化交流史大系 7·艺术卷》，王勇、上原昭一主编，浙江人民出版社 1996 年版。
《中日文化交流史大系 9·典籍卷》，王勇、大庭修主编，浙江人民出版社 1996 年版。
《中日文化交流史大系 10·人物卷》，王勇、中西进主编，浙江人民出版社 1996 年版。
《中日文化交流史论文集》（第三卷），石峻、楼宇烈等编，中华书局 1990 年版。
《中日文化交流史话》，王晓秋，商务印书馆 1996 年版。
《中日文化交流史论》，梁容若，商务印书馆 1985 年版。
《中日文化交流史研究》，王宝平主编，上海辞书出版社 2008 年版。
《中日文学经典的传播与翻译》（上、下），王晓平，中华书局 2014 年版。
《中国禅与日本禅的研究现状》，〔美〕伯兰特·佛雷，载《中国禅学》第五卷，中国社会科学出版社 2011 年版。
《中世日本禅宗的衰落与近世日本儒学的兴起》，郝祥满，载《日本儒学与思想史研究》，天津人民出版社 2016 年版。

三　日本编辑出版汉文典籍等史料[①]

B

『寶覺禪師語録』，收入『大正新脩大藏経』第 80 卷，高楠順次郎編輯，大正一切経刊行会 1940 年版。
『百炼抄』，黑板胜美編輯，收入『新訂增補国史大系』，東京：吉川弘文館昭和九年（1934）普及版。
『本朝高僧传』，卍元師蛮（本书略称"師蛮"），收入『大日本仏教全書』第 102、103 册，東京：仏書刊行会大正二年（1913）版。
『本朝通鑑』，林忠、林恕共撰，東京：国書刊行会，大正八年（1919）版。
『本朝文粹』，黑板胜美編輯，收入『新訂增補国史大系』第 29 卷（下），東京：吉川弘文館平成十一年（1999）新装版。

[①] 单列本栏，一因本书征引本栏时直接引用原文，又因这些日本典籍国内一般读者亦可查找、参考、阅读、使用并不困难，专业读者不在话下。『大正新脩大藏経』『卍續藏經』『大日本佛教全書』『大日本古記録』『続群書類従』『続史籍集覽』『史料大成』等丛书，在本书中有大量征引，为节省篇幅，在此栏择要列举。

『本朝续文萃』，黑板胜美编辑，收入『新訂增補国史大系』第 29 卷（下），东京：吉川弘文馆 2003 年新装版。

『碧山日録』，太極，收入近藤瓶城編『続史籍集覽・第 3 冊』，东京：近藤出版部 1930 年版。

C

『曹洞宗全書』（宗源下），曹洞宗全書刊行会编纂，曹洞宗刊行会昭和五年（1930）版。

『朝野群載』，黑板胜美编辑，收入『新訂增補国史大系』第 29 卷（上），东京：吉川弘文馆平成十一年（1999）新装版。

『禅林象器笺』，无著道忠编辑，高峰禅师注，日本中文出版社明治四十二年（1909）版。

『出家大纲』，荣西，富冈新三郎翻刻 1880 年刻版。

『传教大师将来目录』，最澄，收入『大正新修大藏经』第 55 卷，台北：佛陀教育基金会 1990 年印刷。

『傅光録』，〔日〕莹山绍瑾语，侍者编，收入『大正新修大藏经』第 82 册，新文丰出版公司影印本。

『承陽大師聖教全集・第 3 卷』，道元著（他），东京：永平寺出張所 1909 年版。

D

『大正新脩大藏経』（汉文撰述部分），高楠順次郎编，东京：大正一切経刊行会 1940 年版。

『大日本仏教全書』（汉文撰述部分），东京：仏书刊行会大正二年（1913）版。以及，大日本仏教全書刊行会昭和十一年（1936）版，名著普及会昭和五十四年复刻版。

『东大寺要録』『东大寺续要録』，佚名，收入『続続群書類従』第 11 辑（宗教部），京都：明治四十年（1907）版。

『东大寺丛書第二』，收入『大日本仏教全書』，大日本仏教全書刊行会昭和十一年（1936）版。

『帝王编年记』，黑板胜美编辑，收入『新訂增補国史大系』第 12 卷，东京：吉川弘文馆 2003 年新装版。

F

『扶桑略记』，黑板胜美编辑，收入『新訂增補国史大系』第 12 卷，东京：吉川弘文馆 2003 年新装版。

『康富记』，〔中原〕康富，编入笹川種郎〔他〕编『史料大成・第 29』，东京：内外書籍，昭和十一年（1936）版。

G

『古事类苑・外交部』，细川润次郎编辑，东京：吉川弘文馆昭和五十三年（1978）版。

『国史略』（5 卷本之卷1），源松苗编［他］：菱屋孫兵衛［ほか］，安政四年（1857）版。

J

『江谈抄』，大江匡衡编，东京：续群书类丛完成会、平文社昭和五十五年（1980）版，收入『群書類従』第 27 辑。

『建撕记』，建撕，东京：佛书刊行会大正十一年（1922）版，收入『大日本仏教全書・游方传丛書』（第三）。

K

『勘仲記 第 3；妙槐記』，笹川種郎编［他］，收入『史料大成・第 28』，东京：内外書籍，昭和十一年。

『空華老師日用工夫略集』，义堂周信，收入近藤瓶城編『続史籍集覽・第 3 冊』，东京：近藤出版部 1930 年版。

L

『鎌倉遺文』（古文書編第三卷），竹内理三编，东京：東京堂出版，昭和五十三年（1978）版。

『类聚国史』（后编），黑板胜美编辑，收入『新訂增補国史大系』第 6 卷，东京：吉川弘文馆 2004 年版。

『邻交征书』，伊藤松编辑，东京：国书刊行会昭和五十年（1975）版。

『鹿苑日録』，辻善之助编，东京：太洋社 1937 年版。

『羅山林先生文集』（卷 1、卷 2），京都史蹟会编，平安考古学会，大正七年版。

M

『名匠略传』，承澄抄写，东京：经济杂志社明治二十六年（1893）版，收入『群書類従』第 4 辑。

Q

『群書類従』（汉文撰述部分），东京：经济杂志社明治二十六年（1893）翻刻版。

S

『僧纲补任』，深贤记，东京：经济杂志社明治二十六年（1893）翻刻版，收入『群書類従』第 3 辑。《大日本仏教全書》亦收录。

『善邻国宝记』（东方学会印），瑞谿周鳳，载『丛書集成续编』第 217 册（文学类），新文风影印出版。

『善邻国宝记』，瑞谿周鳳，东京：续群書类丛完成会，昭和三十四年（1959）订正版，收入『続群書類従』第 30 辑（上，杂部）。

『删补参天台五臺山记』，成寻撰，东京：仏書刊行会大正十一年（1922）版，收入『大日本仏教全書・游方传丛書』（第四）。

『釋門事始考』，近藤瓶城校，载『続史籍集覽・第 3 册』，近藤瓶城编，近藤出版部 1930 年版。

T

『天台霞标』，敬雄等编，日本：名著普及会平成四年（1992）版，收入佛書刊行会编『大日本佛教全書』第 125、126 卷。

W

『吾園随筆余編』卷二，細川潤次郎，东京：西川忠亮出版发行 1917 年版。

『吾妻鏡』（吉川本，国書刊行会刊行書），国書刊行会编，东京：国書刊行会 1915 年版。

『臥雲日件録拔尤』，瑞谿周鳳记，惟高妙安抄录，收入近藤瓶城编『続史籍集覽・第 3 册』，东京：近藤出版部 1930 年版。

『臥雲日件録拔尤』，瑞谿周鳳记，惟高妙安抄录，收入東京大學史料編纂所编『大日本古記録』[第 13]，岩波書店，昭和三十六年第一刷，平成四年（1992）第二刷。

『卍續藏經』（又称『大日本續藏經』），前田慧云、中野达慧等编集，明治三十八年至大正元年间（1905—1912）出版。

X

『続群書類従』（汉文撰述部分），塙保己一编，东京：续群书类丛完成会大正年间版。

『続史籍集覽』（汉文撰述部分），近藤瓶城编，东京：近藤出版部 1930 年版。

『続群書類従』第 3 辑，东京：続群書類従完成会，昭和三十年（1955）版。

『続群書類従』第 9 辑（传部），东京：续群书类丛完成会昭和三十二年订正三版。

『続群書類従』第 13 輯ノ下（文筆部），东京：続群書類従完成会 1926 年版。

『興禅護國論』,〔日〕荣西,收入『大正新脩大藏経』第80卷,台北:仏陀教育基金会1990年印刷。

『興禪記』,〔日〕静照述,日本国立国会图书馆藏,室町时代抄本。

『续左臣抄』,黑板胜美编辑,收入『新訂增補国史大系』第27卷,东京:吉川弘文馆平成十一年(1999)新装版。

『学道用心集』,道元撰,收入『大正新脩大藏経』第28册,新文丰出版公司影印本。

　　　　Y

『異稱日本傳』,松下见林,东京:近藤活版所明治三十四年(1901)版,收入近藤瓶城编『改定史籍集览』第20册(新加书通纪类第三)。

『一休和尚年谱』,收入续群书类丛完成会编『续群书類従』第9辑(传部),东京:续群书类丛完成会,昭和三十二年订正三版。

『元亨释书』,虎关师鍊撰,黑板胜美编辑,东京:吉川弘文馆2004年版,收入『新訂增補国史大系』(新装版)第31卷。

『游方传丛書第一』,铃木学术财团编,东京:仏書刊行会大正四年(1915)版,收入『大日本仏教全書・113』。

『游方传丛書第三』,收入仏書刊行会编『大日本仏教全書・115』,东京:仏書刊行会1922年版。

『游方传丛書第四』,铃木学术财团编『大日本仏教全書・116』,东京:仏書刊行会大正四年(1915)版。

『玉葉』(图书寮丛刊・九条家本),藤原兼实,东京:宫内厅书陵部平成七年(1995)版。

『蔭涼軒日録　第1』,仏書刊行会編『大日本仏教全書・133』,东京:仏書刊行会1922年版。

『蔭涼軒日録　第2』,仏書刊行会編『大日本仏教全書・134』,东京:仏書刊行会1922年版。

　　　　Z

『增补史料大成・水左记、永昌记』,临川书店昭和五十年(1975)再版。

『宗門無盡燈論』,东嶺圓慈,收入高楠順次郎编『大正新脩大藏経』第81卷,东京:大正一切経刊行会1940年版。

四　日文研究专著和论文[①]

あ

『アジア仏教史・日本編Ⅱ平安仏教—貴族と仏教—』、中村元他監修・編集、东京：佼成出版社 1974 年版。

『アジア仏教史・日本編Ⅳ鎌倉仏教 2—武士と念仏と禅—』、中村元他監修・編集、东京：佼成出版社昭和四十七年（1972）版。

『アジアのなかの日本史Ⅴ・自意識と相互理解』、荒野泰典、石井正敏等编、东京：东京大学出版会 1993 年版。

『アジアのなかの中世日本』、村井章介、东京：校倉書房 1998 年版。

『岩波讲座：日本歴史 6』（中世 2）、家永三郎主编、东京：岩波书店 1963 年版。

『岩波讲座：日本歴史 7』（中世 3）、家永三郎主编、东京：岩波书店 1967 年版。

『一休：乱世に生きた禅者』、市川白弦、东京：日本放送出版协会昭和四十五年（1970）版。

か

『海外交通史話』，辻善之助，东京：内外书籍 1942 年版。

『海国史談』，〔日〕足立栗園述，东京：中外商業新报商況社 1905 年版。

『鎌倉時代文化伝播の研究』，大隅和雄编，东京：吉川弘文馆平成五年（1993）版。

『鎌倉佛教』，戸頃重基，东京：中央公论社昭和四十二年（1967）版。

『讲座日本史』2，历史学研究会、日本史研究会编，东京：东大出版社 1970 年版。

『古寺巡礼：京都 4 天竜寺』，水上勉、关牧翁，京都：淡交社昭和五十一年（1976）版。

『国訳禅学大成　第四卷』，国訳禅学大成编辑所编，东京：二松堂书店 1930 年版。

『五山と中世の社会』，竹田和夫，东京：同成社 2007 年版。

---

① 书名与人名保持日语原貌，为了国内读者的方便，其他一律翻译并用简体。

さ

『〈参天台五臺山記〉校本并に研究』，平林文雄著，东京：风间书房昭和五十三年（1978）版。

『新訂日宋貿易の研究』，森克己，东京：国書刊行会昭和五十年（1975）版。

『新日本禅宗史——時の権力者と禅僧たち』，竹贯元勝，京都：禅文化研究所平成十一年（1999）版。

『神戸市史・資料一』，神戸市编，神戸市1938年版。

『史実：中世仏教』（第1卷），井原今朝男，东京：兴山舍2011年版。

『史学研究会講演集・第2冊』，史学研究会编，东京：富山房1912年版。

『図説　日本仏教の歴史・平安時代』，速水侑编，东京：佼成出版社平成八年（1996）版。

『図説　日本文化史大系・鎌倉時代』（第6卷），児玉幸多，东京：小学館1966年版。

『図説　日本文化史大系・室町時代』（第7卷），児玉幸多等编集，东京：小学館昭和四十一年（1966）改訂新版。

『鈴木大拙全集』（別巻二），鈴木大拙，东京：岩波書店昭和四十六年（1971）版。

『宋元仏教文化史研究』，竺沙雅章，东京：汲古書院2000年版。

『続日宋貿易の研究』，森克己，东京：国書刊行会1975年版。

『続々日宋貿易の研究』，森克己，东京：国書刊行会1975年版。

『宗祖としての道元禅師』，衛藤即応，东京：岩波書店1944年版。

『禅と日本文化の諸問題』，荻須純道，平乐寺書店昭和四十四年（1969）版。

『禅と地域社会』，広瀬良弘编：东京：吉川弘文館2009年（平成二十四）版。

『禅と活動』，破魔禅：东京：東亜堂書房［ほか］1907年版。

『禅宗史の散策』，荻須純道，思文閣出版1981年版。

『禅文化の体系』，小笠原秀実，昭森社1944年版。

　　た

『大日本史料』，东京：东京大学史料編纂所昭和四十三年（1968）版。

『対外関係史総合年表』，対外关系史综合年表編集委員会，东京：吉川弘文館2000年版。

『対外関係と文化交流』，田中健夫，京都：思文閣出版昭和五十七年（1982）版。

『対外関係の史的展開』,川添昭二,东京:文献出版平成八年(1996)版。

『中世対外関係史』,田中健夫,东京:东京大学出版会 1975 年版。

『中世の日中交流と禅宗』,西尾贤隆,东京:吉川弘文館平成十一年(1999)版。

『中世の社会と思想』(上下),松本新八郎,东京:校倉书房 1983 年版。

『中世日本禅宗史』,荻須純道〔著〕,东京:木耳社昭和四十年(1965)版。

『中世日本の内と外』,村井章介,东京:筑摩书房 1996 年版。

『中世日本の外交と禅宗』,伊藤幸司〔著〕,东京:吉川弘文館平成十四年(2002)版。

『中世日本の対外交流と禅宗社会』,伊藤幸司,博士学位论文,九州大学,2000 年。

『中世日支交通貿易史の研究』,小葉田淳〔著〕,东京:刀江书院昭和十六年(1941)版。

『中世禅林の学問および文学に関する研究』(芳賀幸四郎歴史論集Ⅲ),芳賀幸四郎〔著〕,京都:思文閣出版昭和五十六年版。

『中世禅林成立史の研究』,葉貫磨哉,东京:吉川弘文館平成五年版。

『中世禅家の思想』,收入『日本思想大系』16,市川白玄等校注,东京:岩波书店 1972 年版。

『中世禅律仏教论』,大冢纪弘〔著〕,山川出版社 2009 年版。

『中世文化とその基盤』(芳賀幸四郎歴史論集Ⅳ),芳賀幸四郎〔著〕,京都:思文閣出版昭和五十六年(1981)版。

『塚本善隆著作集第六卷·日中仏教交涉史研究』,塚本善隆,东京:大东出版社昭和四十九年(1974)版。

『塚本善隆著作集第七卷·净土宗史、美术篇』,塚本善隆,东京:大东出版社昭和五十年(1975)版。

『传教大师研究』,天台学会编,东京:早稻田大学出版部昭和五十五年(1980)复刊版。

『渡宋した天台僧達——日中文化交流一斑』,小田切文洋,东京:翰林书房 1998 年版。

『道元思想と日本仏教』(道崎直道著作集第九卷),道崎直道,东京:春秋社 2010 年版。

『道元禅師』(禅学文庫,第 10 编),荒井涙光,东京:丙午出版社 1915

年版。
『道元禅師言行録』（偉人研究，第 27 編），本田無外，内外出版协会 1908 年版。
『道元禅の歴史』（講座道元・第 2 卷），镜岛元隆、玉城康四郎编，东京：春秋社 1980 年版。

　　な
『奈良平安期の日本とアジア』，山内晋次，东京：吉川弘文馆 2003 年版。
『奈良・平安期の日中文化交流』，王勇、久保木秀夫编，东京：农文协 2001 年版。
『南宋・元代日中渡航僧伝記集成（附；江戸時代における僧伝集積過程の研究）』，榎本涉，东京：勉誠出版 2013 年版。
『日华文化交流史』，木宫泰彦，东京：冨山房 1987 年版。
『日中交流二千年』（改定版），东京：藤家礼之助，东海大学出版会 1988 年版。
『日支文化史』，家永三郎，东京：岩波书店昭和三十四年（1959）版。
『日支文化の交流』，辻善之助，东京：创元社昭和十三年（1938）版。
『日宋文化交流の諸問題』，森克己，东京：刀江书院昭和二十五年（1950）版。
『日宋貿易と仏教文化』，大塚纪弘，东京 2017 年版。
『日本教育文庫・教科書篇』，同文馆编辑局编，东京：同文馆 1911 年版。
『日本古代における国際意識について：古代貴族の場合』，载石母田正著『日本古代国家論』，岩波书店 1973 年版。
『日本思想大系・藤原惺窩　林羅山』，〔日〕石田一良等校注，东京：岩波书店 1975 年版。
『日本禅宗史論集』（卷上），玉村竹二，京都：思文阁出版昭和五十一年（1976）版。
『日本禅宗史論集』（卷下），玉村竹二，京都：思文阁出版昭和五十一年（1976）版。
『日本禅宗史の諸問題』，古田紹钦，东京：大东出版社昭和六十三年（1988）版。
『日本禅宗史』，林岱雲，东京：诚进社昭和五十二年（1977）版。
『日本禅宗史』，林岱雲，东京：大东出版社 1938 年版。
『日本禅宗史要』，孤峰智璨，京都：贝叶书院 1908 年版。
『日本中世国家史論考』，上横手雅敬，东京：塙书房平成六年版。

『日本中世史の研究』，魚澄惣五郎，东京：星野书店1944年版。
『日本中世思想史研究』，玉懸博之，东京：ぺんかん社1998年版。
『日本中世禅宗史』，荻须纯道，东京：木耳社昭和四十年（1965）版。
『日本中世禅林の儒学』，久须本文雄，东京：山喜房佛书林平成四年版。
『日本中世の国家権力と寺院社会』，海老名尚［他］，博士学位论文，学习院大学，1997年。
『日本中世の仏教と東アジア』，横内裕人，东京：塙书房2008年版。
『日本中世の禅と律』，松尾剛次，东京：吉川弘文馆2003年版。
『日本中世の禅宗と社会』，原田正俊，东京：吉川弘文馆平成十年版。
『日本中世の社会と寺社』，細川涼一，思文阁出版2013年版。
『日本中世の社会と仏教』，平雅行［著］，博士学位论文，大阪大学，1993年。
『日本中世仏教と東アジア世界』，上川通夫著，东京：塙书房2012年版。
『日本史の研究』第〔1〕辑，三浦周行，东京：岩波书店1930年版。
『日本の封建制』（豊田武著作集第八巻），豊田武，东京吉川弘文馆昭和五十八年（1983）版。
『日本の社会史　第1巻：列島内外の交通と国家』，網野善彦［他］，东京：理想社1987年版。
『日本の社会史　第1巻：列島内外の交通と国家』，朝尾直弘等编，东京：岩波书店1987年版。
『日本の歴史』第9卷『鎌倉幕府』，大山喬平，东京：小学馆1975年版。
『日本の歴史』第11卷『南北朝内乱』，佐藤和彦，东京：小学馆1974年版。
『日本の歴史』第13卷『室町幕府』，佐々木銀彌，东京：小学馆1975年版。
『日本の歴史』第14卷『戦国の動乱』，永原慶二，东京：小学馆1975年版。
『日本の歴史』第6卷『群雄の争い』，岡田章雄、豊田武、和歌森太郎等编，读卖新闻社昭和三十四年版。
『日本仏教史』第一卷，辻善之助，东京：岩波书店昭和四十九年（1974）版。
『日本仏教史1』（古代篇），家永三郎监修，京都：法藏馆昭和四十二年（1967）版。
『日本文化史』（第三卷、鎌倉时代），辻善之助，东京：春秋社昭和三十四年（1959）版。

『日本儒教史』（三）中世篇，市川本太郎、东京：汲古书院平成四年（1992）版。

『日本教育文庫・教科書篇』，同文馆编辑局编，东京：同文馆1911年版。
は

『8—17世紀の東アジア地域における人物情報の交流』，村井章介编，东京：东京大学教材出版平成十六年（2004）版。

『平安貴族の生活と文化』，赤木志津子，东京：バルトス社平成五年（1993）复刻版。

『平安時代の国際意識』，保立道久，载村井章介等编『境界の日本史』，山川出版社1997年版。

『仏教伝道史』，小松雄道，东京：刀江书院昭和十三年（1942）版。

『仏教における生死の問題』（论文集），日本仏教学会编，京都：平乐寺书店1981年版。

『武家社会の歴史像』，水野恭一郎，东京：国书刊行会昭和五十八年（1983）版。

『武士道家訓集』，有馬祐政、秋山梧庵编，东京博文馆1906年版。

『一〇～一三世紀の東アジアと日本』，三浦圭一，载『講座日本史/第2卷：封建社会の成立』，东京大学出版会1970年版。

五 博士学位论文

高橋大樹：『日本中・近世の地域社会と寺院の研究：京都・近江を中心に』，2017—03—18。

中村翼：『東アジア海域交流と鎌倉幕府』，2014年。

西谷功：『鎌倉時代における宋代仏教文化受容の研究：泉涌寺流を中心として』，2016年。

小早川裕悟：『中世後期日本貨幣史の再構築—地方史とアジア史の観点から—』，2015年3月23日，金沢大学。

岡本真：『戦国期遣明船研究』，2015。

Olah Csaba：『中世後期の日中関係史研究：「入明記」からみる遣明使節の外交及び貿易活動』，2014，東京大学。

后 记

本书稿完成之际，我已经没有了第一部专著《朝贡体系的建构与解构——另眼相看中日关系史》（2007 年版），和第二部专著《日本人的色道》（2009 年版）完成、出版时的那种激动和喜悦，反而多了一分沉重和忧虑，何以如此？因为写书、出书对我已经不是问题，问题是要对得起购买它的读者。这里不免要对其撰写、修改、完善的过程做个交代，并借此机会对帮助我的人和机构表示感谢。

此书非为出书而写，确是有感而发，偶然而得，故不能不和读者谈谈本书发愿撰写的机缘、具体撰写的经纬。早在 2004—2005 年留学日本，在大阪四天王寺国际佛教大学查阅史料、着手撰写博士学位论文《奝然与宋初的中日佛法交流》（商务印书馆 2012 年出版）的时候，由于接触了大量宋禅宗东传日本并影响日本历史的古典文献和研究著作，一度有意将论文题目改为做来宋日僧荣西相关研究的动摇。

本人平素"乐寂静"，少欲求而多读书，读书有感必作标记或笔记，做标记则是为了让妻子代为录入，为我节省一些读书的时间。札记日积月累，集腋成裘，于是乎可以成书，的确"细水长流，则能穿石"。禅宗三祖僧璨大师在《信心铭》中说："至道无难，唯嫌拣择。"其实，求学亦如求道，不可偏执，我的科研和撰述，都是任性而为。

中日禅宗交流史的研究，作为兴趣爱好，一直萦绕在心头，于是决定在博士学位论文的基础上重写一部"中日佛教交流史"。至于何时能够写成？顺其自然。《朝贡体系的建构与解构——另眼相看中日关系史》是我 2000 年开课撰写的公选课讲稿，该书第七章"西游日僧与东拂宋风"，就是对宋日禅宗交流的历史做了一个概述。2008 年年底 2009 年年初，以"宋代中日佛教交流史"中相对成熟的部分，申请教育部的"高校社科文库"出版资助。之前两次申请国家社科基金项目过了通讯评审。

2012 年之后，宋代中日佛教交流史的一部分书稿修改成《中日关系史 894—1170》，并申请国家后期资助项目，获得成功，这也促进了对这一课题的研究。

相关研究的另一部分，早在2011年就以《宋学东渐与中世日本社会的转型——以宋新佛学禅宗为中心》为题，向浙江省哲学社会科学重点研究基地"浙江大学宋学研究中心重点基地"申请到研究资助。

这一选题立项后，在撰写过程中，感觉难免拖泥带水，于是再次将论题修改为《禅宗东渐与中世日本社会的转型》，旗帜鲜明，突出重点，避免驳杂。在时间上，和《中日关系史894—1170》刚好衔接。《中日关系史894—1170》一书中，中日佛教交流占较大的比重。

2013年6月，《禅宗东渐与中世日本社会的转型》的初稿完成。

2013年7月6日—10月6日，利用到日本早稻田大学日本宗教文化研究所访学的机会，补充、校对和修改了初稿，并且在生于镰仓，家住神奈川县藤泽市的山梨学院大学盐泽一平教授的陪同下，实地考察了圆觉寺、建长寺、长谷寺等佛寺，体验了镰仓五山胜境，礼拜了镰仓大佛瑞像。由于在日本接触了更多的史料，特别是日文版的原始文献、研究著作和图片，内容更加丰富且深入，于是，再次将基本完成的书稿一分为二。为突出"社会转型"这一问题和限制研究的视角，将文学、美术、艺能、建筑等侧重于"文化艺术"（实际上更偏重于艺术、美学）的内容从本书中抽出，尽管研究题目不变，其"社会转型"的内涵更为具体，更加纯粹，本书研究将精力集中于深入发掘与政治、经济、思想和学问等相关的中世日本的"社会"问题，探讨这些社会问题与禅宗的关系。一些社会问题的叙事和分析，实在绕不开文化内容的情况下，则在必要的场合简单提一提，比如，中世日本"五山时期"的"五山文化"，及其所涉及五山文学、五山艺术（书法、绘画、茶道等）。

既然是重点研究"社会"问题，从社会政治、社会心理、社会思潮及其影响方面加以探讨，侧重于作为意识形态或被意识形态利用的禅宗。

这样分拆后发现，比原来的写法感觉更好。

自信这部书稿是经过深思熟虑的，虽然不是用十年的时间来撰写，却思考了十年，或急促，或平缓，但不间断思考，念兹在兹。可谓十年磨一剑。

本书的完成，还因得到了来自各方的资助，这里本人不能不择要列举部分机构与个人，他们是：

感谢"国家留学基金管理委员会"2013年提供的日本访学资助，本书可以说是这一资助的成果之一。

感谢本书出版过程中给予资助的湖北大学历史文化学院。

在镰仓大佛前留影（拍摄者：山梨学院大学盐泽一平教授）

感谢中华文化发展湖北省协同创新中心的大力支持与资助。

感谢"浙江大学宋学研究中心重点基地"的负责人，我的博士导师束景南教授，在束老师门下，我聆听了两门佛教史和佛教理论课，特别是束老师讲授的《大乘起信论》，引导我从佛学的角度研究佛教史。当然，同时也要感谢"浙江大学宋学研究中心重点基地"的资助，感谢宋学研究中心的相关工作人员。

研究佛教、宣扬佛教是积累功德之事，为此，我必须感谢引导我进入佛学之门的博士导师，浙江大学的王勇教授。

感谢在日本大阪留学期间，四天王寺国际佛教大学给我安排的导师古泉圆顺教授，教授本身就是一位高僧、学问僧，先生指导我对日本佛教的文献典籍做了较为系统的了解。

感谢日本早稻田大学日本宗教文化研究所的吉原浩人教授，接受我到早稻田大学访学并参与各项研究活动，邀请我去山梨县佛寺巡礼，观摩法事，这次访学为此书资料的收集提供了极大的方便。

感谢项目匿名评审专家的认同鼓励，以及对书稿提出的修改意见。

感谢听取本人的诉求，2009年把我从"二十八方蜗窝"中解放出来，改善本课题研究、书写环境的湖北大学前校长吴传喜先生。

感谢湖北大学图书馆人文馆以林林老师为代表的各位工作人员在图书

借阅、校对过程中的帮助。又，2020年疫情期间，因湖大图书馆关闭，书稿校对不便，河南大学外语系孙文教授提供了大量电子图书，解了燃眉之急，特此鸣谢！

感谢家人对我一心钻研学术的支持，特别是一直担任我的研究助手的妻子刘娟，协助资料的录入、目录的编写等，本书附录一《中日关系史大事对照年表》亦由刘娟负责编成。

最后，谨以此项研究成果，以此研究过程中读经、念佛所积累的功德，为往生净土的双亲祈祷冥福。

郝祥满

2014年5月于湖北大学逸夫楼研究室
2019年10月改定于逸夫楼研究室